Hirnfutter für den Reiter

1/2 Der rote Faden - Ausbildungsskala für Pferde

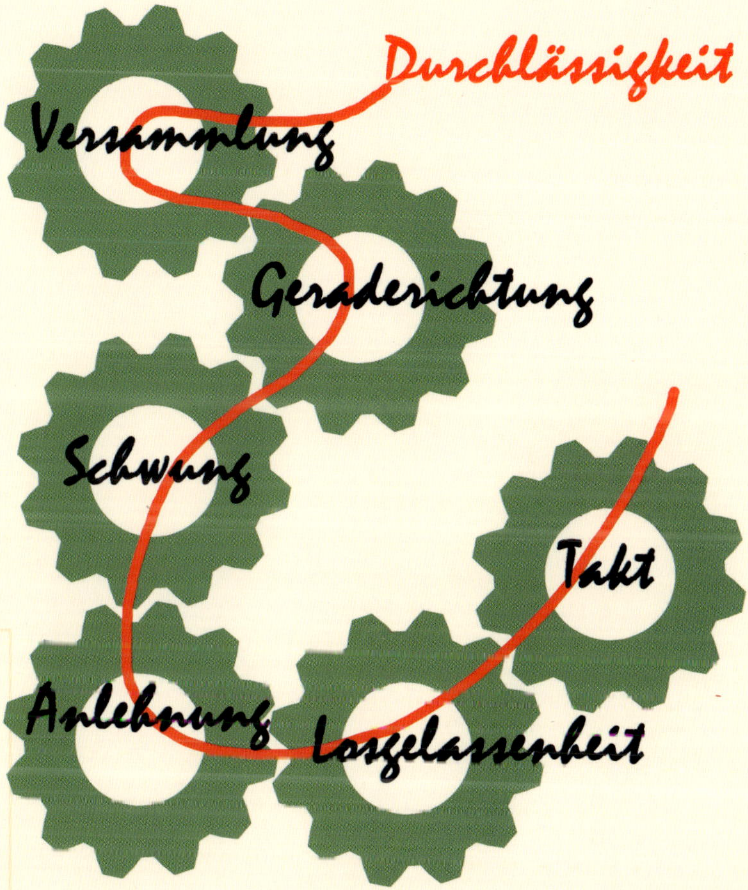

Mehr wissen - besser reiten

INFORMATIONEN UND TIPPS

Ich vergleiche die Ausbildungsskala für Pferde gerne mit einem Getriebe. Es steht kein Punkt für sich, Takt, Losgelassenheit, Anlehnung, Schwung, Geraderichtung und Versammlung greifen ineinander. Es beginnt ein Zahnrad nach dem anderen sich zu drehen, die Zahnungen greifen ineinander, und wenn eines stockt, dann stockt das gesamte Getriebe.

Egal wo du in der Ausbildungsskala stehst, es sind immer alle Komponenten wichtig. Auch wenn du mit deinem Pferd erst am Anfang eurer Ausbildung stehst, so trainierst du von Anfang an auch schon an der Geraderichtung deines Pferdes. Aber erst wenn du die Punkte Takt, Losgelassenheit, Anlehnung und Schwung erarbeitet hast, wirst du dein Pferd zu 100 Prozent korrekt gerade gerichtet haben.

DIE AUSBILDUNGSSKALA ...

... ist der rote Faden unserer Pferdeausbildung.
... muss in jedem Training komplett wiederholt werden.
... ist wie ein Getriebe, bei dem kein Punkt für sich steht, sondern alle Zahnräder ineinandergreifen.
... entspringt der Natur des Pferdes.
... dient der Gesunderhaltung deines Pferdes, denn korrektes Reiten ist aktiv gelebter Tierschutz.
... wird umso harmonischer, je weiter die Ausbildung fortgeschritten ist. Dein Pferd wird nach und nach alle reiterlichen Hilfen, ohne zu Zögern, sofort annehmen und umsetzen. Man spricht hier von der Durchlässigkeit eines Pferdes.

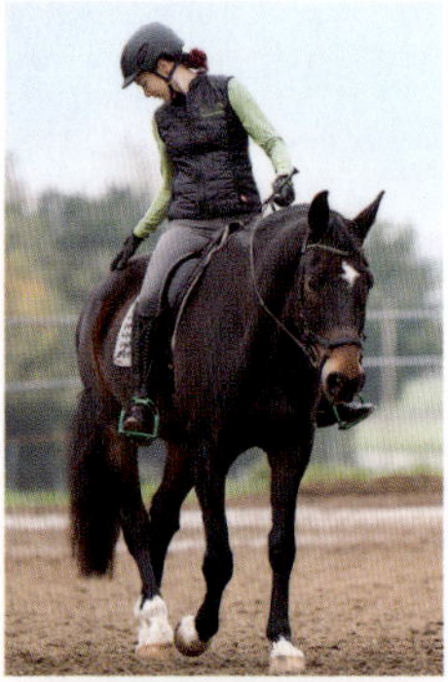

Viel Loben motiviert dein Pferd zur Mitarbeit.

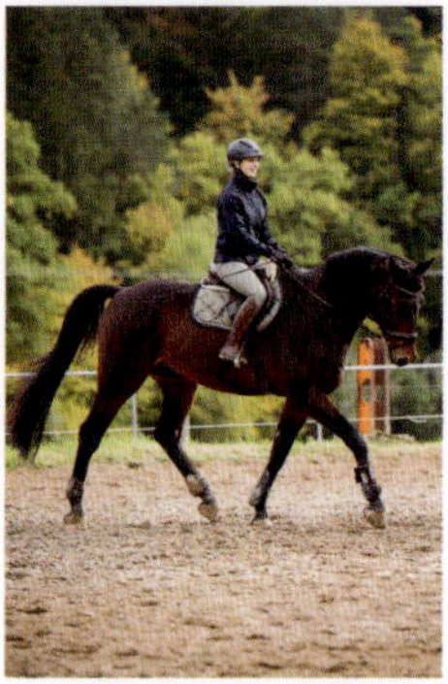

Umso harmonischer dein Reiten, umso mehr Freude wird es machen.

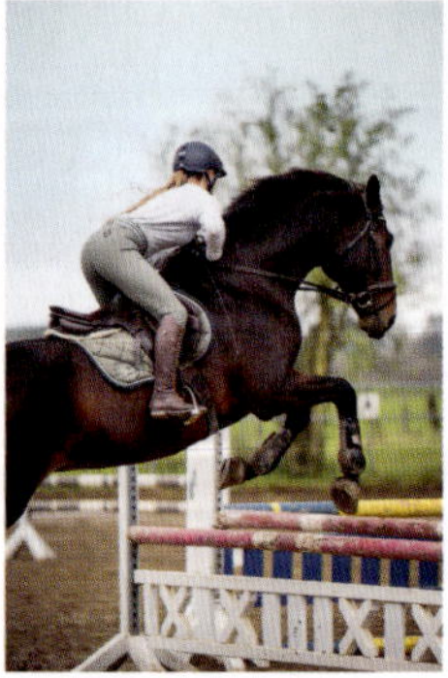

Abwechslungsreiches Training hält dein Pferd gesund.

Hirnfutter für den Reiter

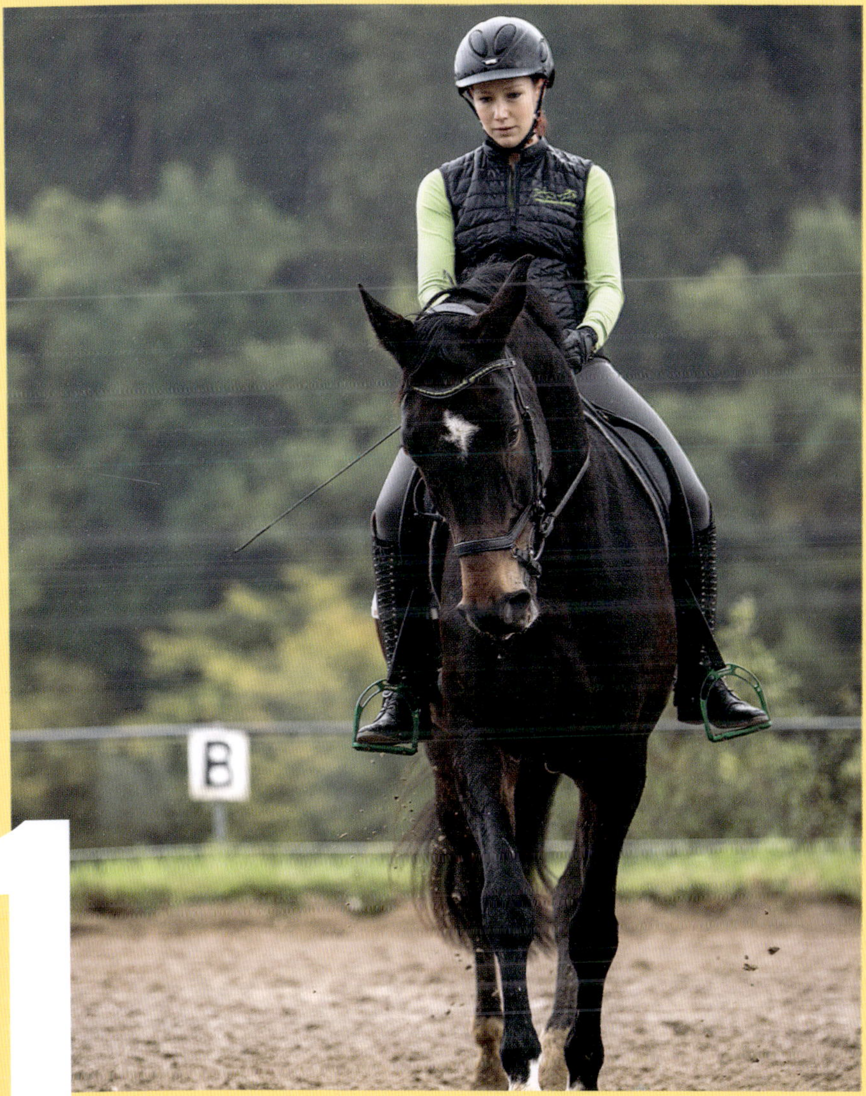

Mehr wissen – besser reiten

1

Mehr wissen – besser reiten

Theoriewissen kommt im ersten Moment vielleicht etwas langweilig rüber und wahrscheinlich kennst du auch den Spruch »Reiten lernt man nur durch Reiten«. Warum also theoretisches Wissen? Zum Reiten gehört mehr, als nur auf dem Pferderücken zu sitzen. Bevor du beim Auto-Führerschein deine ersten Fahrstunden bekommst, absolvierst du ja auch erst einmal einige Theoriestunden.

Theoretisches Wissen, vom roten Faden in der Pferdeausbildung über die Ausbildungsskala bis zu den Hufschlagfiguren und vor allem zur Hilfengebung, also der Kommunikation zwischen dem Pferd und dir, ist sehr wichtig. Du findest alles dazu in dieser gelben Säule.
Ganz klar nach dem Motto: Mehr wissen – besser reiten.

1/3 Der Takt im Schritt

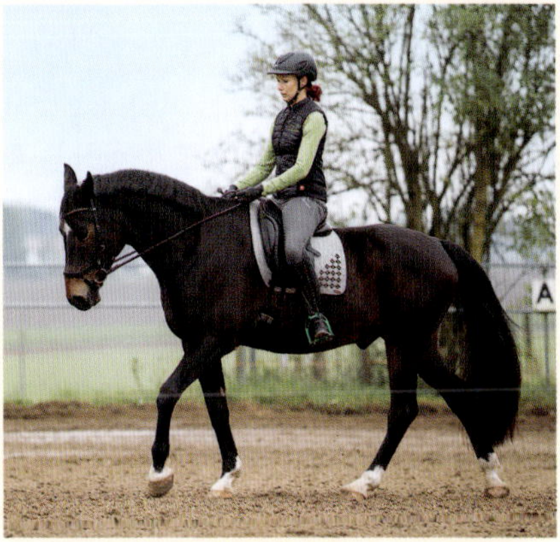

DER TAKT MUSS STIMMEN
Im Takt ist ein Pferd, wenn es sich immer gleich schnell mit gleichmäßig langen Schritten, Tritten und Sprüngen fortbewegt. Erst wenn das Pferd im Takt läuft, kann es alle Muskeln an- und abspannen und die Losgelassenheit erreichen.
Pferde sind von Natur aus »taktrein«. Mit einem Reiter auf dem Rücken können sie aber schnell aus dem Takt bzw. dem Gleichgewicht kommen. Deshalb müssen Reiter und Pferd den Takt miteinander erlernen.

Ohne Takt ist eine Übung sinnlos. Eine Übung kannst du nur beginnen, wenn der Takt stimmt. Ist das nicht der Fall, musst du ihn wiederherstellen, bevor du mit der Übung weitermachst. Kenntnisse über die Fußfolge des Pferdes, richtiges Timing und die passende Dosierung der Hilfengebung sowie dein Reitersitz können, neben Stangenarbeit, deinem Pferd helfen, den richtigen Takt wiederzufinden. Mehr über richtiges Treiben erfährst du auf den Karten 1/18 bis 1/23.

DER TAKT IM SCHRITT
Der Schritt ist eine schreitende, schwunglose Gangart im Viertakt in acht Phasen. Jede Phase beschreibt das Verlassen des Pferdehufes vom Boden sowie das Aufkommen. Somit hat man im Schritt im Viertakt viermal das Aufkommen der Hufe auf den Boden und das Verlassen des Bodens. Die Gangart Schritt soll fleißig, raumgreifend und schreitend sein. Das Wort Schritt kann man von »Schreiten« ableiten und das sagt schon eine Menge über diese Gangart aus: Beim Schreiten gibt es keine Eile oder Hetze, aber auch kein Bummeln oder eine gewisse Lethargie. Deshalb sagen wir, dass der Schritt fleißig sein soll, also auch aufmerksam und in einer gewissen positiven Körperspannung, ohne dabei den Viertakt zu verlieren. Schritt ist die Gangart, in der sich Pferde in der freien Natur hauptsächlich fortbewegen.

Takt und Rhythmus
Ohne Takt kein Rhythmus – einen Parcours kannst du ohne Rhythmus nicht flüssig reiten. In der Dressur wirken sich Taktfehler des Pferdes übrigens negativ auf die Benotung aus.

DIE TEMPI IM SCHRITT

Es gibt drei verschiedene Arten bzw. Gangmaße, um Schritt zu reiten. Sie werden auch Tempi genannt.

Mittelschritt: Der natürliche Schritt des Pferdes. Die Hinterhufe greifen dabei über die Spur der Vorderbeine, das Pferd tritt also unter bzw. über die Spur der Vorderhufe. Dabei schreitet es raumgreifend und fleißig, wodurch die gewünschte und natürliche Nickbewegung zustande kommt.

Versammelter Schritt: Das Pferd tritt nicht mehr über die Spur der Vorderhufe, beugt aber vermehrt die Hanken, also die großen Gelenke der Hinterhand (Hüft-, Knie- und Sprunggelenke) und nimmt somit mit der Hinterhand mehr Last auf. Dadurch trägt sich das Pferd im Hals und Brustbereich selber, die Nickbewegung ist nicht mehr erkennbar. Das Genick des Pferdes wird zum höchsten Punkt, der Fleiß aus der Hinterhand bleibt bestehen. Verwechsle die Versammlung nicht mit »nur« langsamem Reiten.

Starker Schritt: Je nach Körperbau tritt das Pferd noch weiter als mit Mittelschritt über die Spur der Vorderhufe und das sollte klar erkennbar sein, ebenso wie ein raumgreifender, also größerer Schritt aus der Schulter heraus.

FEHLER UND WIE SIE KORRIGIERT WERDEN

- *Fehler im zeitlichen Gleichmaß* Man spricht dann vom Pass oder passartigem Schritt, wenn das Pferd gleichseitig und gleichzeitig oder annähernd gleichzeitig abhuft. Das kann ein Mangel in der Losgelassenheit sein, ebenso aber auch ein Fehler in der reiterlichen Einwirkung. Meist geht ein verspannter und fester Rücken sowie ein zu enger Hals des Pferdes damit einher. Pferde mit natürlich viel Raumgriff im Schritt, aber mit wenig Fleiß machen diesen Fehler häufiger als andere. Der Fehler ist nur sehr schwer zu beheben. Auf jeden Fall muss der Reiter mit viel Geduld und Fingerspitzengefühl auf das Pferd einwirken.
- *Fehler im räumlichen Gleichmaß* Das Pferd huft nicht immer gleich lang. Es tritt kurz-lang, was auch wie Hinken aussehen kann. Häufig ist hier der Reiter schuld, der falsch einwirkt. Aber auch Verspannungen im Pferd oder Nervosität können die Ursache sein oder eine deutliche natürliche Schiefe des Pferdes.

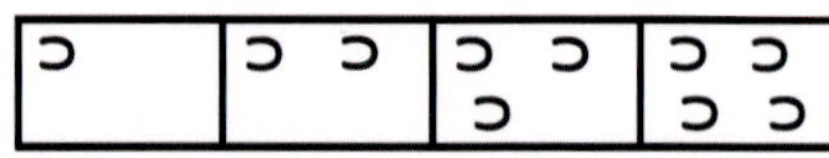

Fußfolge/8 Phasen: gleichseitig, aber nicht gleichzeitig.

Taktstörung abklären

Eine gesundheitsbedingte Taktstörung, z.B. durch Schmerzen, muss ausgeschlossen werden, bevor weiter trainiert werden kann.

1/4 Der Takt im Trab und Galopp

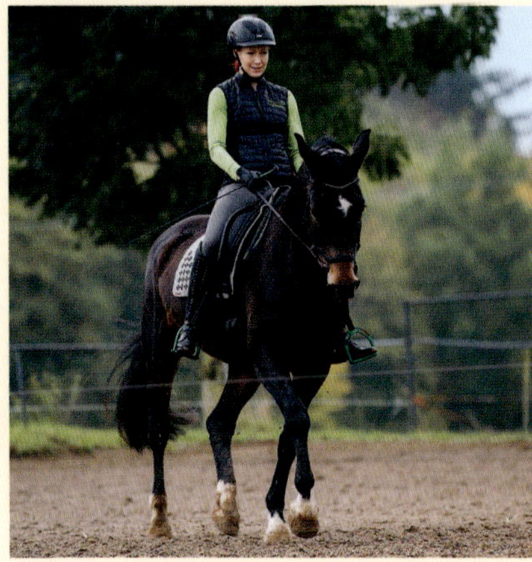

DER TAKT IM TRAB

Der Trab ist ein Zweitakt in vier Phasen. Er sollte schwungvoll, raumgreifend und taktrein sein. Das Pferd drückt sich vor allem mit dem Hinterbein energisch ab und soll dabei locker über den Rücken schwingen.

DIE TEMPI IM TRAB

Grundvoraussetzung für alle Tempi im Trab ist der Erhalt des Zweitaktes sowie ein locker schwingender Rücken. Die Bewegung des Pferdes soll entspannt durch den ganzen Körper gehen. Tritte verlängern ist genau genommen kein Tempi im Trab, wird aber in der Praxis vor dem Mitteltrab geritten, da es für das Pferd so einfacher zu erlernen ist.

- *Arbeitstrab*: Grundtempo. Das Pferd geht fleißig, aber nicht eilig. Die Hinterbeine hufen in die Spur der Vorderhufe. Dein Pferd trabt dabei losgelassen. Man erkennt eine gute Aktivität aus der Hinterhand und den schwingenden Rücken.
- *Mitteltrab*: Das Pferd trabt deutlich mit den Hinterbeinen über die Spur der Vorderbeine. Das Gleichgewicht ist besser austrainiert, es kann die Vorderbeine weiter nach vorne nehmen und leichtfüßiger abfußen.
- *Versammelter Trab*: Die Tritte des Pferdes werden kürzer. Sie hufen bis in die Spur der Vorderhufe. Fleiß und Schwung bleiben erhalten. Hüft-, Knie- und Sprunggelenke, die sogenannten Hanken, werden vermehrt gebeugt und nehmen mehr Last mit der Hinterhand auf. Nicht mit einem langsamen, schleichenden Trab verwechseln.
- *Starker Trab*: Kann nur geritten werden, wenn das Pferd die Ausbildungsskala voll erfüllt hat. Ansonsten verliert es schnell das Gleichgewicht und fällt auf die Vorhand. Das Pferd huft dann deutlich über die Spur der Vorderhufe hinaus.

FEHLER UND WIE SIE KORRIGIERT WERDEN

- *»Schwebetritte«* Nach der Schwebephase, bevor das Vorderbein wieder abgesetzt wird, bleibt es kurz in der Luft »stehen«. Schwebetritte müssen durch frisches Vorwärtsreiten unterbunden werden, sonst werden sie für das Pferd zur Gewohnheit.

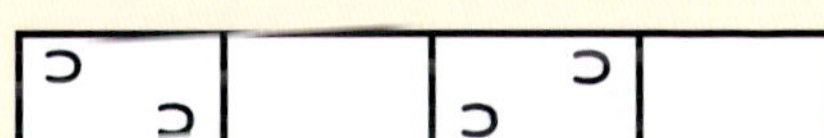

Fußfolge/4 Phasen: diagonal gleichzeitig mit dazwischen liegender Schwebephase.

Hirnfutter für den Reiter

DER TAKT IM GALOPP

Der Galopp ist ein Dreitakt in sechs Phasen. Er sollte schwungvoll, raumgreifend und bergauf sein, in der Dressur vor allem raumgreifend und beim Springreiten hauptsächlich bodengewinnend. Die Schwebephase soll deutlich zu sehen sein. Die Hinterbeine greifen deutlich unter den Schwerpunkt des Pferdes, wodurch sich der Rücken aufwölbt und die Bewegung durch den ganzen Körper fließt.

Handgalopp: Auf der rechten Hand im Rechtsgalopp reiten, auf der linken Hand im Linksgalopp.

Außengalopp: Auf der rechten Hand im Linksgalopp reiten. Dies kann ein Fehler sein, wenn du den Handgalopp wolltest. Ab der Klasse L wird der Außengalopp allerdings bewusst geritten.

TEMPI

Man unterscheidet auch im Galopp verschiedene Tempi. »Galoppsprünge verlängern« ist kein Tempi, sondern eine Vorstufe für den Mittelgalopp.

Arbeitsgalopp: Arbeitstempo. Das Pferd springt deutlich unter den Schwerpunkt, also huft mindestens in die Spur der Vorderbeine. Ein Galoppsprung soll etwa 2,5-3 Meter lang sein

Mittelgalopp: Die Hinterbeine greifen noch mehr unter den Schwerpunkt nach vorne. Der Rahmen des Pferdes erweitert sich entsprechend.

Versammelter Galopp: Das Pferd springt mit den Hinterbeinen vermehrt in Richtung des Schwerpunktes (unter dein Reitergewicht). Die Galoppsprünge werden kürzer und der Raumgriff geringer. Sie werden erhabener, als ob sich dein Pferd vor dir anhebt.

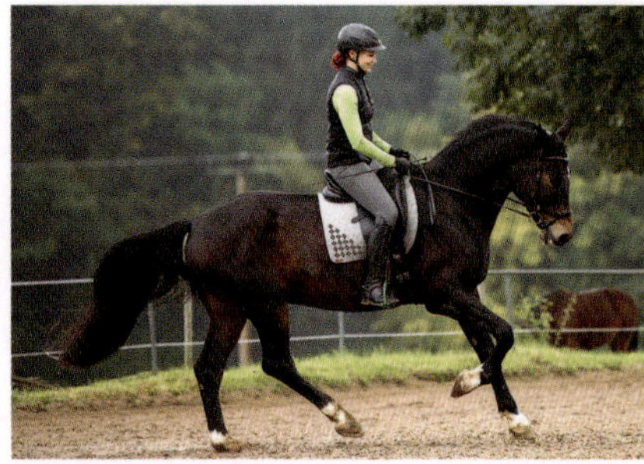

Starker Galopp: Voraussetzung ist die Versammlung. Der Raumgriff ist deutlich höher als im Mittelgalopp und bei entsprechender Rahmenerweiterung erzielt man hier die größtmögliche Bodengewinnung.

FEHLER UND WIE SIE KORRIGIERT WERDEN

- *Taktstörungen* Verspannungen, zu eiliger oder zu schwerfälliger Galopp, Probleme in der Anlehnung oder dem Gleichgewicht können die Ursachen sein. Eventuell ist dein Pferd müde und benötigt eine Pause.
- *Viertakt* Wenn das diagonale Beinpaar nicht gleichzeitig, sondern nacheinander aufhuft, liegt das oft an zu langsamem Tempo oder zu viel Zügeleinwirkung.
- *Aktives »Auswischen« des Sattels* mit dem Po. Der Sitz ist sehr unruhig und wackelig. Lass dich von der Bewegung mitnehmen.

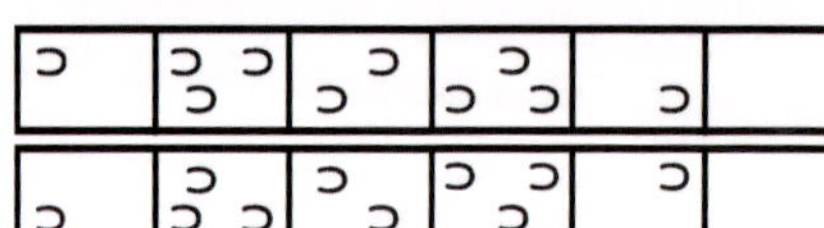

Fußfolge/6 Phasen: oben Rechtsgalopp, unten Linksgalopp.

1/5 Losgelassenheit erreichen

INNERE UND ÄUSSERE LOSGELASSENHEIT

Die Losgelassenheit ist die Voraussetzung, damit dein Pferd gesund bleibt und dir alle Lektionen und Aufgaben gelingen. Ohne Losgelassenheit geht in der Ausbildung eines Pferdes nichts wirklich weiter.
Die Losgelassenheit ist eng verknüpft mit dem Takt, denn nur, wenn dein Pferd die Muskeln gleichmäßig an- und abspannen kann, wird es auch losgelassen gehen können. Und nur wenn dein Pferd losgelassen ist, wird es den Unterhals locker lassen und sich vertrauensvoll in deine Hand dehnen, also in Anlehnung gehen.

Man unterscheidet zwei Arten der Losgelassenheit. Während man die äußere Losgelassenheit am harmonischen Äußeren sehen kann, ist mit der inneren Losgelassenheit die psychische Bereitschaft deines Pferdes zur Mitarbeit gemeint. Du kennst das bestimmt, es gibt einfach Pferde, die sind entspannter, während sich andere Pferd damit schwertun. Die entspannteren Tiere werden die innere Losgelassenheit schneller und einfacher erreichen als die angespannten Pferde.

Wichtig ist vor allem die innere Losgelassenheit, denn wenn ein Pferd nicht mitmachen will, dann kann die Lösungsphase sehr lang werden. »Pferde sind eben auch nur Menschen.«

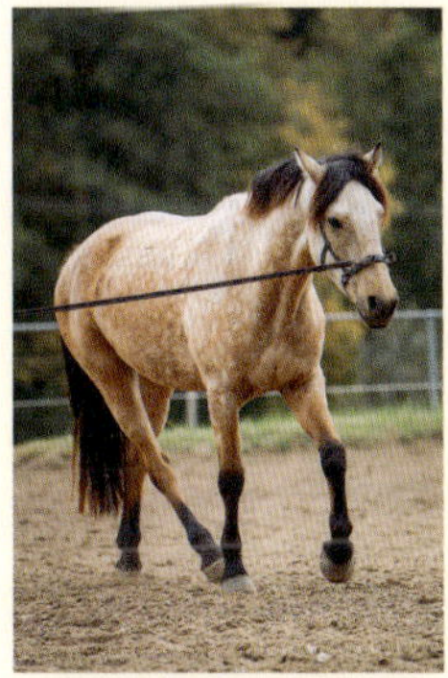

Beim Longieren kann das Pferd sich ohne Reitergewicht losgelassen bewegen.

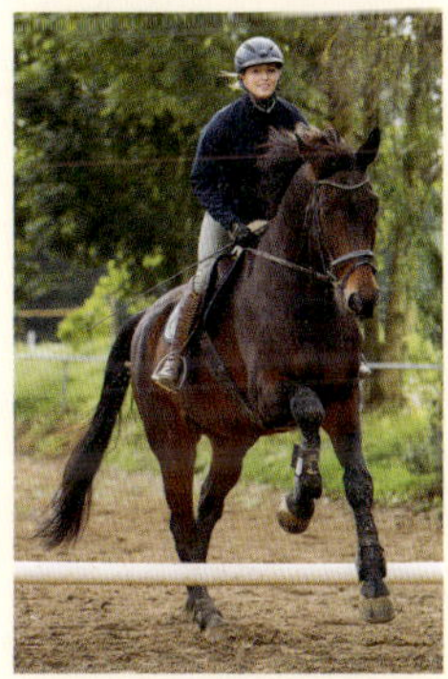

Cavalettiarbeit fördert die Aktivität der Hinterhand und bietet Abwechslung.

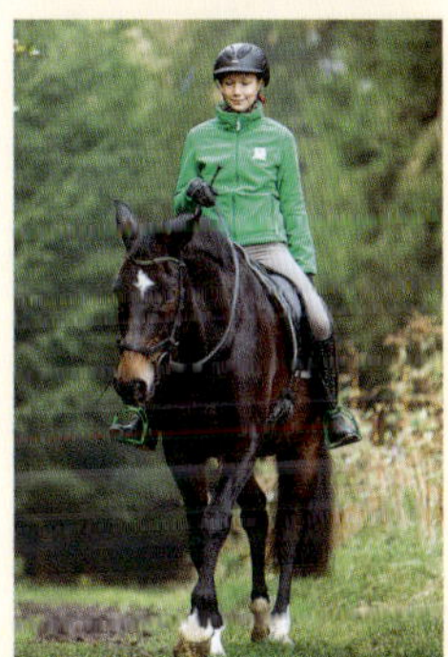

Nicht nur der Reiter kann im Gelände seine Seele baumeln lassen.

WEGE ZUR LOSGELASSENHEIT

Die Losgelassenheit deines Pferdes kannst du auf verschiedenen Wegen erreichen. Ein abwechslungsreiches und für das Pferd passendes und spannendes Training ist eine Voraussetzung für die innere Losgelassenheit.

Ebenso können die folgenden Punkte hilfreich sein:

- Reiten von großen gebogenen Linien.
- Häufige Übergänge von einer Gangart in die andere reiten.
- Tempiwechsel innerhalb einer Gangart reiten.
- Lösende Lektionen, wie z.B. Schenkelweichen.
- Häufiges Handwechseln.
- Geregeltes, dem Pferd angepasstes Grundtempo.
- Gymnastizierendes Springen.
- Cavaletti- und Stangenarbeit.
- Longieren.
- Reiten im Gelände.

FEHLER UND WIE SIE KORRIGIERT WERDEN

Zu frühe und falsche Belastung Dadurch kannst du Fehlstellungen antrainieren, die zu ungleichmäßiger Abnutzung der Gelenke und somit vorzeitig zu Arthrose oder sonstigen Gelenkserkrankungen führen können. Auch Sehnenschäden können durch unsachgemäßes Training hervorgerufen werden.

ZÜGEL AUS DER HAND KAUEN LASSEN

Mit dem »Zügel aus der Hand kauen lassen« kannst du überprüfen, ob dein Pferd sich an deine Reiterhand dehnt und an das Gebiss tritt. Du bereitest diese Übung mit halben

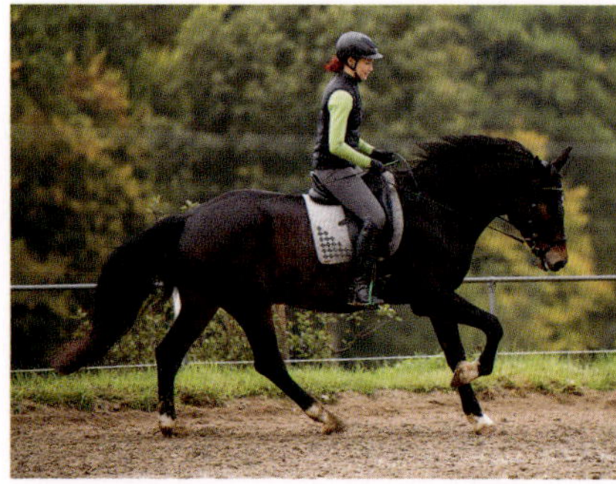

Paraden vor und lässt dann langsam die Zügel länger werden. Das Pferd streckt sich im Hals, öffnet den Winkel von Hals zur Ganasche und schiebt die Nase gleichzeitig nach vorne unten.
In der Regel sollte sich ein Pferd bis auf maximal Buggelenkshöhe dehnen. Bleiben aber Takt, Anlehnung und Gleichgewicht bestehen, kann sich dein Pferd auch mal tiefer dehnen.
Der Fleiß aus der Hinterhand soll immer bestehen bleiben, damit der Rücken schwingen kann.

VORWÄRTS-ABWÄRTS REITEN

Das Reiten in Dehnungshaltung, also vorwärts-abwärts, ist das Reiten über längere Zeit mit dem gestreckten Hals. Es ist allerdings effektiver, wenn du den Zügel öfters verkürzt und ihn dein Pferd wieder aus der Hand kauen lässt, als lange in Dehnungshaltung zu reiten. Variiere häufig die Zügellänge und somit die Position des Pferdekopfes.

1/6 Losgelassenheit erkennen

IMMER WIEDER ÜBERPRÜFEN

Besonders bei jungen Pferden kann die ganze Reiteinheit für das Erreichen der Losgelassenheit draufgehen. Bei besser ausgebildeten Pferden dauert es ca. 20 Minuten bis das Pferd sich vertrauensvoll in die Reiterhand dehnt und den Rücken aufmacht. Sobald dein Pferd dann locker über den Rücken schwingt, kannst du mit dem Aussitzen im Trab beginnen, denn erst dann lässt dich dein Pferd sitzen.

Die Losgelassenheit deines Pferdes musst du zu jeder Zeit in der Trainingseinheit überprüfen können. Auch in der Arbeitsphase muss dein Pferd jederzeit die Dehnungshaltung einnehmen können. Ist das nicht der Fall, ist dein Pferd nicht losgelassen. Das weitere Training macht dann keinen Sinn, weil die Muskulatur deines Pferdes nicht optimal arbeitet. Du musst also erst einmal die Losgelassenheit wiederherstellen.

SO ERKENNST DU DIE LOSGELASSENHEIT

- Schwingender Rücken
- Getragener, in der Bewegung pendelnder Schweif
- Tätig geschlossenes Maul
- Zufriedener Gesichtsausdruck
- Abschnauben

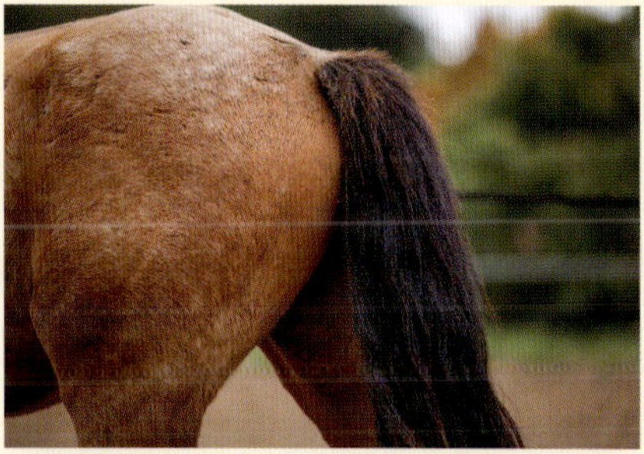

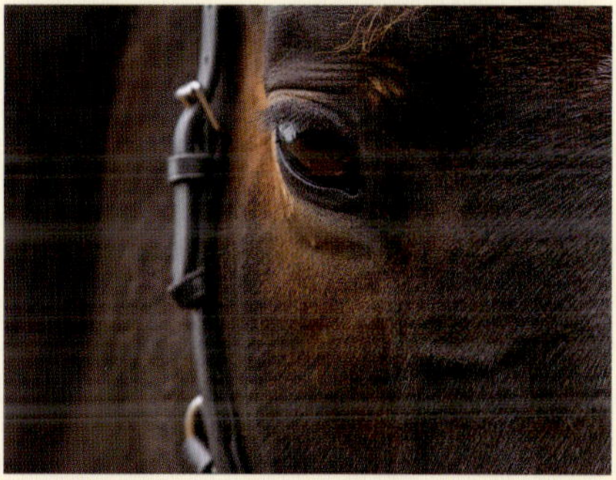

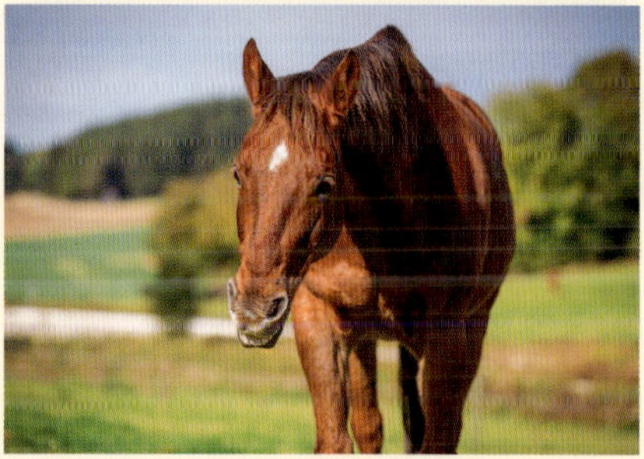

MERKMALE DER LOSGELASSENHEIT

Das Pferd entspannt sich im losgelassenen Zustand mental und auch physisch. Sobald du dein Pferd nun losgelassen in Dehnungshaltung reitest, trainierst du das Strecksystem und die Muskulatur. Die Pferdemuskulatur ist eine reine Bewegungsmuskulatur und nicht dafür gemacht, einen Reiter auf Dauer zu tragen. Daher ist das richtige Training so ausschlaggebend für die Gesunderhaltung deines Pferdes.

Wichtig bei all der Entspanntheit: Dein Pferd huft immer aktiv mit der Hinterhand unter den Schwerpunkt. Es ist in einer positiven Spannung, ohne lasch zu sein oder zu verspannt.

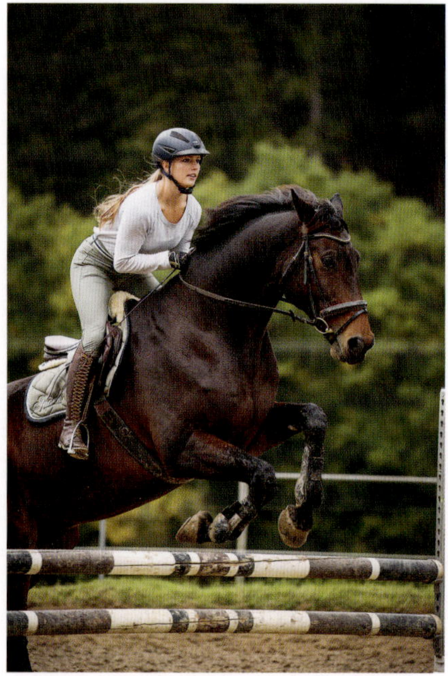

LOSGELASSENHEIT UND DEHNUNG

In der Dehnungshaltung hat dein Pferd die Möglichkeit, seine Muskulatur ohne nennenswerte Belastung durch den Reiter zu trainieren und aufzubauen. Dies kann bis zu zwei Jahren dauern!

Älteren Pferden wird in der Dehnungshaltung die Möglichkeit gegeben, sich zu entspannen, die Muskulatur, Sehnen und Bänder zu dehnen und für das anstehende Training aufzuwärmen. Das solltest du also auch vor jeder Trainingseinheit beachten. Missachtest du diese wichtigen Punkte, kann es passieren, dass du dein Pferd überbelastest. Verspannte Muskeln und ein durchhängender Rücken können die Folge sein.

Wichtig

Korrektes Reiten ist und bleibt einfach aktiv gelebter Tierschutz.

1/7 Anlehnung und Schwung

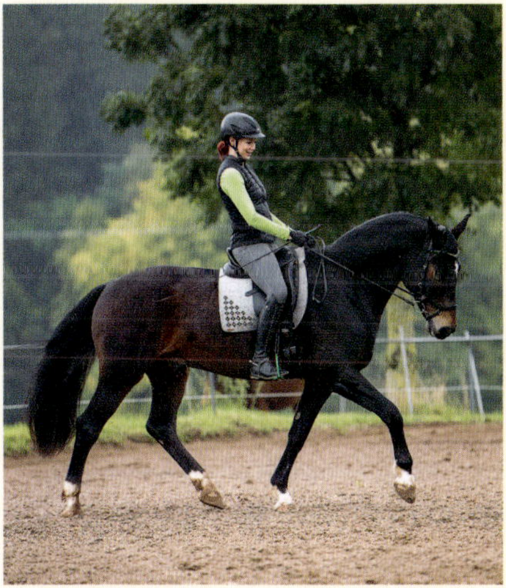

SO WIRD'S GEMACHT

Kennst du ein Dosentelefon? Es besteht aus zwei Dosen, die in ihrem Boden ein Loch haben. Durch diese Löcher wird eine Schnur gefädelt und an den Enden so verknotet, dass sie nicht mehr durch die Löcher rutschen kann. Deine Reiterhand ist diese Dose, der Zügel die Schnur und das Pferdemaul die zweite Dose. Du musst nun darauf achten, dass diese Schnur immer leicht gespannt, aber nicht zu fest ist, da sie sonst reißt. Nur wenn die Schnur leicht gespannt ist, kannst du mit deinem Gesprächspartner kommunizieren und erfühlen, welche Hilfen du geben musst.
Vom Zuggewicht sollten es links und rechts jeweils ein Päckchen Butter sein, also ca. 250 Gramm.

Wenn du nun in diese Anlehnung, die du anbietest, sachte hineintreibst, also treibst mit dem Ziel, dass dein Pferd die Hinterhand mehr unter den Schwerpunkt setzt und nicht schneller wird, dann erhältst du im Idealfall eine Anlehnung. Diese Anlehnung muss zunächst nicht perfekt an der Senkrechten sein, das ist aber im Laufe der Ausbildung das Ziel. Umso besser dein Pferd an der Anlehnung steht, umso besser wird seine Aufrichtung. In der Aufrichtung nimmt das Pferd selbstständig die »gewünschte« Kopfposition ein, die wir aus dem Dressurreiten kennen. »Es tragt sich selbst« und das Genick ist dabei immer der höchste Punkt.

DIE ANLEHNUNG

Die Anlehnung ist die stetig feine Verbindung zwischen deiner Reiterhand und dem Pferdemaul. Sie gehört neben Losgelassenheit und Takt zu den Grundvoraussetzungen für das Reittraining. Die Anlehnung wird dem Pferd vom Reiter angeboten und das Pferd nimmt diese Anlehnung an.

Anlehnung kannst du nur herstellen bzw. korrigieren, indem du von »hinten nach vorne« reitest. Das bedeutet, dass du dein Pferd über deine treibenden Hilfen an den Zügel reitest. Stell dir vor, dass du deinen treibenden Impuls mit der Wade als stetigen Zug in der Reiterhand fühlst. Anlehnung ist das Ergebnis korrekten Reitens.

DER SCHWUNG

Wenn dein Pferd den energischen Impuls von der Hinterhand nach vorne-oben über den locker schwingenden Rücken in die Gesamtvorwärtsbewegung durchlässt, hat es Schwung. Die Hinterhand huft dann vorwärts-aufwärts. Der Schwung ist das Resultat reiterlicher Arbeit, bei der wir uns folgende Grundeigenschaften des Pferdes zunutze machen: Ein Pferd auf der Weide, das schwungvoll lostrabt, nutzt die Kraft seiner großen Hinterhandmuskulatur, um sich energisch abzudrücken und so schneller zu werden, ähnlich einem Sportler, der Schwebetritte läuft.

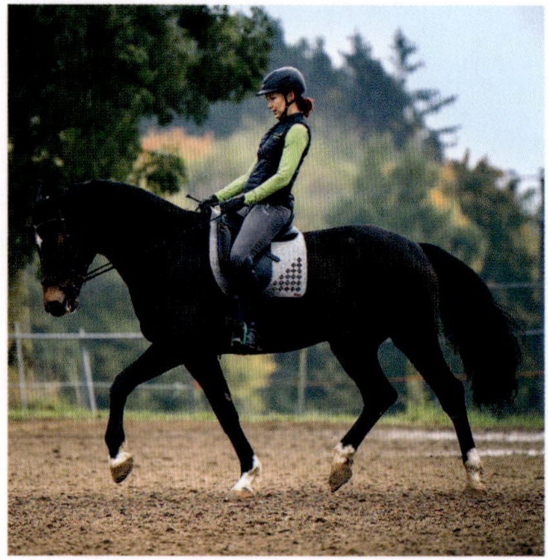

Eine größtmögliche Schwungentfaltung gibt es im starken Trab und Galopp, im Schritt kann dagegen kein Schwung aufgebaut werden, da es keinen Moment der freien Schwebe gibt. Der Schwung steht zwar in der Ausbildungsskala vor der Geraderichtung, der volle Schwung kann aber erst nach der Geraderichtung entwickelt werden, da das Pferd erst dann in der Lage ist, die Energie gleichmäßig von hinten über den schwingenden Rücken in die Vorwärtsbewegung umzuleiten. Zudem muss dein Pferd auch eine gute Kraftentwicklung in der Hinterhand, also einen gewissen Versammlungsgrad haben, um die Kraft für den starken Trab und Galopp halten zu können. Ebenso wichtig ist eine gute Rumpfmuskulatur, damit dein Pferd nicht auf die Vorhand fällt. Eine gute Schwungentwicklung erreichst du über Tempiwechsel. Hierzu reitest du zuerst Tritte- bzw. Galoppsprünge-Verlängern.

Weniger ist mehr: Es geht in erster Linie um das energische Abhufen zu Beginn der Übung. Jedes Zuviel birgt die Gefahr, dass dein Pferd den Impuls nicht mehr halten kann, auf die Vorhand fällt und dadurch ins Rennen kommt. Diese Übung ist aber erst sinnvoll, wenn dein Pferd einen sicheren Takt hat und losgelassen in Anlehnung unter dir läuft.

DEN SCHWUNG VERBESSERN

Wenn du Übergänge, ganze Paraden und Tempiwechsel reitest, kannst du dadurch den Schwung verbessern. Auch das Rückwärtsrichten und daraus Anreiten ist eine gute Übung, genauso wie sämtliches Training, das die Hinterhand stärkt, wie z.B. Cavaletti- und Stangentraining, Springen und Reiten im Gelände.

Eins werden

Schwingt dein Pferd über den Rücken, hast du das Gefühl, dass dein Pferd dich einsaugt und du mit dem Pferdekörper verschmilzt.

1/8 Geraderichtung und Versammlung

DIE GERADERICHTUNG

Wenn dein Pferd auf beiden Seiten gleichmäßig gebogen, gymnastiziert und bemuskelt ist und du die natürliche Schiefe ausgeglichen hast, dann ist es geradegerichtet. Und erst ein komplett geradegerichtetes Pferd kann man korrekt stellen und biegen. Die Geraderichtung ist die Voraussetzung für die Versammlung und volle Schwungentwicklung. Außerdem wirkt sie einer einseitigen Abnutzung der Gelenke entgegen.

DIE HOHLE SEITE

Wie wir Menschen auch, ist jedes Pferd von Natur aus händig, d.h., dass ein Bein oder eine Seite stärker ausgeprägt ist und deshalb auch mehr belastet wird, als die andere Seite. Bei der sogenannten hohlen Seite weicht das Hinterbein nach innen aus und nimmt so weniger Last auf. Es ist »gefühlt« die bessere Seite, vor allem in Wendungen. Bei der sogenannten Zwangsseite tritt das innere Hinterbein vermehrt unter die Körpermitte und nimmt mehr Last auf. Gefühlt ist es die schlechtere Seite.

Viele Pferde sind auf die rechte Seite hin hohl, also wie eine Banane etwas nach rechts gebogen. Sie führen Kopf und Hüfte dann gerne nach rechts. Alle Rechtswendungen fühlen sich leichter an, Linkswendungen erscheinen schwieriger, weil sich das Pferd aufgrund der rechts verkürzten Muskulatur nicht so gut nach links biegen kann.

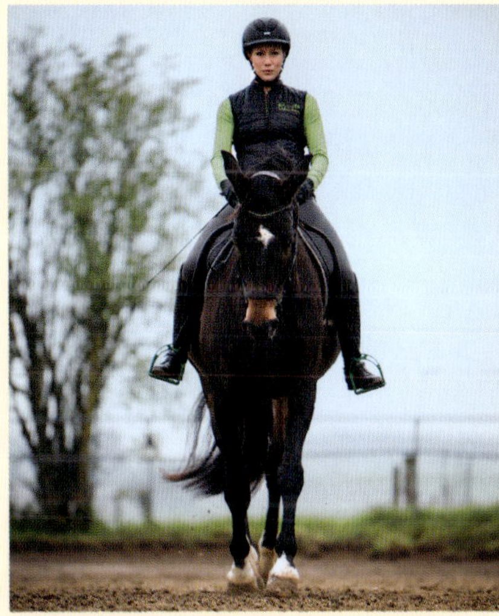

Ob dein Pferd gerade ist, kannst du gut von vorne erkennen.

ZIEL UND WIRKUNG

Die geraderichtende Arbeit soll die Unterschiede zwischen den beiden Seiten ausgleichen. Ziel ist, dass die Hinterhufe deines Pferdes immer die Spur der Vorderhufe huten, auf gebogenen Linien wie auf geraden. Dies erreichst du, indem du dein Pferd auf beiden Händen gleichmäßig gymnastizierst, und das am besten auf gebogenen Linien. Du musst die kürzere Körperseite mehr dehnen und die längere Körperseite deines Pferdes stärken. Und daran trainierst du, sobald du dich das erste Mal auf dein Pferd setzt.

DIE VERSAMMLUNG

Wenn dein Pferd sich selbst auf kleiner Grundfläche ausbalanciert, die Hinterhand energisch heranhuft und es sich selbst trägt, dann ist es korrekt versammelt. Es scheint dann leichtfüßig durch die Reitbahn zu tanzen. Das Pferd muss vermehrt die Hanken beugen, nimmt dadurch mehr Last auf und kippt so das Becken. Die Kruppe senkt sich ab, es fühlt sich an, also ob sich das Pferd auf einen Stuhl setzt. Die Vorwärtsbewegung bleibt immer erhalten und als Reiter hat man das Gefühl, getragen zu werden und mehr Pferd vor sich zu haben.

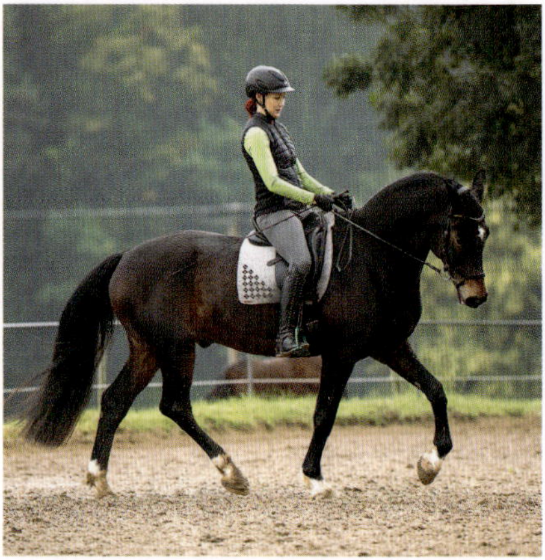

Korrekt beginnende Versammlung. Die Vorwärtstendenz ist deutlich zu sehen.

SO WIRD'S GEMACHT

Bevor du dein Pferd korrekt versammeln kannst, musst du die vorausgehenden Punkte der Ausbildungsskala erreicht haben. Das bedeutet aber nicht, dass du nicht vorher an der Versammlung arbeiten kannst.
Sobald du mit deinem Pferd korrekte Übergänge, Tempiwechsel, Rückwärtsrichten und daraus Angehen übst, trainierst du schon die Versammlung deines Pferdes.

Tempiwechsel sind eine hervorragende Übung, um das Zurückführen des Tempos bei Erhalt des Fleißes aus der Hinterhand zu trainieren.

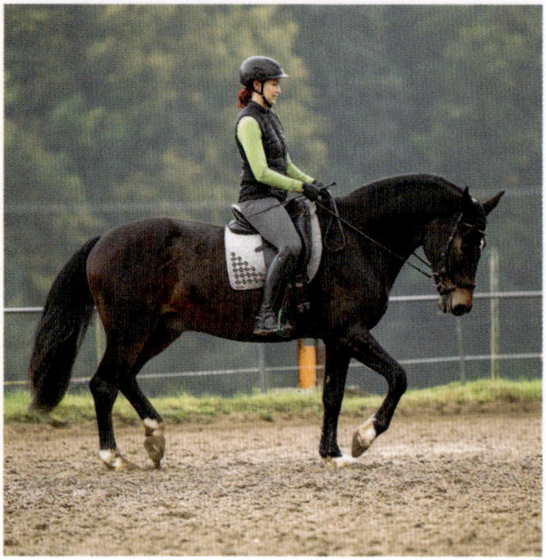

Hier fehlt der Fleiß und das aktive Hinterbein. Das Pferd trabt einfach nur langsam.

Ein Pferd zu versammeln heißt nicht, einfach langsamer zu reiten. Es verliert dadurch nämlich den Schub und Fleiß aus der Hinterhand, tritt nicht mehr unter und der Rücken hängt durch. Sobald du merkst, dass dein Pferd den Fleiß aus der Hinterhand verliert, reitest du normales Arbeitstempo, dann nimmst du es wieder etwas auf und führst es für ein paar Schritte in die Versammlung zurück. So stärkst du die Muskulatur.

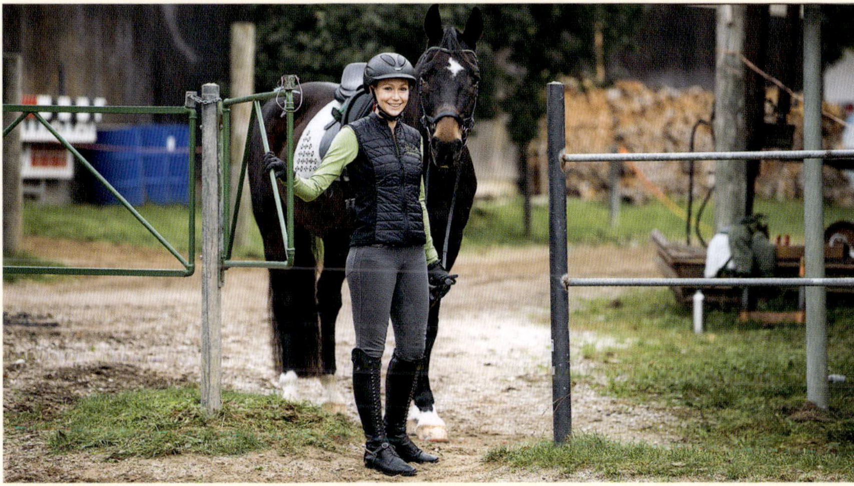

1/9 Hufschlagfiguren: Die Bahnregeln

BAHNMASSE UND BAHNPUNKTE

Bevor du in der Bahn, in der Reithalle oder im Freien trainierst, musst du die Bahnregeln kennen. Das sind Verhaltensregeln, die dir und den anderen Reitern und Pferden das Miteinander auf dem Reitplatz erleichtern sollen und das Beisammensein so angenehm wie möglich machen.

- Vor dem Betreten oder Verlassen der Reitbahn ruft man laut und deutlich »Tür frei, bitte« und betritt oder verlässt die Bahn erst, wenn alle Reiter laut antworten »Ist frei«.
- Reiter auf der linken Hand haben Vorrang. Reiter auf der rechten Hand müssen ausweichen.
- Galopp und Trab sind gleichwertig. Schritt wird meistens auf dem zweiten Hufschlag geritten.
- Ganze Bahn hat Vorrang zu den anderen Hufschlagfiguren.
- Wenn zwei Reiter sich auf der diagonalen Linie oder auf der Mittellinie entgegenkommen, wird linke Schulter an linke Schulter aneinander vorbeigeritten.
- Möchte man etwas an der Bande ablegen oder benötigt im Schritt den ersten Hufschlag, fragt man danach (»Bande frei, bitte«, »Hufschlag frei, bitte«).
- Auf schwächere Reiter, Reiter mit jungen Pferden oder Reiter, die gerade Unterricht haben, wird Rücksicht genommen.
- Lautes Telefonieren geht gar nicht. Den Klingelton am besten auf Vibrieren stellen.

Reguläre Reitbahn mit 20 x 40 Meter

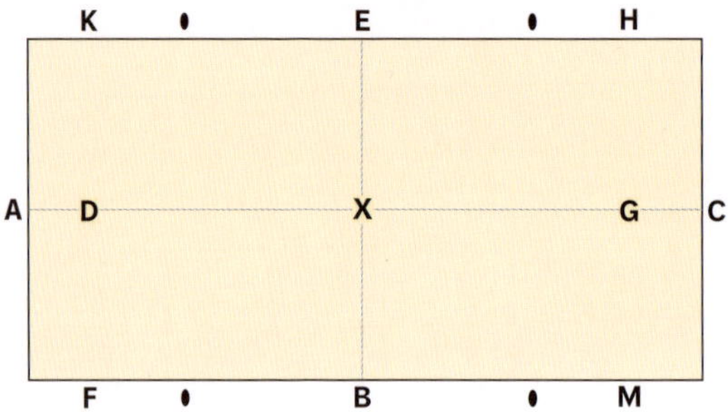

Merksatz für die Bahnpunkte:
Mein Bester Freund Anton Kann Einen Heben, Cheerio!

Großes Dressurviereck mit 20 x 60 Meter

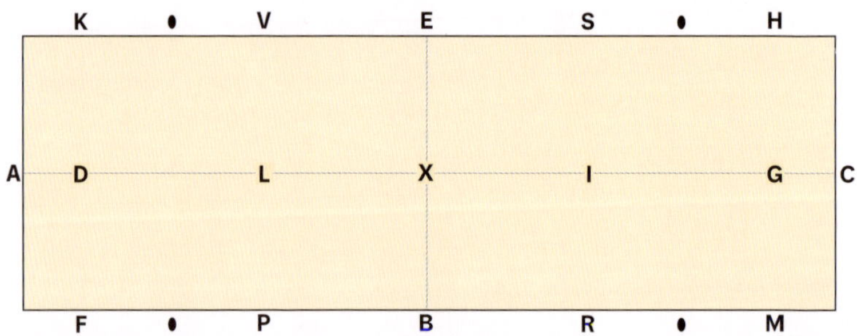

Merksatz für die Bahnpunkte:
Mein Ross Braucht Paraden Für Alle Korrekten Volten, Es Soll Hinter Celsius Gehen In Xantippes Leichter Dressur.

1/10 Hufschlagfiguren: Ganze Bahn und halbe Bahn

GANZE BAHN

- Die ganze Bahn kannst du auf dem ersten Hufschlag an der Bande entlang oder auf dem zweiten, dritten, vierten etc. Hufschlag reiten, jeweils ca. 2 Meter weiter innen.
- Jede Ecke wird wie eine viertel Volte geritten.
- Umso tiefer du in die Ecke reitest, umso kleiner wird die viertel Volte.

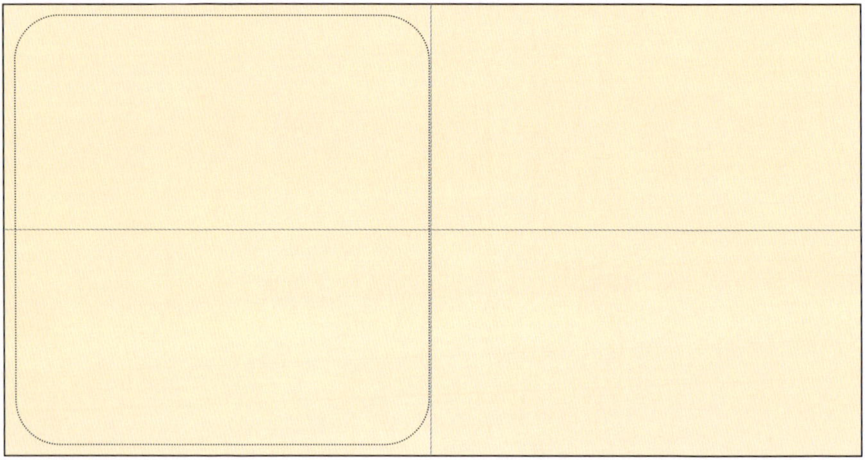

HALBE BAHN

- Hier biegst du in der Mitte der langen Seiten im rechten Winkel ab und reitest gerade auf die gegenüberliegende Seite.
- Reite die Ecken wie eine viertel Volte.
- An der offenen Seite musst du besonders auf die Geraderichtung achten, da du hier keine Bande als optische Hilfe hast.

1/11 Hufschlagfiguren: Zirkel und Mittelzirkel

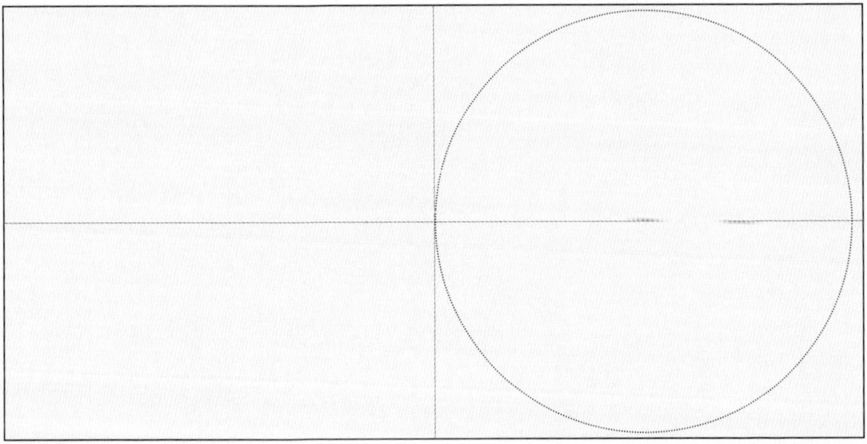

ZIRKEL

- Der Zirkel ist ein im Durchmesser 20 Meter großer Kreis.
- Geritten wird auf einer Hälfte der Bahn. Zirkel bei A oder Zirkel bei C.
- Reite die Ecken beim Zirkel an der kurzen Seite nicht tief aus, damit der Zirkel wirklich rund wird.
- An der offenen und an der geschlossenen Zirkelseite musst du die Hilfen für eine Wendung geben. Siehe hier die Karten ab 1/18 für die Hilfengebung.

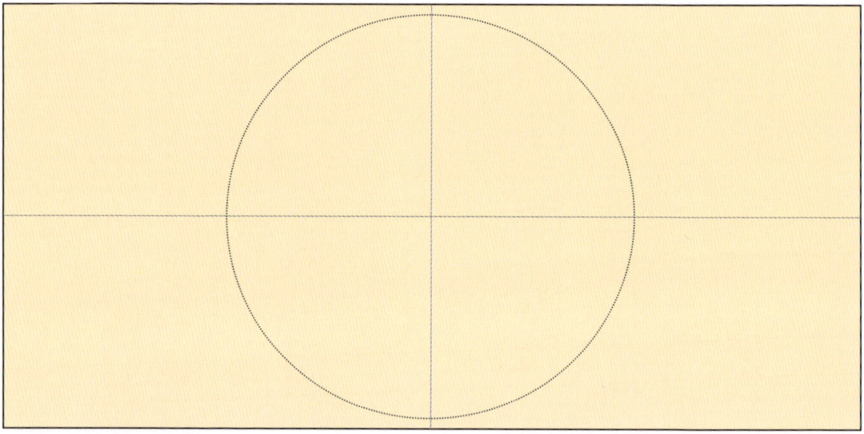

MITTELZIRKEL

- Der Mittelzirkel wird gleichmäßig in der Mitte der Bahn angelegt.
- Er ist ein im Durchmesser 20 Meter großer Kreis.
- Der erste Hufschlag an der langen Seite wird nur kurz berührt.

1/12 Hufschlagfiguren: Aus dem Zirkel und durch den Zirkel wechseln

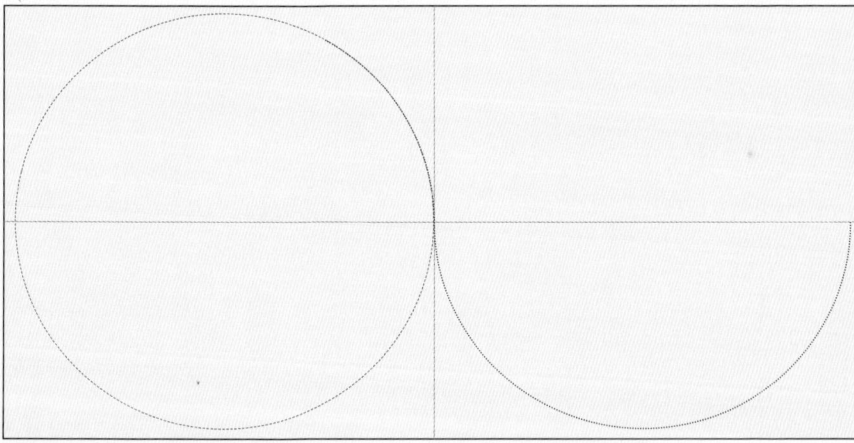

AUS DEM ZIRKEL WECHSELN

- Reite einen Handwechsel, indem du von einer Zirkellinie über X auf die andere Zirkellinie reitest. Du wechselst also vom Zirkel bei C auf den Zirkel bei A oder umgekehrt.
- Über X wird dein Pferd eine Pferdelänge geradeaus geritten. Du richtest es gerade, stellst es um und eventuell sitzt du auch um, da du dein Pferd von einer Hand auf die andere und z.B. von einem Linksbogen auf einen Rechtsbogen reitest.

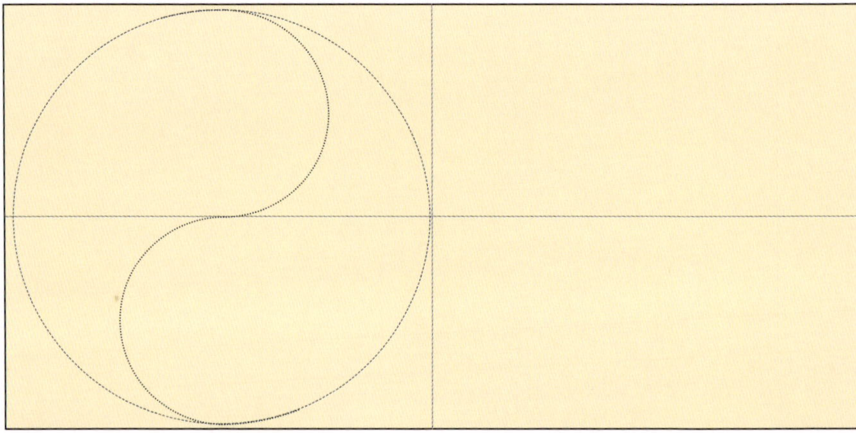

DURCH DEN ZIRKEL WECHSELN

- Hier wird mit zwei halben Volten ein Handwechsel durch den Zirkel geritten.
- Du reitest vom Zirkelpunkt über die Mitte des Zirkels zum anderen Zirkelpunkt, von der offenen zur geschlossenen Zirkelseite hin.
- Reite eine halbe Volte, dann eine Pferdelänge geradeaus - während des kurzen Moments des Geradeausreitens stellst du dein Pferd um und sitzt um - und eine Volte in die andere Richtung.

1/13 Hufschlagfiguren: Durch die ganze und die halbe Bahn wechseln

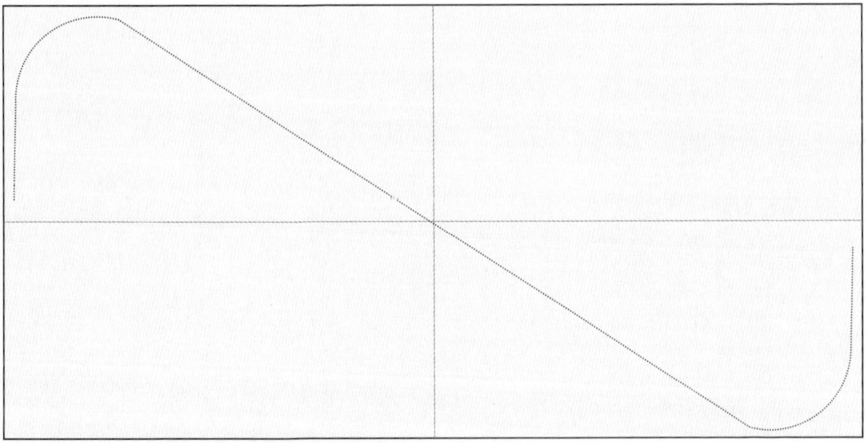

DURCH DIE GANZE BAHN WECHSELN

- Reite durch die Diagonale der Reitbahn und sitze kurz vor dem Erreichen des Hufschlages beim Leichttraben um.
- Reite durch die Ecke und wende an den Wechselpunkten (F, K, H, M) von der Bande ab, bzw. hier wird der Hufschlag wieder erreicht.

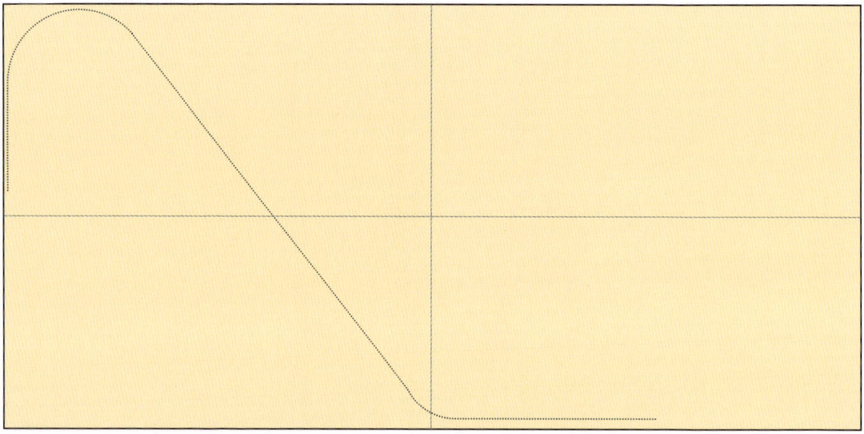

DURCH DIE HALBE BAHN WECHSELN

- Wende bei dieser Hufschlagfigur steiler von der Bande ab und reite diagonal durch die halbe Bahn zum »Halbebahnpunkt« (B oder E).
- Bei dieser Hufschlagfigur musst du tiefer in die Ecke und punktgenau reiten.

1/14 Hufschlagfiguren: Durch die Länge der Bahn wechseln/reiten

DURCH DIE LÄNGE DER BAHN WECHSELN

- Du wendest an der kurzen Seite bei C oder A auf die Mittellinie ab und wechselst durch die Länge der Bahn. Wenn du die Bahnfigur auf der rechten Hand begonnen hast, wechselt du auf die linke Hand
- Beim Leichttraben musst du kurz vor Erreichen des Hufschlages umsitzen.
- Wichtig ist, dass du die Wendungen früh genug einleitest. Es wird aus der Ecke heraus der Bogen weiter geritten, wie bei einer halben Volte.

DURCH DIE LÄNGE DER BAHN REITEN

- Wende an der kurzen Seite bei C oder A auf die Mittellinie ab und reite durch die Länge der Bahn. Wenn du die Hufschlagfigur auf der rechten Hand begonnen hast, reitest du kurz vor der kurzen Seite auch wieder auf die rechte Hand.
- Wichtig ist, dass du die Wendungen früh genug einleitest. Es wird aus der Ecke heraus der Bogen weiter geritten, wie bei einer halben Volte.

1/15 Hufschlagfiguren: Volten, Kehrtvolten oder aus der Ecke kehrt

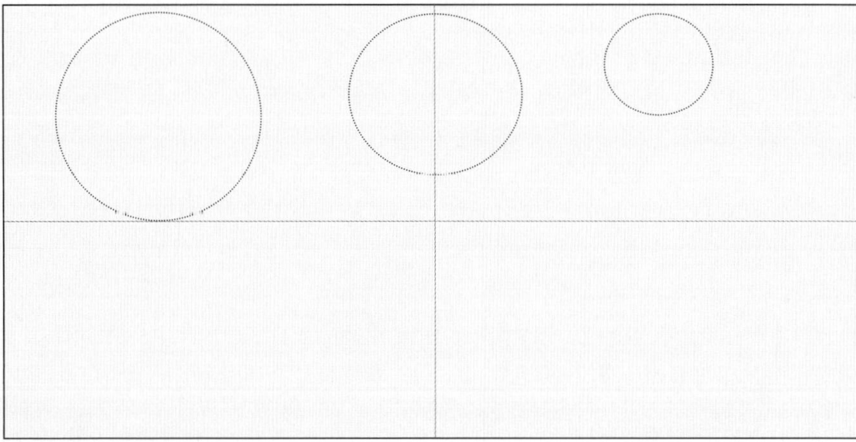

VOLTEN

- Volten sind gleichmäßig runde Kreise, die überall geritten werden können.
- Man unterscheidet sie im Durchmesser von 10 Metern, 8 Metern und 6 Metern.
- Volten werden unabhängig von Bahnpunkten geritten, man kann sie aber zur besseren Orientierung bei den Bahnpunkten beginnen und wieder beenden.

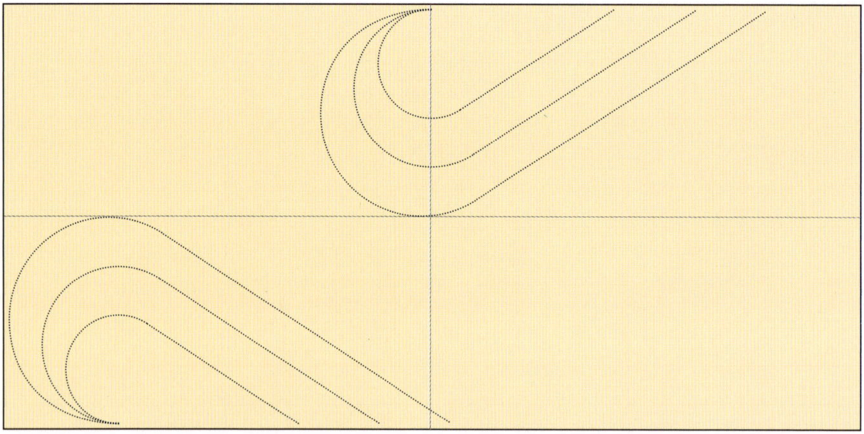

KEHRTVOLTEN ODER AUS DER ECKE KEHRT

- Bei einer Kehrtvolte reitest du zunächst eine Volte, am Scheitelpunkt bzw. bei der Hälfte reitest du schräg gerade auf die Bande zu und wechselst so die Hand.
- Eine Kehrtvolte aus der Ecke heraus geritten nennt man »Aus der Ecke kehrt«.
- Du kannst beide Kehrtvolten in 10 Metern, 8 Metern und 6 Metern Durchmesser reiten.

1/16 Hufschlagfiguren: Einfache und doppelte Schlangenlinie

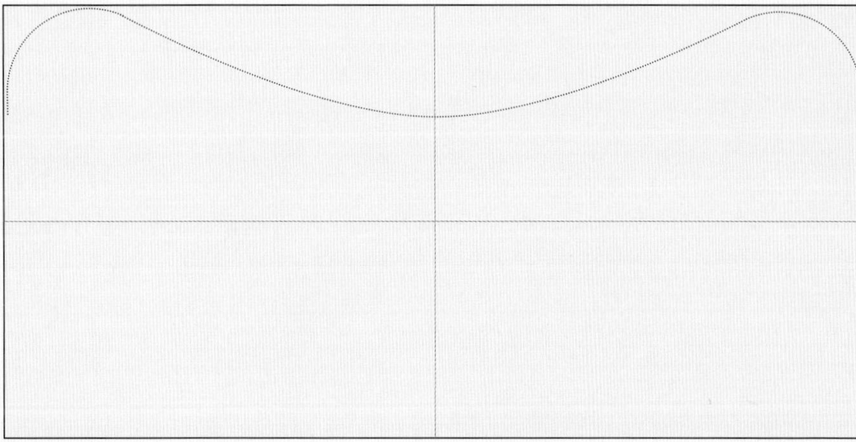

EINFACHE SCHLANGENLINIE

- Hier reitest du durch die Ecke durch, wendest bei den HB-Punkten leicht schräg in die Mitte ab, reitest kurz geradeaus, um dann einen leichten Bogen in die andere Richtung zurück zur Bande einzuschlagen.
- Am Scheitelpunkt soll die Linie ca. 5 Meter von der Bande entfernt sein.
- Zwischen den Wendungen wird das Pferd geradeaus geritten und umgestellt.

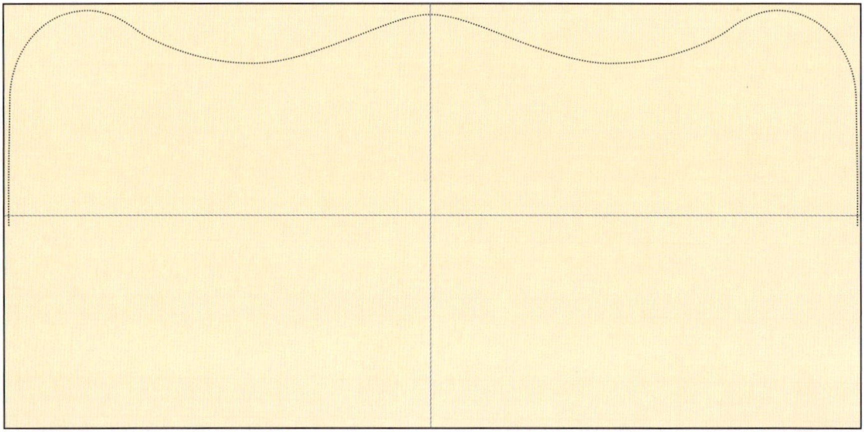

DOPPELTE SCHLANGENLINIE

- Geritten wird ähnlich wie bei der einfachen Schlangenlinie, nur dass du zwei Bögen einbaust, die am Scheitelpunkt einen Abstand von ca. 2,5 Meter zur Bande haben.
- Die doppelte Schlangenlinie ist eine Hufschlagfigur, die man nur reiten kann, wenn das Pferd bereits in Versammlung laufen kann.

1/17 Hufschlagfiguren: Schlangenlinien durch die ganze Bahn/in drei oder vier Bögen

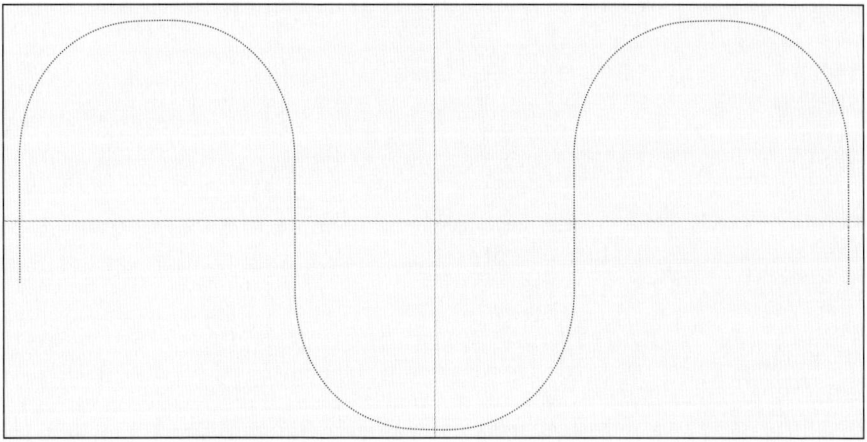

SCHLANGENLINIEN DURCH DIE GANZE BAHN IN DREI BÖGEN

- Hier werden Schlangenlinien durch die ganze Bahn gleichmäßig in drei Bögen eingeteilt und dann durch die ganze Bahn geritten.
- Du überreitest zweimal die Mittellinie. Hier hast du dann auch genügend Zeit, um dein Pferd umzustellen und ggf. umzusitzen.
- Von Bogen zu Bogen wird über die Mittellinie gerade auf die gegenüberliegende Bande zugeritten.

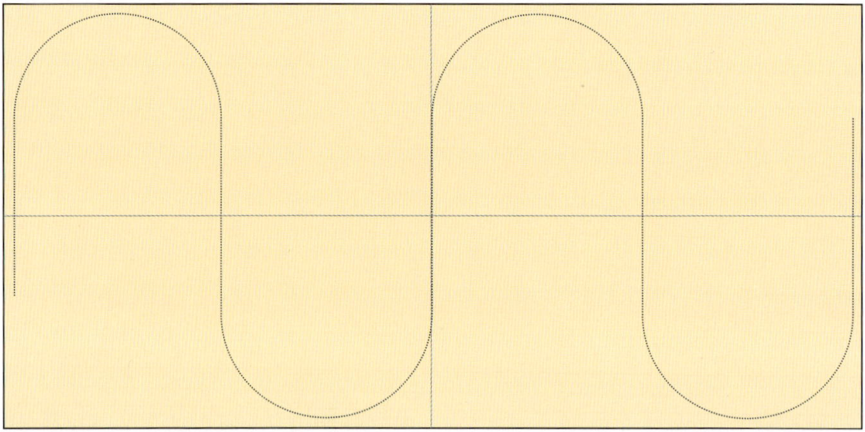

SCHLANGENLINIEN DURCH DIE GANZE BAHN IN VIER BÖGEN

- Hier werden vier gleichmäßig eingeteilte Bögen durch die ganze Bahn geritten.
- Wie auch bei Schlangenlinien durch die ganze Bahn mit drei Bögen, überreitest du die Mittellinie gerade.
- Die Bögen müssen hier enger eingeteilt werden als bei nur drei Bögen.

1/18 Hilfengebung: Welche Reiterhilfen gibt es?

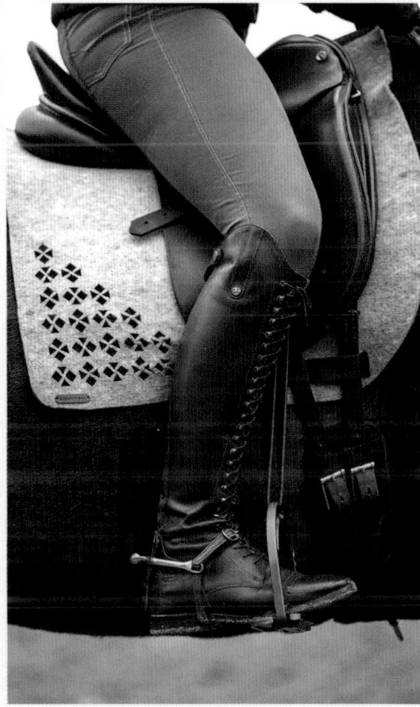

REITERHILFEN

Unter Reiterhilfen versteht man zunächst einmal Gewichtshilfen, Schenkelhilfen und Zügelhilfen. Daneben gibt es aber auch unterstützende Hilfen, wie die Stimmhilfe, die Gerte oder die Sporen. Du kannst damit auf dein Pferd einwirken und ihm »sagen«, was als Nächstes zu tun ist. Es gibt treibende (Gewichts- und Schenkelhilfe) und verwahrende (Zügelhilfen) Hilfen. Du gibst deinem Pferd mit den Hilfen ein Kommando, auf das das Pferd reagiert.
Keine Reiterhilfe steht jemals für sich allein, nur im abgestimmten Zusammenspiel sind die Hilfen für das Pferd verständlich und es kann die Kommandos umsetzen.

- *Schenkelhilfen:* Hierbei übst du mit deiner flachen Wade Druck, also einen Impuls am Pferdebauch, aus. Du klemmst nicht dauerhaft mit deiner Wade, hältst aber dennoch einen Kontakt mit der Wade zum Pferdebauch.
- *Gewichtshilfen:* Indem du dein Gewicht im Sattel und Bügel verlagerst, kannst du deinem Pferd Hilfen geben.
- *Zügelhilfen:* Mit dem Annehmen und Nachgeben des Zügels kannst du deinem Pferd Hilfen geben.
- *Meinungsverstärker:* Stimme, Gerte und Sporen können ebenfalls als unterstützende Reiterhilfen eingesetzt werden.

RICHTIG EINSETZEN

Ein Pferd will immer gefallen und versucht deshalb, die Hilfen korrekt umzusetzen. Wenn es allerdings eine Lücke in der Hilfengebung findet, so wählt das Pferd oft den leichteren Weg, nutzt die Lücke und »entzieht« sich so der eigentlich schwereren Aufgabe. Dies geschieht nicht aus Bosheit, sondern entspricht nur der Natur des Pferdes. Auf jede Hilfe soll eine Reaktion folgen. So ist der dauerhafte Einsatz der Stimme, z.B. durch Schnalzen bei jedem Schritt unsinnig, da das Pferd es irgendwann als normal ansieht und nicht mehr darauf reagiert. Genauso muss das Treiben im Takt des Pferdes geschehen, damit es reagieren kann. Dauerdruck oder Bohren mit der Ferse ist kontraproduktiv. Das Pferd gewöhnt sich daran und reagiert nicht mehr.
Hilfsmittel wie Gerte und Sporen dienen dazu, das Pferd feiner zu machen. Reagiert es nicht auf den Schenkel, kommt die Gerte und/oder die Sporen. Beim nächsten Mal bekommt es wieder die Chance, nur auf den Schenkel zu reagieren.

FEHLER UND WIE SIE KORRIGIERT WERDEN

Keine Reaktion Reagiert dein Pferd nicht wie gewünscht, dann musst du als Reiter die Dauer, Intensität, den Zeitpunkt und die Auswahl deiner Hilfen überprüfen und eventuell ändern.

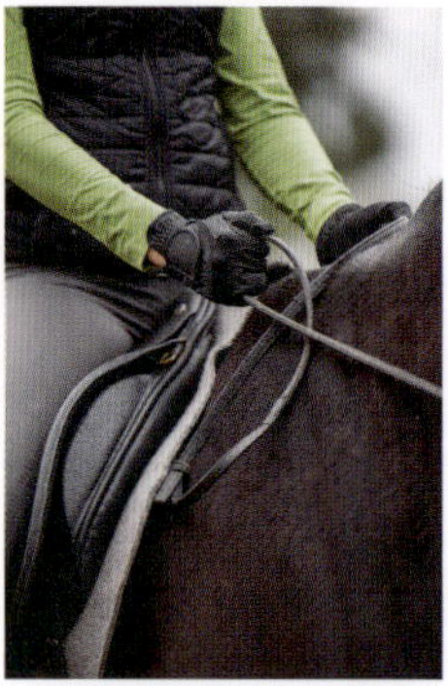

Korrekte Zügelführung mit Daumen als Dach.

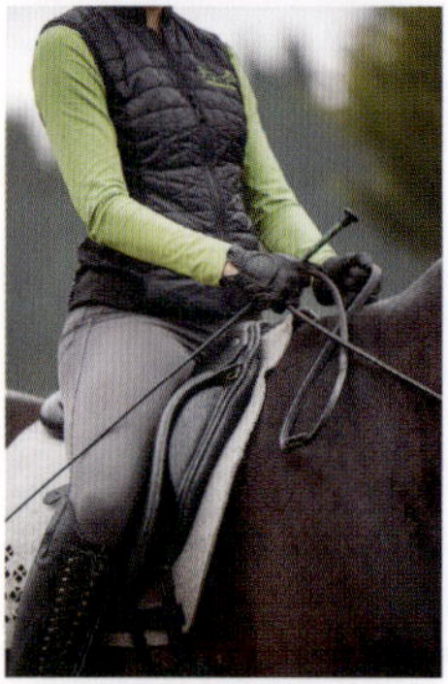

Handhaltung mit der Gerte, diese liegt über dem Knie.

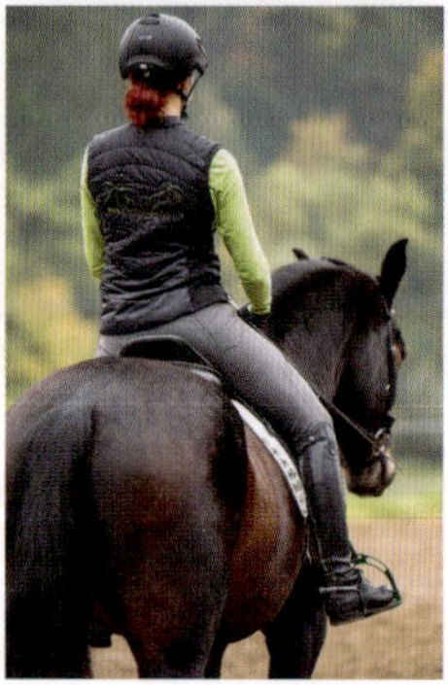

Gewichtshilfen, hier übertrieben dargestellt.

1/19 Hilfengebung: Anforderungen, Timing und Dosierung

ANFORDERUNGEN AN DEN REITER

- Du musst die Hilfen kennen und alles über deren Umsetzung und das Zusammenspiel der Hilfen wissen.
- Du benötigst eine gute Koordination und Kondition.
- Du brauchst Gefühl und Verständnis für dein Pferd und dessen Bewegungen.
- Dein Reitersitz muss korrekt und funktional sein.

ANFORDERUNGEN AN DAS PFERD

- Dein Pferd benötigt eine gewisse körperliche und geistige Reife.
- Dein Pferd muss locker und entspannt, also losgelassen sein und bereit mitzuarbeiten.

Reiterhilfen umsetzen
Umso besser ein Pferd ausgebildet ist, umso prompter und müheloser wird es die Reiterhilfen umsetzen und umso durchlässiger ist es.

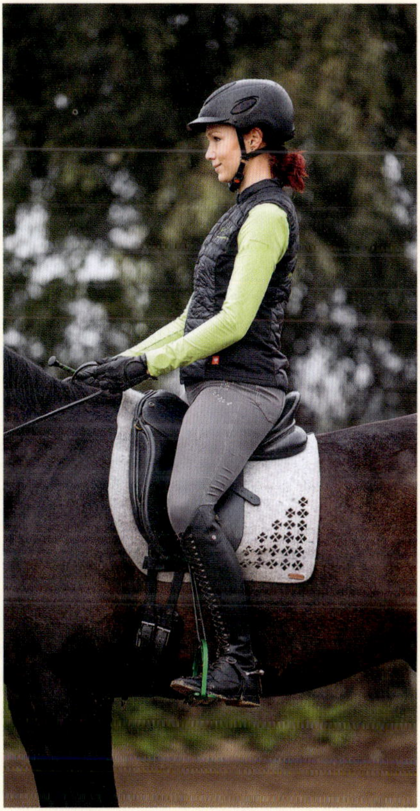

DIE DOSIERUNG

Mit **Dosierung** ist der korrekte Einsatz der passenden Hilfe im richtigen Moment in der exakten Intensität gemeint. Dass das beim Reiten wie das Salz in der Suppe ist, kann man sich vorstellen:

- Salzt man zu viel, also gibt zu viele Hilfen, schmeckt die Suppe nicht mehr.
- Benutzt man statt Salz Zucker, also verwendet man die falschen Hilfen zur falschen Zeit, dann ist das Ergebnis auch nicht gut.
- Muss nachgesalzen werden, also ist man zu spät mit seinen Hilfen dran, ist der »Wow-Effekt« weg.
- Gar nicht salzen, also gar keine Hilfen geben, ist fad und manchmal sogar ungenießbar.

Gerade das Timing und die Dosierung machen das Reiten spannend. Ein junges Pferd benötigt oft deutlichere Hilfen, ein sehr weit ausgebildetes Pferd scheint beinahe die Gedanken seines Reiters lesen zu können, alles geschieht ohne großen Aufwand.

Leitspruch
Vom Groben zum Feinen und vom Leichten zum Schweren.

Dass sich der Einsatz und die Intensität der Reiterhilfen auch innerhalb einer Reiteinheit reduzieren können, ist ganz normal, da ein Pferd im Laufe eines Trainings durchlässiger wird. Ebenso kann es aber auch sein, dass ein Pferd auf einmal mehr Hilfe braucht. Um das zu erkennen, benötigst du ein gutes Reitergefühl und Einfühlvermögen. Das klappt nicht gleich bei der ersten Reitstunde, aber versuche immer, deinem Pferd zuzuhören und zu fühlen.

DAS TIMING

Zur richtigen Zeit das Richtige tun, das bedeutet Timing. Du gibst beispielsweise dann einen Impuls mit deiner Wade, wenn das Hinterbein abhuft. Timing ist auch, wenn du z.B. eine durchhaltende Zügelhilfe wieder nachgibst, sobald sich das Pferd vom Gebiss abstößt, also die Hilfe angenommen hat. Beim Timing gibst du deine Hilfe im richtigen Moment, lässt dann aber auch wieder nach.

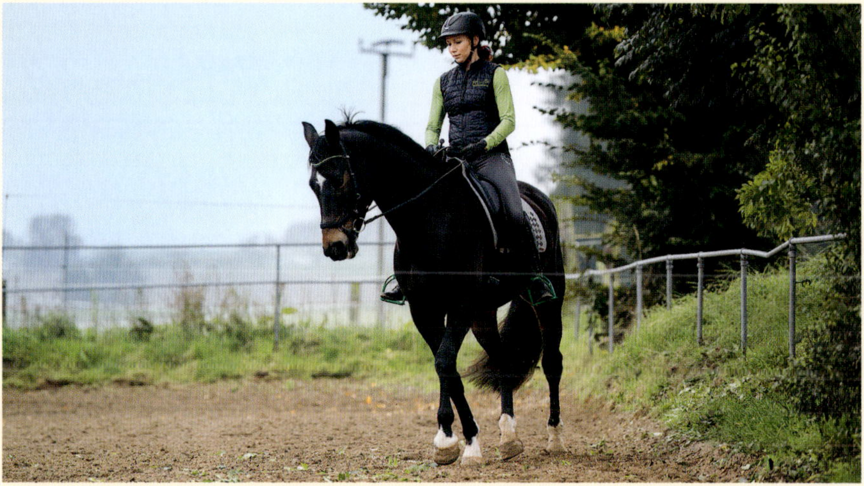

1/20 Hilfengebung: Gewichtshilfen

ZIEL UND WIRKUNG
Gewichtshilfen zählen zu den treibenden Hilfen. **Sie werden folgendermaßen unterteilt:**

- *Beidseitig belastend:* Beide Gesäßknochen sind gleichmäßig belastet.
- *Einseitig belastend:* Ein Gesäßknochen ist mehr belastet.
- *Entlastend:* Bei der entlastenden Gewichtshilfe verteilt sich das Reitergewicht vermehrt auf Oberschenkel und Steigbügel.

Dazu brauchst du die beidseitig belastende Gewichtshilfe:

- Zum Geradeausreiten.
- Um die Hinterhand aktiv zu halten.
- Um dein Pferd vermehrt zu schließen.
- Um ganze und halbe Paraden zu reiten.

Dazu brauchst du die einseitig belastende Gewichtshilfe:

- Zum Reiten von Wendungen.
- Zum Reiten in Biegungen.
- Bei Seitengängen.

Dazu brauchst du die entlastende Gewichtshilfe:

- Immer dann, wenn du den Rücken deines Pferdes entlasten willst, also z.B. im Gelände, beim Springen, bei der Stangenarbeit, in der Aufwärmphase oder beim Reiten von jungen Pferden..

SO WIRD'S GEMACHT

- *Beidseitig belastend:* Beide Gesäßknochen sind links und rechts gleichmäßig belastet.
- *Einseitig belastend:* Hebe einen Gesäßknochen etwas an, damit du mehr Gewicht auf den anderen bekommst.
- *Entlastend:* Sobald du deinen Oberköper etwas vor die Senkrechte bringst und dein Reitergewicht vermehrt auf Oberschenkel und Steigebügel verlagerst, auch wenn dein Po noch im Sattel ist, bis hin zum leichten Sitz mit verkürzten Bügeln setzt du eine entlastende Reiterhilfe ein.

Wann du die Gewichtshilfen einsetzt:

- Um dein Pferd zu schließen und die Hinterhand aktiv zu halten.
- Beim Reiten von Geraden und Wendungen.
- Bei allen Seitengängen.
- Bei allen halben und ganzen Paraden.

FEHLER UND WIE SIE KORRIGIERT WERDEN

Einknicken in der Taille Wenn mit dem gesamten Oberkörper versucht wird, eine Seite mehr zu belasten und so eine einseitige Gewichtshilfe zu geben, kommt es zu einem Einknicken in der Taille. Das bringt nicht nur dich, sondern auch dein Pferd aus dem Gleichgewicht. Um beispielsweise nur den inneren Gesäßknochen mehr zu belasten, hebe den äußeren an, anstatt mehr Gewicht auf den inneren zu bekommen.

Aktiv schieben Gewichtshilfen zählen auch zu den treibenden Hilfen. Das bedeutet aber nicht, dass du dein Pferd aktiv mit dem Becken schieben sollst oder gar im Galopp den Sattel mit deinem Po auswischen sollst. Dein Becken bleibt gleichmäßig auf deinen Sitzbeinknochen sitzen und nimmt in erster Linie die Bewegung des Pferdes auf. Klappt das gut, kannst du die Kippbewegung des Beckens vor allem im Aussitzen variieren, also langsamer und somit erhabener oder länger für das Zulegen der Gangart kippen.

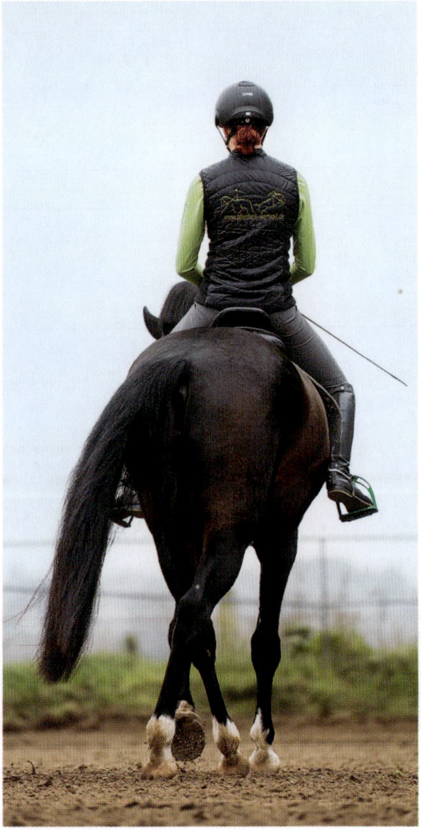

Das Reitergewicht gibt die Richtung an, die geritten wird bzw. in die das Pferd gestellt und gebogen ist.

1/21 Hilfengebung: Schenkelhilfen

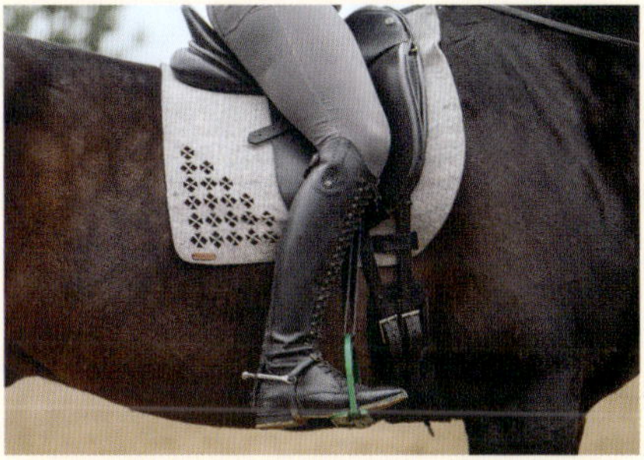

Korrekte Lage des vorwärtstreibenden Schenkels.

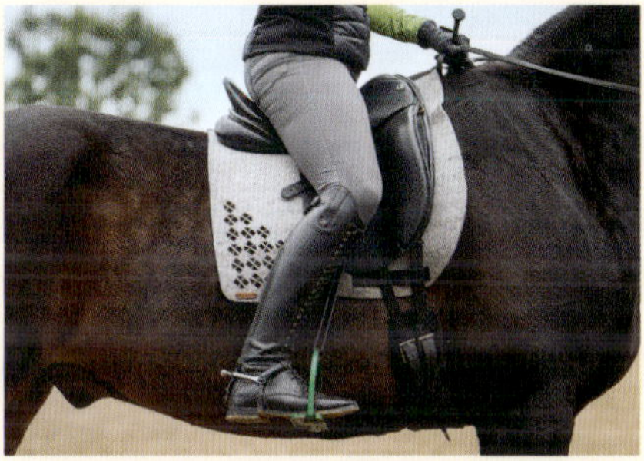

Der vorwärts-seitwärtstreibende Schenkel liegt aus der Hüfte heraus eine Handbreit weiter hinten.

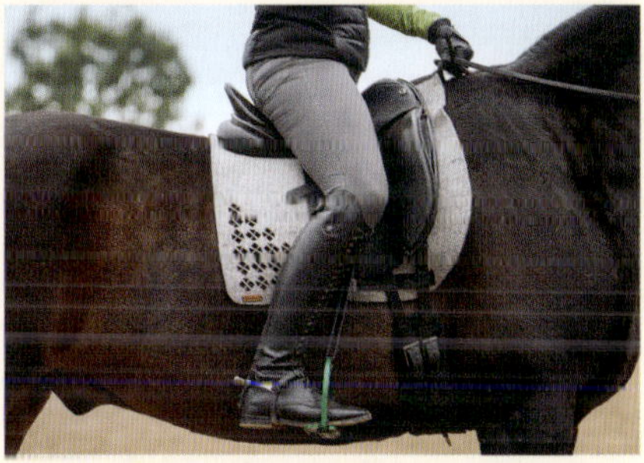

Der verwahrende Schenkel liegt optisch gleich zum vorwärts-seitwärtstreibenden, treibt aber nicht.

ZIEL UND WIRKUNG

Schenkelhilfen zählen zu den treibenden Hilfen. Sie werden folgendermaßen unterteilt:

- *Vorwärtstreibend:* Die Schenkel liegen hinter dem Gurt am Pferdebauch an, du treibst aktiv.
- *Vorwärts-seitwärtstreibend:* Die Schenkel liegen ca. eine Handbreit weiter hinten am Pferdebauch, du treibst aktiv.
- *Verwahrend:* Deine Schenkel liegen wie bei Vorwärts-seitwärtstreibend, aber du treibst nicht aktiv.

Dazu brauchst du die vorwärtstreibende Schenkelhilfe:

- Zum Geradeausreiten.
- Als Gegenspieler vom verwahrenden Schenkel.
- Um das Pferd zu biegen, die Hinterhand heranzuschließen und zu aktivieren.

Dazu brauchst du die vorwärts-seitwärtstreibende Schenkelhilfe:

- Wenn du möchtest, dass das Hinterbein vorwärts/seitwärts unter den Schwerpunkt tritt.

Dazu brauchst du die verwahrende Schenkelhilfe:

- Bei Wendungen und bei Seitengängen.
- Die verwahrende Schenkelhilfe ist der Gegenspieler vom vorwärtstreibenden und vorwärts-/seitwärtstreibenden Schenkel.

SO WIRD'S GEMACHT

Drücke deine flache Wade an den Pferdebauch, ohne dabei die Ferse hochzuziehen. Dazu benötigst du deine hintere Oberschenkelmuskulatur. Du gibst einen Impuls und lässt diesen Impuls wieder los. Notfalls musst du den Impuls öfters wiederholen, bis dein Pferd reagiert.

Schenkelhilfen kommen zum Einsatz:

- Immer dann, wenn du die Hinterhand deines Pferdes aktivieren möchtest. Sei es, um schneller zu reiten oder wenn dein Pferd mehr Last auf die Hinterhand aufnehmen soll.
- Wenn du dein Pferd biegen möchtest.
- Bei allen Seitengängen.
- Du gibst deinem Pferd dann den treibenden Impuls, wenn das gleichseitige Hinterbein den Boden verlässt. So kannst du sicher sein, dass das Pferd die treibende Hilfe versteht und sofort umsetzt, da es das Bein in diesem Moment nach vorne setzen möchte.
- Beim Reiten von halben und ganzen Paraden.

FEHLER UND WIE SIE KORRIGIERT WERDEN

Treiben mit der Ferse Ein Treiben mit der Ferse ist falsch und lässt dich im Sitz verkrampfen. Hier musst du deine Hilfengebung noch einmal trainieren und genauer einfühlen.

Hochgezogene Ferse Die Ferse soll nicht hochgezogen werden, sondern immer der natürliche tiefste Punkt deines Reitersitzes sein. Der Fehler liegt meist im Reitersitz. Entweder ist der Bügel zu lang verschnallt, sodass die Ferse gar nicht so weit runterfedern kann, oder der Reiter klemmt mit dem Knie. Auf jeden Fall kann dir hier ein qualifizierter Trainer weiterhelfen.

Klopfen mit der Wade Ein Klopfen mit der Wade kommt häufig beim Leichttraben vor. Oft steht der Reiter zu aktiv auf, dadurch stellt er sich in die Steigbügel. Druck kommt in den Bügel und die Wade geht weg vom Pferd. Um in der kurzen Zeit des Einsitzens die Wade wieder an den Pferdebauch zu bekommen, entsteht oftmals ein Klopfen.

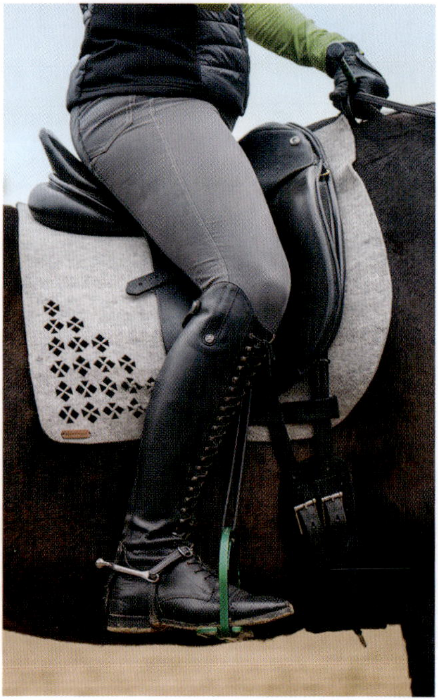

Stelle dir vor, deine Ferse wäre ganz schwer. So wird sie der natürliche tiefste Punkt.

1/22 Hilfengebung: Zügelhilfen

ZIEL UND WIRKUNG

Zügelhilfen zählen zu den verwahrenden Hilfen. **Sie werden folgendermaßen unterteilt:**

- *Annehmend:* Du baust etwas mehr Spannung auf dem Zügel auf.
- *Nachgebend:* Du gehst wieder in die Grundposition der Zügelhaltung zurück.
- *Verwahrend:* Du begrenzt in Stellung und Biegung die äußere Schulter. Stelle dir hierzu vor, dein äußerer Zügel übernimmt die Aufgabe der Bande.
- *Durchhaltend:* Du baust Spannung auf den Zügel auf, hältst diese und treibst nach, bis sich das Pferd vom Gebiss »abstößt«. Das Gewicht in deiner Hand wird weniger, die Anlehnung bleibt aber bestehen. Dein Pferd trägt sich wieder selbst.
- *Seitwärtsweisend:* Die Hand geht vom Widerrist in die zu reitende Richtung, nicht aber nach hinten weg.

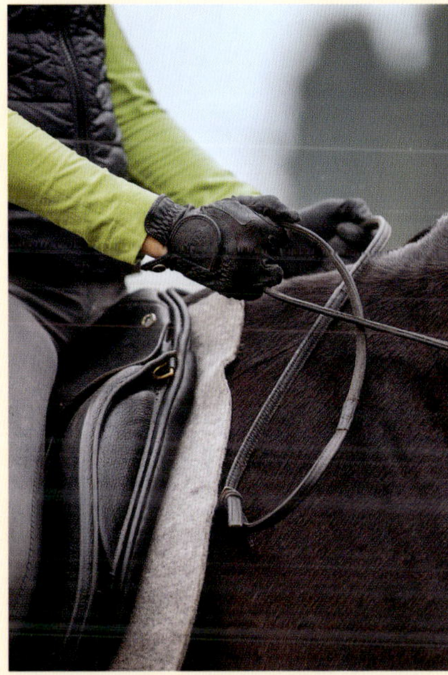

Mit korrekt geschlossenen Reiterhänden kannst du feine Zügelhilfen geben.

Dazu brauchst du die annehmende Zügelhilfe:

- Zum Erreichen und Halten der Stellung.
- Um dein Pferd zu schließen.
- Um die Hinterhand zu aktivieren.
- Um das Genick zu lockern.

Dazu brauchst du die nachgebende Zügelhilfe:

- Sie folgt auf alle anderen Zügelhilfen.

Dazu brauchst du die verwahrende Zügelhilfe:

- Zur Begrenzung der äußeren Schulter.

Dazu brauchst du die durchhaltende Zügelhilfe:

- Um dein Pferd rückwärtszurichten, für Übergänge und für das Halten.

Dazu brauchst du die seitwärtsweisende Zügelhilfe:

- Wenn dein Pferd lernt, Wendungen oder Seitengänge zu gehen.

SO WIRD'S GEMACHT

- Bei der annehmenden Zügelhilfe erhöhst du kurzzeitig die Spannung auf dem Zügel, ohne dass die Zügelverbindung starr wird.
- Bei der nachgebenden Zügelhilfe führst du die Zügel immer in die Ausgangsposition zurück.
- Die verwahrende Zügelhilfe setzt du zur Begrenzung der äußeren Schulter ein, lässt Stellung und Biegung aber zu.
- Die durchhaltende Zügelhilfe ist eine länger gehaltene, beidseitig annehmende Hilfe.
- Bei der seitwärts weisenden Hilfe nimmst du die Reiterhand einige Zentimeter vom Widerrist in die zu reitende Richtung weg.

Annehmend und nachgebend
Auf eine annehmende Zügelhilfe folgt immer eine nachgebende!

Wann du die Zügelhilfen einsetzt:

- Beim Reiten von Geraden und Wendungen.
- Beim Reiten in Stellung und Biegung.
- Beim Reiten von Seitengängen.
- Beim Reiten von halben und ganzen Paraden.
- Zur Aktivierung der Hinterhand.
- Um dein Pferd aufmerksam zu machen.

FEHLER UND WIE SIE KORRIGIERT WERDEN

Vor allem ruckartige und grobe Zügelhilfen sind sehr schmerzhaft im Pferdemaul. Darauf solltest du unbedingt verzichten. Ebenso wird nicht mit der Reiterhand nach hinten gezogen, um zu lenken. Die Schultern des Reiters, wie auch die Reiterhand bleiben immer parrallel zur Pferdeschulter. Zügelhilfen werden benötigt, um ein Pferd in Biegung reiten zu könnnen, durch ein »Rüberziehen« des Kopfes kannst du dein Pferd aber nicht biegen. Der Hals deines Pferdes ist der beweglichste Teil der Wirbelsäule. Die Biegung soll aber gleichmäßig durch den Pferdekörper gehen. Das sieht dann für dich von oben so aus, als ob der Hals aus der Schulter heraus fast gerade ist. Deine Zügelführung soll immer unabhängig von deinem gesamten Reitersitz erfolgen. Das bedeutet, dass z.B. beim Leichttraben deine Hand nicht mit rauf- und runtergeht, sondern wie in die Luft genagelt stehen bleibt. Dazu muss dein Ellenbogengelenk sich beim Aufstehen leicht strecken. Zügelhilfen dürfen nie dazu benutzt werden, den Pferdekopf in eine Position manipulieren zu wollen, egal ob tief und rund (Rollkur) oder nach oben in die absolute Aufrichtung.

1/23 Hilfengebung: Was sie beim Pferd bewirkt

SCHENKELHILFEN

Die Schenkel liegen da, wo die aufsteigenden Bauchmuskeln entlanggehen. Diese setzen u. a. am Becken und an den Oberschenkelknochen an. Durch den treibenden Impuls wird die Beugerkette - so werden die Beuger des Beckens genannt - aktiviert, also die Bauchmuskeln und die Lenden-Darmbein-Muskeln.

GEWICHTSHILFEN

Pferde wollen immer unter dem Schwerpunkt laufen, damit sie nicht »umfallen«. Das liegt daran, dass sie Fluchttiere sind. Gibst du nun eine Gewichtshilfe nach links, wird sich dein Pferd nach links bewegen, um wieder unter deinen Schwerpunkt zu kommen und somit wieder im Gleichgewicht zu sein.

ZÜGELHILFEN

Mithilfe von Zügelhilfen, wie der seitwärtsweisenden Zügelhilfe, kannst du beispielsweise die Balancestange des Pferdes beeinflussen. Außerdem kannst du dem Pferd ein sogenanntes »fünftes Bein« geben, um so den »Bogen spannen zu können« und diese Spannung auch halten zu können. Um den positiven Spannungsbogen, wie z.B. beim Zügel-aus-der-Hand kauen-Lassen, reiten zu können, benötigt dein Pferd die Zügelhilfe. Dazu wird die Energie, die du mit den treibenden Hilfen von der Hinterhand nach vorne reitest, »gehalten« und die Energie und Spannung im Kreislauf zwischen Aktion vom Reiter (Reiterhilfen) und Reaktion des Pferdes gehalten.

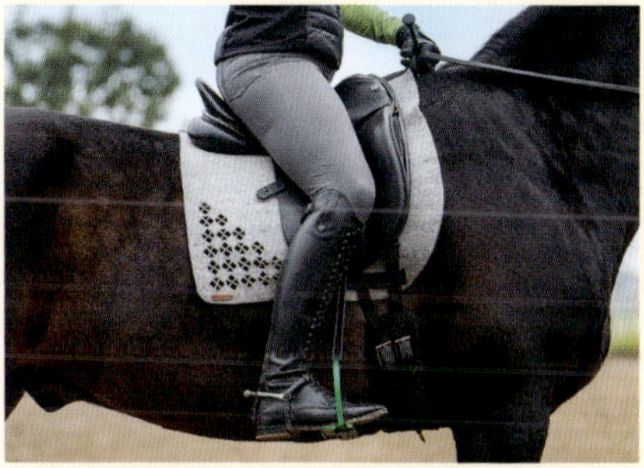

Der Schenkel liegt am aufsteigenden Bauchmuskel an.

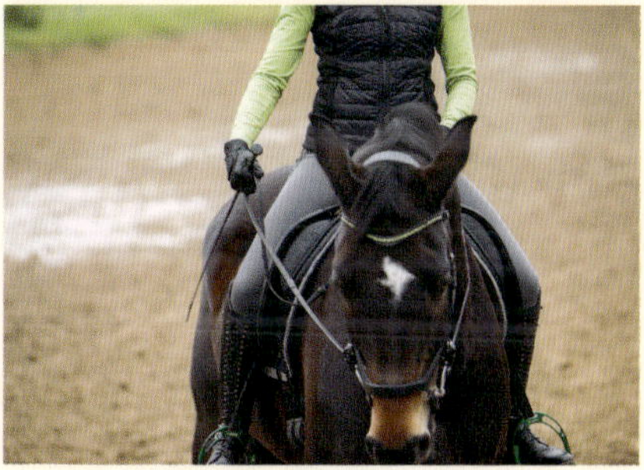

Die seitwärtsweisende Zügelhilfe zeigt deutlich, in welche Richtung geritten werden soll.

FEINE ZÜGELVERBINDUNG

Zügelhilfen sind in den meisten Fällen Schmerzimpulse. Das Gebiss liegt auf den Laden, also dem zahnlosen Bereich im Maul und direkt auf dem Unterkieferknochen. Dieser Bereich des Pferdemauls ist nur durch eine dünne Haut und die darüber liegende Zunge geschützt, die aber dann zwischen Lade und Gebiss eingeklemmt wird. Dazu kommt die Hebelwirkung auf das Genick, die die Reiterhand ausübt: Der Unterkiefer des Pferdes wird mit einer Länge von etwa 30 bis 40 Zentimeter berechnet. Das Genick mit 4 bis 6 Zentimeter. Das gibt ein Verhältnis von 1:7 - 1:10. Zieht man nun mit 5 Kilogramm am Zügel, ergibt das eine Last von 35 bis 50 Kilogramm, die auf das Genick des Pferdes einwirkt. Eine ganz schöne Last! Aus diesem Grund ist eine weiche und feine Zügelverbindung immer das Ziel.

GIB DIE RICHTIGEN SIGNALE

Ob die Hilfengebung funktioniert, das hängt von deinem theoretischen Wissen ab, deinem Reitergefühl, dem Timing und der Dosierung der Reiterhilfen. Alles zusammen ist ausschlaggebend dafür, ob dein Pferd im richtigen Moment das tut, was du möchtest.

Erinnere dich immer daran, dass kein Pferd einen Fehler mit Absicht macht und auch nicht mit Absicht nicht reagiert. Es versteht in diesem Moment einfach nicht, was du möchtest. Somit bist du in der Pflicht, die Reiterhilfen so zu geben und abzuändern, dass dein Pferd sie verstehen und zur richtigen Zeit umsetzen kann.

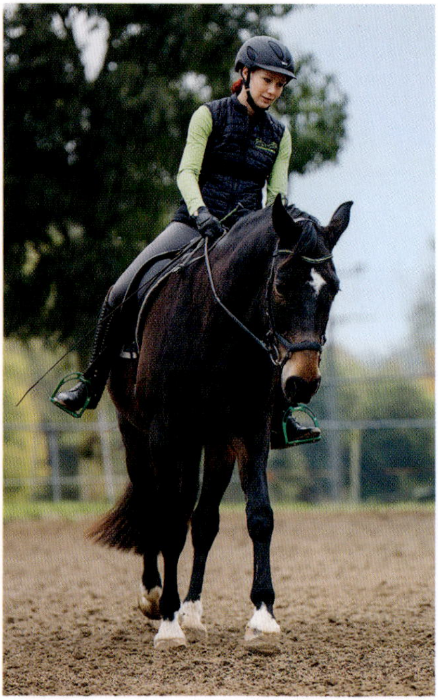

Verlagere einmal dein Gewicht bewusst zu einer Seite und beobachte, wohin dein Pferd geht.

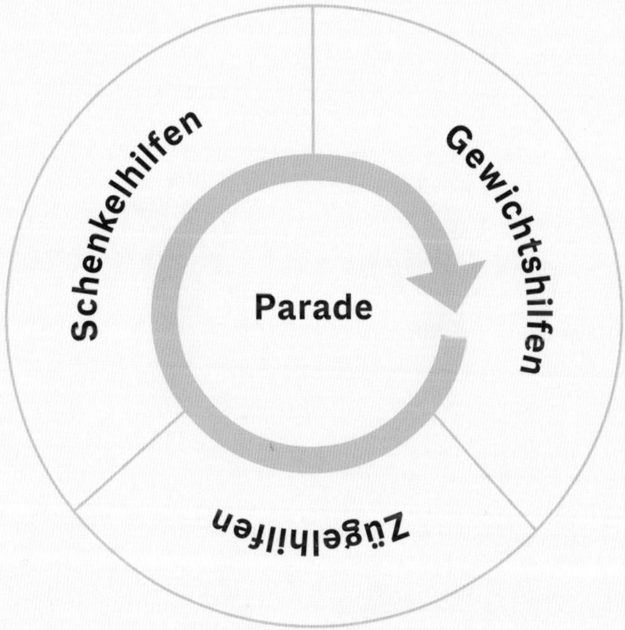

1/24 Hilfengebung: Halbe und ganze Paraden

REITERHILFEN IM ZUSAMMENSPIEL
Die halben und ganzen Paraden machen deutlich, dass keine Reiterhilfe für sich alleine stehen kann und sie nur zusammen einen Sinn ergeben.

Man unterteilt die Reiterhilfen in halbe und ganze Paraden, wobei eine ganze Parade immer und aus jeder Gangart zum Halten führt. Darum kann eine ganze Parade nur auf einer Geraden korrekt geritten werden.

Mithilfe einer halben Parade kommunizierst du während deiner Reiteinheit mit deinem Pferd.

Halbe Paraden benötigst du immer, wenn …

- … du das Pferd aufmerksam machen möchtest,
- … du es auf eine neue Übung oder Lektion vorbereiten möchtest oder
- … du die Hinterhand aktivieren möchtest.

SO WIRD'S GEMACHT

Bei einer halben Parade treibst du dein Pferd vermehrt von hinten nach vorne in die anstehende Hand, bis sich das Pferd vom Gebiss abstößt und leicht in der Zügelverbindung wird. Der Bauch des Pferdes hebt sich, das Becken des Pferdes kippt ab, sodass die Hinterhand aktiver hufen kann. Bei einer ganzen Parade wirkt die Zügelhilfe durchhaltend, die Hinterhand des Pferdes wird dennoch herangetrieben. Sobald das Pferd steht, gibt die Reiterhand wieder nach. Das Pferd sollte dennoch am Schenkel im leichten Vorwärtsdrang stehen, damit es zügig wieder antreten kann.
Das alles geschieht innerhalb weniger Sekunden und wird so oft wiederholt, bis der gewünschte Effekt eingetreten ist oder man in eine neue Übung wechselt.

PARADE ODER ZÜGELHILFE?

Eine Parade ist nicht mit einer annehmenden und nachgebenden Zügelhilfe zu verwechseln. Eine halbe Parade ist das Zusammenspiel aller Hilfen. Das sollte dir immer bewusst sein!
Alle Fehler, die du bei den verschiedenen Gewichts-, Schenkel- und Zügelhilfen machen kannst, gelten auch für die halbe und ganze Parade.

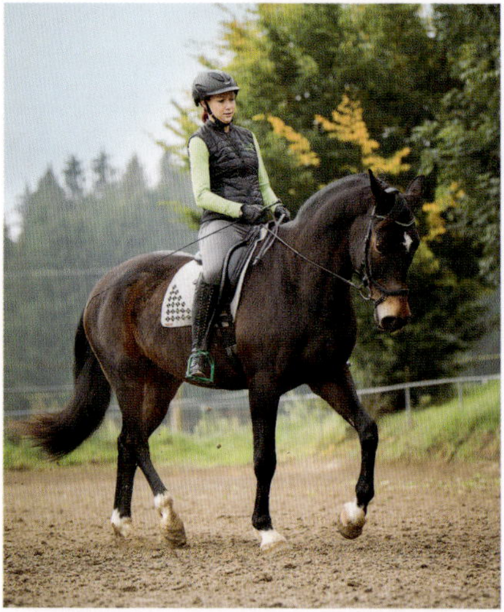

Mit halben Paraden wird das Pferd aus dem Mitteltrab in den Arbeitstrab zurückgeführt.

Dressurmäßige Arbeit

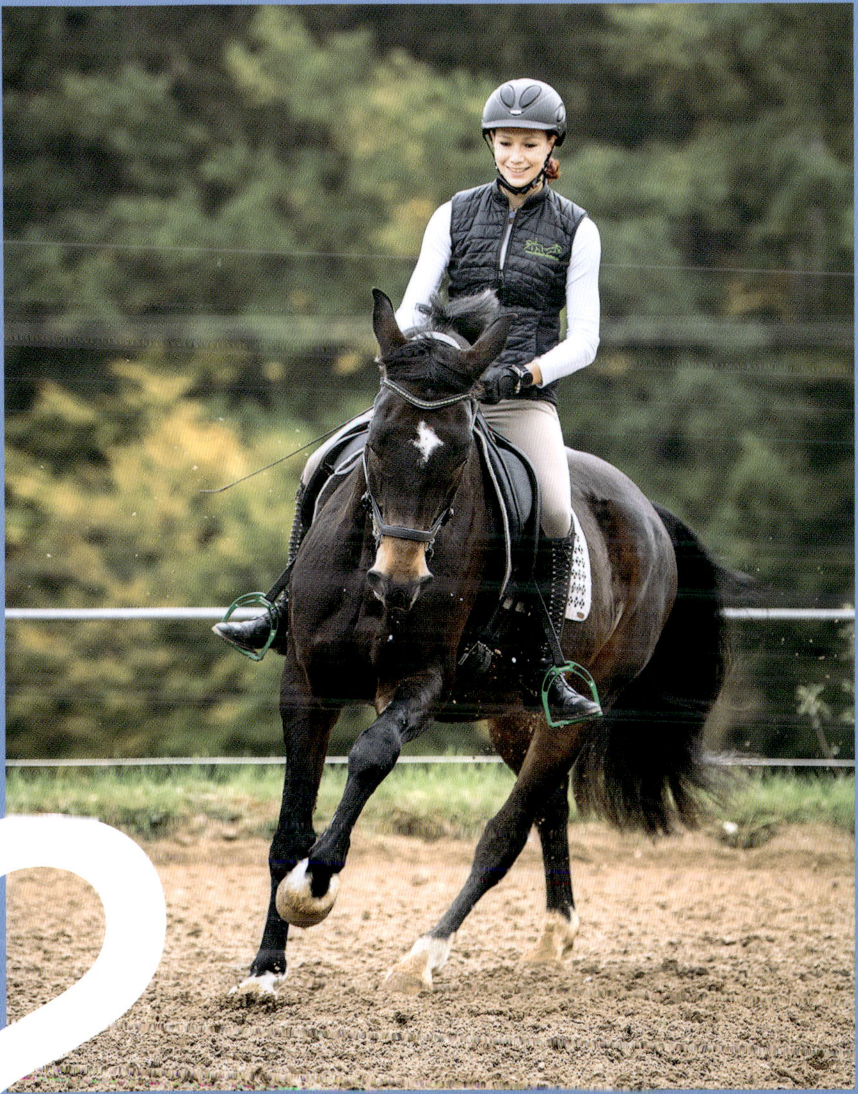

Gymnastizieren und Lektionen

2

Gymnastizieren und Lektionen

Dressurreiten ist nicht nur etwas für Turnierreiter, sondern genauso für Wanderreiter, Springreiter, Distanzreiter und Freizeitreiter, die gerne ins Gelände zum Ausreiten gehen. Dressurreiten ist gesunderhaltende, gymnastizierende Arbeit mit deinem Pferd, damit es dich lange und gesund tragen kann.

FITNESSTRAINING
Dressurreiten kannst du mit einem Besuch im Fitnessstudio vergleichen. Du wirst für die erste Einheit vermutlich einen Trainer buchen, der dir verschiedene Übungen zeigt und dir einen Plan mitgibt, wie du trainieren sollst, damit du dein Ziel erreichst.
So ein Personal Coach bist du für dein Pferd. Du entscheidest, welche Übungen zum Muskelaufbau dein Pferd machen muss. Muskeln, die es braucht, um dich tragen zu können, ohne dabei Schaden zu nehmen.
Nur ins Fitnessstudio zu gehen, das macht ja aus dir noch keinen gesunden, durchtrainierten Menschen. Gezielte Übungen führen aber zum Ziel. Und genauso ist es bei deinem Pferd. Durch das Training bleibt dein Pferd gesund. Und zu einem ausgewogenen Training gehört auch die Dressur.

2/2 Zirkel vergrößern und verkleinern

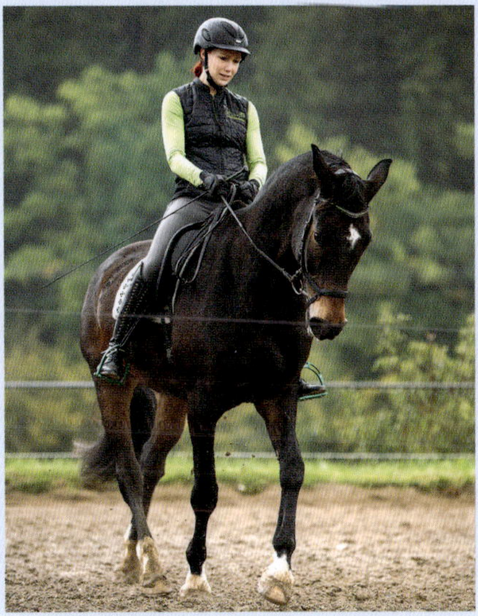

Der äußere Schenkel ist aus der Hüfte eine Handbreit weiter hinten, sprich das ganze Bein.

ZIEL UND WIRKUNG

- Verbesserung der **Längsbiegung**.
- **Versammelnde** Übung.
- Die Übung trainiert die Hinterhand, besonders das innere Hinterbein.
- **Überprüfung** der diagonalen Hilfengebung und grundsätzliche Annahme der Reiterhilfen vom Pferd.

SO WIRD'S GEMACHT

Du verkleinerst und vergrößerst den Zirkel wie ein Schneckenhaus. Es soll gleichmäßig und nicht zu schnell verkleinert und vergrößert werden.

1. Der äußere verwahrende Schenkel begrenzt das Pferd und achtet darauf, dass die Hinterhand nicht nach außen ausweicht.
2. Der verwahrende äußere Zügel begrenzt die äußere Schulter des Pferdes, lässt aber die Stellung und Biegung zu.
3. Verlagere dein Gewicht nach innen. Hebe hierzu den äußeren Gesäßknochen an, damit du nicht in der Taille nach innen einknickst.
4. Der innere Schenkel biegt das Pferd und hält die Hinterhand aktiv, ist also maßgeblich für die Vorwärtsbewegung verantwortlich.
5. Der Zirkel wird maximal so weit verkleinert, wie es die mögliche Längsbiegung des Pferdes zulässt. Bei einem voll ausgebildeten Pferd sind das 6 Meter im Durchmesser. Verkleinere anfangs aber nur um 2–3 Hufschläge, also auf ca. 15–10 Meter Durchmesser.
6. Zur Mitte hin sollen die Bewegungen erhabener werden und die Hinterhand mehr Last aufnehmen. Auf keinen Fall sollst du immer schneller reiten.
7. Beim Vergrößern lassen die äußeren verwahrenden Hilfen das Pferd nun kontrolliert nach außen wegweichen. Stellung und Biegung bleiben (nach innen) erhalten.

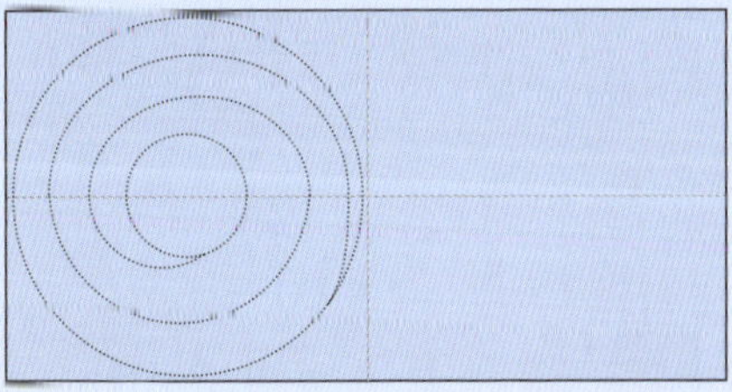

VARIANTEN

Verkleinere z.B. den Zirkel um drei Hufschläge, vergrößere ihn wieder um zwei Hufschläge und verkleinere wieder um vier Hufschläge.

Bei dieser Übung wechselt dein Pferd öfter zwischen mehr und weniger Biegung, dadurch ist der gymnastizierende Effekt größer. Die Lektion zeigt dir außerdem, wie gut dein Pferd dir zuhört.

FEHLER UND WIE SIE KORRIGIERT WERDEN

- *Der Zirkel wird zu schnell verkleinert bzw. das Pferd drängt nach innen weg*

Wenn du zu schnell verkleinerst oder dein Pferd nach innen wegdrängt, fällt es auf die innere Schulter. Dein Pferd nimmt keine Last mehr mit der Hinterhand auf und belastet zu viel das innere Vorderbein. Auf Dauer ist das nicht gesund, dein Pferd kann sogar Gelenks- oder Sehnenschäden auf der Vorhand bekommen. Um den Fehler zu korrigieren, musst du dein Pferd wieder vermehrt mit dem inneren Schenkel und den äußeren Zügeln in sich gerade ausrichten. Zudem solltest du auf eine gleichmäßige Linienführung beim Verkleinern achten und den Zirkel nicht zu klein werden lassen.

- *Das Pferd weicht nach außen weg und vergrößert den Zirkel von alleine*

Wenn dein Pferd immer wieder nach außen weicht und dabei den Zirkel von alleine vergrößert, prüfe, ob deine verwahrenden Hilfen korrekt anliegen und dein Gewicht nach innen verlagert ist. Eventuell kannst du mit einer seitwärtsweisenden Zügelhilfe dem Pferd besser die Richtung weisen. Vielleicht ist aber auch der letzte Kreis zu klein angelegt. Denke daran, dass ein Pferd sich maximal auf einer 6-Meter-Volte korrekt in Biegung bewegen kann, hier ist es aber maximal versammelt.

Reite nicht zu lange auf einem kleinen Zirkel. Variiere immer wieder die Größe des Zirkels spielerisch, damit dein Pferd dir aufmerksamer zuhört.

- *Die Hinterhand weicht nach außen/ innen aus*

Wenn die Hinterhand nach außen weicht, musst du deinen verwahrenden Schenkel vermehrt einsetzen. Dein Pferd kann aber auch mit der Hinterhand ausweichen, wenn du zudem noch den Zirkel zu viel mit dem inneren Zügel nach innen lenkst. Weicht sie nach innen aus, musst du dein Pferd mit der diagonalen Hilfengebung geraderichten.

Ein Ausweichen der Hinterhand ist immer ein Zeichen dafür, dass dein Pferd noch nicht genügend geradegerichtet ist. Hier braucht es korrekte Reiterhilfen und deine Unterstützung durch deine Reiterhilfen. Bleibe ruhig fein, aber konsequent in deiner Hilfengebung, damit dein Pferd motiviert bei der Sache bleibt.

- *Fehler in Stellung und Biegung*

Fehler in Stellung und Biegung musst du stets über Takt, Losgelassenheit, Anlehnung und deine korrekte Hilfengebung korrigieren. Reite dein Pferd immer von hinten nach vorne an den Zügel heran. Du musst dein Pferd so reiten, dass es links wie rechts gleichmäßig an deine Reiterhand »zieht«.

2/3 Schlangenlinien durch die ganze Bahn mit Übergängen

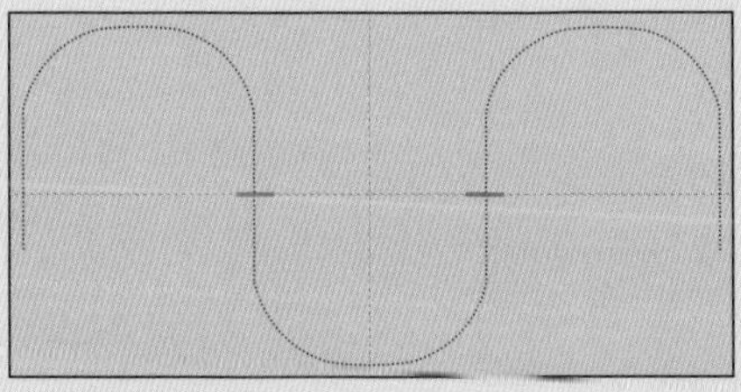

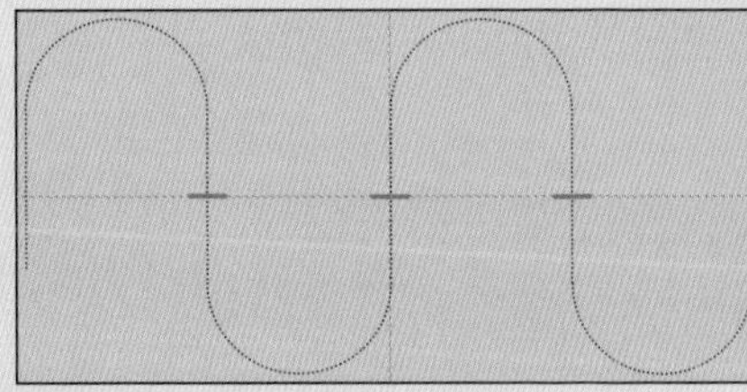

ZIEL UND WIRKUNG

- Jeder Übergang trainiert die **Durchlässigkeit** und den **Versammlungsgrad**, also die **Hinterhand** deines Pferdes.
- Der Wechsel zwischen einer Wendung nach rechts und links und dazwischen Geradeausreiten **gymnastiziert** dein Pferd.
- Verbesserung der **Längsbiegung**.
- Die Aufgabe ist sehr komplex und fordert von dir **korrektes Reiten** und fördert die **Aufmerksamkeit** von dir und deinem Pferd.

SO WIRD'S GEMACHT

Reite zuerst einmal im Schritt oder Trab Schlangenlinien durch die ganze Bahn mit drei Bögen

1. Achte darauf, dass du jede Wendung gleichmäßig groß reitest und gerade auf die gegenüberliegende Bande zureitest.
2. Die innere Wade liegt vorwärtstreibend am Bauch und biegt dein Pferd in den Wendungen. Der äußere Schenkel liegt verwahrend an und begrenzt die Hinterhand. Der innere Gesäßknochen ist vermehrt belastet und der äußere Zügel begrenzt die Schulter, lässt Stellung und Biegung aber zu.
3. Wenn du geradeaus reitest, liegen beide Schenkel vorwärtstreibend am Pferd und beide Gesäßknochen sind gleichmäßig belastet. Dein Pferd tritt gleichmäßig an beide Zügel heran.
4. Reite nun im Trab die Schlangenlinien, einige Tritte vor der Mittellinie reitest du einen Übergang zum Schritt. Du überreitest die Mittellinie im Schritt und trabst danach wieder an.
5. Reite nun die Schlangenlinien im Galopp, über der Mittellinie reitest du den einfachen Wechsel. Das bedeutet, du parierst zum Schritt durch und galoppierst im neuen Handgalopp an.
6. In jeder Gangart kannst du eine ganze Parade auf der Mittellinie reiten und aus dem Halt wieder anreiten.

Mit vier Bögen geritten ist die Übung anspruchsvoller, weil du noch korrekter reiten musst. Die Wendungen werden kleiner und dein Pferd muss somit mehr Last mit dem jeweils inneren Hinterbein aufnehmen.

VARIANTEN

Reite Schlangenlinien durch die ganze Bahn mit drei Bögen, den ersten Bogen z.B. im Trab. Auf der Mittellinie reitest du einen Übergang zum Schritt und reitest den zweiten Bogen auch im Schritt. Beim nächsten Überreiten der Mittellinie trabst du wieder an und beendest die Hufschlagfigur wieder im Trab.

Du kannst alle Übergänge reiten, die du mit deinem Pferd beherrschst. Beginne beispielsweise im Trab, wechsle in den Schritt und galoppiere dann an.

Ich empfehle diese Variante auch gerne, wenn die Pferde im Übergang über die Mittellinie, z.B. im Schritt nicht ruhig schreiten und schon wieder loslaufen wollen. Die Pferde lernen, zu warten und zuzuhören.

FEHLER UND WIE SIE KORRIGIERT WERDEN

- *Es gibt Probleme mit den Wendungen*

Wenn Probleme mit den Wendungen auftreten, überprüfe deine Reiterhilfen wie oben beschrieben und bereite dein Pferd frühzeitig mit halben Paraden auf die Wendung vor.

- *Dein Pferd geht nach oder vor den Wendungen nicht geradeaus. Eventuell weicht es über die Schultern aus*

Wenn dein Pferd vor oder nach den Wendungen nicht geradeaus geht oder über die Schulter ausweicht, rahme es ganz deutlich zwischen deinen Hilfen ein. Eventuell musst du mit dem inneren Schenkel mehr Druck machen und es so an dem äußeren Zügel geraderichten. Stelle dir vor, dass du dein Pferd schnurgerade wie auf Bahnschienen reitest. Suche dir hierzu einen Punkt, den du über die Pferdeohren hinweg anfixierst.

- *Es gibt Fehler in den Übergängen*

Jeder Übergang muss korrekt geritten werden, nicht nur gebremst oder getrieben. Siehe dir hierzu noch mal die Hilfengebung (halbe und ganze Paraden) auf Karte 1/24 genauer an. Stelle dir gerade bei Übergängen in eine langsamere Gangart vor, dass du nicht »bremst«, sondern z.B. antraben oder zum Schritt anreiten möchtest, damit du dein Pferd auch im Übergang weiter treibst.

Den Weg aufmalen
Male dir gedanklich den Weg auf den Boden, den du nachreiten möchtest. Bleibe konsequent und lasse dich nicht von deinem Weg abbringen.

- *Dein Pferd fühlt sich überfordert, die Übergänge kommen für dich zu schnell*

Wenn du das Gefühl hast, die Übergänge kommen zu schnell, dann reite die Übergänge wie in den Varianten beschrieben. Eventuell übst du die Übergänge noch einmal ohne Schlangenlinien.

- *Fehler in Stellung und Biegung*

Fehler in Stellung und Biegung musst du stets über Takt, Losgelassenheit, Anlehnung und deine korrekte Hilfengebung korrigieren.

2/4 Ganze Bahn mit Volten in jeder Ecke

ZIEL UND WIRKUNG

- Durch die Volten wird die **Längsbiegung** deines Pferdes trainiert und somit, wie mit allen Wendungen die **Geraderichtung**.
- In den Volten muss dein Pferd mit dem inneren Hinterbein mehr Last aufnehmen, dadurch trainierst du die **Tragkraft**.
- Wie alle Wendungen **gymnastiziert** auch diese Übung ein Pferd.

SO WIRD'S GEMACHT

In jeder Ecke der Reitbahn wird eine Volte geritten. Beachte dabei die Größe der Volte und somit die persönliche Längsbiegung deines Pferdes. Lieber reitest du eine gleichmäßig und gut gerittene 12-Meter-Volte, als eine verspannte und »rumgezogene« 8-Meter-Volte.

1. Deine innere Wade liegt bei jeder Volte vorwärtstreibend am Gurt. Sie biegt das Pferd und aktiviert das innere Hinterbein. Die äußere Wade liegt verwahrend an und begrenzt die Hinterhand.
2. Dein Gewicht ist auf dem inneren Gesäßknochen, dein Oberkörper ist gerade.
3. Dein innerer Zügel stellt dein Pferd, dein äußerer lässt Stellung und Biegung zu, begrenzt diese und die Schulter.
4. Zwischen den Volten wird an der langen und kurzen Seite gerade geritten. Dazu sind beide Waden vorwärtstreibend am Gurt, beide Gesäßknochen gleichmäßig belastet und beide Zügel gleichmäßig angenommen.
5. Jede Ecke selbst ist schon eine viertel Volte. Umso tiefer du in die Ecke reitest, umso kleiner wird deine Volte.

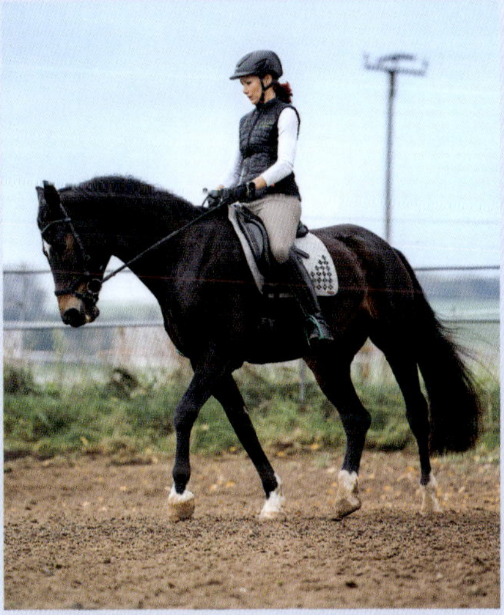

Der äußere Zügel begrenzt die Pferdeschulter und führt sie herum.

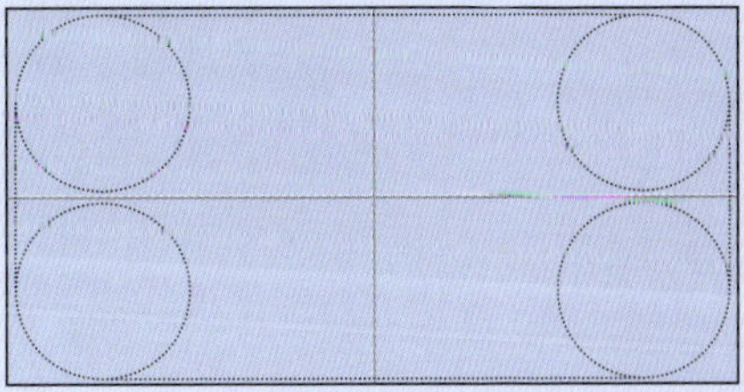

FEHLER UND WIE SIE KORRIGIERT WERDEN

- *Das Pferd kürzt die zweite Hälfte der Volte ab*

Wenn dein Pferd die zweite Hälfte der Volte abkürzt, bleibe bereits zu Beginn der Volte aktiv mit deinem inneren Schenkel am Pferd und treibe es an den äußeren Zügel. Eventuell kannst du dein Reitergewicht etwas mehr auf den äußeren Bügel bringen.

- *Das Pferd wendet erst gar nicht ab*

Bereite dich und dein Pferd gut auf die Wendung vor, achte auf die korrekte Hilfengebung und auf deine Gewichtsverlagerung. Ziehe nicht am inneren Zügel. Dein Pferd »klebt« wahrscheinlich an der Bande und orientiert sich stärker daran als an deinen Reiterhilfen. Du musst so reiten, als ob keine Bande zur optischen Stütze da wäre.

- *Das Pferd weicht nach der Volte nach innen aus und geht nicht geradeaus ganze Bahn*

Beende die Volte möglichst korrekt und reite anschließend mit den korrekten Hilfen aktiv geradeaus. Eventuell bleibst du mit dem inneren Schenkel und äußeren Zügel etwas mehr dran.
Überprüfe, ob du mit deiner Hilfengebung schnell genug im »Umschalten« zwischen Wenden und Geradeaus bist.

- *Das Pferd weicht mit der Hinterhand nach außen aus*

Wenn dein Pferd mit der Hinterhand nach außen ausweicht, dann lies dir noch mal die zweite Seite der Karte 2/2 »Zirkel verkleinern und vergrößern« durch. Wiederhole die Übung ruhig und konzentriert, bis sie gut klappt.

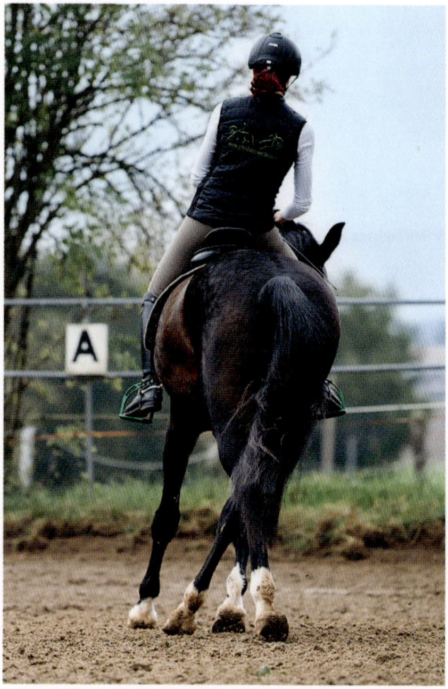

Einknicken in der Taille nach innen bringt das Reitergewicht nach außen.

- *Das Pferd weicht mit der Hinterhand nach innen aus*

Wenn dein Pferd mit der Hinterhand nach innen ausweicht, dann lies dir noch mal die zweite Seite der Karte 2/2 »Zirkel verkleinern und vergrößern« durch. Wiederhole die Übung ruhig und konzentriert, bis sie gut klappt.

- *Fehler in Stellung und Biegung*

Fehler in Stellung und Biegung musst du stets über Takt, Losgelassenheit, Anlehnung und korrekte Hilfengebung korrigieren.

2/5 Halbe Bahn mit Volten in jeder Ecke

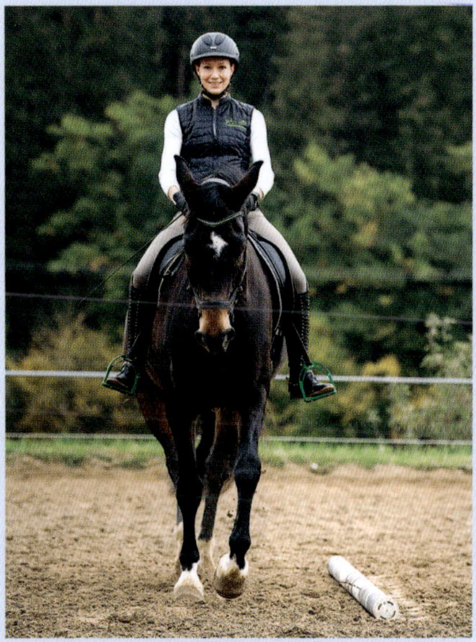

Eine Stange an der offenen Seite hilft als optische Begrenzung.

ZIEL UND WIRKUNG

- Durch die Volten wird die **Längsbiegung** deines Pferdes trainiert und somit, wie bei allen Wendungen, die **Geraderichtung**.
- In den Volten muss dein Pferd mit dem inneren Hinterbein mehr Last aufnehmen, dadurch wird die **Tragkraft trainiert**
- Wie alle Wendungen **gymnastiziert** auch diese Übung ein Pferd.

SO WIRD'S GEMACHT

Du reitest halbe Bahn und in jeder Ecke bzw. beim Abwenden bei E oder B wird eine Volte geritten. Beachte dabei die Größe der Volte und somit die persönliche Längsbiegung deines Pferdes. Wähle lieber eine gleichmäßig und gut gerittene 12-Meter-Volte aus, als eine verspannte und »rumgezogene« 8-Meter-Volte.

1. Deine innere Wade liegt bei jeder Volte vorwärtstreibend am Gurt. Sie biegt das Pferd und aktiviert das innere Hinterbein. Die äußere Wade liegt verwahrend an und begrenzt die Hinterhand.
2. Dein Gewicht ist auf dem inneren Gesäßknochen, dein Oberkörper ist gerade.
3. Dein innerer Zügel stellt dein Pferd, der äußere begrenzt die Schulter sowie Stellung und Biegung.
4. Zwischen den Volten wird gerade geritten. Dazu sind beide Waden vorwärtstreibend am Gurt, beide Gesäßknochen gleichmäßig belastet und beide Zügel gleichmäßig angenommen.
5. Besonders aufmerksam musst du auf der Linie zwischen E und B sein. Da die optische Begrenzung durch die Bande fehlt, ist das geradeaus Reiten schwerer.
6. Jede Ecke/jedes Abwenden selbst ist schon eine viertel Volte. Je tiefer du in die Ecke reitest, umso kleiner wird deine Volte.

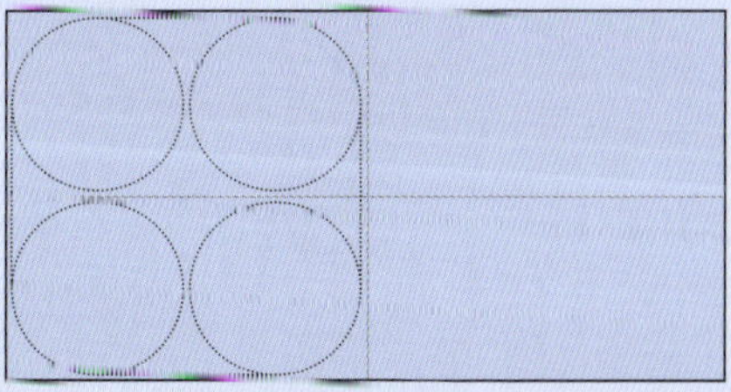

FEHLER UND WIE SIE KORRIGIERT WERDEN

- *Das Pferd kürzt die zweite Hälfte der Volte ab*

Wenn dein Pferd die zweite Hälfte der Volte abkürzt, dann lies dir noch mal die zweite Seite der Karte 2/4 »Ganze Bahn mit Volten in jeder Ecke« durch. Wiederhole die Übung ruhig und konzentriert, bis sie gut klappt.

- *Das Pferd wendet erst gar nicht ab*

Wenn dein Pferd nicht abwendet, dann lies dir noch mal die zweite Seite der Karte 2/4 »Ganze Bahn mit Volten in jeder Ecke« durch. Wiederhole die Übung ruhig und konzentriert, bis sie gut klappt.

- *Das Pferd weicht nach der Volte nach innen aus und geht nicht geradeaus ganze Bahn*

Wenn dein Pferd nach der Volte nach innen ausweicht und nicht geradeaus geht, dann lies dir noch mal die zweite Seite der Karte 2/4 »Ganze Bahn mit Volten in jeder Ecke« durch. Wiederhole die Übung ruhig und konzentriert, bis sie gut klappt.

- *Das Pferd weicht mit der Hinterhand nach außen aus*

Wenn dein Pferd mit der Hinterhand nach außen weicht, dann lies dir noch mal die zweite Seite der Karte 2/4 »Ganze Bahn mit Volten in jeder Ecke« durch. Wiederhole die Übung ruhig und konzentriert, bis sie gut klappt.

- *Das Pferd weicht mit der Hinterhand nach innen aus*

Wenn dein Pferd mit der Hinterhand nach innen ausweicht, dann lies dir noch mal die zweite Seite der Karte 2/4 »Ganze Bahn mit Volten in jeder Ecke« durch. Wiederhole die Übung ruhig und konzentriert, bis sie gut klappt.

- *Fehler in Stellung und Biegung*

Fehler in Stellung und Biegung musst du stets über Takt, Losgelassenheit, Anlehnung und deine korrekte Hilfengebung korrigieren.

2/6 Durch die ganze Bahn wechseln mit Volten

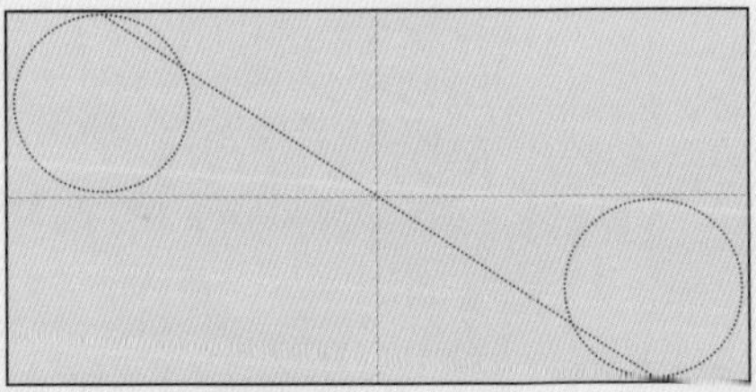

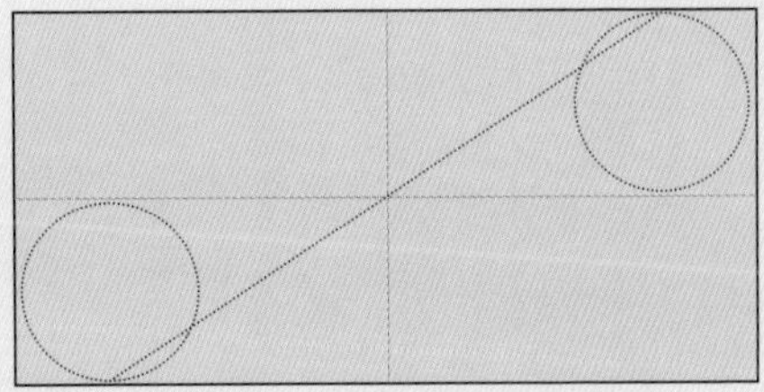

ZIEL UND WIRKUNG

- Durch die Volten wird die **Längsbiegung** deines Pferdes trainiert und somit, wie mit allen Wendungen, die **Geraderichtung**.
- In den Volten muss dein Pferd mit dem inneren Hinterbein mehr Last aufnehmen, dadurch trainierst du die **Tragkraft**.
- Durch den schnellen Wechsel von Volten und Geraden kombiniert mit Handwechseln ist diese Übung sehr **gymnastizierend** und abwechslungsreich. Das schult die **Aufmerksamkeit**.

SO WIRD'S GEMACHT

Du reitest immer wieder Durch-die-ganze-Bahn-Wechseln. Bevor du auf die Diagonale abwendest, reitest du eine Volte in der Ecke. Nach Erreichen des Hufschlags wird sofort wieder eine Volte geritten. Diese Übung kannst du im Schritt und im Trab reiten

1. Deine innere Wade liegt bei jeder Volte vorwärtstreibend am Gurt. Sie biegt das Pferd und aktiviert das innere Hinterbein. Die äußere Wade liegt verwahrend an und begrenzt die Hinterhand.
2. Dein Gewicht ist auf dem inneren Gesäßknochen, dein Oberkörper ist gerade.
3. Dein innerer Zügel stellt dein Pferd, dein äußerer lässt Stellung und Biegung zu, begrenzt diese und die Schulter.
4. Zwischen den Volten auf der Diagonalen wird gerade geritten. Dazu sind beide Waden vorwärtstreibend am Gurt, beide Gesäßknochen gleichmäßig belastet und beide Zügel gleichmäßig angenommen.
5. Zudem bereitest du dein Pferd auf der diagonalen Linie auf die neue Volte vor. Eventuell musst du umsitzen.
6. Jede Ecke selbst ist schon eine viertel Volte. Je tiefer du in die Ecke reitest, umso kleiner wird deine Volte.

VARIANTEN

Du kannst, wie auf der Karte 2/7 »Volte, wechseln und langes Pferd« beschrieben, auf der Diagonalen das Tempo deines Pferdes verändern.

FEHLER UND WIE SIE KORRIGIERT WERDEN

- *Das Pferd kürzt die zweite Hälfte der Volte ab*

Wenn dein Pferd bei dieser Lektion die zweite Hälfte der Volte abkürzt, dann lies dir noch mal die zweite Seite der Karte 2/4 »Ganze Bahn mit Volten in jeder Ecke« durch. Wiederhole die Übung ruhig und konzentriert, bis sie gut klappt.

- *Das Pferd wendet erst gar nicht ab*

Lies dir noch mal die zweite Seite der Karte 2/4 »Ganze Bahn mit Volten in jeder Ecke« durch. Wiederhole die Übung ruhig und konzentriert, bis sie gut klappt.

- *Das Pferd weicht mit der Hinterhand nach außen aus*

Wenn dein Pferd bei dieser Lektion mit der Hinterhand nach außen ausweicht, dann lies dir noch mal die zweite Seite der Karte 2/2 »Zirkel verkleinern und vergrößern« durch. Wiederhole die Übung ruhig und konzentriert, bis es gut klappt.

- *Das Pferd weicht mit der Hinterhand nach innen aus*

Wenn dein Pferd bei dieser Lektion mit der Hinterhand nach innen ausweicht, dann lies dir noch einmal die zweite Seite der Karte 2/2 »Zirkel verkleinern und vergrößern« durch. Wiederhole die Übung ruhig und konzentriert, bis es gut klappt.

- *Das Pferd geht auf der Diagonalen nicht geradeaus, die Hinterhand spurt nicht in die Spur der Vorderhand*

Wenn das Pferd auf der Diagonalen nicht gerade geht, überprüfe deine Hilfengebung. Achte auf beidseitig gleichmäßige Reiterhilfen. Du musst links und rechts gleichmäßig mit gleich viel Druck treiben, deine Gesäßknochen gleichmäßig belasten und eine gleichmäßige Verbindung mit den Zügeln halten.
Dieser Fehler kann auch ein Indiz dafür sein, dass dein Pferd noch nicht komplett geradegerichtet ist.

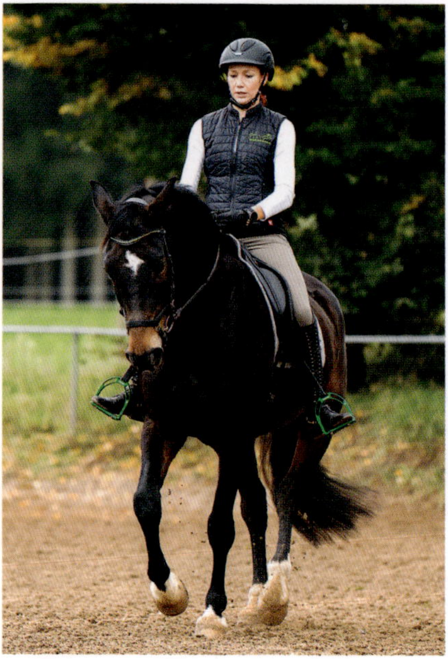

Auf der Diagonalen wird wie auf Bahnschienen geradeaus geritten.

2/7 Volte, wechseln und langes Pferd

ZIEL UND WIRKUNG

- Durch die Volten wird die **Längsbiegung** deines Pferdes trainiert und die **Geraderichtung**.
- In den Volten muss dein Pferd mit dem inneren Hinterbein mehr Last aufnehmen, dadurch trainierst du die **Tragkraft**.
- Die Komplexität der Aufgabe ist extrem gymnastizierend und fördert die **Aufmerksamkeit** und **Durchlässigkeit** des Pferdes.
- Korrekt gerittene Tempiwechsel entwickeln die **Schub- und Tragkraft**.

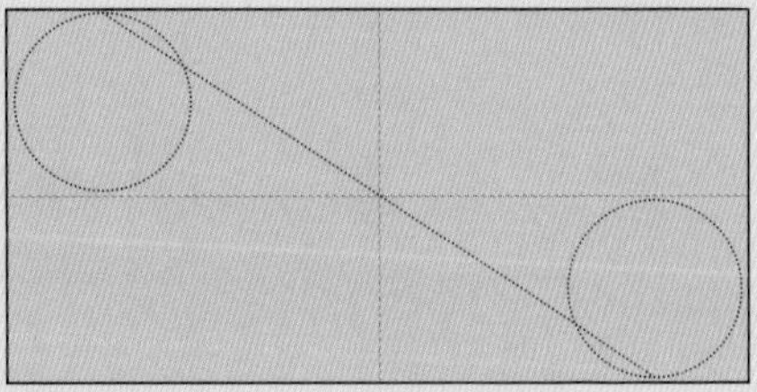

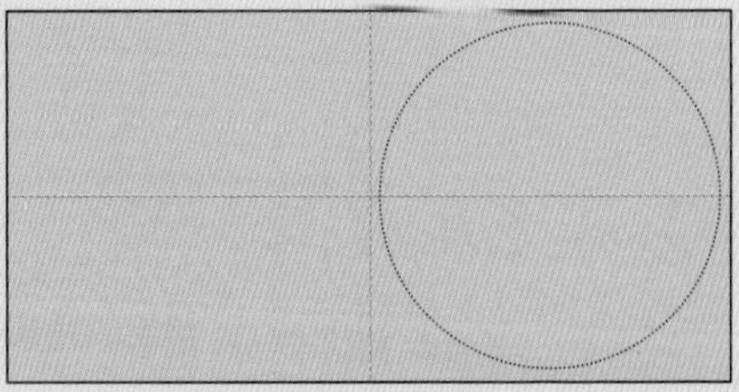

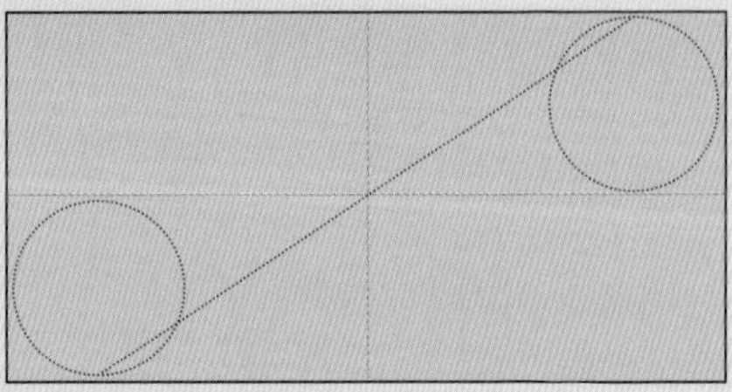

SO WIRD'S GEMACHT

Du reitest Durch-die-ganze-Bahn-Wechseln, in den Ecken davor und danach jeweils eine Volte. Nach jedem Wechsel wird auf den Zirkel geritten und dabei die Zügel aus der Hand kauen lassen. Bei A bzw. C verkürzt du die Zügel wieder und beginnst mit der nächsten Volte vor der Diagonalen. Diese Übung kannst du im Schritt oder Trab reiten.

1. Die Hilfen für das Reiten von Volten und den Wechsel auf der Diagonalen kannst du auf der Karte 2/6 »Durch die ganze Bahn wechseln mit Volten« nachlesen.
2. Bereite dein Pferd rechtzeitig auf den Tempiwechsel vor. Sobald dein Pferd auf der Diagonalen geradegerichtet ist, legst du das Tempo zu.
3. Vor Erreichen des Hufschlags nimmst du das Tempo wieder zurück, ohne Fleiß aus der Hinterhand zu verlieren.
4. Zudem bereitest du dein Pferd in der kurzen Zeit des Zurückführens auf die neue Volte vor. Ggf. musst du umsitzen.
5. Ab A bzw. C reitest du auf den Zirkel und lässt dabei die Zügel aus der Hand kauen.
6. Vor A bzw. C verkürzt du langsam wieder den Zügel. Treibe genügend nach, damit dein Pferd sich während des Verkürzens nicht heraushebt.

FEHLER UND WIE SIE KORRIGIERT WERDEN

- *Sämtliche Fehler in der Längsbiegung*

Bei allen Fehlern in der Längsbiegung, die in dieser Lektion auftreten können, ist es sinnvoll, deine Hilfengebung zu überprüfen und dein Pferd korrekt an diesen zu reiten. Eventuell wählst du die Voltengröße zu klein und dein Pferd kann die gewünschte Längsbiegung nicht halten. Reite hier eine größere Volte.

- *Das Pferd rennt auf der Diagonalen davon, es kommt ins »Rennen«*

Wenn die Tritte nicht länger werden, sondern das Pferd einfach viele schnelle und kurze Tritte macht, halte die Spannung auf dem Zügel und treibe die Hinterhand weiterhin nach vorne. Eventuell verlangst du zu viel, also zu lange Tritte und dein Pferd kann die Spannung nicht halten. Verlange hier einfach etwas weniger, z.B. Tritte-Verlängern, wenn es den Mitteltrab noch nicht kann, dafür aber korrekt die ganze Diagonale.

- *Das Pferd fällt auseinander bei Zügel-aus-der-Hand-kauen-Lassen*

Wenn dein Pferd auseinanderfällt und keine Anlehnung mehr hat, halte die Spannung an der Wade und reite es weiter nach vorne an den Zügel. Das Pferd soll dem länger werdenden Zügel nach vorne unten folgen. Verlängere den Zügel nur so schnell und so lange, wie dein Pferd auch weiterhin an das Gebiss herantritt und die Anlehnung hält.

- *Das Pferd fällt beim Zurückführen auf die Vorderhand*

Treibe auch beim Zurückführen des Tempos die Hinterhand weiter nach vorne. Bremse nicht mit den Zügeln, sondern setze deine Gewichtshilfe dazu ein.

- *Beim Zügelnachgreifen hebt sich das Pferd raus*

Wenn sich dein Pferd beim Zügelnachgreifen raushebt, d.h., es spannt den Unterhals an und geht gegen den Zügel, habe es vor dir und treibe es an die Hand. Halte deine Hände beim Verkürzen vorne, ohne ruckartig den Zügel zu verkürzen.

Das Pferd fällt auseinander?
Fällt ein Pferd auseinander, bedeutet das, es verliert jegliche Körperspannung. Der Kopf ist zwar tief, leider aber auch der Widerrist, der Rücken hängt durch und die Hinterhand tritt nicht mehr unter den Schwerpunkt.

Zügel aus der Hand kauen lassen?
Zügel aus der Hand kauen lassen bzw. Reiten in Dehnungshaltung ist Reiten in Anlehnung mit längeren Zügeln und einer tieferen Kopf-Hals-Haltung. Die Spannung in dir und deinem Pferd ist die gleiche wie mit aufgenommenen Zügeln.

2/8 Große und kleine Acht

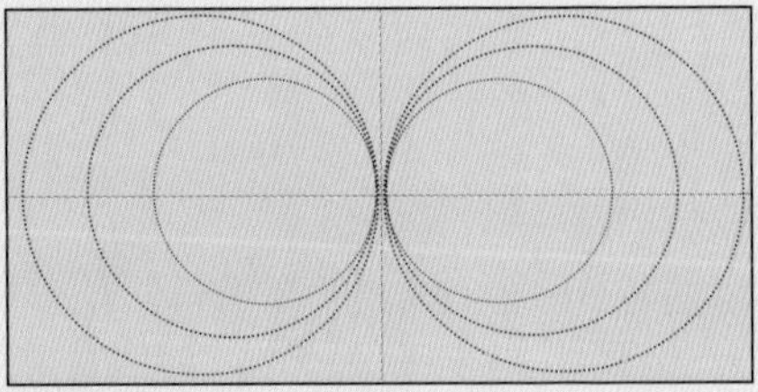

ZIEL UND WIRKUNG

- Durch die Wendungen in unterschiedlicher Größe wird die **Längsbiegung** deines Pferdes trainiert und somit, wie mit allen Wendungen, die **Geraderichtung**.
- In den engeren Wendungen muss dein Pferd vor allem hinten innen mehr Last aufnehmen, das fördert die **Tragkraft**.
- Die vielen und schnellen Handwechsel sind höchst **gymnastizierend**. Dein Pferd wird **geschmeidiger** in der Längsbiegung und an der Wade und somit **durchlässiger** in der gesamten Hilfengebung.

SO WIRD'S GEMACHT

Du reitest immer wieder Aus-dem-Zirkel-Wechseln über X, also eine große Acht in der Reitbahn. Diese Übung kannst du im Schritt und im Trab reiten.

1. Du reitest auf dem Zirkel und hast dein Pferd nach innen gestellt und gebogen.
2. Kurz vor X reitest du eine Pferdelänge geradeaus. Dazu nimmst du beide Schenkel vorwärtstreibend an den Gurt, belastest deine Sitzknochen wie auch die Zügel gleichmäßig.
3. In dieser kurzen Zeit stellst du dein Pferd auch um. Das bedeutet, dass du es von z. B. der linken Hand auf die Wendung auf die rechte Hand vorbereitest und reitest. Dazu nimmst du wieder die neue innere Wade vorwärtstreibend an das Pferd, sie biegt dein Pferd und ist für die Vorwärtsbewegung verantwortlich.
4. Der äußere Schenkel liegt verwahrend am Pferd und kontrolliert die Hinterhand.
5. Der äußere Zügel begrenzt die Schulter und führt diese um die Wendung. Lässt Stellung und Biegung zu, passt gleichzeitig auf, dass es aber nicht zu viel wird.
6. Dein Gewicht ist auf den neuen inneren Gesäßknochen verlagert.
7. So reitest du deinen Zirkel, auch an der geschlossenen Zirkelseite, da dein Zirkel ein einziger Kreis ist.
8. Kurz vor X bereitest du dich und dein Pferd wieder auf den Handwechsel vor.

VARIANTEN

Wenn du alles auf der Kartenvorderseite gut und problemlos durchführen kannst, beginne den Durchmesser deiner Zirkel zu variieren. Achte stets auf gleich große und gleich runde Volten und auf einen ausreichend langen Weg für das Umstellen. Das Pferd muss lernen, den neuen inneren Schenkel und den neuen äußeren Zügel anzunehmen.

FEHLER UND WIE SIE KORRIGIERT WERDEN

- *Das Pferd weicht nach innen aus, wenn du auf den neuen Zirkel wechselst*

Wenn dein Pferd während des Zirkelwechsels nach innen drängelt, dann lies dir noch mal die zweite Seite der Karte 2/3 »Schlangenlinien durch die ganze Bahn mit Übergängen« durch. Wiederhole die Übung ruhig und konzentriert, bis sie gut klappt.

- *Das Pferd wechselt nicht oder macht den Bogen zu groß*

Wenn dein Pferd gar nicht wechselt oder den Bogen zu groß macht, begrenze es an den äußeren Hilfen und achte auf deine korrekte Gewichtshilfe auf die neue Hand. Eventuell kann eine seitwärtsweisende Zügelhilfe helfen.

- *Das Pferd ist in sich nicht gerade, die Hinterhand weicht nach innen oder außen aus*

Wenn dein Pferd in sich nicht gerade ist und die Hinterhand ausweicht, dann lies dir noch mal die zweite Seite der Karte 2/3 »Schlangenlinien durch die ganze Bahn mit Übergängen« durch. Wiederhole die Übung ruhig und konzentriert, bis sie gut klappt.

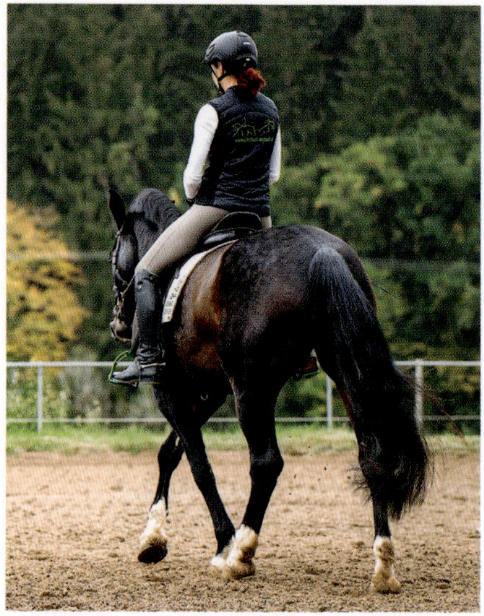

Das Pferd kann sich nicht korrekt biegen und stellen, da der Reiter verkrampft und schief sitzt.

- *Fehler in Stellung und Biegung*

Fehler in Stellung und Biegung musst du stets über Takt, Losgelassenheit, Anlehnung und deine korrekte Hilfengebung korrigieren.

2/9 Große und kleine Acht mit Übergängen

ZIEL UND WIRKUNG

- Durch die Wendungen in unterschiedlicher Größe wird die **Längsbiegung** deines Pferdes trainiert und somit, wie mit allen Wendungen, die **Geraderichtung**.
- In den engeren Wendungen muss dein Pferd vor allem hinten innen mehr Last aufnehmen, das fördert die **Tragkraft**.
- Die vielen und schnellen Handwechsel sind höchst **gymnastizierend**. Das Pferd wird **geschmeidiger** in der Längsbiegung und an der Wade und somit **durchlässiger** in der gesamten Hilfengebung.
- Zudem fördern die Übergänge Tragkraft, Durchlässigkeit und die **Aufmerksamkeit** deines Pferdes.

SO WIRD'S GEMACHT

Du reitest immer wieder Aus-dem-Zirkel-Wechseln über X, also eine große Acht in der Reitbahn. Während du eine Pferdelänge geradeaus über X reitest, reitest du einen Übergang vom Trab zum Schritt.

1. Du reitest auf dem Zirkel und hast dein Pferd nach innen gestellt und gebogen.
2. Kurz vor X reitest du eine Pferdelänge geradeaus und reitest den Übergang zum Schritt. Bereite dein Pferd mit halben Paraden darauf vor und achte auf eine Vorwärtsbewegung während des Übergangs.
3. Anschließend reitest du geradeaus. Dazu nimmst du beide Schenkel vorwärtstreibend an den Gurt, belastest deine Sitzknochen wie auch die Zügel gleichmäßig.

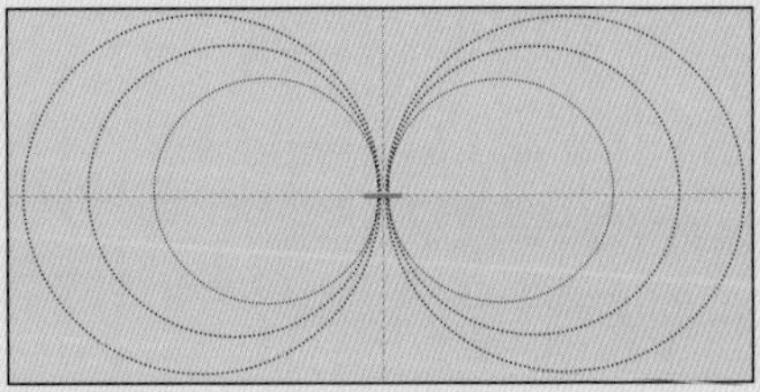

4. In dieser kurzen Zeit stellst du dein Pferd auch um, du bereitest es also auf die Wendung von z.B. der linken Hand auf die rechte Hand vor. Dazu nimmst du wieder die neue innere Wade vorwärtstreibend an das Pferd, sie biegt dein Pferd und ist für die Vorwärtsbewegung verantwortlich.
5. Der äußere Schenkel liegt verwahrend am Pferd und kontrolliert die Hinterhand.
6. Der äußere Zügel begrenzt die Schulter und führt diese um die Wendung. Lässt Stellung und Biegung zu, passt aber gleichzeitig auf, dass es nicht zu viel wird.
7. Dein Gewicht ist auf den neuen inneren Gesäßknochen verlagert.
8. Das erneute Antraben und Umstellen geschieht fast zeitgleich und erfordert einiges an Geschick.
9. So reitest du deinen Zirkel, auch an der geschlossenen Zirkelseite, da dein Zirkel ein einziger Kreis ist.
10. Kurz vor X bereitest du dich und dein Pferd wieder auf den Handwechsel und Übergang vor.

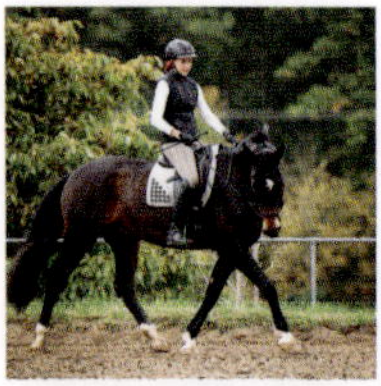

Das Pferd wird am inneren Zügel herumgezogen.

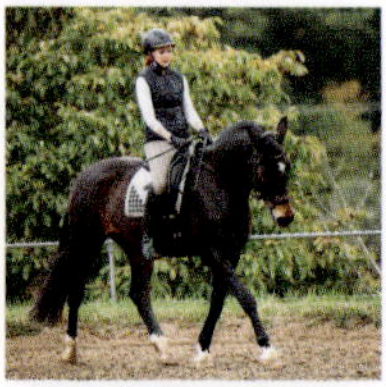

Das Pferd wird korrekt am äußeren Zügel um die Wendung geführt.

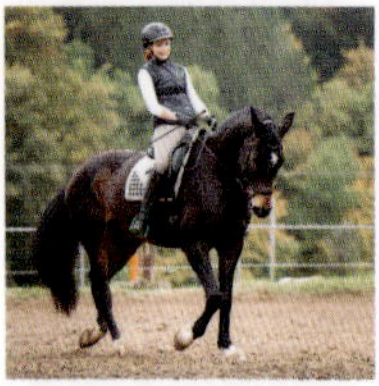

Der Übergang vom Trab zum Schritt ist stockend und auf der Vorhand.

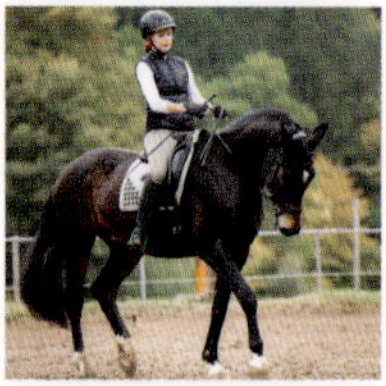

Geschmeidiger Übergang vom Trab zum Schritt.

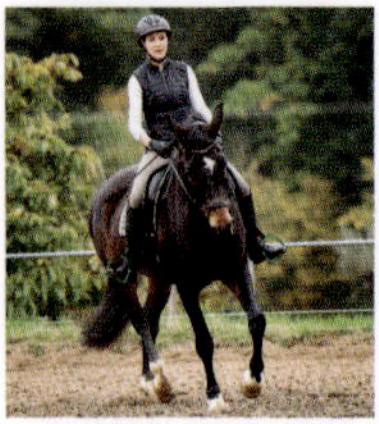

Das Pferd fällt in der Wendung auf die innere Schulter.

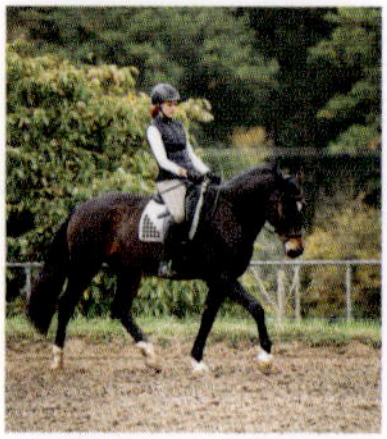

Das Pferd ist an den diagonalen Hilfen geradegerichtet.

VARIANTEN

Variiere in der Zirkelgröße und in den Übergängen. Ebenfalls mögliche Übergänge: Trab - Schritt - Galopp; Galopp - Schritt - Trab; Galopp - Trab oder Schritt - Galopp, Trab - Halt - Trab etc.
Sei kreativ und überlege dir selbst neue Varianten, aber reite immer korrekt.

FEHLER UND WIE SIE KORRIGIERT WERDEN

- *Fehler in Stellung und Biegung*

Fehler in Stellung und Biegung musst du stets über Takt, Losgelassenheit, Anlehnung und deine korrekte Hilfengebung korrigieren.

- *Das Pferd weicht mit der Hinter- oder Vorderhand aus der Spur*

Nimm dir noch einmal die zweite Seite der Karte 2/3 »Schlangenlinie durch die ganze Bahn mit Übergängen« vor. Wiederhole die Übung ruhig und konzentriert, bis sie gut klappt

- *Das Pferd nimmt die Hilfen für den Übergang nicht an*

Sollte dein Pferd deine Hilfen für den Übergang nicht annehmen, dann unterbrich diese Übung und übe die Übergänge noch einmal, ohne einen Wechsel zu reiten. Erst wenn das klappt, nimmst du die Übung wieder auf.

2/10 Weg von der Bande

ZIEL UND WIRKUNG

- Durch die langen geraden Wege ohne direkte äußere Begrenzung trainierst du aktiv an deiner **Geraderichtung**.
- Umso gerader dein Pferd wird, umso mehr Last kann es hinten aufnehmen. Dementsprechend wird die **Tragkraft** trainiert.
- Zudem wird **überprüft**, wie gut dein Pferd an deinen Hilfen steht, wie korrekt du sie gibst und wie sie dein Pferd annimmt.
- Korrekt geritten ist diese Übung mit den Wendungen und Geraden **gymnastizierend** für dein Pferd.

SO WIRD'S GEMACHT

Du reitest immer ganze Bahn, aber nie auf dem ersten Hufschlag. Jede Ecke wird wie eine viertel Volte geritten, die kurze und lange Seite geradeaus.

1. Die Ecken reitest du wie eine viertel Volte. Dazu bleibt deine innere Wade vorwärtstreibend am Gurt, biegt das Pferd an den äußeren Zügel heran und ist für die Vorwärtsbewegung zuständig.
2. Der äußere Schenkel liegt verwahrend am Pferdebauch und begrenzt die Hinterhand.
3. Der innere Gesäßknochen ist vermehrt belastet, der innere Zügel stellt dein Pferd.
4. Der äußere Zügel führt die Schulter herum, begrenzt die Schulter, die Stellung und Biegung.
5. Die kurzen und langen Seiten werden gerade geritten. Dazu sind beide Schenkel vorwärtstreibend am Gurt, beide Gesäßknochen gleichmäßig belastet und beide Zügel halten eine gleichmäßige Verbindung zum Pferdemaul.
6. Fixiere über die Ohren deines Pferdes hinweg einen Punkt an, auf den du gerade wie auf Bahnschienen zureitest.

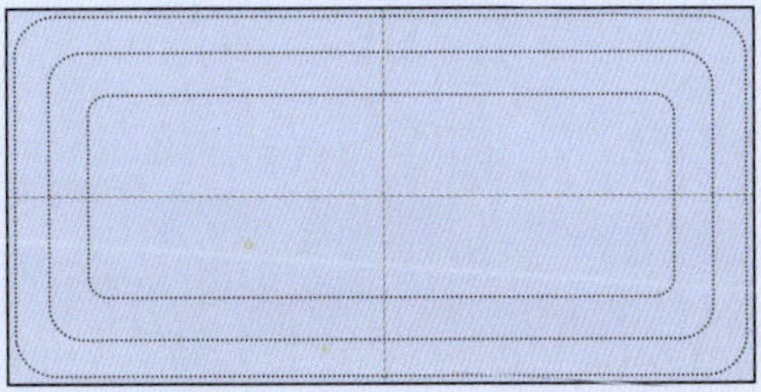

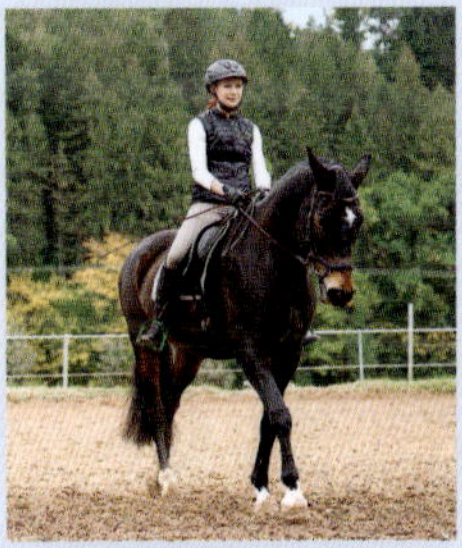

Geradeaus reiten ohne Bande ist schwerer, als man denkt.

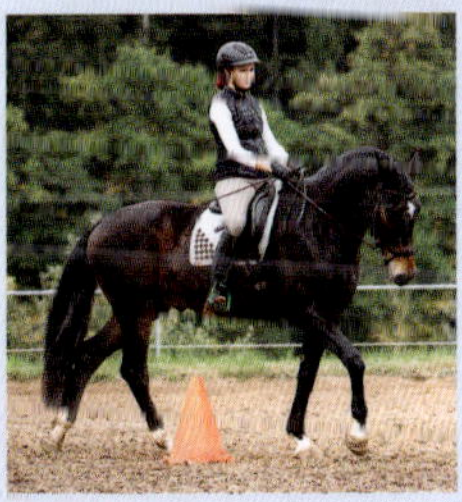

Als optische Hilfe kannst du dir in die Ecken Pylonen zum Umreiten hinstellen.

VARIANTEN

Wenn du alles auf der Kartenvorderseite korrekt absolvieren kannst, versuche, auf den 3., 4. oder 5. Hufschlag zu wechseln. Umso weiter rein du reitest, umso kürzer wird die Gerade an der kurzen Seite der Reitbahn. Dann musst du schneller mit der Hilfengebung werden.

FEHLER UND WIE SIE KORRIGIERT WERDEN

- *Das Pferd weicht immer wieder zur Bande hin*

Weicht dein Pferd immer wieder zur Bande hin, dann hast du es nicht an den äußeren Hilfen. Achte auf deine korrekte Gewichtsverlagerung und begrenze dein Pferd außen. Gib klare und deutliche Hilfen.

- *Das Pferd weicht nach innen*

Wenn dein Pferd nach innen weicht, achte darauf, dass du es gleichmäßig links und rechts an den Hilfen hast.

- *Das Pferd geht schwankend*

Dein Pferd ist womöglich noch nicht perfekt ausbalanciert, wenn es schwankend geht. Eventuell bist du selbst auch noch nicht richtig ausbalanciert oder diese Übung fordert euch beide sehr. Bleibe ruhig, halte dein Pferd gleichmäßig an den Hilfen. Fixiere einen Punkt, auf den du schnurgerade wie auf einer Schiene nach vorne zureiten möchtest.

- *Das Pferd läuft nicht gerade*

Läuft dein Pferd nicht gerade, ist es womöglich noch nicht genug geradegerichtet. Reite dein Pferd wieder an die diagonale Hilfengebung heran, um es so gerade zu bekommen. Jeder Zentimeter zählt.

- *Fehler in Stellung und Biegung*

Fehler in Stellung und Biegung musst du stets über Takt, Losgelassenheit, Anlehnung und deine korrekte Hilfengebung korrigieren.

2/11 Schlangenlinien gekringelt

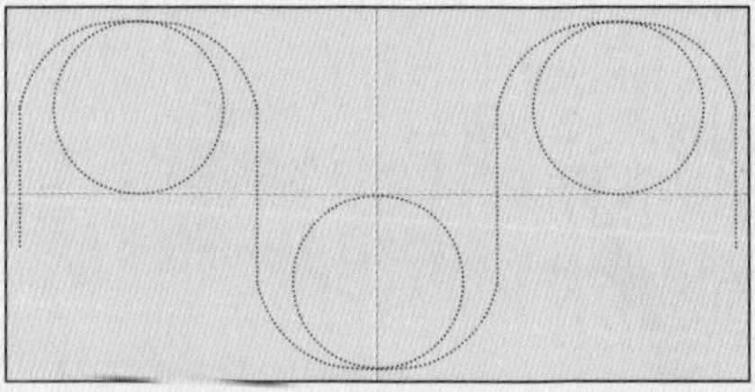

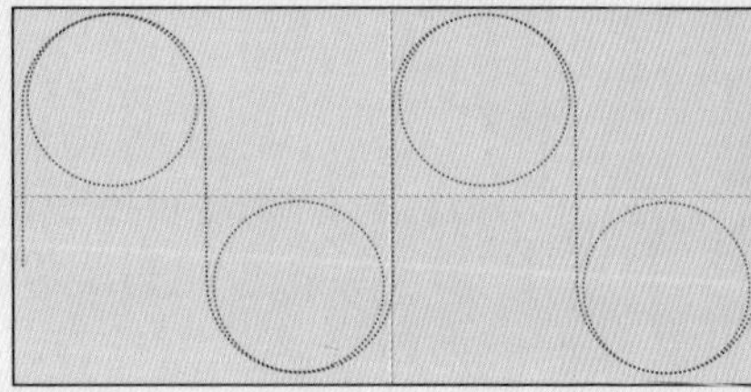

ZIEL UND WIRKUNG

- Die Volten verbessern die **Längsbiegung** deines Pferdes und somit die **Geraderichtung**.
- Durch die vielen schnell aufeinanderfolgenden Handwechsel wird dein Pferd **gymnastiziert**, es wird **durchlässiger** und **geschmeidiger** in der Hilfengebung.
- Durch die Wendungen muss dein Pferd mit dem inneren Hinterbein mehr Last aufnehmen, das erhöht die **Tragkraft**.

SO WIRD'S GEMACHT

Du reitest zuerst Schlangenlinien durch die ganze Bahn mit drei Bögen. Bei jedem Bogen reitest du eine Volte, bevor du wieder geradeaus auf die gegenüberliegende Bande zureitest.
Erst wenn das einwandfrei klappt, reitest du diese Übung mit vier Bögen. Hier müssen die Volten kleiner gewählt werden.
Diese Übung kannst du im Schritt und im Trab reiten.

1. In den Volten bleibt deine innere Wade vorwärtstreibend am Gurt, biegt das Pferd an den äußeren Zügel heran und ist für die Vorwärtsbewegung zuständig.
2. Der äußere Schenkel liegt verwahrend am Pferdebauch und begrenzt die Hinterhand.
3. Der innere Gesäßknochen ist vermehrt belastet.
4. Der innere Zügel stellt dein Pferd.
5. Der äußere Zügel führt die Schulter herum, begrenzt die Schulter und die Stellung und Biegung.
6. Nun setzt du die Hufschlagfigur fort und reitest geradeaus. Dazu sind beide Schenkel vorwärtstreibend am Gurt, beide Gesäßknochen gleichmäßig belastet und beide Zügel halten eine gleichmäßige Verbindung zum Pferdemaul.
7. Fixiere über die Ohren deines Pferdes hinweg einen Punkt an, auf den du gerade wie auf Bahnschienen zureitest.
8. Über der Mittellinie wird umgestellt, eventuell musst du umsitzen.

FEHLER UND WIE SIE KORRIGIERT WERDEN

- *Fehler in Stellung und Biegung*

Bei jeglichen Fehlern in Stellung und Biegung bei dieser Lektion musst du die Korrektur stets über Takt, Losgelassenheit, Anlehnung und deine korrekte Hilfengebung vornehmen.

- *Probleme mit den Wendungen*

Wenn dein Pferd bei dieser Lektion Probleme mit den Wendungen hat, dann lies dir noch mal die zweite Seite der Karte 2/3 »Schlangenlinien durch die ganze Bahn mit Übergängen« durch. Wiederhole die Übung ruhig und konzentriert, bis sie gut klappt.

- *Das Pferd geht nach oder vor den Wendungen nicht geradeaus oder es weicht über die Schultern aus*

Nimm dir noch einmal die Karte 2/3 »Schlangenlinien durch die ganze Bahn mit Übergängen« vor und wiederhole die Übung ruhig und konzentriert, bis sie gut klappt.

Den Weg aufmalen
Male dir gedanklich den Weg auf den Boden, den du nachreiten willst. Bleibe konsequent und lasse dich nicht von deinem Weg abbringen. Eventuell können dir auch Stangengassen auf der Mittellinie helfen, durch die du durchreiten musst.

2/12 Pylonengasse auf der Mittellinie, mit Volten 1

ZIEL UND WIRKUNG

- Durch die Volten verbesserst du die **Längsbiegung** deines Pferdes und die **Tragkraft** auf dem inneren Hinterbein.
- Die Übung **gymnastiziert** dein Pferd und fördert die **Durchlässigkeit**.
- Durch die Pylonen bekommt dein Pferd andere Reize gesetzt und das erhöht die **Aufmerksamkeit**.
- Die **Geraderichtung** wird verbessert.

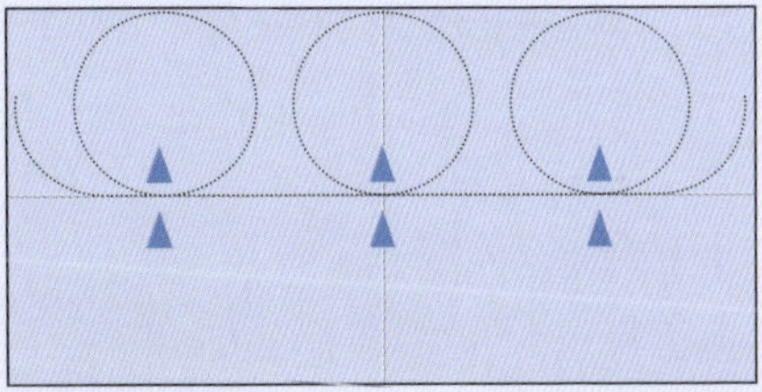

SO WIRD'S GEMACHT

1. Reite nach jedem Pylonentor eine Volte, danach bewusst geradeaus durch das nächste Tor, wieder eine Volte und so weiter. Alle drei Volten reitest du auf einer Hand im gleichen Tempo. Der Durchmesser der Volten soll je nach Durchlässigkeit und Versammlungsgrad deines Pferdes bei 10-6 Meter liegen.
2. In den Volten bleibt deine innere Wade vorwärtstreibend am Gurt, biegt das Pferd an den äußeren Zügel heran und ist für die Vorwärtsbewegung zuständig.
3. Der äußere Schenkel liegt verwahrend am Pferdebauch und begrenzt die Hinterhand.
4. Der innere Gesäßknochen ist vermehrt belastet, der innere Zügel stellt dein Pferd.
5. Der äußere Zügel führt die Schulter herum, begrenzt die Schulter, die Stellung und Biegung.
6. Anschließend durch die Pylonentore weiterreiten, dann gerade. Dazu sind beide Schenkel vorwärtstreibend am Gurt, beide Gesäßknochen gleichmäßig belastet und beide Zügel halten eine gleichmäßige Verbindung zum Pferdemaul.
7. Fixiere über die Ohren deines Pferdes hinweg einen Punkt an, auf den du gerade wie auf Bahnschienen zureitest.
8. Führe einen Handwechsel durch und wiederhole die Übung auf der anderen Hand.

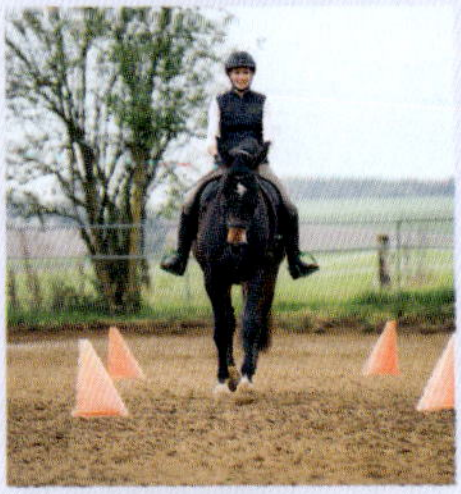

Über die Pferdeohren hinweg wird ein Punkt anfixiert, um besser geradeaus zu reiten.

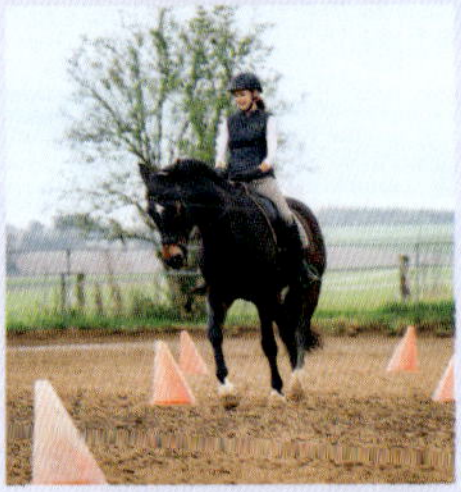

Beginn einer Volte nach dem Durchreiten eines Pylonentors.

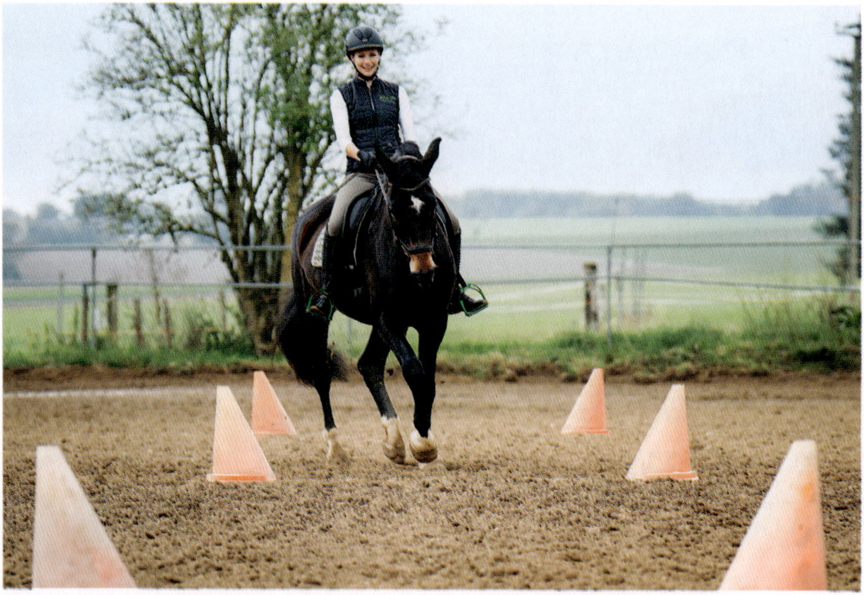

Die Volte endet mit dem Durchreiten des Pylonentors. Anschließend geht es wieder geradeaus.

FEHLER UND WIE SIE KORRIGIERT WERDEN

• *Das Pferd kürzt die zweite Hälfte der Volte ab*

Kürzt dein Pferd die zweite Hälfte der Volte ab, dann bleibst du bereits zu Beginn der Volte aktiv mit deinem inneren Schenkel am Pferd und treibst es an den äußeren Zügel.

• *Das Pferd wendet erst gar nicht ab*

Wenn das Pferd nicht abwendet, bereite dich und dein Pferd gut auf die Wendung vor, achte auf die korrekte Hilfengebung und auf deine Gewichtsverlagerung. Ziehe nicht am inneren Zügel.

• *Das Pferd geht nach oder vor den Wendungen nicht geradeaus oder weicht über die Schultern aus*

Rahme dein Pferd ganz deutlich zwischen deinen Hilfen ein, wenn es nach oder vor den Wendungen nicht geradeaus geht oder über die Schultern ausweicht. Eventuell musst du mit dem inneren Schenkel mehr Druck machen und es so an den äußeren Zügel geraderichten.

• *Fehler in Stellung und Biegung*

Fehler in Stellung und Biegung musst du stets über Takt, Losgelassenheit, Anlehnung und deine korrekte Hilfengebung korrigieren.

2/13 Pylonengasse auf der Mittellinie, mit Volten 2

ZIEL UND WIRKUNG

- Durch die Volten verbesserst du die **Längsbiegung** deines Pferdes und die **Tragkraft** auf dem jeweiligen inneren Hinterbein.
- Sie **gymnastiziert** dein Pferd und fördert die **Durchlässigkeit**.
- Durch die Pylonen bekommt dein Pferd andere Reize gesetzt und das erhöht die **Aufmerksamkeit**.
- Wie alle biegenden Übungen verbessert auch diese die **Geraderichtung** deines Pferdes.

SO WIRD'S GEMACHT

Beginne diese Aufgabe, nachdem du die Karte 2/12 »Pylonengasse auf der Mittellinie, mit Volten 1« wie beschrieben geritten hast. Diese Übung kannst du im Schritt und im Trab reiten.

1. Hast du die vorangegangene Übung erfolgreich absolviert, dann erhöhe die Schwierigkeit, indem du durch jedes Pylonentor eine Volte, aber in die andere Richtung wie die vorherige reitest. Du reitest also zuerst eine Volte linke Hand durch das erste Pylonentor, dann eine Volte rechte Hand durch das zweite Pylonentor und wieder eine Volte links durch das dritte Pylonentor.
2. In den Volten bleibt deine innere Wade vorwärtstreibend am Gurt, biegt das Pferd an den äußeren Zügel heran und ist für die Vorwärtsbewegung zuständig.

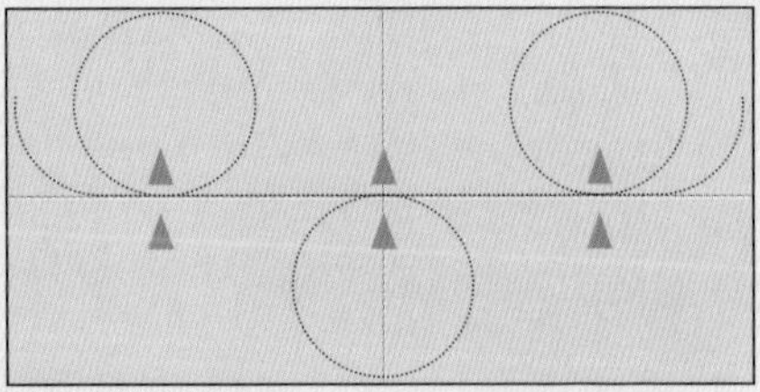

3. Der äußere Schenkel liegt verwahrend am Pferdebauch und begrenzt die Hinterhand.
4. Der innere Gesäßknochen ist vermehrt belastet, der innere Zügel stellt dein Pferd.
5. Der äußere Zügel führt die Schulter herum, begrenzt die Schulter und die Stellung und Biegung.
6. Anschließend setzt du den Weg durch die Pylonentore fort und reitest geradeaus. Dazu sind beide Schenkel vorwärtstreibend am Gurt, beide Gesäßknochen gleichmäßig belastet und beide Zügel halten eine gleichmäßige Verbindung zum Pferdemaul.
7. Bereite dein Pferd rechtzeitig auf die neue Volte vor. Stelle es um und sitze ggf. auch um.
8. Reite die Pylonengasse mal von der linken, mal von der rechten Hand, damit du nicht zu viele Volten z.B. nur auf der linken Hand reitest.

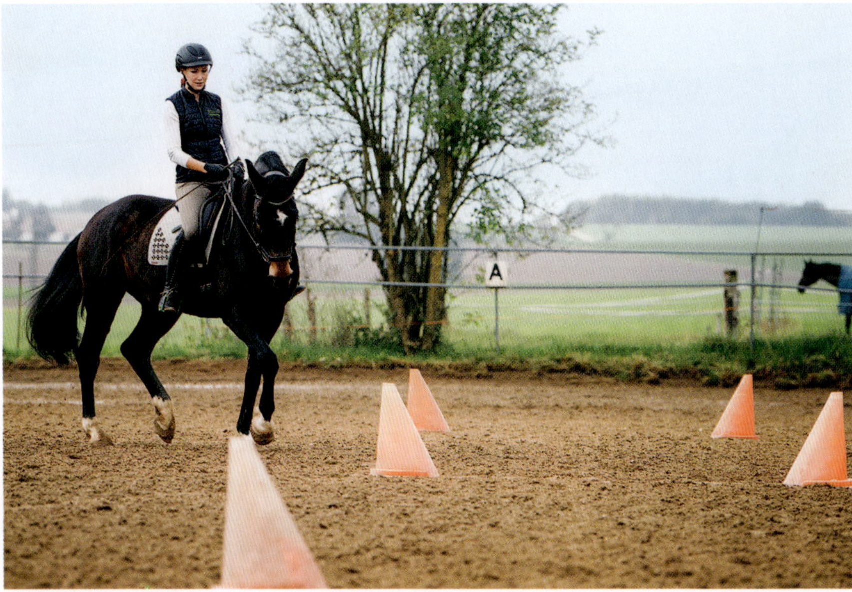

Der zweite Teil der Volte wurde nicht gleichmäßig geritten, die Volte wird eng.

FEHLER UND WIE SIE KORRIGIERT WERDEN

- *Das Pferd kürzt die zweite Hälfte der Volte ab*

Kürzt dein Pferd die zweite Hälfte der Volte ab, bleibe bereits zu Beginn der Volte aktiv mit deinem inneren Schenkel am Pferd und treibe es an den äußeren Zügel.

- *Das Pferd wendet erst gar nicht ab*

Wenn das Pferd nicht abwendet, bereite dich und dein Pferd zunächst gut auf die Wendung vor, achte auf die korrekte Hilfengebung und auf deine Gewichtsverlagerung. Ziehe nicht am inneren Zügel.

- *Das Pferd geht nach oder vor den Wendungen nicht geradeaus oder weicht über die Schultern aus*

Rahme dein Pferd ganz deutlich zwischen deinen Hilfen ein, wenn es nach oder vor den Wendungen nicht geradeaus geht oder über die Schultern ausweicht. Eventuell musst du mit dem inneren Schenkel mehr Druck machen und es so an dem äußeren Zügel geraderichten.

- *Fehler in Stellung und Biegung*

Bei Fehlern in Stellung und Biegung bei dieser Lektion musst du stets über Takt, Losgelassenheit, Anlehnung und deine korrekten Hilfengebungen korrigieren.

2/14 Pylonengasse auf der Mittellinie, mit Volten 3

ZIEL UND WIRKUNG

- Durch die Volten verbesserst du die **Längsbiegung** deines Pferdes und die **Tragkraft** auf dem jeweiligen inneren Hinterbein.
- Durch die eingebauten Übergänge ist diese Übung in gewisser Weise **versammelnd**.
- Sie **gymnastiziert** dein Pferd und fördert die **Durchlässigkeit**.
- Durch die Pylonen bekommt dein Pferd andere Reize gesetzt und das erhöht die **Aufmerksamkeit**.
- Wie alle biegenden Übungen verbessert auch diese die **Geraderichtung** deines Pferdes.

SO WIRD'S GEMACHT

Beginne diese Aufgabe erst, nachdem du die die beiden vorherigen Karten 2/12 und 2/13 wie beschrieben geritten bist.
Hast du beide Übungen erfolgreich absolviert, kannst du die Schwierigkeit erhöhen, indem du Übergänge einbaust. Deine Volten reitest du weiterhin immer nur auf einer Hand. Daher achte darauf, dass du linke und rechte Hand Volten reitest.
Den Übergang reitest du am besten zwischen dem Pylonentor, nachdem du die Volte beendet hast.

1. In den Volten bleibt deine innere Wade vorwärtstreibend am Gurt, biegt das Pferd an den äußeren Zügel heran und ist für die Vorwärtsbewegung zuständig.
2. Der äußere Schenkel liegt verwahrend am Pferdebauch und begrenzt die Hinterhand.

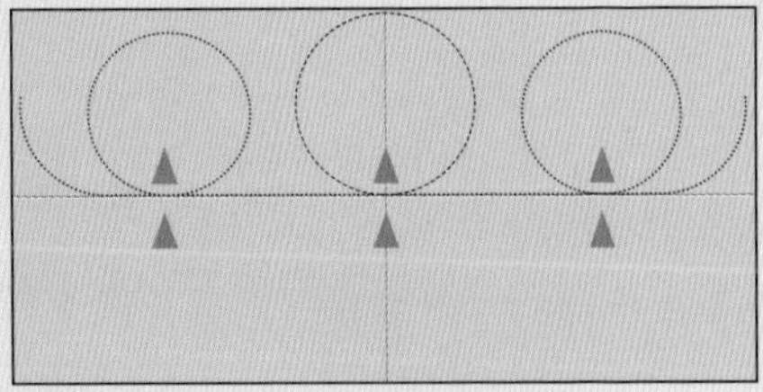

3. Der innere Gesäßknochen ist vermehrt belastet, der innere Zügel stellt dein Pferd.
4. Der äußere Zügel führt die Schulter herum, begrenzt die Schulter und die Stellung und Biegung.
5. Vor dem Erreichen des Pylonentors bereitest du dein Pferd mit halben Paraden auf den Übergang vor. Reite den Übergang zwischen dem Pylonentor.
6. Anschließend setzt du den Weg durch die Pylonentore fort und reitest geradeaus. Dazu sind beide Schenkel vorwärtstreibend am Gurt, beide Gesäßknochen gleichmäßig belastet und beide Zügel halten eine gleichmäßige Verbindung zum Pferdemaul.
7. Bereite dein Pferd rechtzeitig auf die neue Volte vor.

Mögliche Übergänge
Schritt – Trab – Schritt; Trab – Schritt – Trab; Trab – Galopp – Trab; Schritt – Galopp - Schritt; Galopp – Trab – Galopp

VARIANTEN
Du kannst den Schwierigkeitsgrad der Lektion noch etwas steigern, indem du den Übergang im Pylonentor reitest, kurz bevor du die Volte beginnst.

FEHLER UND WIE SIE KORRIGIERT WERDEN

- *Das Pferd kürzt die zweite Hälfte der Volte ab*

Wenn dein Pferd die zweite Hälfte der Volte abkürzt, bleibe bereits zu Beginn der Volte aktiv mit deinem inneren Schenkel am Pferd und treibe es an den äußeren Zügel.

- *Das Pferd wendet erst gar nicht ab*

Wendet sich das Pferd nicht ab, dann bereite dich und dein Pferd zunächst gut auf die Wendung vor, achte auf die korrekte Hilfengebung und auf deine Gewichtsverlagerung. Ziehe nicht am inneren Zügel.

- *Das Pferd geht nach oder vor den Wendungen nicht geradeaus oder weicht über die Schultern aus*

Rahme dein Pferd ganz deutlich zwischen deinen Hilfen ein, wenn es nach oder vor den Wendungen nicht geradeaus geht oder über die Schultern ausweicht. Eventuell musst du mit dem inneren Schenkel mehr Druck machen und es so an dem äußeren Zügel geraderichten.

- *Fehler in Stellung und Biegung*

Fehler in Stellung und Biegung bei dieser Lektion musst du stets über Takt, Losgelassenheit, Anlehnung und deine korrekte Hilfengebung korrigieren.

- *Fehler in den Übergängen*

Jeder Übergang muss korrekt geritten werden, nicht nur gebremst oder getrieben. Sollten Fehler in den Übergängen auftreten, dann sieh dir noch einmal die Karte 1/24 »Halbe und ganze Paraden« genauer an.

2/15 Pylonengasse auf der Mittellinie, mit Volten 4

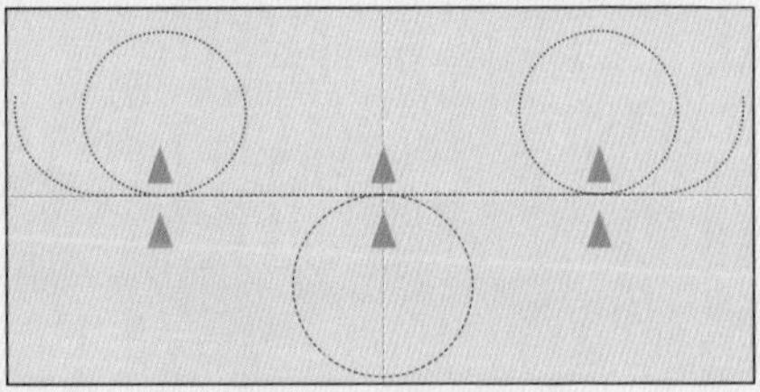

ZIEL UND WIRKUNG

- Durch die Volten verbesserst du die **Längsbiegung** deines Pferdes und die **Tragkraft** auf dem inneren Hinterbein.
- Durch die eingebauten Übergänge ist diese Übung in gewisser Weise **versammelnd**.
- Sie **gymnastiziert** dein Pferd und fördert die **Durchlässigkeit**.
- Durch die Pylonen bekommt dein Pferd andere Reize gesetzt und das erhöht die **Aufmerksamkeit**.
- Die Übung verbessert die **Geraderichtung** deines Pferdes.

SO WIRD'S GEMACHT

Bereite dein Pferd auf diese Aufgabe vor, indem du die vorherigen Karten 2/12, 2/13 und 2/14 der Reihenfolge nach reitest. Diese Lektion ähnelt der Karte 2/14 »Pylonengasse auf der Mittellinie, mit Volten 3« stark, nur dass durch den Handwechsel dein Pferd noch ausgiebiger und besser gymnastiziert wird. Durch den Richtungswechsel muss es sich nach dem Geraderichten in eine andere Richtung stellen und biegen. Reite gleichmäßig von beiden Händen aus an.

1. In den Volten bleibt deine innere Wade vorwärtstreibend am Gurt, biegt das Pferd an den äußeren Zügel heran und ist für die Vorwärtsbewegung zuständig.
2. Der äußere Schenkel liegt verwahrend am Pferdebauch und begrenzt die Hinterhand.
3. Der innere Gesäßknochen ist vermehrt belastet, der innere Zügel stellt dein Pferd.
4. Der äußere Zügel führt die Schulter herum, begrenzt die Schulter und die Stellung und Biegung.
5. Vor dem Erreichen des Pylonentors bereitest du dein Pferd mit halben Paraden auf den Übergang vor. Reite den Übergang zwischen dem Pylonentor.
6. Anschließend setzt du den Weg durch die Pylonentore fort und reitest geradeaus. Dazu sind beide Schenkel vorwärtstreibend am Gurt, beide Gesäßknochen gleichmäßig belastet und beide Zügel halten eine gleichmäßige Verbindung zum Pferdemaul.
7. Bereite dein Pferd rechtzeitig auf die neue Volte vor. Stelle es um und sitze eventuell auch um.

Mögliche Übergänge
Schritt – Trab – Schritt; Trab – Schritt – Trab; Trab – Galopp – Trab, Schritt – Galopp – Schritt; Galopp – Trab – Galopp

FEHLER UND WIE SIE KORRIGIERT WERDEN

- *Das Pferd kürzt die zweite Hälfte der Volte ab*

Wenn dein Pferd die zweite Hälfte der Volte abkürzt, bleibe bereits zu Beginn der Volte aktiv mit deinem inneren Schenkel am Pferd und treibe es an den äußeren Zügel.

- *Das Pferd wendet erst gar nicht ab*

Wendet sich das Pferd nicht ab, dann bereite dich und dein Pferd zunächst gut auf die Wendung vor, achte auf die korrekte Hilfengebung und auf deine Gewichtsverlagerung. Ziehe nicht am inneren Zügel.

- *Das Pferd geht nach oder vor den Wendungen nicht geradeaus oder weicht über die Schultern aus*

Rahme dein Pferd ganz deutlich zwischen deinen Hilfen ein, wenn es nach oder vor den Wendungen nicht geradeaus geht oder über die Schultern ausweicht. Eventuell musst du mit dem inneren Schenkel mehr Druck machen und es so an dem äußeren Zügel geraderichten.

- *Fehler in Stellung und Biegung*

Fehler in Stellung und Biegung bei dieser Lektion musst du stets über Takt, Losgelassenheit, Anlehnung und deine korrekte Hilfengebung korrigieren.

- *Fehler in den Übergängen*

Jeder Übergang muss korrekt geritten werden, nicht nur gebremst oder getrieben. Sollten Fehler in den Übergängen auftreten, dann sieh dir noch einmal die Karte 1/24 »Halbe und ganz Paraden« genauer an.

2/16 Pylonengasse auf der Mittellinie, mit Volten 5

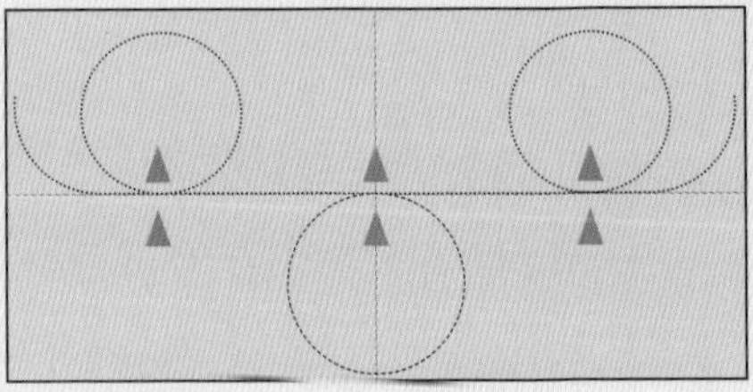

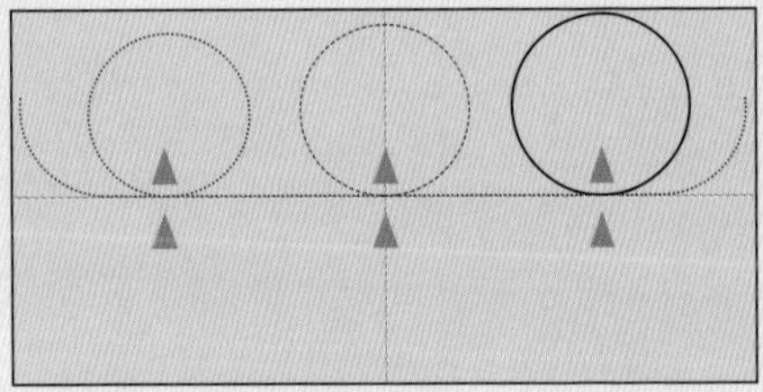

ZIEL UND WIRKUNG

- Durch die Volten verbesserst du die **Längsbiegung** deines Pferdes und die **Tragkraft** auf dem jeweiligen inneren Hinterbein.
- Durch die eingebauten Übergänge ist diese Übung in gewisser Weise **versammelnd**.
- Sie **gymnastiziert** dein Pferd und fördert **die Durchlässigkeit.**
- Durch die Pylonen bekommt dein Pferd andere Reize gesetzt und das erhöht die **Aufmerksamkeit**.
- Die Übung verbessert die **Geraderichtung** deines Pferdes.

SO WIRD'S GEMACHT

Bereite dein Pferd auf diese Aufgabe vor, indem du die vorherigen Karten 2/12, 2/13, 2/14 und 2/15 wie beschrieben reitest. Hast du die Übungen erfolgreich absolviert, kannst du die Anzahl der Übergänge erhöhen, indem du jede Volte in einer anderen Gangart reitest.
Es ist leichter, wenn du zunächst alle Volten auf einer Hand reitest, bevor du zwischen Links- und Rechtsvolte wechselst.

1. In den Volten bleibt deine innere Wade vorwärtstreibend am Gurt, biegt das Pferd an den äußeren Zügel heran und ist für die Vorwärtsbewegung zuständig.
2. Der äußere Schenkel liegt verwahrend am Pferdebauch und begrenzt die Hinterhand.
3. Der innere Gesäßknochen ist vermehrt belastet, der innere Zügel stellt dein Pferd.
4. Der äußere Zügel führt die Schulter herum, begrenzt die Schulter und die Stellung und Biegung.
5. Vor dem Erreichen des Pylonentors bereitest du dein Pferd mit halben Paraden auf den Übergang vor. Reite den Übergang zwischen dem Pylonentor.
6. Anschließend setzt du den Weg durch die Pylonentore fort und reitest geradeaus. Dazu sind beide Schenkel vorwärtstreibend am Gurt, beide Gesäßknochen gleichmäßig belastet und beide Zügel halten eine gleichmäßige Verbindung zum Pferdemaul.
7. Bereite dein Pferd rechtzeitig auf die neue Volte vor. Stelle es um und sitze eventuell auch um.

VARIANTEN
Beginne im Galopp, die zweite Volte wird im Trab geritten, die letzte im Schritt. Du kannst ganz unterschiedliche Übergänge reiten, ganz so, wie es dir gefällt.

FEHLER UND WIE SIE KORRIGIERT WERDEN

- *Das Pferd kürzt die zweite Hälfte der Volte ab*

Wenn dein Pferd die zweite Hälfte der Volte abkürzt, bleibe bereits zu Beginn der Volte aktiv mit deinem inneren Schenkel am Pferd und treibe es an den äußeren Zügel.

- *Das Pferd wendet erst gar nicht ab*

Wendet sich das Pferd nicht ab, dann bereite dich und dein Pferd zunächst gut auf die Wendung vor, achte auf die korrekte Hilfengebung und auf deine Gewichtsverlagerung. Ziehe nicht am inneren Zügel.

- *Das Pferd geht nach oder vor den Wendungen nicht geradeaus oder weicht über die Schultern aus*

Rahme dein Pferd ganz deutlich zwischen deinen Hilfen ein, wenn es nach oder vor den Wendungen nicht geradeaus geht oder über die Schultern ausweicht. Eventuell musst du mit dem inneren Schenkel mehr Druck machen und es so an dem äußeren Zügel geraderichten.

- *Fehler in den Übergängen*

Jeder Übergang muss korrekt geritten werden, nicht nur gebremst oder getrieben. Sollten Fehler in den Übergängen auftreten, dann sieh dir noch einmal die Karte 1/24 »Halbe und ganze Paraden« genauer an.

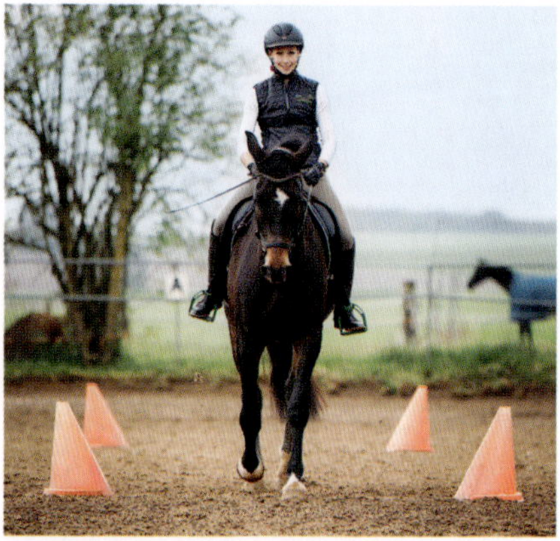

Reite dein Pferd von Pylonentor zu Pylonentor immer bewusst geradeaus.

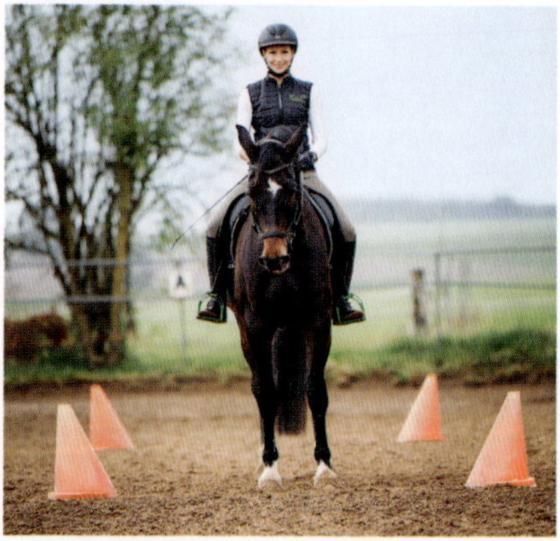

Auch eine ganze Parade kann zwischen den Pylonentoren eingebaut werden, vor oder nach einer Volte.

2/17 Halbe und ganze Übergänge

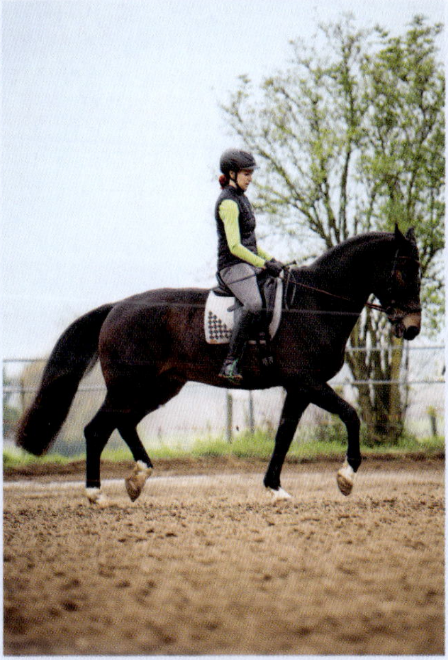

Um aus dem Halt anzureiten, braucht das Pferd mehr Kraft aus der Hinterhand, um sich nach vorne zu schieben.

ZIEL UND WIRKUNG

- **Koordination** und **Feinabstimmung** der reiterlichen Hilfen.
- Die Lektion soll die Hinterhand und den Rücken stärken, somit die **Tragkraft**.
- Verbesserung der **Losgelassenheit**.
- Erhöhung der **Durchlässigkeit**.
- Die Lektion wirkt **gymnastizierend**.

SO WIRD'S GEMACHT

Alle Übergänge werden immer mit halben Paraden vorbereitet. Zum Anreiten, Antraben oder Angaloppieren gibst du folgende Hilfen:

1. Durch die Vorbereitung mit den halben Paraden ist dein Pferd gespannter und wartet auf eine weitere Anweisung/Hilfengebung.
2. Mit mehr Schenkeldruck und minimalem Vorgeben der Hand sowie Öffnen des Beckens kannst du dein Pferd in die höhere Gangart antreten lassen.
3. Für den Wechsel in den Galopp gibst du die Galopphilfe. Dabei schiebst du das innere Becken leicht nach vorne unten, der äußere Schenkel ist verwahrend am Pferd und der innere Schenkel gibt vermehrt Druck. Hier darfst du die innere Hand nicht festhalten, da sie sonst das Anspringen verhindern kann.

Für jeden Übergang zu einer langsamen Gangart gibst du folgende Hilfen:

- Durch die Vorbereitung mit den halben Paraden hältst du die Hinterhand aktiv.
- Etwas mehr Körperspannung in dir und eine durchhaltende Zügelhilfe leiten die neue Gangart ein.

Nach vorne treiben

Achte bei jedem Übergang nach »unten« darauf, dass du dennoch weiter nach vorne treibst. Du darfst also nicht bremsen, sondern sollst in der neuen Gangart weiter fleißig nach vorne reiten.

FEHLER UND WIE SIE KORRIGIERT WERDEN

- *Das Pferd hebt sich raus, geht gegen den Zügel*

Wenn das Pferd sich raushebt und gegen den Zügel geht, musst du dein Pferd auch während der Übergänge an deinen Hilfen und den halben Paraden haben. Achte auf eine korrekte Zügelverbindung und aktives Treiben.

- *Das Pferd fällt auf die Vorhand, wird lang*

Fällt dein Pferd auf die Vorhand und wird lang, dann halte deine eigene Körperspannung und die korrekte Zügelverbindung. Besonders wichtig ist hier das Nachtreiben, damit die Hinterhand zum Tragen kommt.

- *Bei Schritt-Galopp-Schritt-Übergängen ist ein Trabtritt dazwischen*

Ist bei den Übergängen zwischen Schritt, Galopp und Schritt ein Trabtritt dazwischen, musst du dein Pferd noch besser vorbereiten. Halte es gut in der Spannung und gib deutliche Hilfen. Eventuell ist es noch nicht so weit. Dann übe noch mal Trab-Galopp-Trab-Übergänge.

- *Das Pferd springt in den falschen Galopp*

Der Fehler liegt meistens in der Hilfengebung, wenn dein Pferd in den falschen Galopp springt. Kontrolliere deine Hilfengebung ganz genau. Achte auf eine weiche innere Hand, korrekte Stellung und Biegung.

Treiben und Nachtreiben
Mit Treiben oder Nachtreiben ist nicht gemeint, die Geschwindigkeit zu erhöhen. Mit dem treibenden Impuls möchtest du erreichen, dass dein Pferd die Hinterhand weiter nach vorne setzt und so mehr Last aufnimmt und Schub- und Tragkraft entwickelt.

2/18 Die ganze Parade

ZIEL UND WIRKUNG
- **Koordination** und **Feinabstimmung** der reiterlichen Hilfen.
- Die Lektion soll die Hinterhand und den Rücken stärken, also sorgt für mehr **Tragkraft**.
- Verbesserung der **Losgelassenheit**.
- Erhöhung der **Durchlässigkeit**.
- Die Lektion wirkt **gymnastizierend**.

SO WIRD'S GEMACHT
Bereite dein Pferd mit halben Paraden auf die Lektion vor.
1. Mit einer durchhaltenden Zügelhilfe in der halben Parade wird die ganze Parade eingeleitet. Das Pferd bleibt stehen.
2. Die Schenkel treiben die Hinterhand dennoch heran und die Gewichtshilfen sind beidseitig belastend.

Auch im Stehen wünscht man sich eine Vorwärtstendenz, denn dein Pferd soll ja wieder zügig vom Fleck weg antreten. Halte also die Spannung nach vorne und dein Pferd bleibt vor dem Schenkel.

Die ganze Parade
Die ganze Parade führt aus jeder Gangart zum Halten und kann nur auf einer Geraden korrekt geritten werden.

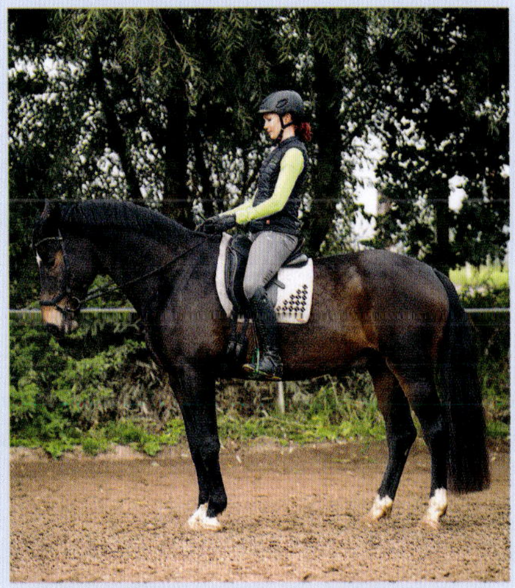

Bei einer korrekten ganzen Parade steht das Pferd geschlossen. Hier steht es hinten links noch heraus.

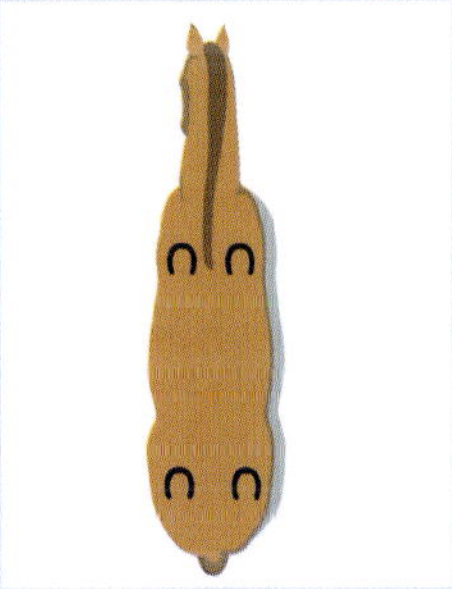

Bei der ganzen Parade steht das Pferd in sich gerade auf allen vier Hufen gleichmäßig.

FEHLER UND WIE SIE KORRIGIERT WERDEN

- *Das Pferd hebt sich raus*

Hebt dein Pferd sich raus, schau dir noch einmal die Karte 1/24 »Halbe und ganze Paraden« an und wiederhole die Übung ruhig und konzentriert, bis es gut klappt.

- *Der Übergang aus dem Trab erfolgt mit einem Schritt-Schritt dazwischen*

Erfolgt der Übergang aus dem Trab mit einem Schritt-Schritt dazwischen, achte darauf, dass dein Pferd im Stehen in positiver Spannung bleibt, wie ein Sprinter, der gleich losrennt. Geht diese Spannung verloren, kann dein Pferd nicht energisch antreten.

- *Das Pferd fällt auf die Vorhand*

Fällt dein Pferd auf die Vorhand, schau dir noch einmal die Karte 1/24 »Halbe und ganze Paraden« an und wiederhole die Übung ruhig und konzentriert, bis es gut klappt.

- *Das Pferd steht unruhig*

Wird dein Pferd unruhig, darfst du auf keinen Fall hektisch werden oder das Tier bestrafen. Wirke ruhig auf dein Pferd ein und halte es konzentriert an den Hilfen.

- *Das Pferd steht schief*

Wenn dein Pferd schief steht, könnte zu einseitige Hilfengebung oder die natürliche Schiefe deines Pferdes die Ursache sein. Beides musst du durch korrekte Einwirkung korrigieren.

- *Das Pferd geht rückwärts*

Geht dein Pferd rückwärts, halte es auch im Stehen vor deinen Hilfen in der oben beschriebenen positiven Spannung.

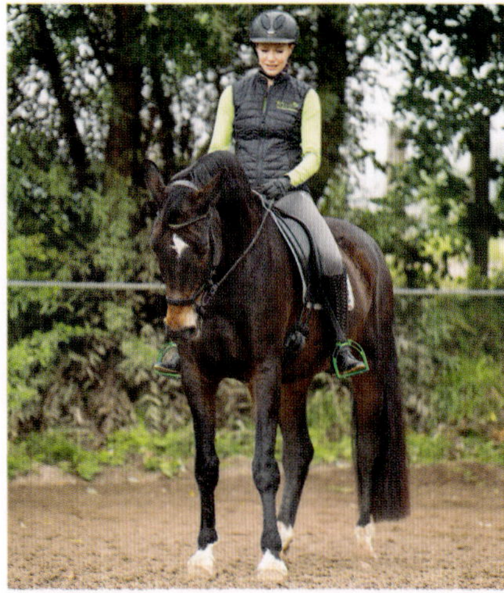

Das Pferd steht von vorne betrachtet nicht gerade, zudem hinten auch nicht geschlossen.

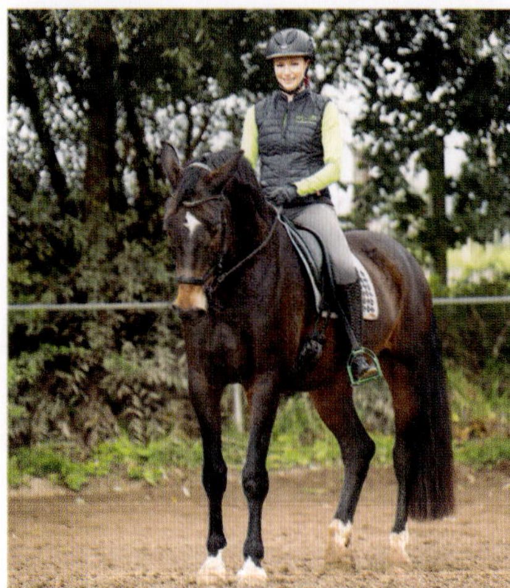

Ist das Pferd nicht vor der Wade, weicht es im Stehen nach hinten aus.

2/19 Vorhandwendung

ZIEL UND WIRKUNG

- Die Lektion ist **lösend.**
- Festigen der **diagonalen Hilfengebung.**
- Die Lektion ist **gymnastizierend.**

Seltene Übung
Normalerweise wird die Vorhandwendung nicht so oft gemacht, da das innere Vorderbein leicht vor dreht wird. Die Hinterhand bewegt sich im Halbkreis um die Vorhand und kreuzt dabei. Das äußere Vorderbein tritt dabei um das innere.

SO WIRD'S GEMACHT

Hilfengebung für eine Wendung nach rechts weichend:

1. Zuerst reitest du eine ganze Parade, da eine Vorhandwendung nur aus dem Halten geritten wird.
2. Stelle dein Pferd nach links und belaste den linken Gesäßknochen etwas mehr. Der äußere Zügel begrenzt die Schulter, verhindert so ein Nach-vorne-Treten und begrenzt die Stellung, lässt diese aber auch zu.
3. Der innere (linke) Schenkel liegt vorwärts-seitwärtstreibend am Bauch und treibt das Pferd im Takt, das bedeutet im Takt der Schrittfolge, um die Vorhand herum. Der verwahrende äußere Schenkel verhindert dabei, dass das Pferd zu eilig herumgeht.

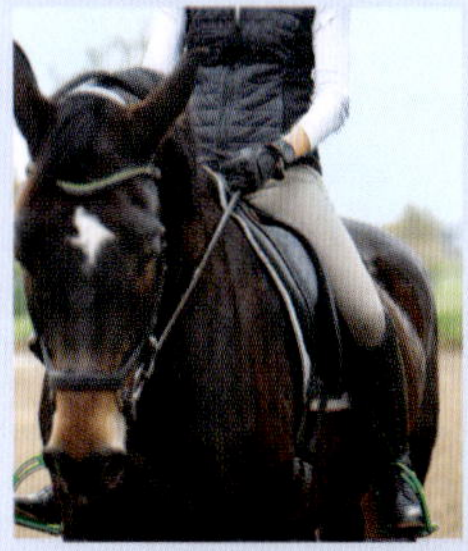

Das Pferd ist nach innen (links) gestellt.

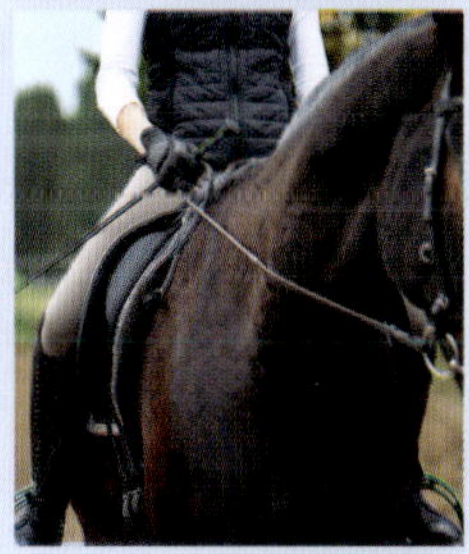

Der äußere (rechte) Zügel begrenzt die Schulter und verhindert ein Nach-vorne-Antreten des Pferdes.

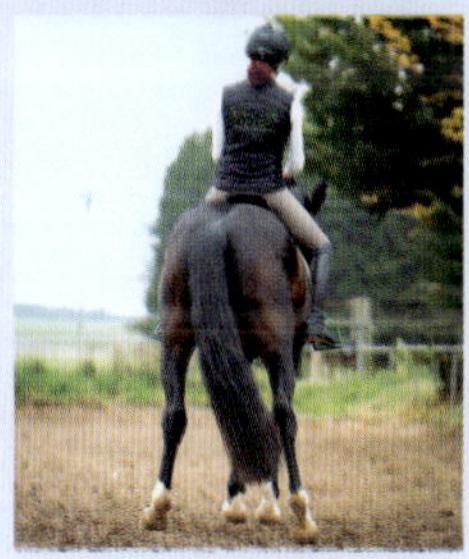

Der innere vorwärts-seitwärtstreibende Schenkel treibt die Hinterhand herum.

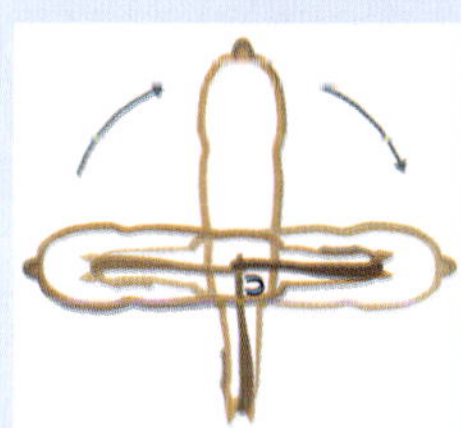

Die Vorhandwendung sieht wie ein Fächer aus.

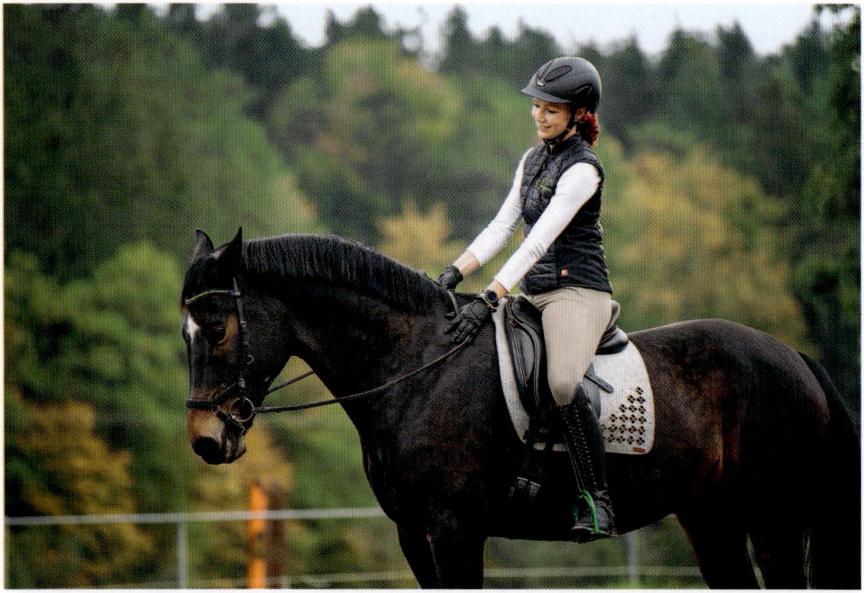

Das Pferd soll nicht herumeilen. Lieber ruhig auf das Pferd einwirken und Schritt für Schritt reiten.

FEHLER UND WIE SIE KORRIGIERT WERDEN

- *Das Pferd geht während der Übung nach vorne*

Geht dein Pferd während der Übung nach vorne, musst du es noch etwas mehr am äußeren verwahrenden Zügel halten. Eventuell musst du hier eine kurze durchhaltende Zügelhilfe geben.

- *Das Pferd geht rückwärts und weicht nach hinten aus*

Wenn dein Pferd rückwärtsgeht bzw. nach hinten ausweicht, achte darauf, dass du es vermehrt nach vorne an den anstehenden Zügel treibst.

- *Der Kopf ist zu weit nach links geneigt*

Ist der Kopf deines Pferdes zu weit nach links geneigt, gib mit der linken Hand nach; du kannst dein Pferd nicht rüberziehen.

- *Das Pferd eilt herum*

Wenn dein Pferd herumeilt, also nicht Schritt für Schritt ruhig herumtritt, sondern sehr eilige Schritte mit der Hinterhand macht, dann bleibe mit dem verwahrenden Schenkel mehr dran und wirke ruhig auf dein Pferd ein.

2/20 Schenkelweichen

ZIEL UND WIRKUNG

- **Schenkelweichen ist eine lösende** Lektion.
- Förderung der **Durchlässigkeit**.
- **Die Koordination** des Reiters wird gefördert und das Verständnis für die **diagonale** Hilfengebung geschärft.
- Die Lektion ist **gymnastizierend**.

SO WIRD'S GEMACHT

Bei dieser Lektion bewegt sich das Pferd im Schritt im 45-Grad-Winkel an einer gedachten Linie (Bande) entlang. Das Pferd ist gestellt aber nicht gebogen. Die Vorder- und Hinterhand kreuzen voreinander. Du kannst diese Lektion im Schritt reiten. Für den Trab und Galopp ist Das-Viereck-Verkleinern und vergrößern besser geeignet.
Die Hilfengebung für das Reiten auf der rechten Hand ist folgendermaßen:

1. Das Pferd ist leicht nach links (außen) gestellt, der linke Gesäßknochen ist vermehrt belastet.
2. Der wegen der Stellung nun innere (linke) Schenkel liegt vorwärts-seitwärtstreibend am Pferdebauch und gibt einen Impuls, wenn das linke Hinterbein abhuft.
3. Der äußere Zügel wirkt verwahrend, lässt die Stellung zu, begrenzt aber gleichzeitig die Schulter und damit das Tempo.
4. Der äußere (rechte) Schenkel liegt verwahrend an und verhindert ein Ausweichen der Hinterhand und sorgt für den richtigen Winkel zur erdachten Linie.

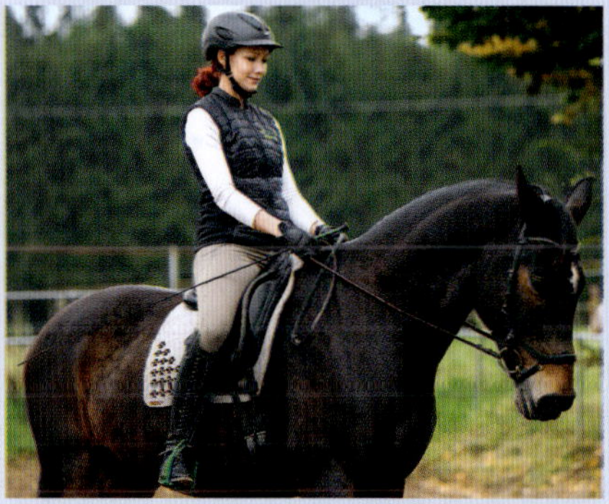

Der äußere Zügel begrenzt die Schulter.

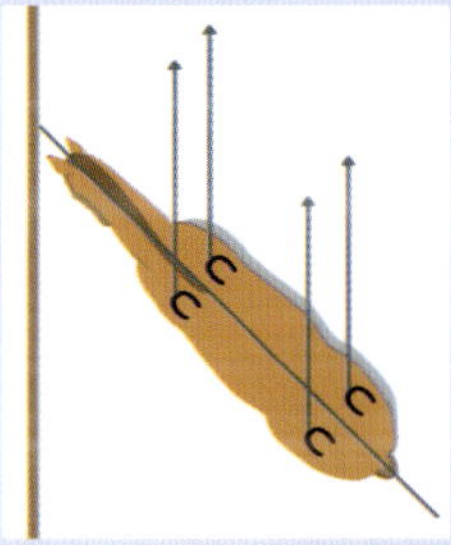

Beim Schenkelweichen bewegt sich das Pferd schräg zur Bande geradeaus.

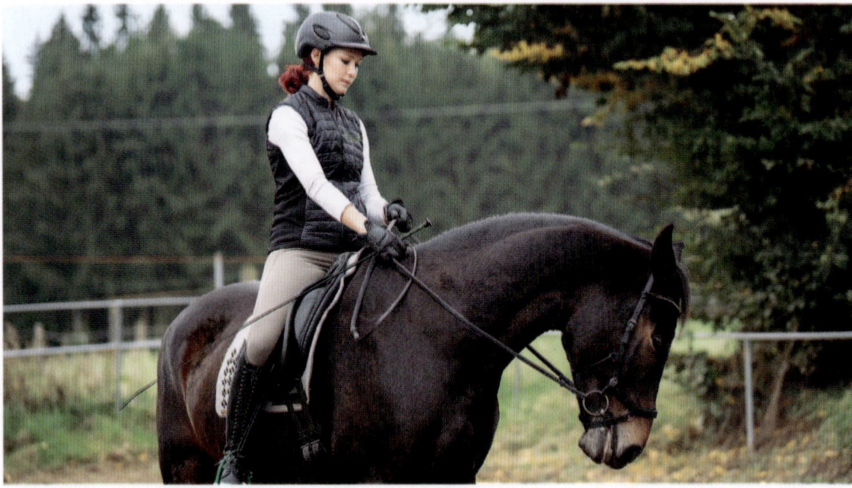

Um die Hinterhand nach innen zu bringen darfst du nicht am inneren Zügel ziehen.

FEHLER UND WIE SIE KORRIGIERT WERDEN

- *Der Kopf ist zu weit nach links (innen) geneigt*

Wenn der Kopf deines Pferdes zu stark nach innen geneigt ist, dann wirkst du entweder zu stark mit der Hand ein oder begrenzt außen zu wenig. Achte darauf, dass der Hals gerade bleibt.

- *Schenkelweichen wird zu steil (mehr als 45 Grad zur Bande) geritten*
- Der verwahrende Schenkel muss mehr begrenzen, damit das Schenkelweichen nicht zu steil geritten wird.

- *Das Pferd ist zu langsam*

Achte auf ein gleichmäßiges Tempo im Viertakt, sonst wird dein Pferd zu langsam. Treibe im Takt und lasse dein Pferd auch gehen.

- *Schenkelweichen wird zu wenig steil (weniger als 45 Grad zur Bande) geritten*

Reitest du das Schenkelweichen weniger als 45 Grad zur Bande, treibe aktiver und im richtigen Takt mit dem inneren Schenkel an den äußeren Zügel. Schiebe nicht mit der Hüfte!

- *Das Pferd ist zu eilig*

Ist dein Pferd zu eilig, dann entzieht es sich so möglicherweise der Arbeit. Führe es mit halben Paraden wieder zurück und beginne die Lektion in aller Ruhe wieder von Neuem. Begrenze dein Pferd über den äußeren Zügel so, dass du das gewünschte Tempo hältst.

2/21 Viereck vergrößern und verkleinern

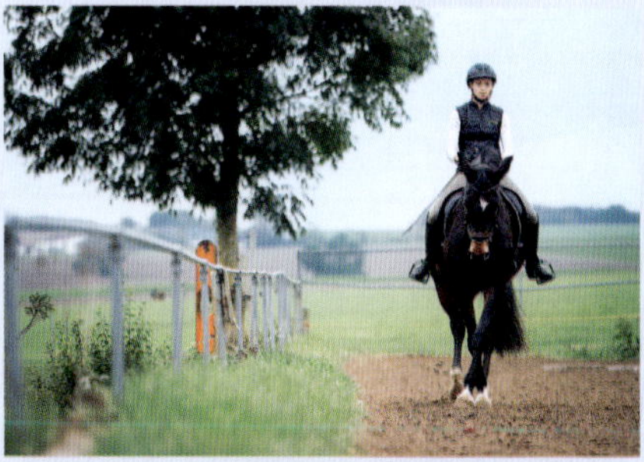

Der Pferdekörper bleibt parallel zur Bande.

ZIEL UND WIRKUNG

- **Festigen** der diagonalen Hilfengebung.
- Förderung der **Durchlässigkeit**.
- Die Lektion ist **gymnastizierend**, vor allem im Becken.
- Die Lektion dient der **Lösung**.

SO WIRD'S GEMACHT

Es wird eine einfache Schlangenlinie an der langen Seite geritten. Das Pferd ist mit seinem Körper allerdings immer parallel zur Bande. Die Beine kreuzen voreinander. Im Prinzip reitest du Schenkelweichen, nur dass deine gedachte gerade Linie nicht die Bande ist, sondern die Schlangenlinie.
Du lässt dein Pferd einmal nach links weichen (verkleinerst das Viereck), reitest eine Pferdelänge gerade aus und lässt dein Pferd nach rechts weichen (Vergrößern des Vierecks). Du kannst diese Lektion im Schritt, Trab und Galopp reiten.

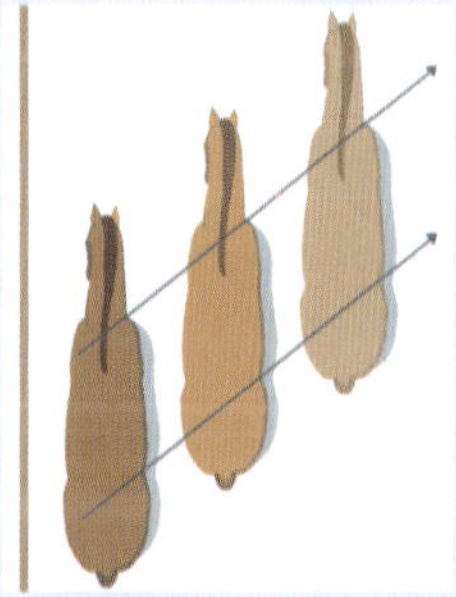

Die Bewegungsrichtung ist immer vorwärts-seitwärts.

1. Die Hilfengebung ist die gleiche wie beim Schenkelweichen. Das Pferd wird ab dem Wechselpunkt diagonal in die Mitte geführt.
2. Das Pferd ist leicht nach rechts (außen) gestellt, der rechte Gesäßknochen ist vermehrt belastet.
3. Der wegen der Stellung nun innere (rechte) Schenkel liegt vorwärts-seitwärtstreibend am Pferdebauch und gibt einen Impuls, wenn das rechte Hinterbein abhuft.
4. Der äußere Zügel wirkt verwahrend, lässt die Stellung zu, begrenzt aber gleichzeitig die Schulter und damit das Tempo.
5. Der äußere (linke) Schenkel liegt verwahrend an und verhindert ein Ausweichen der Hinterhand und sorgt für den richtigen Winkel zur erdachten Linie.
6. Wenn ein Abstand von ca. 5 Metern zur Bande erreicht ist, reitest du eine Pferdelänge geradeaus, um dann wieder zum nächsten Wechselpunkt das Viereck zu vergrößern.
7. Die Hilfengebung für die linke Seite ist identisch.

VARIANTEN

Diese Übung kannst du auch von der Viertellinie aus zur Bande reiten, also das reine Viereck vergrößern.

FEHLER UND WIE SIE KORRIGIERT WERDEN

- *Das Pferd hat zu viel Stellung*

Hat dein Pferd zu viel Stellung, gib deine innere Hand nach bzw. begrenze außen besser.

- *Das Pferd geht zu steil in die Bahnmitte*

Begrenze dein Pferd mehr mit deinen äußeren Hilfen, wenn es zu steil in die Bahnmitte geht. Denke auch beim Seitwärtsgehen an eine Vorwärtsbewegung.

- *Das Pferd geht zu flach in die Bahnmitte*

Wenn dein Pferd zu flach in die Bahnmitte geht, treibe es vermehrt vorwärts-seitwärts, damit es fleißiger diagonal unterhuft.

- *Das Pferd ist zu schnell*

Ist dein Pferd zu schnell, begrenze es mit deinem äußeren verwahrenden Zügel.

- *Das Pferd ist nicht parallel zur Bande*

Korrigiere deine Hilfengebung und reite dein Pferd korrekt an die diagonalen Hilfen, wenn es nicht parallel zur Bande geht, um es wieder geradezurichten.

- *Die Hinterhand geht voran*

Begrenze die Hinterhand vermehrt mit deinem äußeren Schenkel, wenn sie vorangeht. Treibe gleichzeitig innen nach, um die Schulter wieder nach vorne zu holen. Lasse die Schulter auch nach vorne und gib dabei den äußeren Zügel etwas nach.

2/22 Schulter vor

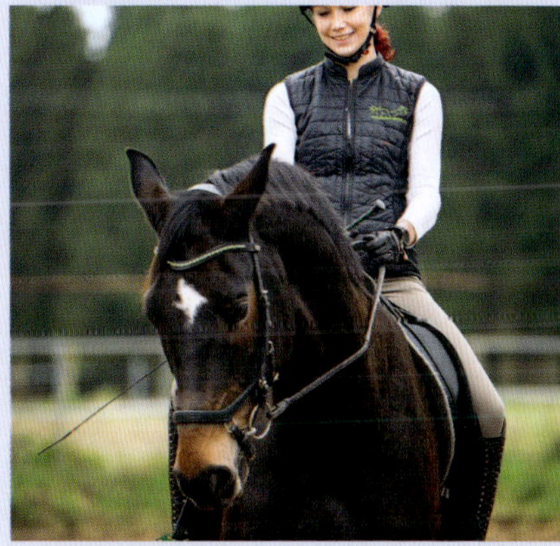

Das Pferd ist bei dieser Lektion gestellt.

ZIEL UND WIRKUNG

- Verbesserung der **Längsbiegung**.
- Vermehrte **Lastaufnahme** hinten innen, da dein Pferd mit dem inneren Hinterbein mehr unter den Schwerpunkt huft.
- Die Lektion dient der **Lösung und fördert** die **Durchlässigkeit**.
- Die Lektion ist **gymnastizierend**.

SO WIRD'S GEMACHT

Diese Lektion bereitet dich und dein Pferd auf das Schulter-herein vor. Sie dient der Geraderichtung deines Pferdes.
Das Pferd ist nach innen gestellt und gebogen. Das innere Hinterbein huft dabei in Richtung zwischen die beiden Vorderbeine. Das äußere Hinterbein bleibt auf der Spur des äußeren Vorderbeins.

Die Hilfengebung ist folgendermaßen aufgebaut:

1. Der innere Gesäßknochen ist vermehrt belastet. Der innere Schenkel liegt vorwärtstreibend am Gurt und treibt das Pferd an den äußeren Zügel. Der Schenkel sorgt für die Rippenbiegung und dass das innere Hinterbein vermehrt unter den Schwerpunkt tritt.
2. Der innere Zügel hält eine weich federnde Verbindung und die Stellung.
3. Der äußere Zügel liegt verwahrend an, ebenso wie der äußere Schenkel, der allerdings auch mitverantwortlich für die Vorwärtsbewegung ist.

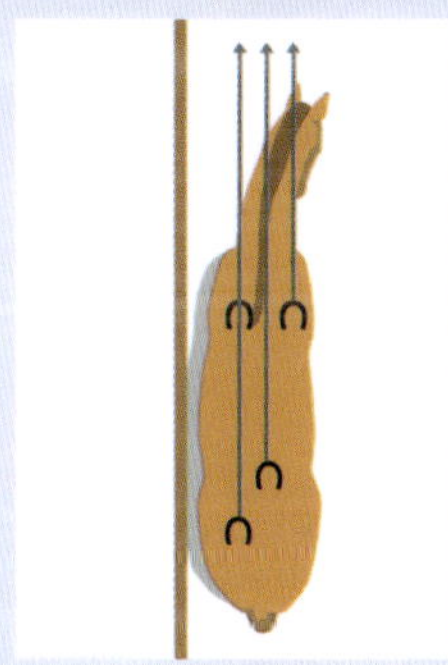

Das innere Hinterbein huft in Richtung zwischen den Vorderbeinen.

FEHLER UND WIE SIE KORRIGIERT WERDEN

- *Das Pferd hat zu viel Stellung*

Gib mit der inneren Hand wieder nach. Wenn du versuchst dein Pferd am inneren Zügel zu biegen, kommt es häufig zu diesem Fehler. Das funktioniert nämlich nicht, dafür hast du eine innere Wade.

- *Das Pferd verwirft sich im Genick*

Dein Pferd muss gleichmäßig an beide Zügel herantreten. Halte eine gleichmäßige Zügelverbindung.

- *Das Pferd bewegt sich auf drei Hufschlaglinien*

Achte auf eine korrekte Hilfengebung, biege dein Pferd vermehrt um den inneren Schenkel und verlange etwas weniger Stellung.

- *Das Pferd ist zu eilig*

Ist dein Pferd zu eilig, führe das Tempo mit halben Paraden zurück.

- *Das Pferd ist zu langsam oder taktunrein*

Wenn dein Pferd zu langsam oder taktunrein ist, reite einen ordentlichen Viertakt und treibe im Takt. Reiter dafür zuerst wieder normal geradeaus und beginne die Lektion von Neuem.

- *Die Schulter klebt an der Bande*

Klebt die Schulter des Pferdes an der Bande, reite dein Pferd korrekt an den äußeren Zügel. Gedanklich reitest du so, als ob keine Bande da wäre und du dein Pferd nur durch deine Hilfen geradeaus reiten willst. Eine Volte kann helfen, dein Pferd besser an den äußeren Zügel zu reiten.

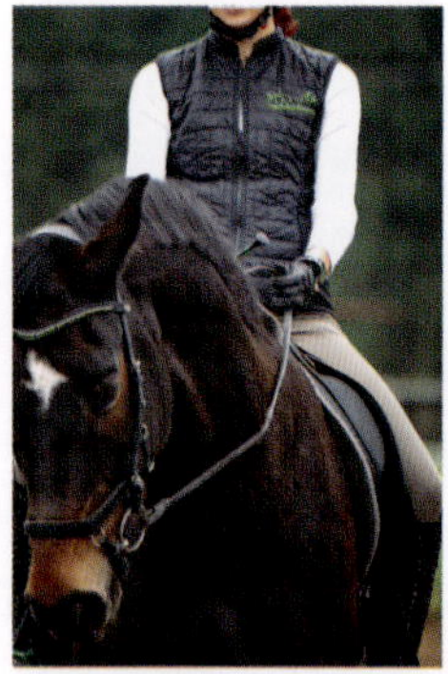

Der äußere Zügel begrenzt die Schulter und hält das Pferd gerade.

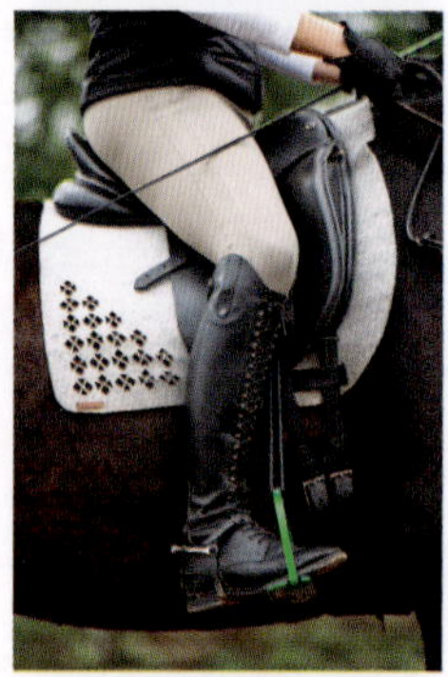

Die innere Wade liegt vorwärtstreibend am Pferdebauch.

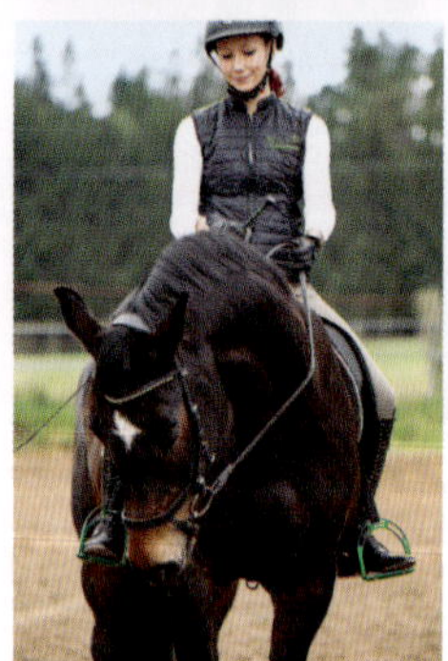

Zu viel Stellung, bzw. zu aktives Einwirken mit der inneren Hand.

2/23 Schulter herein

ZIEL UND WIRKUNG

- Verbesserung der **Längsbiegung**.
- Vermehrte **Lastaufnahme** hinten innen, da dein Pferd mit dem inneren Hinterbein mehr unter den Schwerpunkt huft.
- Die Lektion dient der **Lösung** und fördert die **Durchlässigkeit**.
- **Diagonale Hilfengebung**.
- Die Lektion ist **gymnastizierend**.

SO WIRD'S GEMACHT

Das Pferd läuft gestellt und gebogen auf drei Hufschlaglinien, ohne zu kreuzen. Das innere Hinterbein bewegt sich dabei auf der Linie des äußeren Vorderbeins. Bei dieser Lektion wird die Vorhand nach innen geführt, die Hinterhand bleibt auf dem 1. Hufschlag.
Die Hilfengebung ist folgendermaßen aufgebaut:

1. Der innere Gesäßknochen ist vermehrt belastet, der Schenkel liegt vorwärtstreibend am Gurt. Er treibt, wenn das gleichseitige Hinterbein abhuft.
2. Der innere Zügel hält eine weiche Verbindung und stellt das Pferd.
3. Der äußere Zügel begrenzt und führt die Schulter herein.
4. Der äußere verwahrende Schenkel liegt an und achtet darauf, dass die Hinterhand nicht ausweicht und gerade bleibt.

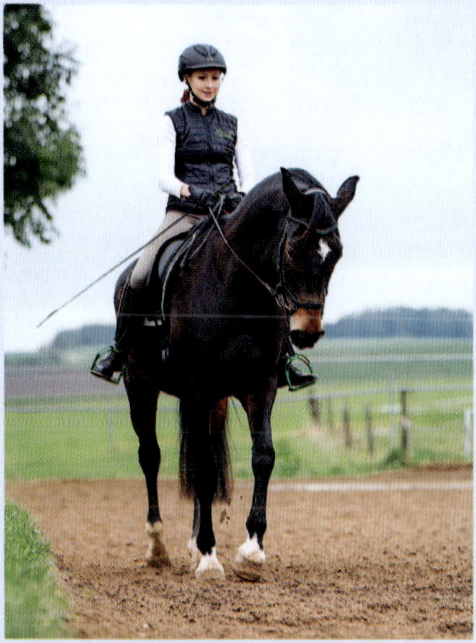

Die Vorhand des Pferdes wird nach innen geführt.

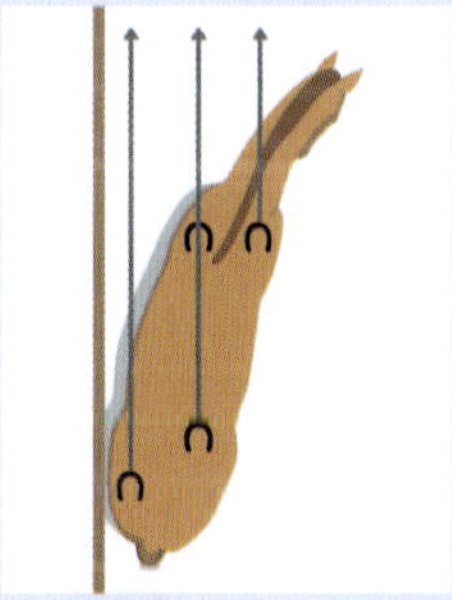

Das Pferd bewegt sich auf drei Hufschlaglinien vorwärts.

Zur Vorbereitung
Diese Lektion lässt sich hervorragend mit einer Volte vorbereiten.

VARIANTEN
Die Schwierigkeit dieser Übung kannst du erhöhen, indem du vom ersten Hufschlag wegreitest. Reite auf dem 2., 3. oder 4. Hufschlag korrektes Schulter-herein.

FEHLER UND WIE SIE KORRIGIERT WERDEN

- *Das Pferd hat zu wenig Stellung*

Wenn dein Pferd zu wenig Stellung hat, verlange mehr Stellung und reite eventuell eine Volte.

- *Das Pferd hat zu wenig Längsbiegung*

Wenn es an Längsbiegung fehlt, treibe dein Pferd aktiver an den inneren Schenkel und reite eventuell eine Volte, um die Längsbiegung wiederherzustellen.

- *Das Pferd hat zu viel Längsbiegung*

Ist die Längsbiegung zu stark, richte dein Pferd an den äußeren Zügelhilfen wieder gerader.

- *Die Hinterhand kreuzt oder weicht aus*

Kreuzt die Hinterhand oder weicht aus, bleibe aktiver mit deinem dein Pferd verwahrenden Schenkel am Pferd um ein Ausweichen zu verhindern.

- *Das Pferd ist zu eilig*

Möglicherweise entzieht sich dein Pferd der Arbeit, wenn es zu eilig ist. Reguliere das Tempo über den äußeren Zügel.

- *Das Pferd ist zu langsam oder taktunrein*

Wenn dein Pferd zu langsam oder taktunrein ist, reite zuerst wieder geradeaus und stelle einen korrekten Takt her, bevor du die Lektion von Neuem beginnst.

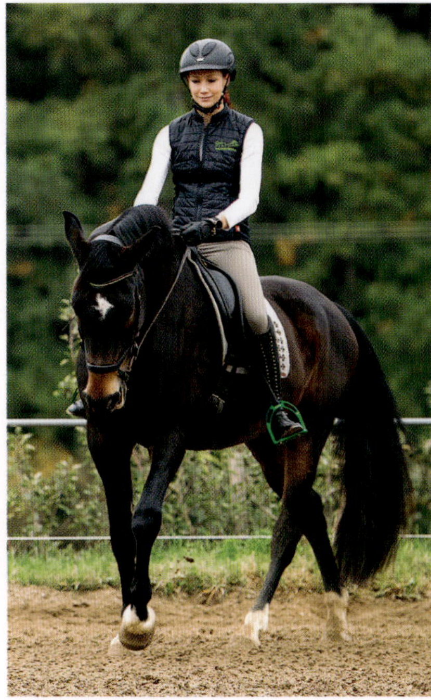

Eine Volte kann helfen, das Pferd auf die diagonalen Hilfen zu sensibilisieren.

- *Die Schulter klebt an der Bande*

Klebt die Schulter des Pferdes an der Bande, reite dein Pferd korrekt an den äußeren Zügel. Gedanklich reitest du so, als ob keine Bande da wäre und du dein Pferd nur durch deine Hilfen geradeaus reiten willst. Eine Volte kann helfen, dein Pferd besser an den äußeren Zügel zu reiten.

Reiten im Gelände

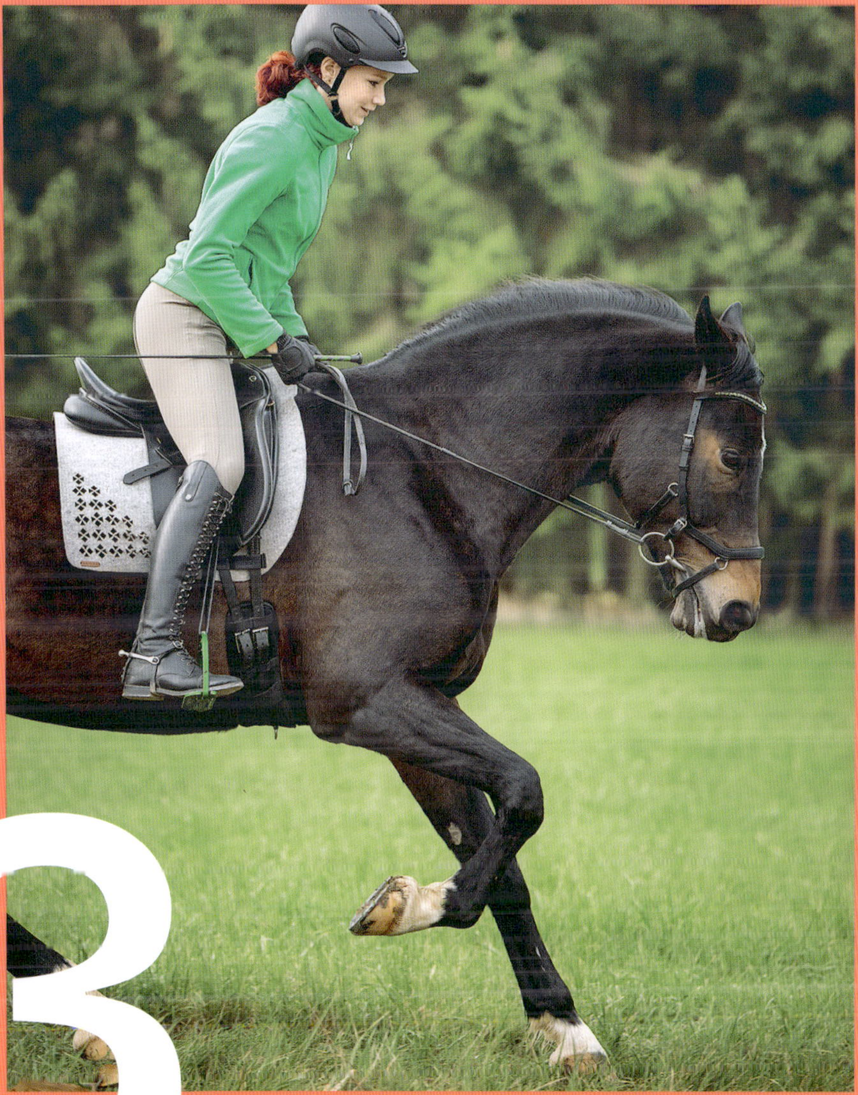

3

Abwechslungsreiches Training

Reiten im Gelände

ABWECHSLUNGSREICHES TRAINING

Reiten im Gelände kann so viel mehr sein, als nur am langen Zügel durch das wunderschöne Gelände und den Wald zu bummeln. Ohne Frage ist das Erholung pur, nicht nur für dich, sondern auch für dein Pferd. Das Reiten im Gelände fördert aber auch die Losgelassenheit deines Pferdes und bietet ideale Abwechslung zum Hallentraining.

FÜR ALLE SINNE

Schon das entspannte Am-langen-Zügel-ins-Gelände-Bummeln kann für dich und dein Pferd sinnvoll sein. Du reitest über verschiedene Böden, Teerstraßen, Feldwege, Waldwege. Alle haben eine andere Beschaffenheit, das trainiert die Trittsicherheit deines Pferdes und die Aufmerksamkeit. Zudem wird es anderen Umweltreizen ausgesetzt als in der Halle. Schon allein der Wind, der durch das Gebüsch weht, kann spannend sein. Umso öfter dein Pferd solchen Reizen ausgesetzt ist, umso gelassener wird es werden. Jeder Turnierreiter und jedes Turnierpferd kann von diesem natürlichen Gelassenheitstraining nur profitieren und dennoch heißt Ausreiten noch lange nicht, dass nicht auch dort effektiv trainiert werden kann.

3/2 Bergauf reiten

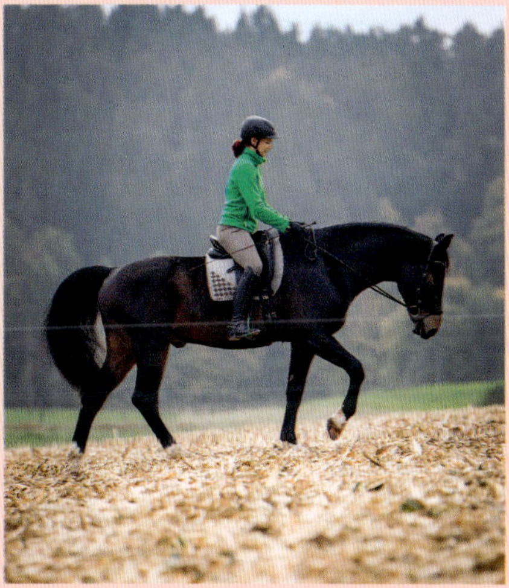

Bergauf muss das Pferd mit der Hinterhand schieben und mit der Vorhand ziehen.

ZIEL UND WIRKUNG

- **Schubkraft** aus der Hinterhand.
- **Dehnen** der Oberlinie: Pferde nehmen bergauf den Kopf leicht nach unten.
- **Kraftübung**.
- Förderung der **Trittsicherheit**.
- Für diese Übung braucht es natürlich **Bauchmuskeln** und die Vorhand zieht fleißig mit.

SO WIRD'S GEMACHT

Den Berg kannst du im Schritt, Trab und Galopp hinaufreiten. Je steiler der Berg, umso anstrengender ist es für das Pferd, in der schwunglosen Gangart Schritt hinaufzugehen.

1. Achte beim Bergaufreiten darauf, dass du den Pferderücken entlastest und du deinem Pferd genügend Zügellänge gibst. Es soll einerseits ausreichend Bewegungsfreiheit in Kopf und Hals haben, andererseits solltest du die Zügellänge so bemessen, dass du noch eingreifen kannst, falls dein Pferd z.B. abdreht oder sich eine alternative einfachere Route sucht.
2. Das Pferd streckt sich bergauf vermehrt nach vorne unten und die Vorhand zieht aktiv den Pferdekörper nach oben, je nachdem, wie steil der Berg ist. Entlaste immer nur so viel, dass du dennoch gute Kontrolle über dein Pferd hast. Im Entlastungssitz bist du, sobald du deinen Oberkörper vor die Senkrechte nimmst und somit dein Gewicht etwas mehr auf deine Oberschenkel und den Bügel verteilst. Je weiter du nach vorne gehst bzw. wenn du deinen Po aus dem Sattel hebst, bist du im leichten Sitz. Dafür musst du aber deine Bügel kürzer schnallen.

Steigbügel kürzen

Auch wenn es für den Entlastungssitz nicht nötig ist, würde ich dir empfehlen, im Gelände die Steigbügel 1–2 Löcher kürzer zu machen als bei der Dressurlänge. Das erhöht den Druck auf den Bügel und du hast besseren Kontakt. Somit kannst du bei einem Bocksprung oder bei einem Schrecksprung zur Seite besser dein Gleichgewicht halten und rutschst nicht so leicht aus dem Bügel heraus.

VARIANTEN

Um das Training noch zu vertiefen, kann man am Hang auch »bergauf anreiten« und »rückwärts am Hang reiten« üben. Voraussetzung ist hier natürlich, dass diese Übergänge in der Reitbahn gut funktionieren, ansonsten haben sie im Gelände nicht den gewünschten Effekt.

Bergauf anreiten: Bleibe am Berg stehen und reite im Schritt wieder an. Durch die Schräge des Geländes muss das Pferd noch mehr von hinten schieben. Wenn dein Pferd gut trainiert ist, kannst du auch aus dem Halten antraben. Ebenso effektiv sind gut gerittene Tempiwechsel bergauf. Beginne zuerst mit einem dir flach erscheinenden Berg, da diese Übergänge an sich schon Kraft aus der Hinterhand verlangen. Mache nur ein paar Wiederholungen und lege dann eine große Pause ein. Achte auf einen guten griffigen und ebenen Boden. Er soll nicht matschig oder rutschig sein.
Rückwärts am Hang: Wähle hierzu einen wirklich flachen Anstieg. Klappt die erste Aufgabe gut, kannst du versuchen, dein Pferd einige Tritte den Berg hinunter rückwärtszurichten und daraus anzureiten. Zunächst im Schritt, dann vielleicht sogar in den Trab. Auch hier sollten nur ein paar Wiederholungen gemacht und dann wieder eine lange Pause eingelegt werden.
Achte darauf, dass dein Pferd gerade rückwärtsgeht und ruhig. Bei zu eiligem Rückwärtsrichten könnte dein Pferd stolpern. Achte auch hier, wie oben bereits beschrieben, auf die Bodenbeschaffenheit.

FEHLER UND WIE SIE KORRIGIERT WERDEN

- *Pferd tritt nach dem Halten/Rückwärtsrichten nicht sofort an*

Bereite dein Pferd gut vor und gib deutliche Hilfen. Diese Übungen sind sehr anstrengend. Es kann auch sein, dass der Berg zu steil oder dein Pferd schon etwas erschöpft ist und eine Pause braucht.

- *Pferd weicht beim Rückwärtsgehen seitlich aus*

Rahme dein Pferd mit beiden Waden gleichmäßig links und rechts ein, damit es nicht mit der Hinterhand ausweichen kann. Ebenso achtest du auf gleichmäßig belastete Gesäßknochen und einen geraden Pferdehals.

- *Pferd geht unruhig den Berg hinauf, möchte immer wieder antraben/angaloppieren*

Bleibe hier ruhig und entspannt und reite bewusst die Gangart, die du reiten möchtest. Vielleicht liegt es auch daran, dass du normalerweise an diesem Berg galoppierst? Lasse dich von einem ruhigen Pferd-Reiter-Paar begleiten und wirke immer bewusst und ruhig auf dein Pferd ein.

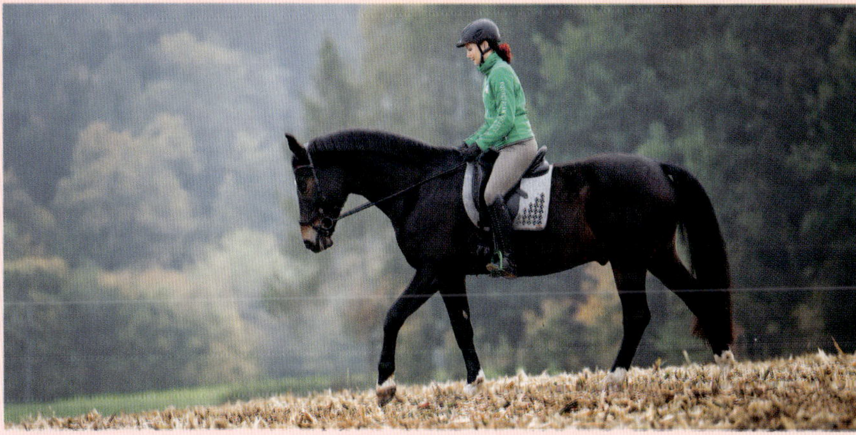

3/3 Bergab reiten

ZIEL UND WIRKUNG

- Verbesserung der **Tragkraft** und **Hankenbeugung**, da dein Pferd bergab mehr unter den Schwerpunkt tritt, um das eigene Gewicht abzufedern.
- Bergab benötigt dein Pferd viel **Ganzkörperspannung**, um nicht auf die Vorhand zu plumpsen oder gar zu stolpern.
- Da auch hier der Boden nicht eben ist wie in der Halle, fördert auch Bergabreiten die **Trittsicherheit** und **Aufmerksamkeit** deines Pferdes.

SO WIRD'S GEMACHT

Je nachdem, wie gut du und dein Pferd trainiert seid, könnt ihr im Schritt, Trab und Galopp den Berg hinabreiten.

1. Achte bei jedem Bergabreiten darauf, dass du den Rücken deines Pferdes ganz leicht entlastest, gerade wenn du erst am Anfang des Trainings stehst. Dazu genügt es schon, den Oberkörper etwas weiter vorzunehmen, den Po aber im Sattel zu lassen.
2. Begleite dein Pferd weiterhin mit deinen Schenkelhilfen und achte darauf, dass es gerade den Berg hinabgeht. Sollte es nämlich stürzen und dein Pferd steht quer zum Berg, ist das sehr ungünstig für dich. Zudem belastet dein Pferd dann auch die Hinterbeine nicht gleichmäßig. Deine Hände halten eine feine Verbindung zum Pferdemaul.

Stolpern verhindern

Beim Bergabreiten solltest du darauf achten, dass der Kopf deines Pferdes nicht zu tief kommt, um hier ein Stolpern zu verhindern.

VARIANTEN

Um das Training noch zu vertiefen, kannst du beim Bergabreiten folgende Übungen machen:

Übergänge am Hang: Reite dein Pferd bergab und dann einen Übergang vom Schritt zum Halt. Achte darauf, dass du dein Pferd mit der Hinterhand zum Halten nachtreibst, damit es Last auf die Hinterbeine aufnimmt und nicht nur auf der Vorhand bremst und steht.

Auf alle Fälle musst du dein Pferd gut vorbereiten und an der Wade haben, damit es nicht stolpert im Übergang. Achte hier wieder auf eine gute Bodenbeschaffenheit. Klappt dies gut, kannst du auch Übergänge vom Trab zum Schritt oder vom Trab zum Halt reiten. Reite aus dem Halten immer wieder in den Schritt an, bevor du antrabst.

Rückwärts am Hang: Wähle hierzu einen wirklich flachen Hang. Beim rückwärts bergauf laufen muss das Pferd die Hanken noch mehr beugen und das Becken kippen. Ein gutes Training für die Hinterhand und Bauchmuskel.

Weniger ist mehr, denn diese Übung ist auch in Bezug auf die Koordination sehr anspruchsvoll für dein Pferd. Reite nur einige Tritte rückwärts und lege genügend lange Pausen ein. Ebenso wichtig ist, dass du auf einen ebenen, nicht matschigen und rutschfesten Boden achtest.

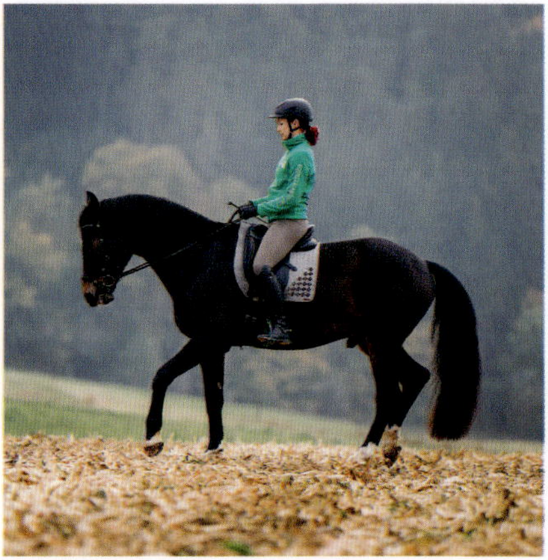

Um bergauf rückwärtsgehen zu können muss das Pferd vermehrt seine Hanken beugen.

FEHLER UND WIE SIE KORRIGIERT WERDEN

- *Pferd tritt nach dem Halten/Rückwärtsrichten nicht sofort an*

Bereite dein Pferd gut vor und gib deutliche Hilfen. Diese Übungen sind sehr anstrengend. Es kann auch sein, dass der Berg zu steil oder dein Pferd schon etwas erschöpft ist und eine Pause braucht.

- *Pferd weicht beim Rückwärtsgehen seitlich aus*

Rahme dein Pferd mit beiden Waden gleichmäßig links und rechts ein, damit es nicht mit der Hinterhand ausweichen kann. Ebenso achtest du auf gleichmäßig belastete Gesäßknochen und einen geraden Pferdehals.

- *Pferd kippt aktiv mit dem Becken links-rechts, es fühlt sich an, als ob du geschaukelt wirst*

Dein Pferd versucht in dieser Position sich etwas zu entlasten. Achte darauf, dass du dein Pferd wieder mit beidseitig anliegenden Waden gerade an die Hand heran treibst. Treibe aktiv im Takt des Schrittes, damit die Hinterbeine wieder unter den Schwerpunkt treten.

3/4 Übergänge und Tempiwechsel reiten

ZIEL UND WIRKUNG

- **Koordination** und **Feinabstimmung** der reiterlichen Hilfen.
- Die Lektion soll die Hinterhand und den Rücken stärken, sorgt also für mehr **Tragkraft** und **Schubkraft**.
- Verbesserung der **Losgelassenheit**.
- Erhöhung der **Durchlässigkeit**.
- Die Lektion wirkt **gymnastizierend**.

SO WIRD'S GEMACHT

Nimm dir für deine Übergänge feste Punkte vor, wie z.B. genau diesen Baumstamm, diese Blume oder den großen Stein. Reite genau an dieser Stelle den Übergang, beispielsweise in das Halten, in den Schritt oder in den Trab. Natürlich kannst du auch Übergänge nach oben reiten, wieder Schritt anreiten, antraben oder angaloppieren. Schaue dir hierzu vorher noch einmal die Karten 2/17 »Halbe und ganze Übergänge« und 2/18 »Die ganze Parade« für die korrekte Hilfengebung an.

Pferde sind im Gelände meist deutlich motivierter als in der Reitbahn. Das kannst du dir für einige Übungen zunutze machen. Beispielsweise ist der Antritt der Pferde im Gelände oft fleißiger und sie sind motivierter bei der Sache und strengen sich mehr an. Übergänge und Tempiwechsel kannst du also im Gelände besonders gut üben und perfektionieren.

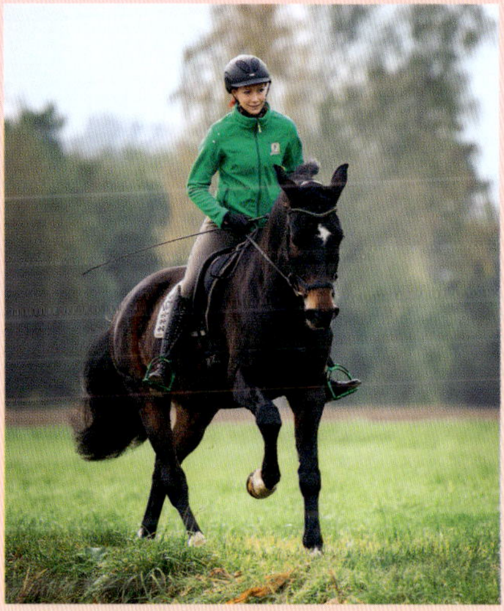

Meist sind die Pferde im Gelände motivierter, die Tritte/Sprünge zu verlängern.

Sicherheit im Gelände

Dass dein Pferd prompt auf eine Hilfe reagiert, ist im Gelände aus Sicherheitsgründen besonders wichtig. Stelle dir einmal vor, du entdeckst ein Loch im Boden und dein Pferd bleibt einfach nicht stehen. Keine schöne Vorstellung. Deshalb sollte man viele Situationen im Gelände trainieren, beispielsweise auch das Reiten von Übergängen.

VARIANTEN

Du kennst das vielleicht: In der Reitbahn ist dein Pferd nicht so motiviert, die Tritte im Trab zu verlängern oder einen ordentlichen Mittelgalopp zu zeigen. Versuche diese Tempiwechsel einmal im Gelände. Baue in deine Arbeit außerhalb der Reithalle bewusst Tempiwechsel mit ein. Nimm dein Pferd wie in der Dressurarbeit auf und reite zunächst einen Arbeitstrab. Anschließend legst du das Tempo zu. Gehe je nach eurem Ausbildungsstand in das »Tritte verlängern« (siehe dir vorher die Karte 2/7 »Volte, wechseln und langes Pferd« an), Mitteltrab oder in den starken Trab und führe das Tempo auch genauso kontrolliert wieder zurück. Das Gleiche gilt natürlich auch für den Galopp.

Zähle mit: Zähle die Tritte und Sprünge und lege dir eine Zahl fest. Beispielsweise reitest du immer zehn Tritte Arbeitstrab und dann zehn Tritte Mitteltrab. Das erfordert einiges an Konzentration, Reitergefühl und korrektes Reiten.

FEHLER UND WIE SIE KORRIGIERT WERDEN

Siehe dir die Karten 2/17 »Halbe und ganze Übergänge« und 2/18 »Die ganze Parade« an. Fehler, die dort beschrieben sind, können auch bei dieser Lektion auftreten.

3/5 Nutze den Weg 1 – geradeaus

ZIEL UND WIRKUNG

- Durch aktives Geradeausreiten arbeitest du an der **Geraderichtung** deines Pferdes.
- Umso gerader dein Pferd wird, umso mehr Last kann es hinten aufnehmen. Dementsprechend wird die **Tragkraft** trainiert.
- Zudem wird **überprüft**, wie gut dein Pferd an deinen Hilfen steht, wie korrekt du sie gibst und wie sie dein Pferd annimmt.
- Korrekt geritten ist diese Übung mit den Wendungen und Geraden **gymnastizierend** für dein Pferd.

SO WIRD'S GEMACHT

Auf dem Weg, den du durch das Gelände reitest, kannst du einige Übungen absolvieren. Hast du beispielsweise schon einmal den Wegesrand als Bande benutzt? Nein? Dann solltest du es unbedingt versuchen. Dabei kannst du nämlich überprüfen, ob dein Pferd wirklich an deinen Hilfen steht. Wenn es immer wieder vom Weg abkommt, dann musst du noch an deiner Hilfengebung trainieren. Beende diese Übung also nicht, sondern übe gleich im Gelände weiter.

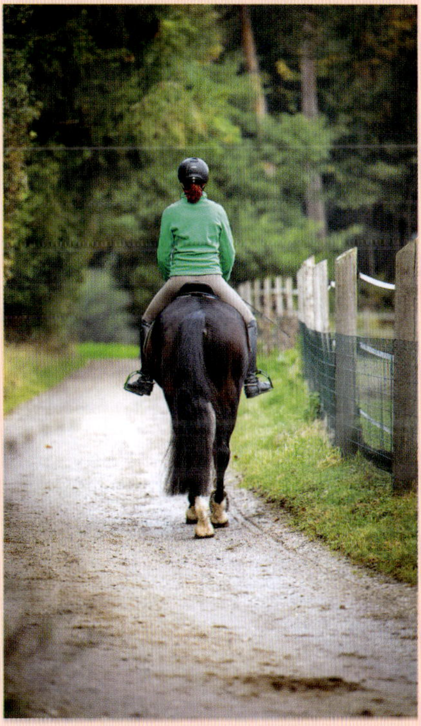

Gerade den Weg entlang, entweder am Rand oder genau in der Mitte.

1. Reite gerade am Wegesrand entlang, und zwar immer im genau gleichen Abstand zum Rand, also ca. 10 cm oder etwas mehr.
2. Achte darauf, dass du dein Pferd korrekt von hinten nach vorne an deine Reiterhand herantreibst.
3. Stelle dir immer vor, dass deine Füße auf Bahnschienen fahren und deine Waden dein Pferd immer gleich einrahmen und somit helfen, es gerade zu reiten.
4. Sitze gerade auf beiden Sitzknochen und lasse dein Pferd sich selbst auf die Hand gerade ziehen.

VARIANTEN

Genauso anspruchsvoll wie das Reiten am Wegesrand, wenn nicht sogar noch ein wenig schwerer ist das Reiten genau in der Mitte des Weges. Hier hast du nämlich keine optische Begrenzung wie den Rand selbst bzw. Bäume oder Sträucher, die am Wegesrand stehen.

Gerade in der Mitte vom Weg reiten: Wie auf der Vorderseite dieser Karte beschrieben, musst du dein Pferd korrekt und fein an deinen Hilfen haben. Reite es ganz gerade auf der Mitte vom Weg. Fixiere hierzu den Weg zwischen und über den Ohrspitzen deines Pferdes hindurch an.
Da Pferde gerne am Wegesrand gehen und dort, wie in der Reitbahn, an die Bande hinziehen, ist diese Übung schwerer, als sie sich anhört.
Übergänge reiten: Um die Schwierigkeit zu erhöhen, kannst du auf dieser Linie Übergänge reiten. Besonders die Übergänge zum Halten zeigen dir, wie korrekt und genau du dein Pferd an deinen Hilfen hast. Steht es schief oder hinten nicht parallel, so warst du schief oder ungenau in der Hilfengebung.

FEHLER UND WIE SIE KORRIGIERT WERDEN

- *Das Pferd weicht immer wieder mehr zum Wegesrand hin*

Tendiert dein Pferd immer wieder zum Wegesrand hin, dann hast du es nicht an den äußeren Hilfen. Achte auf deine korrekte Gewichtsverlagerung und begrenze dein Pferd außen. Gib klare und deutliche Hilfen.

- *Das Pferd weicht nach innen, Richtung Wegesmitte*

Wenn dein Pferd nach innen weicht, achte darauf, dass du es gleichmäßig links und rechts an den Hilfen hast.

- *Das Pferd geht schwankend*

Dein Pferd ist womöglich noch nicht perfekt ausbalanciert, wenn es schwankend geht. Eventuell bist du selbst auch noch nicht richtig ausbalanciert oder diese Übung fordert euch beide sehr. Bleibe ruhig, halte dein Pferd gleichmäßig an den Hilfen. Fixiere einen Punkt, auf den du schnurgerade wie auf einer Schiene nach vorne zureiten möchtest.

- *Das Pferd läuft nicht gerade*

Läuft dein Pferd nicht gerade, ist es womöglich noch nicht genug geradegerichtet. Reite dein Pferd wieder an die diagonale Hilfengebung heran, um es so gerade zu bekommen. Jeder Zentimeter zählt.

3/6 Nutze den Weg 2 – Wendungen

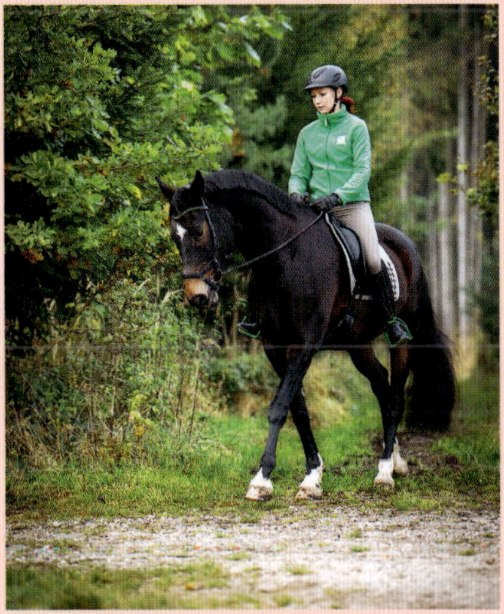

Rund gebogen in einen neuen Weg einbiegen – das ist schwerer, als man glaubt.

ZIEL UND WIRKUNG

- Durch die verschiedenen Wendungen im Gelände wird die **Längsbiegung** deines Pferdes trainiert und somit, wie bei allen Wendungen, die **Geraderichtung**.
- Alle Wendungen sind immer **gymnastizierend** für dein Pferd und fördern die **Durchlässigkeit**.
- Dein Pferd muss auf dich **aufpassen** und auf deine Hilfen **reagieren**.

SO WIRD'S GEMACHT

Wenn du denkst, dass man im Gelände sowieso nur geradeaus reiten kann, liegst du falsch. Mit etwas Kreativität kannst du unglaublich viele Handwechsel, Biegungen und Wendungen einbauen. Wie oft reitest du z.B. in einen neuen Weg hinein, biegst links oder rechts in einen Weg ab oder der Weg macht eine Kurve? Im Gelände passiert das ständig. Und wie oft lässt du dein Pferd einfach nur drum herumlaufen ohne aktiv zu reiten? Ziemlich oft, oder?
Um aktiv an der Geraderichtung deines Pferdes zu trainieren, die diagonale Hilfengebung und die Aufrichtung in der inneren Schulter zu verbessern, kannst du diese Biegungen und Kurven ab sofort aktiv reiten.

1. Nimm dein Pferd hierzu auf und reite in einen neuen Weg wie in eine Volte bzw. wie in der Reitbahn die Ecken. Je nachdem, ob du die Kurve innen oder außen reitest, verändert sich der Radius deiner viertel Volte. Umso enger, also kleiner dieser Radius wird, umso anspruchsvoller wird die Übung. Achte aber hier auf die maximale Längsbiegung deines Pferdes.
2. Du biegst links in einen neuen Weg ein: Dazu bleibt deine innere (linke) Wade vorwärtstreibend am Gurt, biegt das Pferd an den äußeren (rechten) Zügel heran und ist gleichzeitig für die Vorwärtsbewegung zuständig.
3. Der äußere Schenkel liegt verwahrend am Pferdebauch und begrenzt die Hinterhand.
4. Der innere Gesäßknochen ist vermehrt belastet, der innere Zügel stellt dein Pferd.
5. Der äußere Zügel führt die Schulter herum, begrenzt die Schulter sowie die Stellung und Biegung.
6. Anschließend reitest du wieder bewusst geradeaus in den neuen Weg.

VARIANTEN

In Bögen reiten, Abzweigungen und Kurven sind bei dir im Gelände dann doch eher Mangelware? Kein Problem:
Reite dein Pferd auf der Geraden in gleichmäßigen Bögen von der linken Wegseite zur rechten Wegseite.
Je flacher du von einer Seite zur anderen reitest, desto größer wird ein Bogen, je steiler du auf die andere Wegseite hinreitest, desto kleiner und enger wird dein Bogen.

Pferde-Gymnastik
Wenn du Bögen reitest, dann achte auch hier auf eine korrekte Hilfengebung. Der Wechsel zwischen Biegung links, geradeaus und Biegung rechts macht diese Aufgabe gerade in gymnastizierender Hinsicht sehr wertvoll und effektiv.

FEHLER UND WIE SIE KORRIGIERT WERDEN

- *Das Pferd kürzt um die Ecke ab/fällt auf die innere Schulter*

Wenn dein Pferd die Wendung abkürzt bzw. einfach nur herumeilt, bleibe bereits zu Beginn der Wendung aktiv mit deinem inneren Schenkel am Pferd und treibe es an den äußeren Zügel. Eventuell kannst du dein Reitergewicht etwas mehr auf den äußeren Bügel bringen, damit dein Pferd in sich gerader bleibt.

- *Hinterhand weicht nach außen/innen aus*

Wenn die Hinterhand nach außen weicht, musst du deinen verwahrenden Schenkel vermehrt einsetzen. Dein Pferd kann aber auch mit der Hinterhand ausweichen, wenn du außerdem bei der Wendung zu viel mit dem inneren Zügel nach innen lenkst. Weicht sie nach innen aus, musst du dein Pferd mit der diagonalen Hilfengebung geraderichten.

- *Dein Pferd geht nach oder vor den Wendungen nicht geradeaus. Eventuell weicht es über die Schultern aus*

Wenn dein Pferd vor oder nach den Wendungen nicht geradeaus geht oder über die Schulter ausweicht, rahme es ganz deutlich zwischen deinen Hilfen ein. Eventuell musst du mit dem inneren Schenkel mehr Druck machen und es so an dem äußeren Zügel geraderichten. Stelle dir vor, dass du dein Pferd ganz gerade wie auf Bahnschienen reitest. Suche dir hierzu einen Punkt aus, den du über die Pferdeohren hinweg anfixierst.

- *Das Pferd wendet erst gar nicht herum*

Wendet dein Pferd nicht, bereite dich und dein Pferd gut auf die Wendung vor, achte auf die korrekte Hilfengebung und auf deine Gewichtsverlagerung. Ziehe nicht am inneren Zügel. Dein Pferd »klebt« wahrscheinlich am Wegesrand, es nutzt diese Markierung mehr als Orientierung als deine Reiterhilfen. Du musst dein Pferd immer so reiten, als ob keine optische Stütze da wäre.

3/7 Nutze den Weg 3 – Schulter vor oder Schulter herein

ZIEL UND WIRKUNG

- **Lösende** Lektion.
- Förderung der **Durchlässigkeit**.
- **Koordination** des Reiters und **Förderdung** für das Verständnis der diagonalen Hilfengebung.
- Die Lektion ist **gymnastizierend**.
- Verbesserung der **Längsbiegung**.
- Vermehrte **Lastaufnahme** hinten innen, da dein Pferd mit dem inneren Hinterbein mehr unter den Schwerpunkt huft.

Dressurreiten im Gelände erfordert nicht nur korrekte Hilfengebung von dir. Dein Pferd muss sich jetzt sehr gut auf dich konzentrieren.

SO WIRD'S GEMACHT

1. Wähle zunächst einmal deinen Weg, den Wegesrand oder die Wegmitte aus. Hier kann dir ein vorausreitender Mitreiter helfen und schauen, ob dein Pferd richtig huft. In der Reitbahn hat man hierfür meist einen Spiegel an der langen Seite hängen.
2. Reite nun einige Schritte, Tritte oder Sprünge Schulter vor oder Schulter herein. Danach wieder bewusst geradeaus und wieder Schulter vor oder Schulter herein.
3. Du kannst diese beiden Lektionen auch im Wechsel reiten. Zuerst Schulter vor, gerade aus, Schulter herein, usw.

Für eine korrekte Hilfengebung schaue dir noch einmal die Karten 2/22 »Schulter vor« und 2/23 »Schulter herein« an.

Gute Hilfengebung
Du musst dein Pferd beim Dressurreiten im Gelände besonders gut an deinen Hilfen haben, da euch die Bande als optische Anlehnung fehlt.

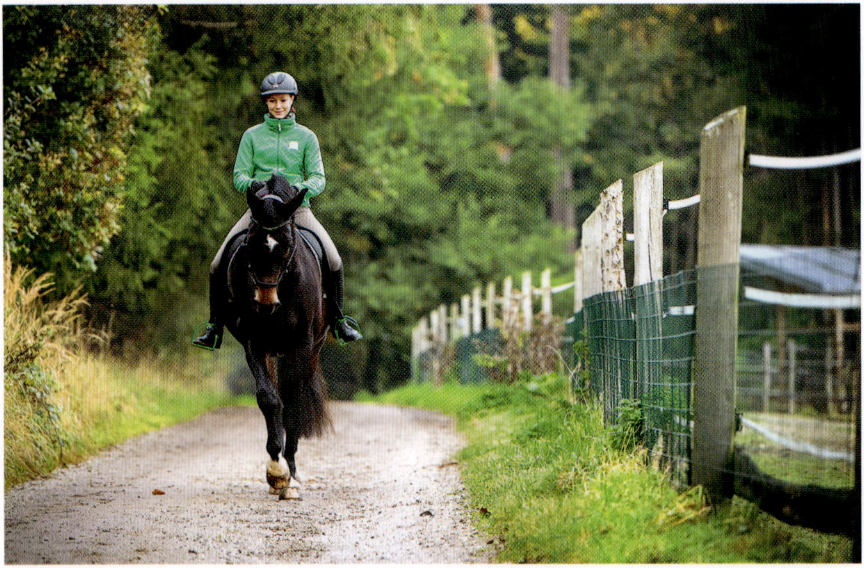

Im Gelände kannst du dein Pferd genauso gut gymnastizieren wie in der Reitbahn.

VARIANTEN

Viereck vergrößern und verkleinern: Diese Variante kannst du wunderbar in euer Training im Gelände mit aufnehmen. Reite dazu immer von einer Seite des Weges zur anderen Seite seitwärts. Achte immer darauf, dass dein Pferd mit dem gesamten Körper parallel zum Wegesrand bleibt.
Auf der anderen Seite angekommen, reitest du wieder einige Meter geradeaus, um dann wieder zur anderen Seite des Weges zu wechseln.
Die Übung kannst du im Schritt, Trab und Galopp machen, wobei du im Galopp einen Galoppwechsel einbaust, wenn du geradeaus am Weg entlangreitest.
Schaue dir hierzu noch einmal die Karte 2/21 »Viereck vergrößern und verkleinern« an.
Übungen kombinieren Reite Schulter herein, richte dein Pferd gerade und reite seitwärts zum anderen Wegesrand, wieder Schulter herein. So reitest du immer einen Handwechsel und gymnastizierst dein Pferd links und rechts abwechselnd und gleichmäßig.

FEHLER UND WIE SIE KORRIGIERT WERDEN

Alle Fehler die auf den Karten 2/22 »Schulter vor« und 2/23 »Schulter herein« passieren können, können dir auch bei der Ausführung im Gelände passieren.

3/8 Nutze die Natur

ZIEL UND WIRKUNG

- **Stärkung** der Tiefenmuskulatur.
- Verbesserung der **Körperwahrnehmung** und der **Koordination**.
- Verbesserung der **Gelassenheit**.

Ausreiten an sich ist schon eine tolle Abwechslung zum Training in der Halle, außerdem Krafttraining und auch Entspannung für das Pferd wie auch für den Reiter. Bewusst oder unbewusst trainiert man dabei mit der Natur.
Durch die verschiedenen Bodenbeschaffenheiten trainierst du mit deinem Pferd die Tiefenmuskulatur, die Körperwahrnehmung und die Koordination.

SO WIRD'S GEMACHT

Im Gelände kannst du verschiedene Gegebenheiten für dich nutzen.

1. Wurzeln und Wurzelteppiche sind toll, um die Trittsicherheit deines Pferdes zu trainieren. Reite es ruhig im Schritt über die Wurzeln und mache es eventuell mit der Stimme darauf aufmerksam. Wenn dein Pferd zunächst etwas ungeschickt ist, wird es mit der Zeit lernen, besser auf seine Füße aufzupassen und diese »zu sortieren«. Das wirkt sich auch gut auf die Dressur- und Springarbeit aus, da dein Pferd seine Füße besser zu bewegen weiß.
2. Durch das Reiten auf verschiedenen Böden trainierst du ebenfalls dein Pferd, und zwar vor allem die Tiefenmuskulatur. Es muss sich immer wieder neu auf den wechselnden Untergrund einstellen und neu ausbalancieren. Im Schnitt braucht ein Pferd ca. 10 Minuten, bis es sich vollkommen auf den neuen Boden eingestellt hat. Reite, wenn du die Möglichkeit hast, abwechselnd auf Teerboden, Kieswegen, Waldboden, Sand, Wiese. Auch leicht matschige und schwere Böden sind geeignet, sofern sie nicht zu rutschig sind und dein Pferd gesund ist.

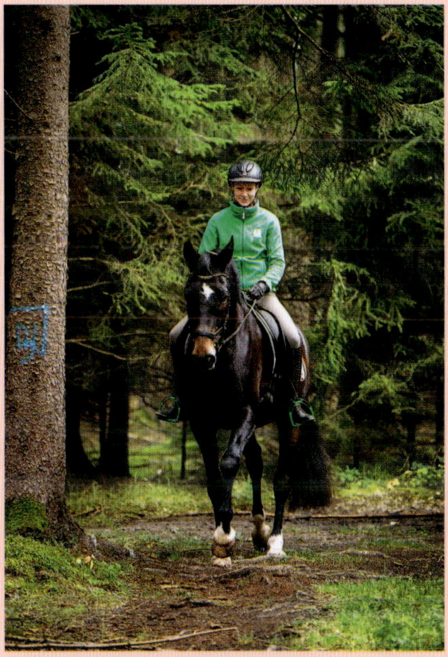

Unebene Böden fördern die Trittsicherheit und Aufmerksamkeit deines Pferdes.

VARIANTEN

Ein nicht allzu großer Baumstamm oder Ast liegt über dem Weg: Du musst nicht außen herumreiten, du kannst auch darüberreiten, sofern es der Boden zulässt und der Baum oder Ast kein Sicherheitsrisiko darstellt. Du kannst im Schritt darübersteigen oder aus dem Trab oder im Galopp darüber springen.

Verschiedene Untergründe wie z.B. weicher Waldboden, die Matschpfütze, die Straße, der harte Schotterweg: All das sind verschiedene Reize, mit denen dein Pferd zurechtkommen muss. Gleichzeitig werden die Sehnen des Pferdes trainiert und das eigene Körpergefühl gestärkt.

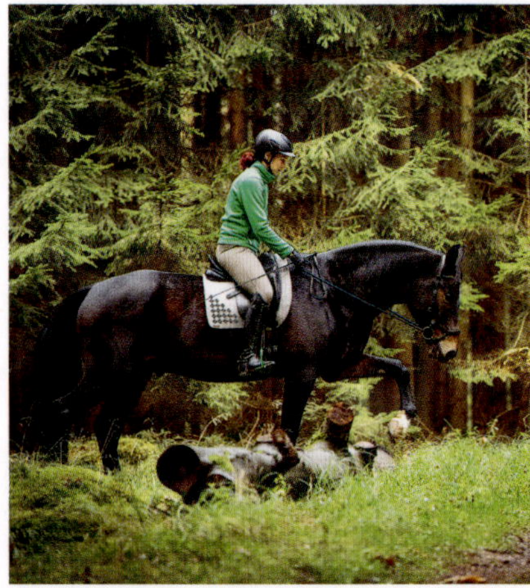

Baumstämme eigenen sich bestens, damit das Pferd seine Beine hoch anheben muss.

WICHTIG!

Dieses Training bitte nur mit einem gesunden Pferd durchführen!

FEHLER UND WIE SIE KORRIGIERT WERDEN

Richtige Fehler sind hier nicht wirklich möglich. Sollte dein Pferd allerdings einmal über Wurzeln etc. stolpern, bleibe ruhig. Schimpfst du dein Pferd hingegen oder bestrafst es sogar, wird es sich verspannen und eventuell noch einmal stolpern.

Gib deinem Pferd immer die Möglichkeit, alles anzuschauen. Bleibe ruhig einmal stehen und lasse es die Wurzeln, Baumstämme etc. beschnüffeln. Sollte dein Pferd Angst haben und nicht darübersteigen wollen, dann steige ab und führe es darüber. Auch ein erfahrenes, ruhiges Pferd, das vorausgeht, kann deinem Pferd und dir Sicherheit geben.
Für manche Pferde kann diese Übung anstrengend sein. Sollte dein Pferd öfter stolpern, ist das ein Zeichen, dass es müde wird. Beende das Training dann.

3/9 Ausdauertraining: Grundlagen

Ausdauer, Kraft und Ausdruck, das wünschen sich viele Pferdebesitzer von ihrem Vierbeiner. Kraft und Ausdruck trainiert man größtenteils in der Reitbahn mit der Dressurarbeit. Das sind kurze und intensive Einheiten, vergleichbar mit den 20 Liegestütz im Fitnessstudio. Für die Ausdauer muss dein Pferd über eine lange Strecke hinweg gleichmäßig laufen können und das klappt am besten im Gelände.

Das Ausdauertraining passt bestens ins Gelände, weil dein Pferd draußen wahrscheinlich viel motivierter ist als in der Reithalle. Um das Training genau auf dein Pferd abzustimmen und um die Fitness deines Pferdes einschätzen zu können, kannst du mit einer Pulsuhr für Pferde arbeiten. Sie gibt dir Auskunft über den Pulsschlag und ist eine gute Ergänzung für das individuelle Training.

Es gibt verschiedene Hersteller, die Pulsuhren für Pferde anbieten. Mithilfe von Elektroden, die meistens zwischen Sattel und Pferd angebracht werden, wird der Puls gemessen.

Ab einem Puls von 150 Schlägen/min. trainieren Pferde nicht mehr im aeroben Bereich. Das bedeutet, dass die Stoffwechselvorgänge im Pferd ohne Sauerstoffzufuhr ablaufen, was dazu führt, dass vermehrt Laktat in den Muskeln gebildet wird. Dein Pferd ermüdet schneller und kann sogar Muskelkater bekommen.

Trainierst du mit deinem Pferd mit einem Puls bis maximal 150 Schlägen/min. dann ermüdet es nicht zu schnell, außerdem wird so das Herz-Kreislauf-System deines Pferdes nicht überlastet.

Wald oder Fitnessstudio?
Wenn du beim Trainieren die Wahl zwischen Wald oder Laufband im Fitnessstudio hättest, wofür würdest du dich entscheiden? Du wählst bestimmt den Wald und deinem Pferd geht es genauso. Das ist auch lieber im Freien als in der Halle.

Optimale PAT-Werte (Puls/Atmung/Temperatur) deines Pferdes		
	RUHE	BELASTUNG
Puls (Herzschlag/min.)	32-44	Schritt: 60-80 Trab: 140-160 Galopp: 180-210
Atmung (Atemzüge/min.)	8-16	Galopp, bis 8-fach höher
Temperatur (°C)	37,5 38,3	Steigt langsam an

FEHLER UND WIE SIE KORRIGIERT WERDEN

Das richtige Tempo finden

Für dein Lauftraining ist es wichtig, dass du dein eigenes Tempo findest, und das gilt genauso für dein Pferd. Nur wenn es sich in seinem eigenen optimalen Tempo bewegt, wird es diese Geschwindigkeit auch lange halten können. Gib deshalb deinem Pferd die Möglichkeit, sein Tempo frei zu wählen. Achte lediglich darauf, dass es nicht zu eilig wird.

Du wirst schnell merken: Wenn dein Pferd sein Wohlfühltempo erreicht hat, wird es immer lockerer und schwungvoller unter dir traben. Der Widerrist und das Becken werden entspannt von links nach rechts pendeln und der Rücken locker schwingen. Die Schultern greifen entspannt, aber schwungvoll nach vorne und du wirst einen deutlichen Schub aus der Hinterhand merken.

Bergab nicht zu eilig

Bergab nicht zu eilig zu reiten ist genauso wichtig, wie bergauf nicht zu langsam voranzukommen. Halte dein Pferd beim Bergabreiten etwas mehr an deinen Hilfen, halte mit den Zügeln etwas mehr Verbindung zum Pferdemaul und achte auf ein ruhigeres Tempo, damit dein Pferd mit der Hinterhand Last aufnimmt und nicht zu sehr auf die Vorhand fällt oder stolpert.

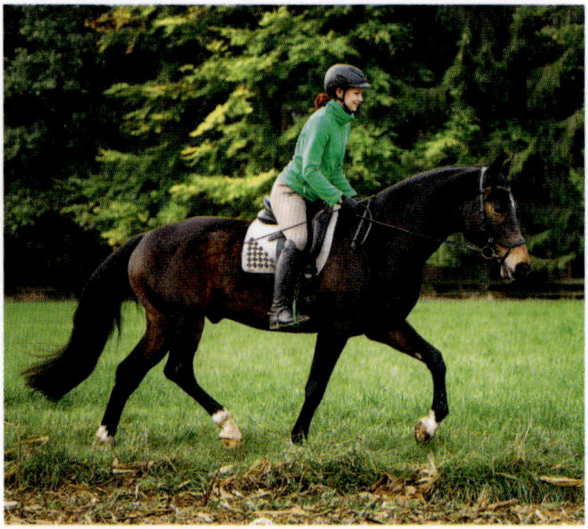

Im leichten Sitz kann sich dein Pferd unter dir freier bewegen.

Gesundheitscheck

Nach ca. 20-minütiger Cool-down-Phase sollten alle Werte deines Pferdes wieder im Ruhezustand sein. Sollte dies nicht der Fall sein, war entweder das Training zu anstrengend oder dein Pferd ist nicht gesund. In jedem Fall lohnt sich ein Gesundheitscheck beim Tierarzt.

3/10 Ausdauertraining: Trainingsgestaltung

ZIEL UND WIRKUNG

- Verbesserung des **Herz-Kreislauf-Systems.**
- **Stärkung** des gesamten Bewegungapparates.
- **Abwechslungsreiches, gesunderhaltendes** Training.

Ein gut trainiertes Herz-Kreislauf-System dient der Fitness und dein Pferd bleibt gesund. Bei jeder längeren Belastung wird sich das auszahlen. Das Training stärkt nicht nur die Lunge, sondern auch Muskeln, Sehnen, Bänder und Knochen, die allesamt widerstandsfähiger werden.

SO WIRD'S GEMACHT

Es gibt viele Möglichkeiten, die Ausdauer deines Pferdes zu trainieren. Du solltest dir für ein gutes und effektives Training mind. 1-1,5 Stunden Zeit nehmen.

1. Wärme dein Pferd ausreichend auf. Dazu reitest du es mindestens 20 Minuten am langen Zügel fleißig Schritt. Es soll nicht trödeln, sondern soll wirklich fleißig marschieren, um das Herz-Kreislauf-System schon einmal in Schwung zu bringen und auf die bevorstehende Belastung vorzubereiten.
2. Anschließend kommt die Trab- und Galopparbeit. Auch hier lässt du dein Pferd seinen freien Takt wählen. Es soll fleißig sein, locker vorwärtslaufen, aber nicht zu eilig. In der Regel findet das Pferd sein Tempo selbst.

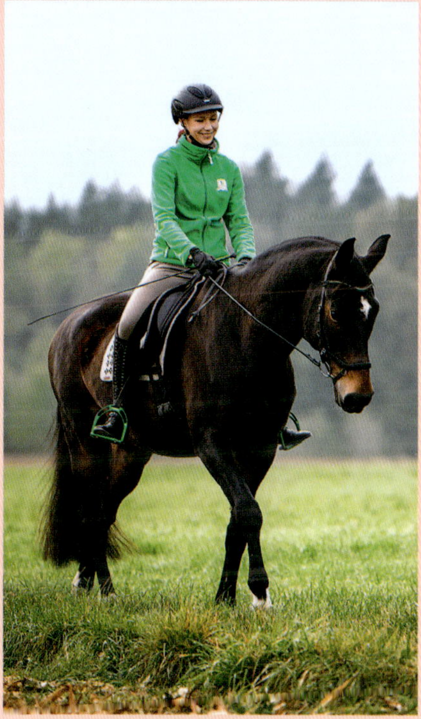

Reite in der Aufwärmphase einen fleißigen Schritt.

3. Im besten Fall gehst du in der ganzen Zeit in einen leichten Sitz, um das Pferd noch ungestörter unter dir traben zu lassen.

DAS MUSST DU BEACHTEN

Berge und Hügel sind für dein Pferd etwa dreimal anstrengender zu bewältigen als eine ebene Fläche. Bedenke das, wenn du mit deinem Pferd trainierst.

- *Pause einlegen* Sollte der Puls deines Pferdes zu hoch werden oder du merkst, dass es müde wird, lege eine Pause 0ein.
- *Wiederholungen* Beginne zunächst mit 5 Minuten Trab - 1 Minute Galopp - 3 Minuten Schritt. Wiederhole dies 2-4 Mal.
- *Steigerung* Steigere diese Zeiten langsam: bis zu 10-15 Minuten Trab - 5 Minuten Galopp - 5 Minuten Schritt.
- *Balance* Sollte dein Pferd noch etwas unausbalanciert sein und gerne auf die Vorhand fallen, dann trainiere vorwiegend im Trab. Im Galopp belastet dein Pferd durch die Einbeinstütze enorm das Vorderbein, vor allem wenn es noch wenig Tragkraft besitzt.
- *Cool-down-Phase* Abschließend erfolgt die Cool-down- bzw. die Erholungsphase. Hier ist es besonders wichtig, das Pferd am langen Zügel Schritt gehen zu lassen oder es zu führen, bis Puls und Atmung wieder in den Ruhezustand kommen.

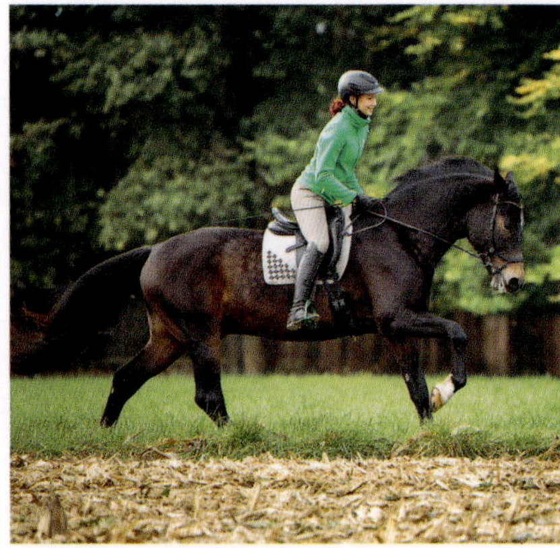

Eine längere Strecke zu galoppieren macht Pferd und Reiter richtig Spaß!

Ruhezustand

Umso fitter dein Pferd, umso schneller wird es den Ruhezustand erreichen.

Arbeiten vom Boden aus

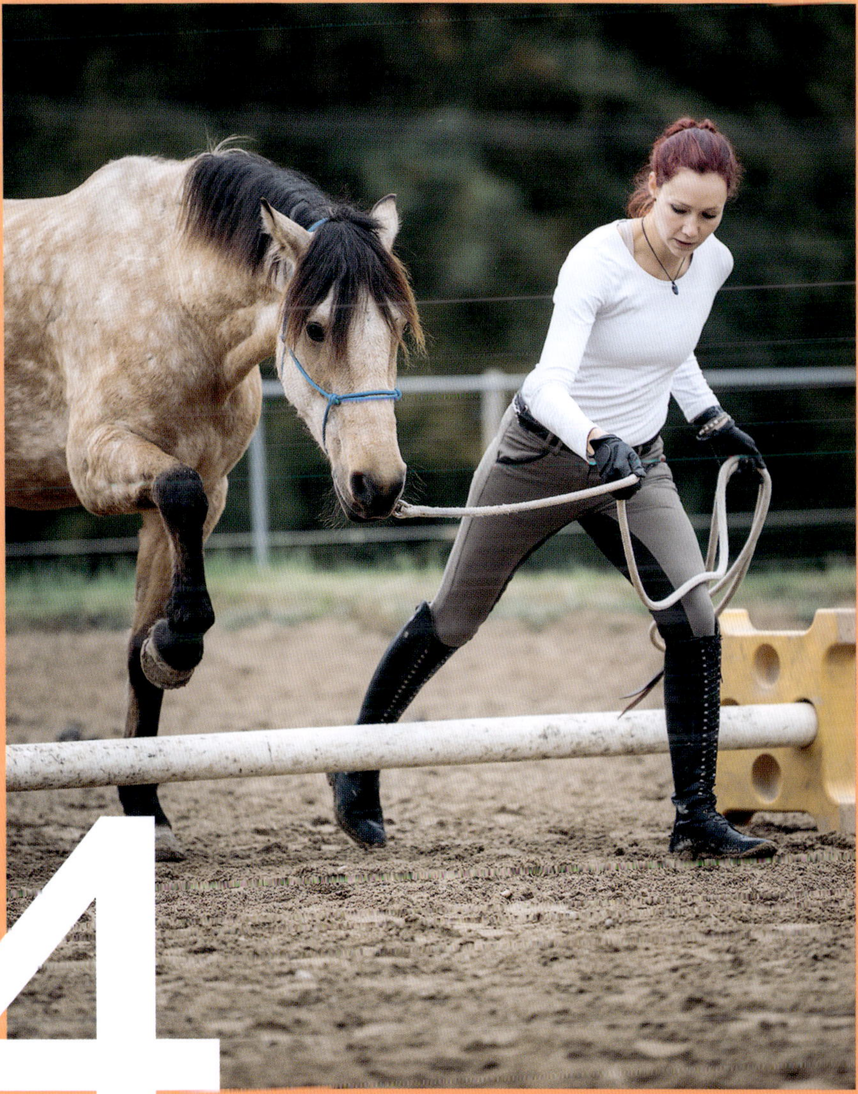

4

Longieren, Bodenarbeit, Pferdegymnastik

Longieren, Bodenarbeit, Pferdegymnastik

Bodenarbeit beinhaltet für mich alle Arbeiten, die man vom Boden aus mit dem Pferd durchführen kann: Longieren, die Arbeit mit der Doppellonge, klassisch geführte Bodenarbeit, aber auch Pferdegymnastik, wie die bekannten »Möhrchenübungen«.

Bodenarbeit ist eine tolle und breit gefächerte Abwechslung im Pferdetraining, ob du nun über Stangen longierst, gezielt Hufschlagfiguren gehst oder das Longentraining ins Gelände verlegst. Ich liebe es, meine Pferde locker an der Longe laufen zu sehen. Ich kann so gut erkennen, ob sie verspannt sind oder wie das Training voranschreitet.

Bei der klassisch geführten Bodenarbeit wird außerdem auf ganz natürliche Weise die Rangordnung geklärt. Sollte dein Pferd dich oft anrempeln oder sich einfach nicht gut führen lassen, wirst du sicherlich auch beim Reiten das eine oder andere Problem haben. Solche Dinge lassen sich wunderbar vom Boden aus klären und festigen.
Oft sind ängstliche Pferde auch mutiger, wenn der Reiter am Boden ist, weil sie ihre starke Führungsperson sehen und ihr folgen können.

4/2 Longieren von Übergängen

ZIEL UND WIRKUNG

- Die Lektion soll die Hinterhand und den Rücken stärken, somit also die **Tragkraft**.
- Verbesserung der **Losgelassenheit**.
- Erhöhung der **Durchlässigkeit**.
- Die Lektion wirkt **gymnastizierend**.
- Longieren von Übergängen bietet ein **abwechslungsreiches**, gezieltes Training.

SO WIRD'S GEMACHT

Longiere dein Pferd zunächst wie gewohnt. Wenn du beim Longieren noch etwas unsicher bist, schau ins Begleitheft. Auf den Seiten 41-45 findest du alles Wissenswerte über Longenarbeit. Nachdem du es auf beiden Händen in allen drei Grundgangarten longiert hast, kannst du dir die Übergänge vornehmen. Nimm dir Zeit und trainiere alle Übergänge in aller Ruhe. Hektisches oder lautes Einreden bewirkt oft das Gegenteil.

1. Beginne zunächst mit Schritt - Trab - Schritt - Übergängen. Achte beim Übergang zum Schritt besonders darauf, dass dein Pferd die Vorwärtsbewegung beibehält und die Hinterhand aktiv bleibt.
2. Schnelle Übergänge, also ein paar Schritte Schritt, ein paar Tritte Trab usw., erhöhen die Aufmerksamkeit deines Pferds und trainieren ein bewegliches Hinterbein.
3. Du musst deine Hilfen und Körpersprache genau auf dein Pferd abstimmen. Mit der Longenhand gibst du ebenfalls kleine Zügelhilfen, um dein Pferd aufmerksam zu machen. Anschließend kommt das Stimmkommando und deine ganze Körpersprache wirkt energischer auf das Pferd ein, so als ob du mit deiner Körperspannung und -sprache Energie in das Pferd schickst bzw. Energie nimmst, wenn du einen Übergang nach unten longierst.

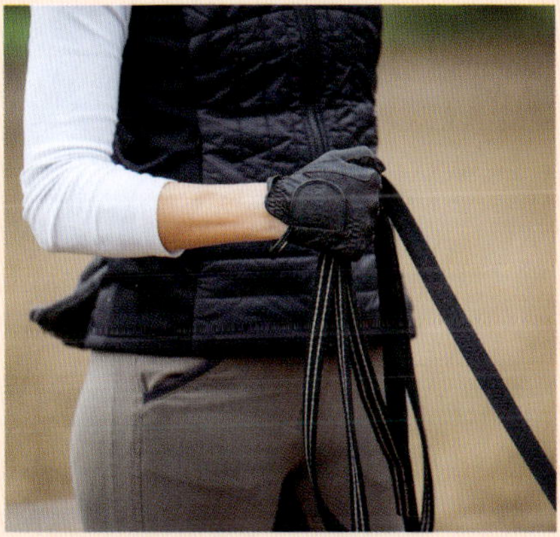

Durch leichtes Eindrehen des Handgelenks gibst du eine annehmende Zügelhilfe.

Stimmkommando

Ziehe die Wörter bewusst und mit tiefer Stimmlage in die Länge. So wird aus »Halt« ein »Haaaa-aaaaaaaaaaaaalt«. Tiefe Töne wirken beruhigend, höhere Töne anregend auf das Pferd.

Longieren, Bodenarbeit, Pferdegymnastik

VARIANTEN

Wenn Schritt - Trab - Schritt gut funktioniert, kannst du alle anderen Übergänge trainieren. Hast du schon einmal einen Schritt - Galopp - Trab - Übergang longiert? Für den Handwechsel ist der Übergang zum Halt übrigens immer sehr wichtig. Dabei sollte sich das Pferd nicht in deine Richtung drehen, sondern auf der Zirkellinie stehen bleiben und warten, bis du zu ihm kommst. Anfangs kann es für dich und dein Pferd hilfreich sein, die Übergänge an Pylonen durchzuführen. Achte aber darauf, nicht immer den gleichen Übergang an einer Pylone zu machen.

FEHLER UND WIE SIE KORRIGIERT WERDEN

- *Widersprüchliche Hilfengebung*

Du stehst ohne Spannung in der Mitte, möchtest aber dein Pferd antraben lassen? Das versteht das Tier nicht. Achte auf eine korrekte und eindeutige Körpersprache. Pferde sind wahre Meister im Lesen deiner Körpersprache. Sobald du dir etwas unsicher bist, wird das dein Pferd sofort erkennen. Es erkennt auch, wenn du es nicht ganz ernst meinst oder nicht ganz bei der Sache bist.

Wenn du longierst, dann longierst du und konzentrierst dich ausschließlich auf dein Pferd und deine Hilfengebung, genauso wie beim Reiten auch. Du kannst dir auch einen Trainer nehmen, der deine Körpersprache von außen kontrolliert.

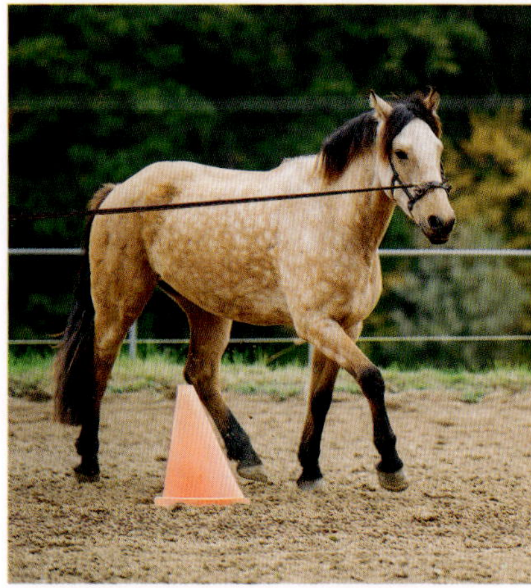

Pylonen können für dich und dein Pferd hilfreiche optische Stützen sein.

- *Pferd ist im Schritt zu hektisch und möchte immer wieder antraben*

Auch wenn schnelle Übergänge die Aufmerksamkeit deines Pferdes trainieren, achte immer auf einen ordentlichen Schritt. Hier musst du ruhig auf das Pferd einwirken, eventuell den Longierzirkel verkleinern und die Gerte verwahrend vor den Pferdekörper nehmen. Auf keinen Fall darfst du grob, ungeduldig oder hektisch werden.

4/3 Zirkel verschieben

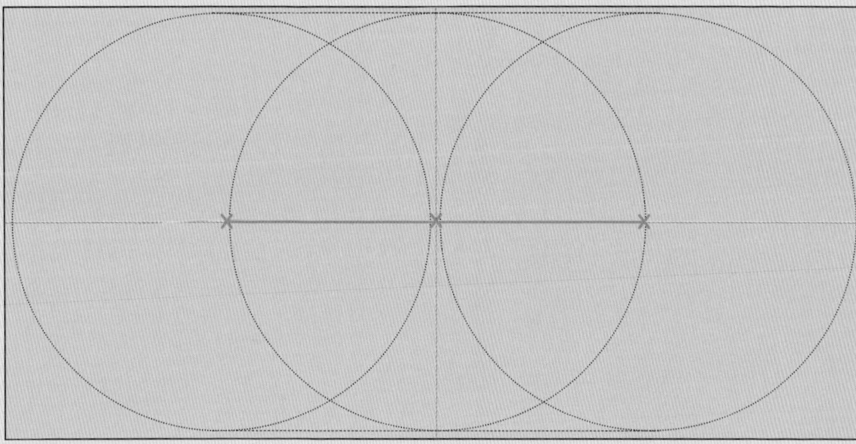

ZIEL UND WIRKUNG

- Mit dem »Zirkel verschieben« wird das Longieren abwechslungsreicher. Du kreist nicht nur ständig auf einem Zirkel.
- Deine **Körpersprache** ist enorm wichtig beim Longieren. Du kannst sie mit dem »Zirkel verschieben« verbessern.
- Wechsel zwischen geraden und gebogenen Linien.
- Die Übung ist **gymnastizierend**.
- Longieren fördert die **Aufmerksamkeit** deines Pferdes.

SO WIRD'S GEMACHT

Die rote Linie in der Grafik auf der Vorderseite zeigt dir deinen Weg. Das X deinen Standort. Wenn du dir unsicher bist, wo die Bahnpunkte liegen, schau dir die Karte 1/9 »Hufschlagfiguren - Die Bahnregeln« an.

1. Longiere auf einen Zirkel bei C oder A.
2. Auf Höhe des Zirkelpunkts nimmst du die schulterbegrenzende Position ein und gehst mit deinem Pferd auf die ganze Bahn. Du bewegst dich seitlich neben deinem Pferd auf Höhe der Schulter und treibst es dennoch vorwärts. In einer gedachten verlängerten Linie zeigt dein Bauchnabel vor den Pferdekopf.
3. Bei X bleibst du stehen, dein Pferd läuft auf dem Mittelzirkel um dich herum. Bereite es darauf vor, indem du die Schulter deines Pferdes frei gibst. Lasse dich dafür etwas hinter die Schulter fallen. Dein Bauchnabel zeigt aber immer noch vor den Pferdekopf.
4. Bei B oder E begrenzt du wieder die Schulter, um den Zirkel noch einmal zu verlagern.

VARIANTEN

Die Schwierigkeit kann erhöht werden, wenn du jeden Zirkel in einer anderen Gangart longierst. Lege dir dafür vorab einen Punkt für die Übergänge fest, z.B. die Mittellinie.

Wechsle nicht nach einer Runde auf den neuen Zirkel, sondern longiere zwei, drei, oder vier Runden auf einem Zirkel, bevor du ihn wieder verlegst.

Du kannst auch auf jedem Zirkel ein »Zirkel verkleinern und vergrößern« einfügen. Schaue dir hierzu die Karte 4/6 »Longieren mit Zirkel verkleinern und vergrößern« an.

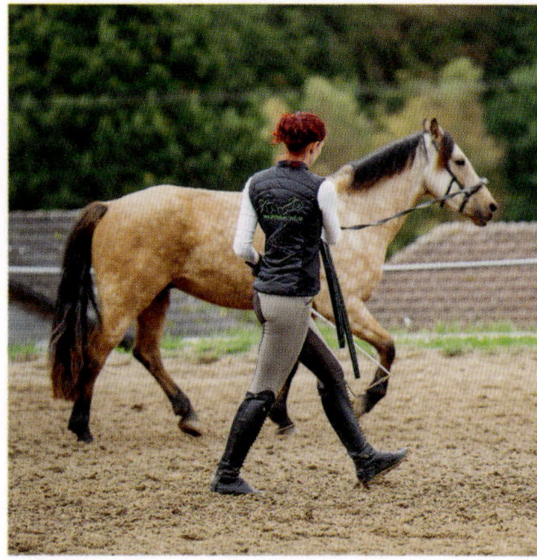

Dein Körper auf Höhe der Pferdeschulter begrenzt diese nach innen. Dein Pferd geht geradeaus.

FEHLER UND WIE SIE KORRIGIERT WERDEN

• *Widersprüchliche Hilfengebung*

Dein Pferd geht nicht lange genug geradeaus? Vielleicht begrenzt du die Schulter nicht korrekt. Oder ist das Abwenden auf den neuen Zirkel nicht so geschmeidig? Egal was dein Pferd macht, es versucht immer dir zu gefallen und deinen Hilfen zu folgen. Sollte dies nicht der Fall sein, musst du in erster Linie deine Hilfengebung überdenken. Ist sie nämlich widersprüchlich für dein Pferd, kann es nicht wie gewünscht reagieren.

4/4 Hütchentore auf dem Zirkel

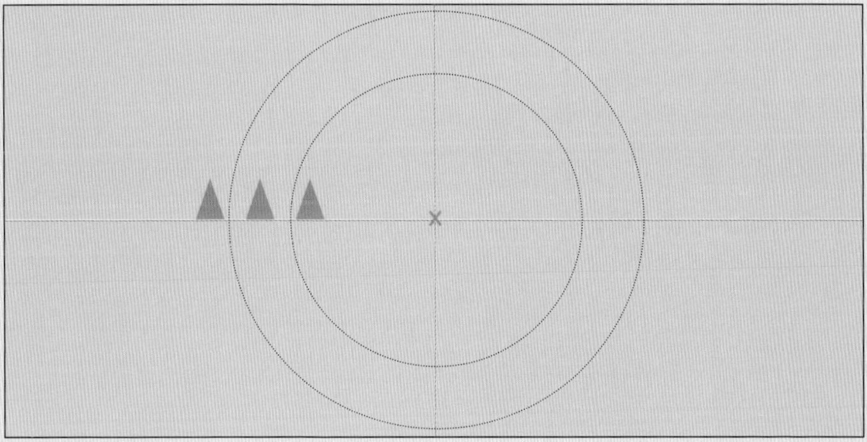

ZIEL UND WIRKUNG

- Während du auf der Stelle stehen bleibst, kannst du ganz gezielt longieren.
- Die Lektion verbessert die **Biegung deines Pferdes**.
- Die Lektion ist **gymnastizierend**.
- Deine **Körpersprache** ist enorm wichtig beim Longieren. Du kannst sie mit dieser Übung verbessern.
- Longieren fördert die **Aufmerksamkeit** deines Pferdes.

SO WIRD'S GEMACHT

1. Longiere auf dem Zirkel durch ein Hütchentor.
2. Verkleinere nun den Zirkel, indem du vorsichtig und langsam die Longe nachgreifst und so verkürzt. Wie genau du die Longe verkürzt und wieder verlängerst, erfährst du auf der Karte 4/6 »Longieren mit Zirkel verkleinern und vergrößern«.

Wenn du vergrößerst, achte darauf, dass dein Pferd gleichmäßig nach außen zieht. Eventuell treibst du es mit der Gerte nach außen weg. Dazu machst du dich zum einen »groß« und versuchst, dein Pferd alleine durch deinen Blick und deine Körpersprache mit deiner Körperenergie von dir wegzuschieben. Mithilfe der Peitsche kannst du auf die Pferdeschulter zeigen und somit deiner Körpersprache einen besseren optischen Reiz für dein Pferd geben.

Durch das Verkleinern und Vergrößern des Zirkels soll sich dein Pferd vermehrt biegen und Last auf das innere Hinterbein aufnehmen. Dafür solltest du auch nur so viel verkleinern, wie die Hinterhufe in die gleiche Linie der Vorderhufe hufen. Ansonsten weicht dein Pferd aus und der positive Effekt der Übung ist dahin.

VARIANTEN

Du kannst diese Übung mit der Karte 4/2 »Longieren von Übergängen« kombinieren, indem du bei jedem Durchlongieren eines Hütchentores einen Übergang longierst.

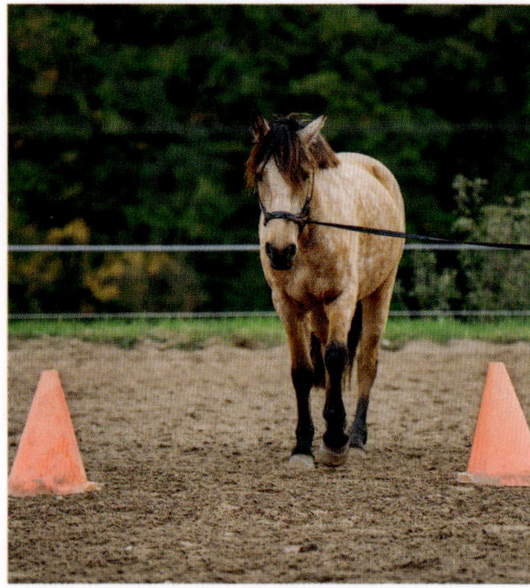

Um die Hütchentore zu treffen, braucht es etwas Übung.

FEHLER UND WIE SIE KORRIGIERT WERDEN

- *Zu eng longieren*

Achte immer darauf, nicht zu eng zu longieren, damit die Hinterhand nicht ausweicht. Das erkennst du daran, dass die Hinterhufe nicht mehr in die Spur der Vorderhufe treten, sondern daneben.

4/5 Mickey Mouse

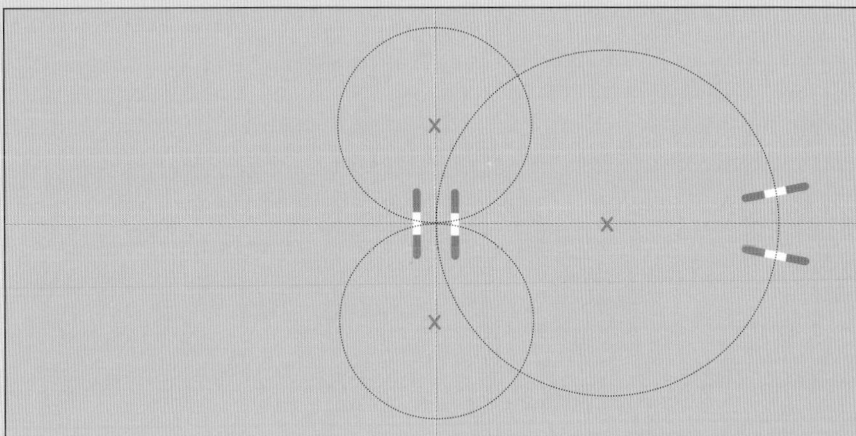

ZIEL UND WIRKUNG

- Longieren von großen und kleineren gebogenen Linien.
- **Genaues Longieren** ist wichtig, damit man die Stangengasse sowie die Stangen mittig anlongiert.
- **Losgelassenheit** und Förderung der **Aufmerksamkeit** deines Pferdes.
- Mickey Mouse ist eine leichte **Biegearbeit**.

SO WIRD'S GEMACHT

Wurde dein Pferd noch nie alleine über Stangen longiert, dann führe es erst einmal über die Stangen und durch die Stangengasse hindurch.

1. Beginne zuerst mit dem Longieren über die Stangen im Schritt, anschließend im Trab. Klappt das gut, longierst du dein Pferd durch die Stangengasse im Schritt, im Trab und, wenn du möchtest, auch im Galopp.
2. Zum Schluss longierst du noch die einzelnen kleinen Volten über Stangen der Stangengasse. Hat dein Pferd die Aufgaben in Ruhe durchgeführt, kannst du alles miteinander kombinieren und die verschiedenen Varianten durchlongieren.

VARIANTEN

Es gibt noch andere Möglichkeiten, über die Stangen zu longieren, probiere sie aus.

- Auf dem Zirkel nur durch die Gasse: Schritt - Trab - Galopp
- Auf dem Zirkel mit Gasse und Stangen: Schritt - Trab - Galopp
- Volten bei E und B über die Stangen, die in der Mitte liegen: Schritt - Trab
- Kombiniere alles, indem du immer wieder die Übung »Ganze Bahn« mit einbaust.

FEHLER UND WIE SIE KORRIGIERT WERDEN

- *Widersprüchliche Hilfengebung*

Vor allem wenn du dich durch die Bahn bewegst, musst du auf deine Hilfengebung achten. Reagiert dein Pferd nicht wie gewünscht, dann überdenke zunächst immer erst deine Hilfengebung.

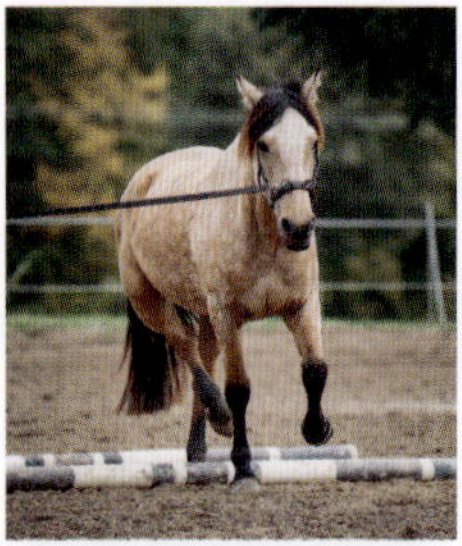

Zuerst wird über die zwei Stangen an der kurzen Seite longiert.

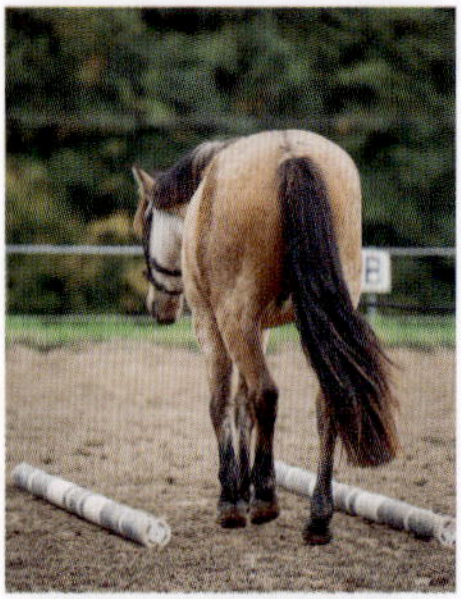

Dann durch die Stangengasse.

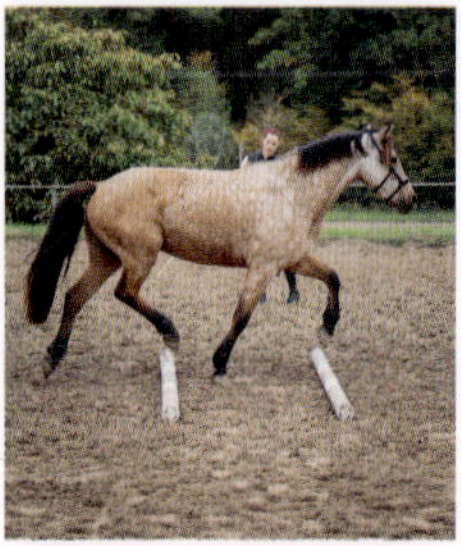

Durch einen Positionswechsel kannst du über die Stangen in der Mitte longieren.

Über Stangen longieren

Lege dir die zwei Stangen an der kurzen Seite als Galoppstangen. So kannst du in allen Gangarten über diese darüber longieren.

4/6 Longieren mit Zirkel verkleinern und vergrößern

ZIEL UND WIRKUNG

- Longieren von großen und kleineren **gebogenen Linien**.
- **Losgelassenheit** und Förderung der **Aufmerksamkeit** deines Pferdes.
- Leichte **Biegearbeit**.
- Förderung der **Lastaufnahme** auf dem inneren Hinterbein.

SO WIRD'S GEMACHT

Du longierst dein Pferd auf einem Zirkel. Dabei bleibst du in der Mitte stehen und bist so ein festes Fundament, ein Anhaltspunkt, an dem es sich orientieren kann.

1. Mit der Peitschenhand greifst du ein gutes Stück weiter vorne in die Longe und führst diese vorsichtig zurück, damit du die dadurch entstehende Schlaufe in deine Longenhand legen kannst. Vergiss dabei aber nicht, weiter zu treiben, die Hände möglichst ruhig zu halten und den Blick auf dein Pferd gerichtet zu halten.
2. Bleibe ein oder zwei Zirkelrunden auf dem verkleinerten Kreis, bevor du wieder die Longe nachgreifst und so verkleinerst.
3. Verkleinere den Zirkel nur so weit, wie die Hinterhand in der Spur der Vorhand huft, sonst weicht dein Pferd mit der Hinterhand aus und die biegende gymnastizierende Wirkung ist dahin. Wenn dies anfangs nur ein paar Meter sind, ist das auch ausreichend. Denke daran, den Zirkel nicht zu klein zu machen.

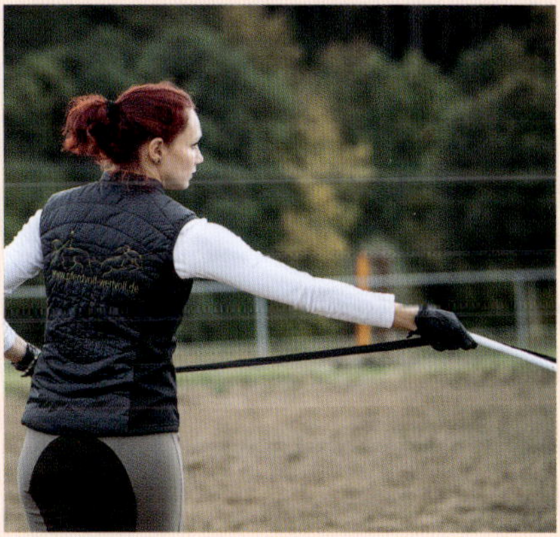

Nachgreifen der Longe zum Zirkelverkleinern.

Dein Pferd soll während des Verkleinerns nicht schneller oder langsamer werden, lediglich die Bewegung soll erhabener werden, denn diese Übung ist geritten eine versammelnde Übung.

Longierzirkel vergrößern: Um den Longierzirkel zu vergrößern, nimmst du dein Brustbein auf Höhe der Pferdeschulter und treibst dein Pferd aktiv nach außen. Dabei lässt du die Longe langsam durch deine Longenhand gleiten, bis dein Pferd wieder auf der gewünschten Zirkelgröße läuft. Die Peitsche, die auf die Pferdeschulter zeigt, kann deine Körpersprache unterstützen, ebenso wie ein Stimmkommando, z.B. ein »Raus«.

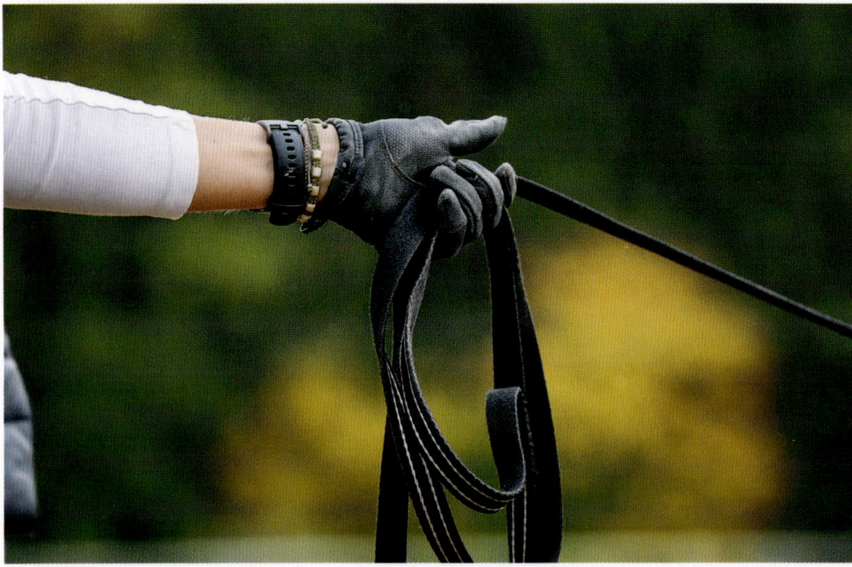

Zum Zirkelvergrößern lässt du die Longe langsam durch deine Hand gleiten.

FEHLER UND WIE SIE KORRIGIERT WERDEN

- *Zu schnelles und zu kleines Verkleinern*
Wenn du zu schnell und/oder zu klein verkleinerst, wird die Hinterhand deines Pferdes nach außen ausweichen. Weniger ist daher mehr. Verkleinere nur wenige Hufschläge und vergrößere den Zirkel dann wieder.

- *Pferd wird beim Verkleinern zu hektisch*
Sprich ruhig und langsam. Vielleicht hat dein Pferd Angst vor der Peitsche. Halte sie tief, eventuell etwas verwahrend, vor den Pferdekörper unter der Longe hindurch. Eventuell musst du den Zirkel wieder vergrößern und von vorne beginnen.

4/7 Longieren mit Stangenarbeit: 4 Stangen auf dem Zirkel

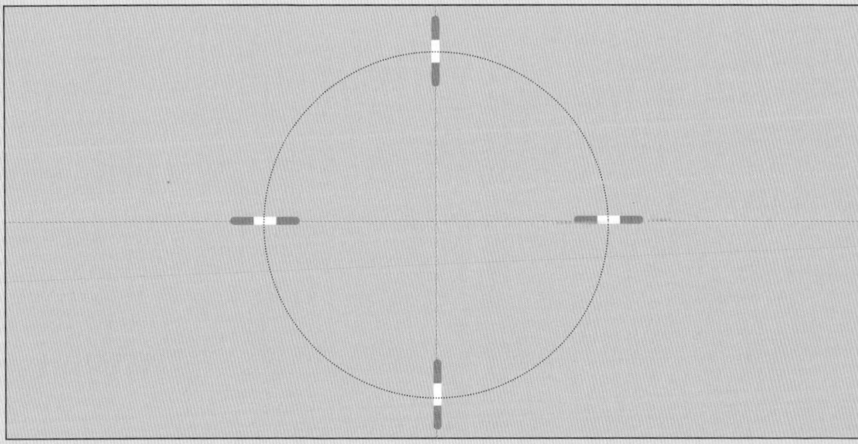

ZIEL UND WIRKUNG

- Förderung der **Losgelassenheit**.
- Verbesserter **Rhythmus**.
- Stärkung der **Trittsicherheit** und **Aufmerksamkeit**.
- Eine wichtige Übung für die **Balance**.
- Die Übung ist **gymnastizierend**.

SO WIRD'S GEMACHT

1. Lege vier Stangen, jeweils gegenüber, auf den Zirkel. Du kannst die Stangenarbeit auch in das Aufwärmprogramm deines Pferdes mit einbauen.
2. Je nachdem, wie gut ihr in eurer Positionierungsarbeit seid, kannst du mit deinem Pferd nur zwei Stangen oder alle vier Stangen nehmen, das Pferd kann weiter innen oder weiter außen laufen, im Schritt, Trab, Galopp. Alles ist abhängig vom Ausbildungsstand deines Pferdes und eurem Geschick beim Longieren.
3. Wenn du über Stangen longierst und mit Hilfszügeln longieren möchtest, achte auf korrekt, eventuell sogar großzügiger verschnallte Ausbinder, damit sich dein Pferd gut ausbalancieren kann. Am besten ist es allerdings, wenn du komplett ohne Hilfszügel longierst. So kann sich dein Pferd selbst ausbalancieren.

Achte immer darauf, dass dein Pferd entspannt und mit möglichst tiefem Hals über die Stangen läuft. Nur so erzielst du einen guten Effekt im Training hinsichtlich Hinterhand, Bauch und Rücken.

VARIANTEN

Die Stangen höher legen: Dein Pferd muss dann die Beine höher heben, was die Bauchmuskulatur und das Beckenkippen trainiert. Ebenfalls möglich: Lege vor jeder Stange einen Gangartwechsel ein. Bleibe z.B. vor der Stange stehen, um dann im Schritt wieder weiterzulongieren.

FEHLER UND WIE SIE KORRIGIERT WERDEN

- *Widersprüchliche Hilfengebung*

Denke auch hier immer daran: Dein Pferd möchte dir immer gefallen und deine Hilfen umsetzen. Besonders wenn es anschließend gelobt wird.
Sollte etwas nicht so klappen, wie du es dir vorgestellt hast, dann war die Aufgabenstellung vielleicht zu schwer oder deine Hilfengebung nicht verständlich genug. Wiederhole die Übung ruhig und konzentriert noch einmal, bis sie gut klappt.

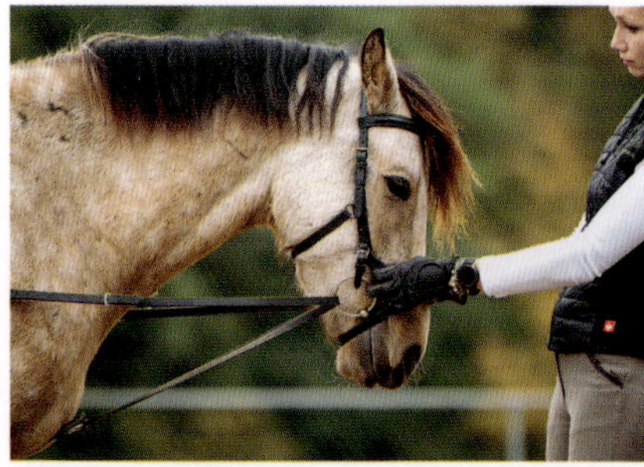

Korrekt verschnallter Dreieckszügel. Kürzer sollte er nicht verschnallt sein.

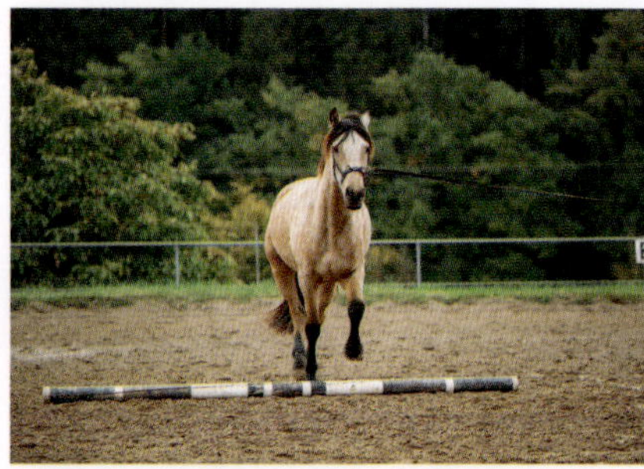

Dem jungen Pferd fehlt es im Trab noch an etwas Losgelassenheit.

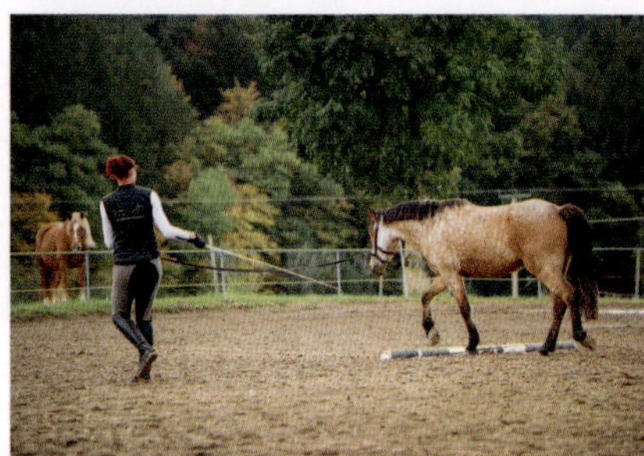

Im Schritt geht er entspannter über die Stangen.

4/8 Ganze Bahn und Mittelzirkel

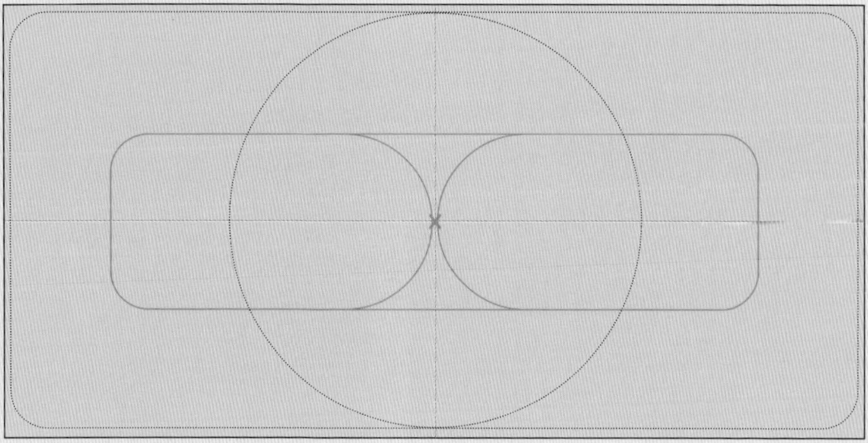

ZIEL UND WIRKUNG

- **Abwechslungsreiches** Longieren, nicht nur ständig auf einem Zirkel kreiseln.
- Verbesserung deiner **Körpersprache** beim Longieren.
- Wechsel zwischen geraden und gebogenen Linien.
- Die Übung ist **gymnastizierend**.
- Förderung der **Aufmerksamkeit** deines Pferdes.

SO WIRD'S GEMACHT

1. Du longierst dein Pferd über die ganze Bahn, legst aber immer einen Mittelzirkel ab E oder B ein.
2. Achte bei jeder Ecke darauf, dass du dein Pferd aktiv um die Wendung longierst, also in jeder Ecke die Schulter freigibst, damit das Pferd rund um die Ecke laufen kann.
3. Gib die Schulter des Pferdes frei, wenn du auf den Mittelzirkel abwendest.
4. Sobald du wieder auf einer Geraden longierst, musst du die Schulter begrenzen, damit dein Pferd weiterhin geradeaus läuft.

VARIANTEN

Übergänge: Longiere bei jedem neuen Abwenden auf den Mittelzirkel einen Übergang, z.B. vom Schritt in den Trab oder vom Trab in den Galopp. Beim Verlassen des Mittelzirkels auf die ganze Bahn longierst du wieder einen Übergang, z.B. vom Trab in den Schritt oder vom Galopp in den Trab.
Tempiwechsel: Longiere beim Verlassen des Mittelzirkels bis vor der Ecke einen Tempiwechsel, d.h., du veränderst die Schrittlänge der Gangart im Schritt, im Trab oder im Galopp. Vor der Ecke nimmst du das Tempo wieder zurück.
Halber Mittelzirkel: Du longierst »Ganze Bahn«, wendest bei B auf den Mittelzirkel und verlässt diesen gleich wieder auf die ganze Bahn bei E.

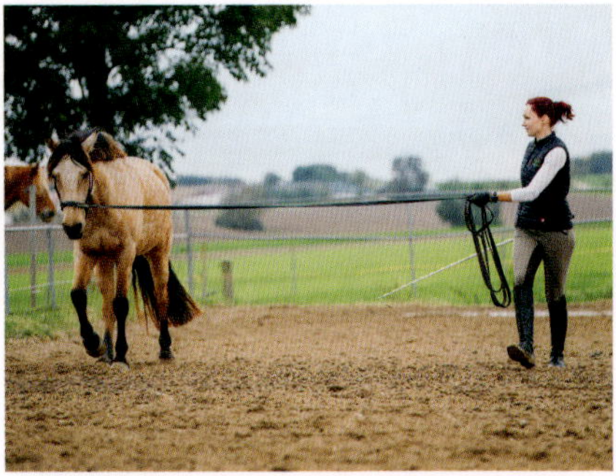

Bei dieser Übung kannst du näher am Pferd longieren und mitlaufen.

FEHLER UND WIE SIE KORRIGIERT WERDEN

- *Widersprüchliche Hilfengebung*

Dein Pferd geht nicht lange genug geradeaus? Eventuell begrenzt du die Schulter nicht korrekt. Oder ist das Abwenden auf den neuen Zirkel nicht so geschmeidig? Egal was dein Pferd macht, es versucht immer dir zu gefallen und deinen Hilfen zu folgen. Sollte dies nicht der Fall sein, musst du in erster Linie deine Hilfengebung überdenken. Ist diese nämlich widersprüchlich für dein Pferd, kann es nicht wie gewünscht reagieren.

4/9 Pferdegymnastik: Hoch die Beine

ZIEL UND WIRKUNG

- Durch das aktivere Heben der Beine über ein Hindernis werden besonders die **Bauchmuskeln** deines Pferdes aktiviert und trainiert.
- Durch das höhere Heben der Hinterhand wird auch die hintere Seite, wie Sitzbeinknochen und Kruppe, leicht **gedehnt**.
- Das Pferd wird **sensibilisiert**, selbst auf seine Beine zu achten und sie hoch genug zu heben, um sich nicht anzustoßen.
- Werden verschieden hohe Hindernisse überstiegen, fördert das die **Aufmerksamkeit** des Pferdes.

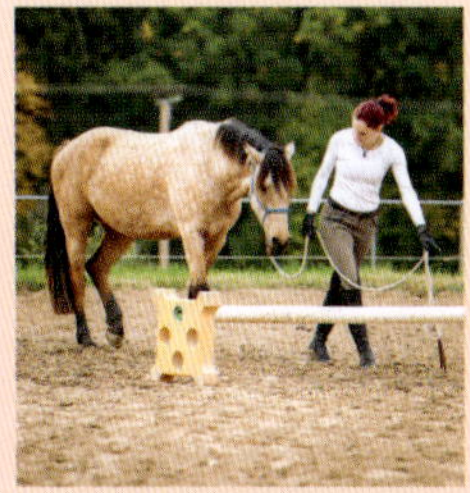

Zeigen des Hindernisses.

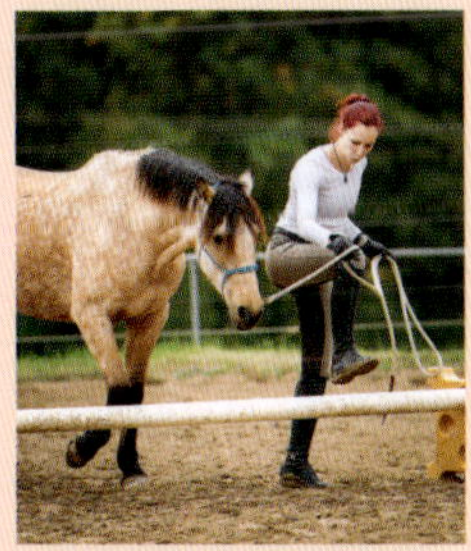

Gemeinsames Überschreiten des Hindernisses.

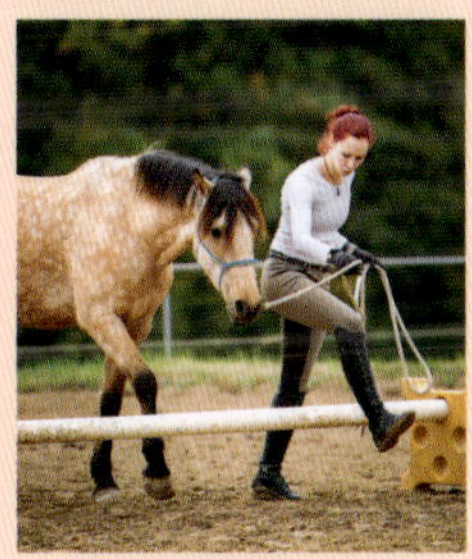

Der Mensch macht es dem Pferd vor …

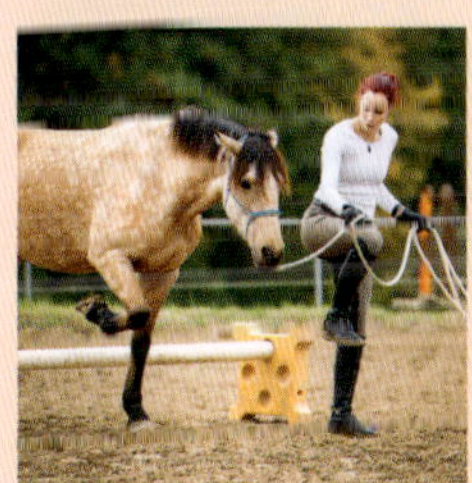

… bis alle vier Hufe über dem Hindernis sind.

SO WIRD'S GEMACHT

Beginne bei der Lektion zuerst mit einem niedrigen Hindernis und steigere langsam die Höhe. Pferde können in der Regel Hindernisse in der Höhe ihrer Karpalgelenke übersteigen.

1. Führe dein Pferd an das Hindernis, z.B. einen Baumstamm, heran und lasse es zunächst daran schnuppern.
2. Dann gehst du voran und hebst viermal wie ein Storch deine Beine. Dein Pferd schaut sich die Übung in gewisser Weise von dir ab, und wenn du viermal deine Beine hebst, wird es sich auch noch auf seine Hinterbeine konzentrieren. Achte darauf, seitlich vom Pferd zu bleiben. Sollte es einen Satz machen, kann es dir nicht in die Ferse springen.
3. Nun übersteigst du gemeinsam mit dem Pferd das Hindernis, der Hals soll möglichst tief bleiben.
4. Wiederhole die Lektion 4–5 Mal oder baue sie täglich ein, indem du einen Baumstamm auf den Weg von und zur Koppel legst.

Stangenarbeit im Schritt
Im Schritt muss sich das Pferd besonders auf jeden einzelnen Fuß konzentrieren und aktiv aufheben und absetzen. Das macht gerade Stangenarbeit im Schritt so anspruchsvoll.

FEHLER UND WIE SIE KORRIGIERT WERDEN

- *Bestrafen, obwohl das Pferd keinen Fehler gemacht hat*

Sollte dein Pferd mit den Beinen das Hindernis streifen, ist das kein Fehler. Bestrafe oder tadle dein Pferd dafür nicht. Bei der Übung soll es lernen, die Hufe zu koordinieren, und dazu darf es diesen Fehler machen. Wiederhole diese Übung einfach noch mal. Eventuell ist dein Pferd aber auch vom vielen Üben müde. Dann gib ihm eine lange Pause oder beende das Training.

- *Pferd springt über das Hindernis*

Auch das ist kein Fehler, für den du dein Pferd tadeln solltest. Beruhige es und zeige ihm das Hindernis noch einmal in Ruhe. Übe ruhig und konzentriert, bis dein Pferd das Hindernis ruhiger überwindet. Eventuell beginnst du erst mit einer Stange am Boden und legst die Stange langsam höher.

4/10 Stangenmikado

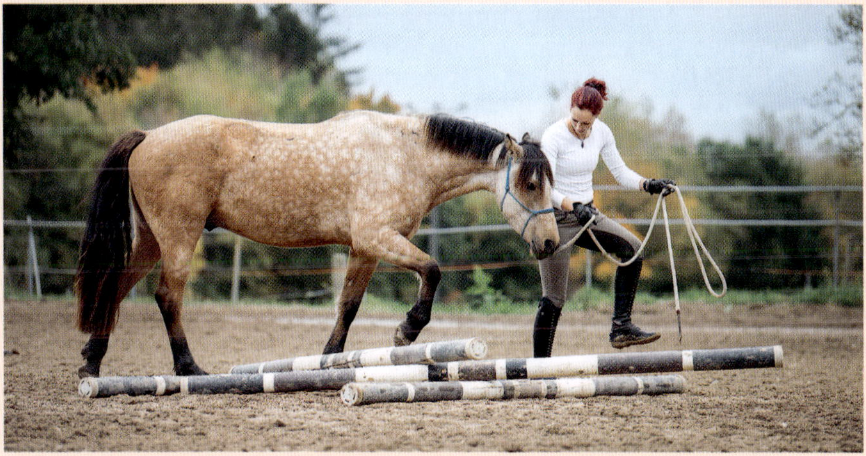

Der Mensch geht mit dem Pferd gemeinsam durch das Mikado und zeigt ihm einen Weg.

ZIEL UND WIRKUNG

- Verbesserung der **Trittsicherheit**.
- Erhöhung der **Aufmerksamkeit**.
- Bessere **Balance**.
- **Abwechslungsreiches** Training.

SO WIRD'S GEMACHT

Lege bunt gewürfelt Stangen auf den Boden. Lasse sie über Kreuz liegen, wie es dir gefällt. Du musst auf keine korrekten Abstände achten.

1. Führe dein Pferd im Schritt über die Stangen. Bleibe dabei neben ihm und gib ihm die Möglichkeit, die Stangen anzuschauen. Du kannst auch den Kopf deines Pferdes aktiv auf die Aufgabe aufmerksam machen. Dein Pferd hält seinen Kopf in etwa auf deiner Schulterhöhe. Sollte es unsicher werden und losspringen, springt es an dir vorbei und nicht in deinen Rücken.
2. Gehe nun mit deinem Pferd über das Stangenmikado. Hebe übertrieben und langsam wie ein Storch deine Beine, dein Pferd wird es dir nachmachen.
3. Mache nach jedem Durchgang eine kleine Pause und lobe dein Pferd. So hat es die Möglichkeit, kurz über das eben Geschehene nachzudenken.

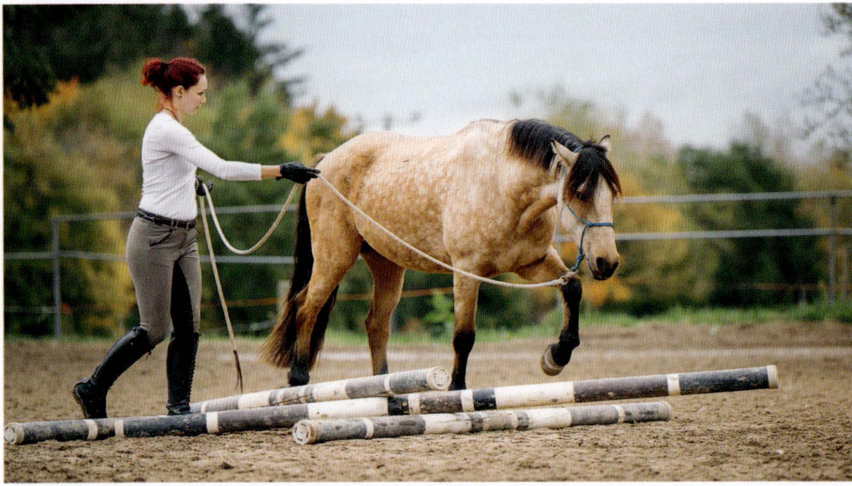

Klappt das Führen gut, kannst du dein Pferd auch alleine über das Mikado gehen lassen.

VARIANTEN

Stangenmikado alleine: Wenn diese Übung geführt gut klappt, kann dein Pferd auch alleine die Übung absolvieren. Nimm dazu entweder ein langes Bodenarbeitsseil oder ein Longe. Bleibe immer neben deinem Pferd, um ihm eine gewisse Sicherheit zu geben.

Umso besser und souveräner dein Pferd die Aufgabe löst, umso weiter weg kannst du gehen.

Das ist die Königsklasse dieser Übung und sollte wirklich gut vorbereitet werden: Erst wenn dein Pferd alleine an der langen Longe über das Mikado geht, kannst du das Stangenmikado reiten. Dein Pferd sollte aber schon normale Stangenarbeit kennen und ruhig und konzentriert übersteigen können.

FEHLER UND WIE SIE KORRIGIERT WERDEN

- *Bestrafen, obwohl das Pferd keinen Fehler gemacht hat*

Sollte dein Pferd mit den Beinen das Hindernis streifen, ist das kein Fehler. Bestrafe oder tadle dein Pferd dafür nicht. Bei der Übung soll dein Pferd lernen, die Hufe zu koordinieren. Dazu darf es diesen Fehler machen. Wiederhole die Übung. Eventuell ist dein Pferd aber auch müde. Dann gib ihm eine lange Pause oder beende das Training.

- *Pferd springt über das Hindernis*

Auch das ist kein Fehler, für den du dein Pferd tadeln solltest. Beruhige es und zeige ihm das Hindernis noch einmal in Ruhe. Übe ruhig und konzentriert, bis dein Pferd das Hindernis ruhiger überwindet.

4/11 Halten, rückwärts, antreten

ZIEL UND WIRKUNG

- Förderung der **Aufmerksamkeit**.
- Verfeinern der eigenen **Körpersprache**.
- Verbesserung der **Hankenbeugung**.
- Die Lektion ist **gymnastizierend**.
- **Vertrauensbildende** Aufgabe.

Die Lektion ist eine klassische Basisübung aus der Bodenarbeit. Dein Pferd muss dich hier als Chef ansehen. Tut es das nicht, musst du es am Boden lösen. Oftmals verbessert sich dadurch auch dein Reiten und die Kommunikation mit deinem Pferd vom Sattel aus.

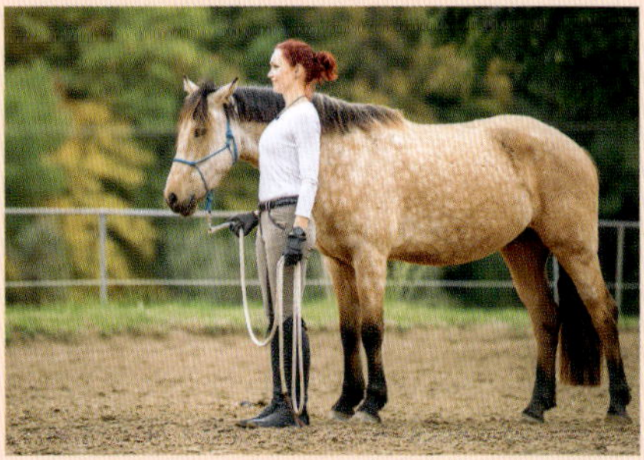

Richte dich auf und mache dich groß, um anzuhalten.

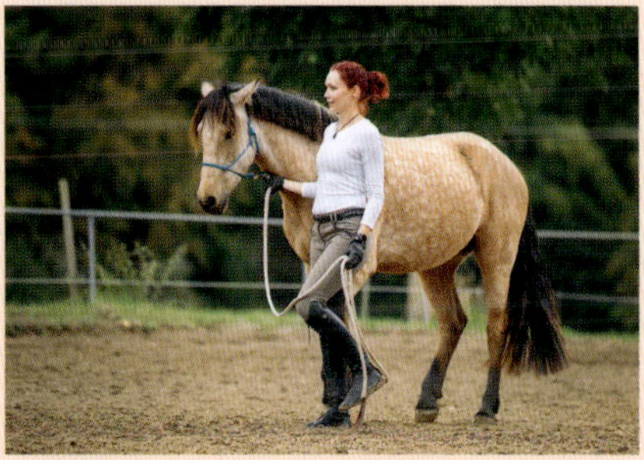

Gehe rückwärts, du kannst dein Pferd mit der Hand rückwärts anleiten.

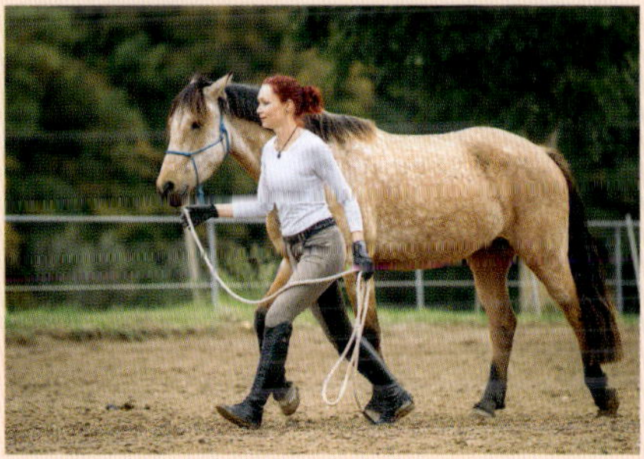

Lehne dich leicht vor und mache einen großen Schritt nach vorne, um wieder anzugehen.

SO WIRD'S GEMACHT

1. Du gehst im Schritt, dein Pferd schreitet neben dir, der Kopf ist auf Höhe deiner Schulter. Du kannst so dein Pferd aus den Augenwinkeln beobachten.
Du gehst normal, aber in einer positiven Körperspannung, der Strick hängt durch.
2. Um stehen zu bleiben, erhöhst du deine Körperspannung und verlangsamst zuerst die Schritte, bevor du nach 2–3 kürzeren Schritten stoppst.
Mache dein Pferd aufmerksam auf dieses Kommando, z.B. mit einem Stimmkommando oder einem leichten Wackeln/Zuppeln am Strick.
3. Um dein Pferd rückwärtszurichten, machst du dich sehr groß. Der Strick hängt nun nicht mehr durch, sondern ist auf leichten Zug rückwärtsgerichtet, bleibt aber gerade unter dem Pferdehals, damit das Pferd nicht seitlich wegtritt.
4. Beginne nun, mit deutlichen großen Schritten rückwärtszugehen. Durch ein leichtes Zuppeln am Strick verbunden mit einem Stimmkommando wird dein Pferd diese Hilfe leichter umsetzen.
5. Bleibe stehen und bereite dein Pferd auf das Angehen, eventuell mit einem Stimmkommando, nach vorne vor. Beuge deinen Oberkörper langsam nach vorne und mache einen deutlichen ersten Schritt.

VARIANTEN

Klappen die Übergänge gut, kannst du folgende Variante versuchen:

- Halte dein Pferd aus dem Trab an und trabe es aus dem Rückwärtsgehen wieder an.

4

FEHLER UND WIE SIE KORRIGIERT WERDEN

- *Pferd reagiert nicht wie gewünscht*

Jedes nicht Reagieren deines Pferdes kann mit einer missverständlichen Hilfe deiner Körpersprache einhergehen. Lass dich von einer Person beraten, die dich beobachtet, denn oft gehen Körpergefühl und tatsächliche Umsetzung nicht immer Hand in Hand.

- *Pferd rempelt dich beim Stehenbleiben an, geht an dir vorbei*

Rempelt dich dein Pferd an, ist das eine »Chef-Frage«. Bleib stehen und versuche dich nicht wegschubsen zu lassen. Drücke dein Pferd von dir weg, sodass du deinen Freiraum hast.
Bleibe nun stehen und korrigiere dein Pferd, bis es auf der gewünschten Position neben dir steht. Das machst du auch, wenn dein Pferd an dir vorbeigeht. Achte auf eine ausreichende Vorbereitungszeit, damit dein Pferd richtig reagieren kann.

- *Pferd weicht beim Rückwärtsgehen seitlich aus*

Ist die Hand, die den Strick führt, gerade oder zieht sie den Kopf des Pferdes in eine Richtung? Notfalls kannst du das Rückwärtsgehen an der Bande oder in einer Stangengasse üben. Dann hat dein Pferd eine bessere optische Begrenzung.

- *Pferd geht nicht sofort wieder an*

Entweder war hier die Vorbereitung nicht gut genug oder dein Pferd hat »geschlafen«. Liegt es nicht an der Vorbereitung, kannst du die führende Hand beim Antritt etwas nach vorne nehmen, während die andere Hand den Rest des Strickes etwas nach hinten schwingt, um das Pferd anzutreiben.

4/12 Vielseitigkeitslongieren im Gelände

ZIEL UND WIRKUNG

- Steigerung der **Losgelassenheit**.
- Verbesserung der **Trittsicherheit**.
- Bessere **Balance**.
- Training von **dorsalen** und **ventralen Muskelketten**.
- **Abwechslung** im Training.
- Die Lektion ist **gymnastizierend**.

Bei dieser Übung sind einige Sicherheitsaspekte zu beachten: Das Trainieren im Gelände muss für dich und dein Pferd angenehm sein und entspannt ablaufen. Auch das Alleinesein im Gelände darf kein Problem sein. Longieren und die Grundkommandos (Schritt, Trab, Galopp, Durchparieren und Halt) müssen beherrscht werden.
Die Übung kann aber auch auf einer eingezäunten Koppel stattfinden, am besten einer, die das Pferd kennt.

SO WIRD'S GEMACHT

Longieren fernab von Reitplatz, Reithalle oder Roundpen ist eine tolle Bereicherung. Jetzt siehst du, wie dein Pferd auf verschiedene Situationen reagiert und wie es sich auf verschiedenen Böden bewegt.
Neben unterschiedlichem Untergrund sind die optischen äußeren Reize für dein Pferd außerdem höher. Bleibt es cool und gelassen, bleibt es auch in anderen Situationen unter dem Sattel gelassener.

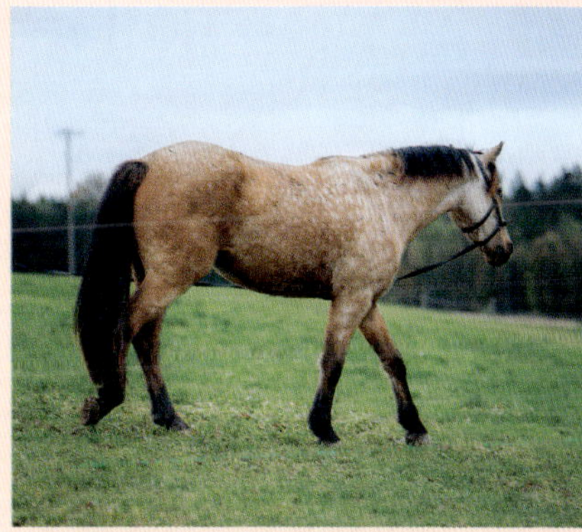

Auf einer gebogenen Linie bergab laufen bedarf Übung und Balance vom Pferd.

1. Im Gelände zu longieren gibt dir die Möglichkeit, auf unebenen Böden und an Hängen zu trainieren. Solltest du die Möglichkeit haben, eine Geländestrecke zu nutzen, dann verlege die Longierarbeit auch mal dorthin.
2. Nutze jedes Wasserloch, Bäche, die durchritten werden können, oder Baumstämme und Äste, die überquert werden müssen. All das kann dein Pferd in jeder Hinsicht trainieren und bietet eine wunderbare Abwechslung.

VARIANTEN

Longieren auf einer Steigung: Suche dir zunächst eine flache Steigung aus. Longiere dein Pferd wie gewohnt auf einem großen Kreis um dich herum. Bergab achtest du darauf, dass dein Pferd nicht zu eilig wird. Durch den Wechsel zwischen bergauf und bergab trainiert sich dein Pferd fast von alleine.

Longiere dein Pferd über eine Art Wellenbahn: Bergab achtest du wieder auf ein ruhiges und gleichmäßiges Tempo. Dein Pferd wird alleine anfangen sich zu strecken, sich zu tragen und die Hanken zu beugen. Die Übung ist genauso effektiv wie die Hangarbeit.

Hindernisse überwinden: Lass dein Pferd niedrigere Hindernisse im Schritt oder Trab überwinden, ähnlich wie bei der Übung »Hoch die Beine« auf Karte 4/9. Auch einzelne Hoch- und Tiefsprünge sowie durchs Wasser kann longiert werden.

FEHLER UND WIE SIE KORRIGIERT WERDEN

- *Tempo ist nicht den Bodenbeschaffenheiten angepasst*

Ist es zu steil, rutschig oder matschig, geht dein Pferd im Schritt. Ansonsten kann es sich verletzen und das sollte auf jeden Fall vermieden werden.

- *Bestrafen, wo kein Fehler ist*

Vielleicht ist diese Situation für dein Pferd neu. Sollte etwas nicht auf Anhieb funktionieren, dann bleibe ruhig und übe weiter. Hat dein Pferd vor etwas Angst, dann zeige ihm die Aufgabe oder die »gefährliche« Sache erst einmal. Lobe dein Pferd, sobald es die Aufgabe besser macht.

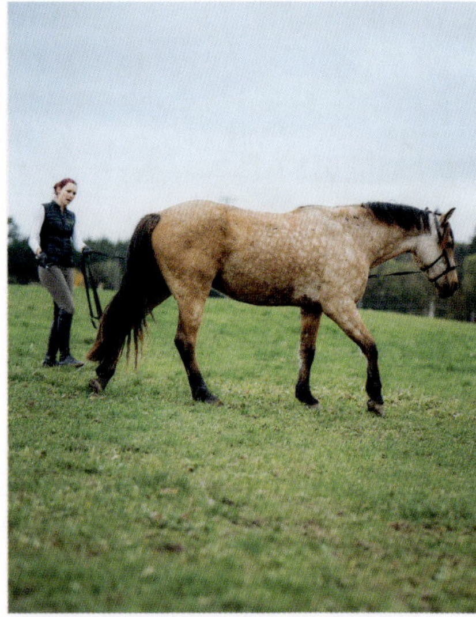

Bergab nimmt das Pferd sich von alleine vorne mehr auf, das fördert die Rumpfmuskulatur.

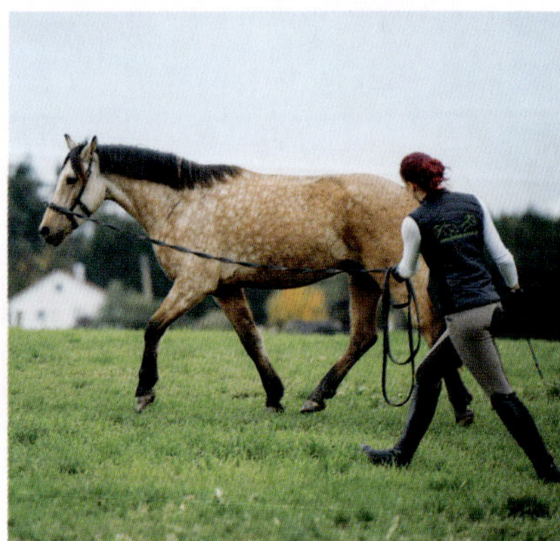

Bergauf muss das Pferd vermehrt von hinten schieben.

4/13 Dehnübung für die Oberlinie

ZIEL UND WIRKUNG

- **Dehnen** der oberen Linie des Pferdes

Aufwärmen
Vor jedem Dehnen solltest du dein Pferd korrekt aufwärmen, um Verletzungen zu verhindern. Am besten baust du die Dehnübungen nach dem Training ein. Dann ist dein Pferd auf jeden Fall gut aufgewärmt.

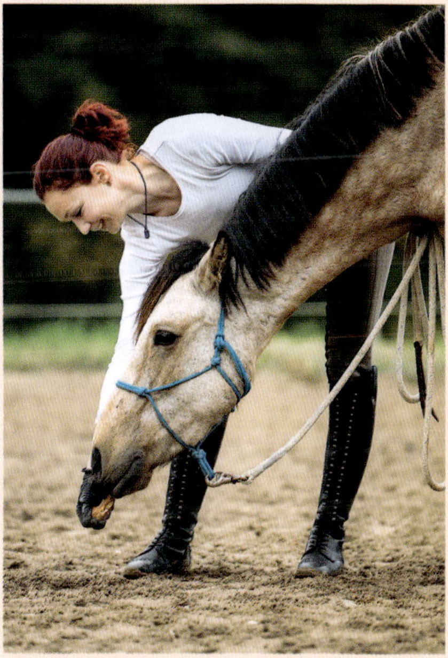

Wie weit kann sich dein Pferd nach vorne unten strecken?

SO WIRD'S GEMACHT

Bei dieser Übung ist es wichtig, dass sich dein Pferd nach vorne dehnt, das Genick so weit wie möglich öffnet. Außerdem soll die Stirn des Pferdes immer gerade bleiben, damit auch das Genick gerade ist.

1. Nimm eine große Karotte oder ein großes Leckerli. Halte die Möhre oder das Leckerli immer an die Pferdelippen, damit dein Pferd keine ruckartigen Bewegungen macht.
2. Führe die Karotte oder das Leckerli nun nach vorne Richtung Boden. Das Pferd soll dabei stehen bleiben und nur den Hals lang machen. Eventuell hilft dir eine zweite Person, die dein Pferd mit der Hand an der Brust begrenzt. Ansonsten musst du gleichzeitig eine Hand an der Brust des Pferdes haben, um es zu begrenzen, und mit der anderen Hand das Leckerli führen.
3. Halte die Dehnung ca. 5 Sekunden. 3-5 Wiederholungen sind zu empfehlen.

FEHLER UND WIE SIE KORRIGIERT WERDEN

- *Pferd verwirft sich im Genick*

Die Stirn deines Pferdes ist schief, die Ohren sind nicht auf gleicher Höhe. Versuche die Kopfhaltung deines Pferdes mit dem Leckerli zu verändern, also etwas weiter nach links oder weiter nach rechts zu bringen. Sollte sich nichts verändern, hole dir Rat bei einem Osteopathen, Physiotherapeuten oder Tierarzt.

- *Pferd geht nach vorne an*

Vielleicht wolltest zu viel nach vorne dehnen. Versuche es erneut mit weniger Dehnung nach vorne und steigere langsamer.

4/14 Das Plie

ZIEL UND WIRKUNG

- **Dehnende** Übung für die obere Linie des Pferdes.
- Die Bauchmuskeln werden dabei etwas angehoben und **leicht gekräftigt**.
- **Dehnung** in der Oberlinie des Halses.

SO WIRD'S GEMACHT

Nimm eine große Karotte oder ein großes Leckerli. Halte die Karotte oder das Leckerli immer an die Nüstern, damit dein Pferd keine ruckartigen Bewegungen macht. Achte darauf, dass das Leckerli immer die Lippen deines Pferdes berührt. Anfangs ist es leichter, wenn du mit zwei Leckerlis arbeitest.

1. Halte das Leckerli an die Pferdenase.
2. Führe die Nase deines Pferdes mit der einen Hand (z.B. der linken Hand) in Richtung Karpalgelenke und dann mit der anderen Hand, die von hinten durch die Vorderbeine greift, zwischen die Vorderbeine. Um eine optimale Dehnung zu erreichen, sollte dein Pferd nicht tiefer eingestellt werden als die Vorderfußwurzelgelenke.
3. Halte die Dehnung etwa 5–8 Sekunden. Drei Wiederholungen sind empfehlenswert.

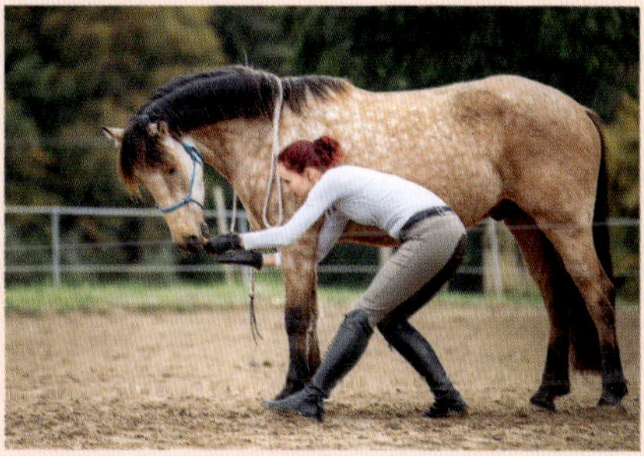

Das Leckerli wird von einer Hand in die andere übergeben ...

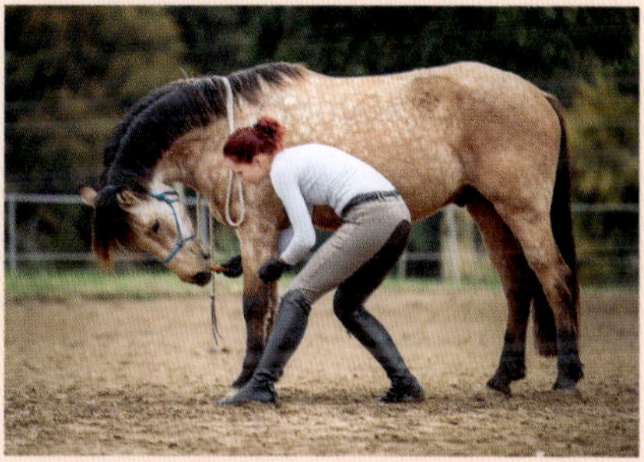

... um dann den Pferdekopf in Richtung Karpalgelenke zu führen.

VARIANTEN

Die Übung des Plie ist auch wertvoll, wenn die Pferdenase weiter oben oder weiter unten ist. Dann wird allerdings mehr der Hals gedehnt und die Wirkung auf die Bauchmuskeln geht verloren. Halte die Dehnung z.B. auf Höhe der Pferdebrust, mittig der Oberarme, mittig der Vorderröhre, auf Höhe der Fesselgelenke oder genau zwischen den Hufen.

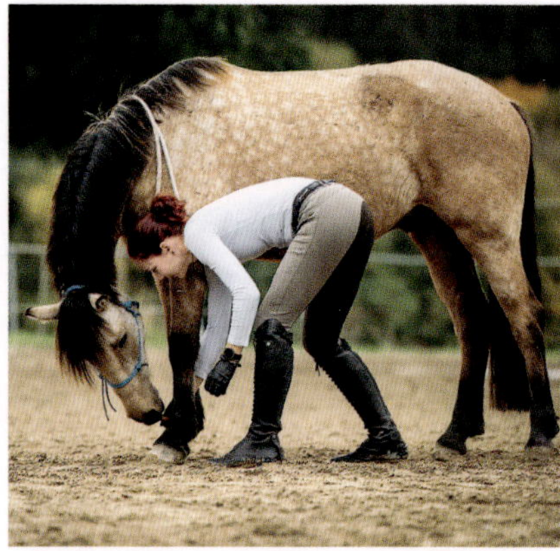

Auch so kann gedehnt werden, nur mit anderer Wirkung auf den Pferdekörper.

FEHLER UND WIE SIE KORRIGIERT WERDEN

- *Pferd verwirft sich im Genick*

Die Stirn deines Pferdes ist schief, die Ohren sind nicht auf gleicher Höhe. Versuche die Kopfhaltung deines Pferdes mit dem Leckerli zu verändern und etwas weiter nach links oder rechts zu drehen. Sollte sich nichts verändern, hole dir Rat bei einem Osteopathen, Physiotherapeuten oder Tierarzt.

- *Pferd geht rückwärts*

Manche Pferde weichen rückwärts aus, weil sie es vielleicht einmal so gelernt haben oder es für sie noch zu viel Dehnung ist. Verlange etwas weniger und übe regelmäßig.

4/15 Dehnübung für die Längsbiegung

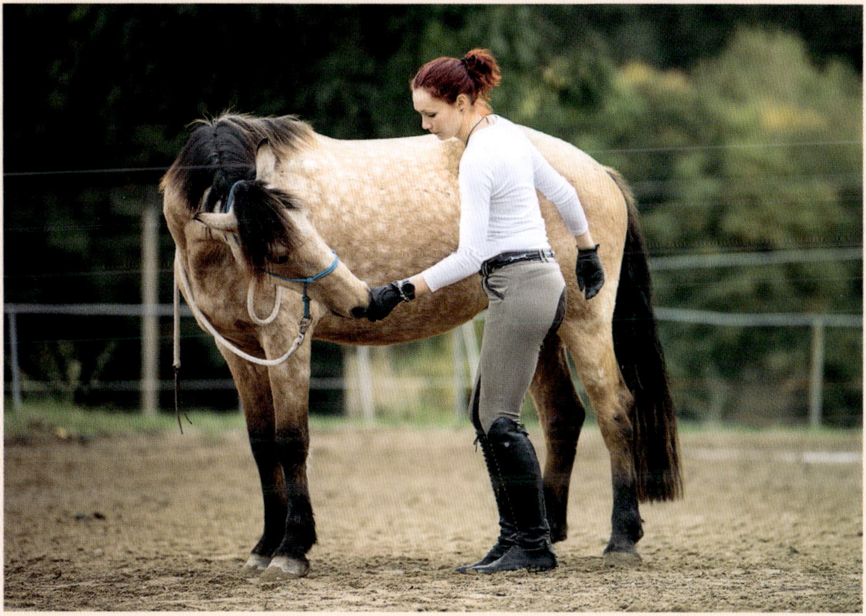

Das Leckerli muss hier nah am Maul bleiben, damit das Pferd keine ruckartigen Bewegungen macht.

ZIEL UND WIRKUNG

- Verbesserung der **Längsbiegung**.
- **Dehnen** der kompletten Längsseite des Pferdes.

SO WIRD'S GEMACHT

Nimm eine große Karotte oder ein großes Leckerli. Halte die Karotte oder das Leckerli immer an die Nüstern, damit dein Pferd keine ruckartigen Bewegungen macht.

1. Führe die Belohnung langsam in Richtung des Pferdeknies, möglichst nah am Bauch entlang.
2. Halte die Dehnung ca. 5 Sekunden, führe die Pferdenase zurück und wiederhole das Ganze auf der anderen Seite.
3. Auf jeder Seite sind 3–5 Wiederholungen empfehlenswert.

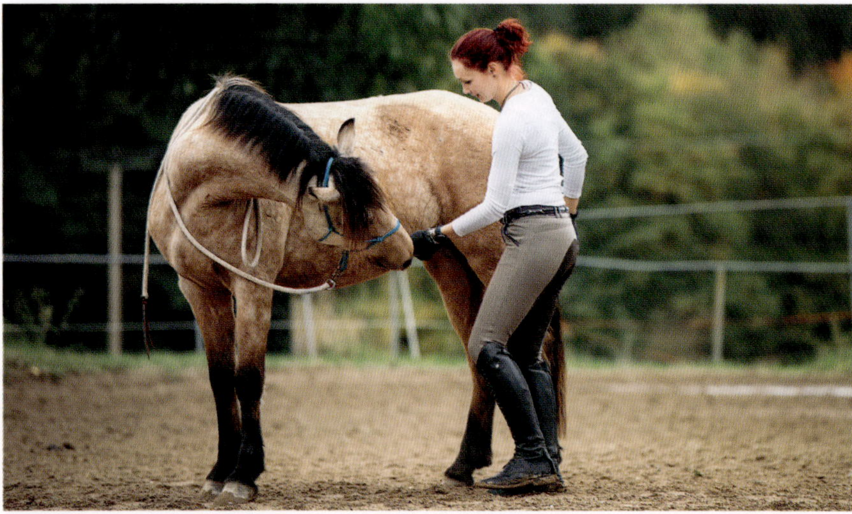

Verlange nur so viel Dehnung, wie dein Pferd auch wirklich kann.

VARIANTEN

Schafft es dein Pferd, sich bis zum Knie zu dehnen, kannst du die Übung steigern, indem du die Pferdenase weiter Richtung Sprunggelenk führst.
Für die Bewegungskünstler unter den Pferden gibt es diese Version: Führe zuerst die Pferdenase zum Knie, dann zum Sprunggelenk und von dort aus langsam weiter runter zum Fesselgelenk.

FEHLER UND WIE SIE KORRIGIERT WERDEN

- *Pferd weicht mit der Hinterhand seitlich aus*

Pferde sind nicht dumm. Dein Pferd wird vielleicht versuchen, durch Drehen des gesamten Körpers an das Leckerli zu kommen, anstatt sich zu dehnen.
Bleibe ruhig und versuche es noch einmal. Vielleicht diesmal mit etwas weniger Dehnung.
Bleibt dein Pferd nicht stehen, kannst du es auch an die Bande stellen, damit es eine Begrenzung hat.

- *Pferd kommt noch nicht bis zum Knie*

Das ist kein Fehler, sondern einfach ein Trainingszustand. Halte die Dehnung deines Pferdes in der möglichen Position. Durch regelmäßiges Training wird dein Pferd beweglicher und es wird bis ans Knie kommen.

4/16 Dehnübung für die Kruppe

ZIEL UND WIRKUNG

- **Dehnung** der Kruppe bis leicht in den Rücken, ähnlich der Dehnübung für unsere Gesäßmuskeln.
- Die Übung kann die **Beweglichkeit** des Beckens verbessern.

Aufwärmen
Wärme dein Pferd vor jedem Dehnen korrekt auf, um Verletzungen zu verhindern!

SO WIRD'S GEMACHT

1. Hebe das Hinterbein deines Pferdes an, so als ob du es auf einen Bock stellen willst. Umfasse das Röhrbein und Fesselgelenk und gib deinem Pferd so die Sicherheit, die es braucht.
2. Führe nun das Bein in Richtung des Vorderbeines nach vorne, in etwa auf Höhe des Fesselgelenks bzw. der Vorderröhre.
3. Halte die Dehnung einige Sekunden und stelle den Huf vorsichtig auf dem Boden ab. Dasselbe machst du mit dem Hinterbein auf der anderen Seite.
4. Halte die Dehnung etwa 5 Sekunden. Drei Wiederholungen sind empfehlenswert.

Wenn dein Pferd das Bein nach hinten zieht, lass es ausweichen und probiere es noch einmal mit weniger Zug.

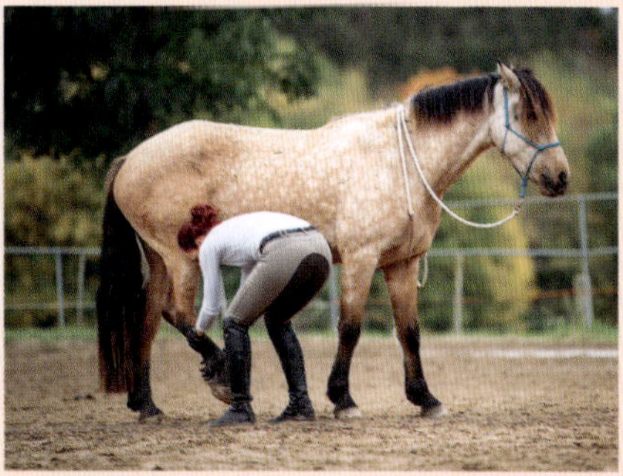
Aufnehmen des Hinterbeins.

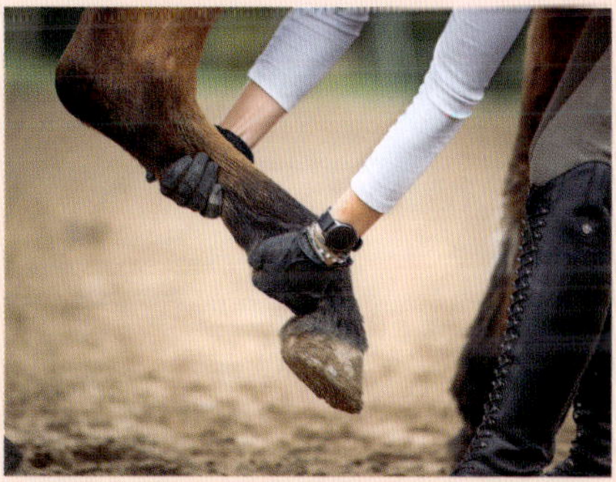
Ein guter Griff gibt dem Pferd Sicherheit.

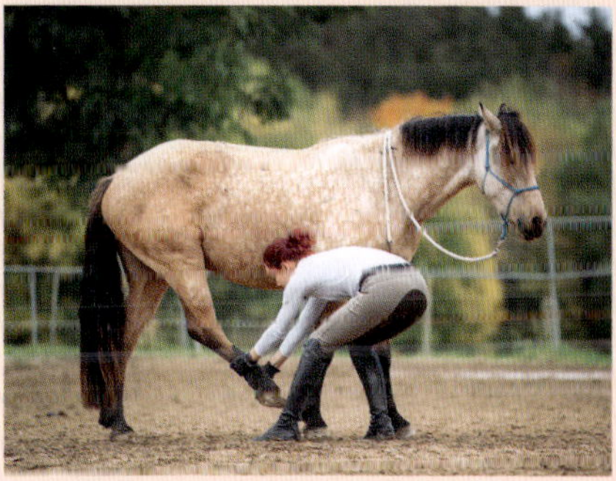
Führe das Bein langsam nach vorne.

VARIANTEN

Versuche einmal das gedehnte Hinterbein in maximaler Dehnung abzusetzen. Das intensiviert die Dehnung und überprüft die Gelassenheit deines Pferdes. Klappt es nicht, oder nicht gleich, ist das auch nicht schlimm.

FEHLER UND WIE SIE KORRIGIERT WERDEN

- *Pferdebein kann nicht unter dem Pferdekörper gehalten werden*

Achte darauf, dass das Hinterbein in der korrekten Gelenkachse bleibt. Ziehe es nicht zu weit nach außen. Achte drauf, dass es unter dem Bauch deines Pferdes bleibt.

- *Zu weit gedehnt*

Nicht jedes Pferd ist ein Bewegungskünstler. Dehne nur so weit, wie es für dein Pferd angenehm ist. Sollte die Spannung nachlassen, kannst du das Bein noch mal weiter nach vorne führen.

- *Pferd streckt das Hinterbein aktiv durch*

Das ist nicht gewünscht. Setze das Bein wieder ab und beginne die Übung von Neuem.

- *Pferd droht umzufallen*

Entweder hast du zu viel gedehnt oder dein Pferd ist noch nicht genügend ausbalanciert. Bleibe auf jeden Fall ruhig und verlange etwas weniger Dehnung.

4/17 Dehnübung für die Vorhand/Schulter

ZIEL UND WIRKUNG

- **Dehnen** von Schulterpartie, Brust und seitlichem Bauch.
- Diese Dehnübung kann die **Beweglichkeit** der Schulter verbessern.

Aufwärmen
Wärme dein Pferd vor jedem Dehnen korrekt auf, um Verletzungen zu verhindern!

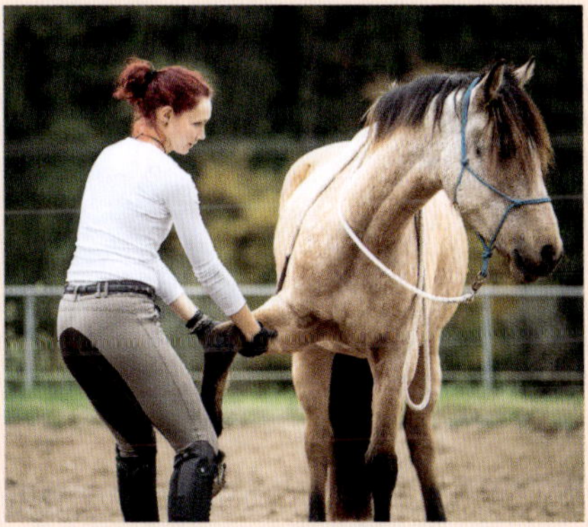

Das Vorderbein nach außen dehnen.

SO WIRD'S GEMACHT

1. Hebe den Vorderfuß deines Pferdes nach vorne an. Umgreife dabei den Oberarm deines Pferdes mit beiden Händen, damit das Bein ab dem Karpalgelenk locker herunterhängen kann.
2. Führe nun das Bein vorsichtig nach links und rechts. Nach innen dehnst du die Schulter und den Bauch. Nach außen wird die Brust leicht aufgedehnt.
3. Achte darauf, dass du das Bein aus dem Ellenbogen heraus nicht verdrehst und Röhre und Huf gerade zum Boden runterhängen.
4. Halte die Dehnung etwa 5 Sekunden. 3–5 Wiederholungen in jede Richtung und pro Bein sind empfehlenswert.

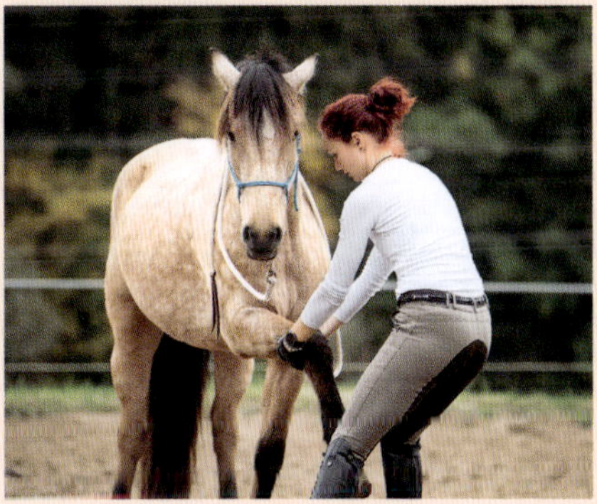

Und das Vorderbein nach innen dehnen.

VARIANTEN

Intensivieren der Dehnung: Du kannst die jeweilige Dehnung mithilfe der Kopfhaltung intensivieren. Dazu benötigst du eine zweite Person, die dir dabei hilft.

Dehnst du das Vorderbein nach außen, also weg vom Körper, verstärkst du die Dehnung, wenn der Pferdekopf auch nach außen geführt wird.

Dehnst du das Vorderbein hingegen nach innen, geht auch der Kopf bzw. die Pferdenase in diese Richtung.

Wackelt dein Pferd, ist der Kopf vielleicht zu viel auf die Seite genommen worden. Dein Pferd nutzt seinen Hals als Balancierstange, durch die Positionierung des Kopfes nach links oder rechts kann es diesen nicht mehr so ideal einsetzen. Verlange hier einfach etwas weniger Dehnung im Hals.

FEHLER UND WIE SIE KORRIGIERT WERDEN

- *Röhre und Huf hängen nicht locker herab*

Dein Pferd muss dir hier vertrauen, bleibe ruhig und gib ihm Sicherheit. Ein leichtes Schütteln oder Vibrieren des Oberarms kann helfen, damit dein Pferd die Muskeln locker lässt.

- *Pferd droht umzufallen*

Entweder hast du zu viel gedehnt oder dein Pferd ist noch nicht genügend ausbalanciert. Bleibe auf jeden Fall ruhig und verlange etwas weniger Dehnung.

- *Falsch gegriffen*

Umgreifst du nicht ausschließlich den Oberarm deines Pferdes, sondern auch noch die Röhre, kannst du sie verdrehen und dein Pferd verletzen.
Achte genau auf den richtigen Griff.

4/18 Vorderbein nach hinten dehnen

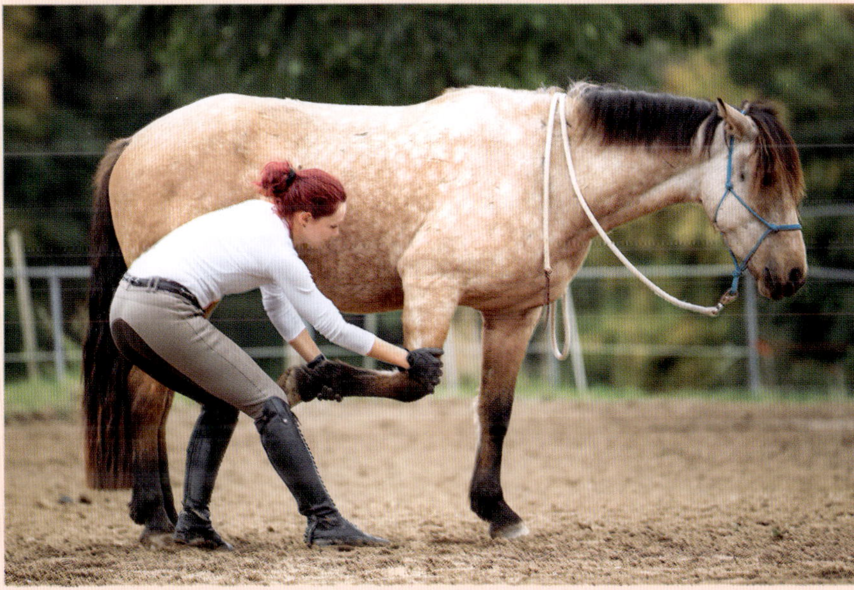

Das Bein wird am Karpalgelenk nach hinten geführt/geschoben.

ZIEL UND WIRKUNG

- **Dehnung** der Schulter nach hinten.
- **Dehnung** der Vorderseite des Oberarms.
- **Dehnung** des Unterhalses.

SO WIRD'S GEMACHT

1. Hebe das rechte Vorderbein an. Halte es am Fesselbein und vorne am Vorderfußwurzelgelenk fest, sodass die Vorderröhre parallel zum Boden ist. Dein Blick ist nach vorne gerichtet.
2. Führe nun das Bein langsam nach hinten.
3. Halte die Dehnung ca. 5–8 Sekunden.
4. Wiederhole das Ganze mit dem linken Vorderbein.

VARIANTEN

Dehnung verstärken: Du kannst die Dehnung deines Pferdes verstärken. Dazu benötigst du eine zweite Person, die dir hilft. Während du die Dehnung am Pferdebein ausführst, führt die helfende Person den Pferdekopf auf die andere Seite, also weg von dir.

Achte darauf, dass dein Pferd sich immer wohlfühlt und nicht aus der Balance kommt. Pferde nutzen ihren Hals als Balancestange.

FEHLER UND WIE SIE KORRIGIERT WERDEN

- *Entspanntes Dehnen*

Achte darauf, dass dein Pferd den Huf entspannt hängen lässt und nicht anzieht. Eventuell kannst du durch leichtes Schütteln bzw. Vibrieren das Bein entspannen.

- *Pferd versucht nach hinten wegzuspringen*

Wahrscheinlich willst du etwas zu viel Dehnung erreichen. Dehne weniger und mache es deinem Pferd somit angenehmer. Sorge für eine ruhige Umgebung und entspannte Atmosphäre.

Eventuell kann dir eine zweite Person helfen, die dir dein Pferd am Halfter hält.

Stangenarbeit

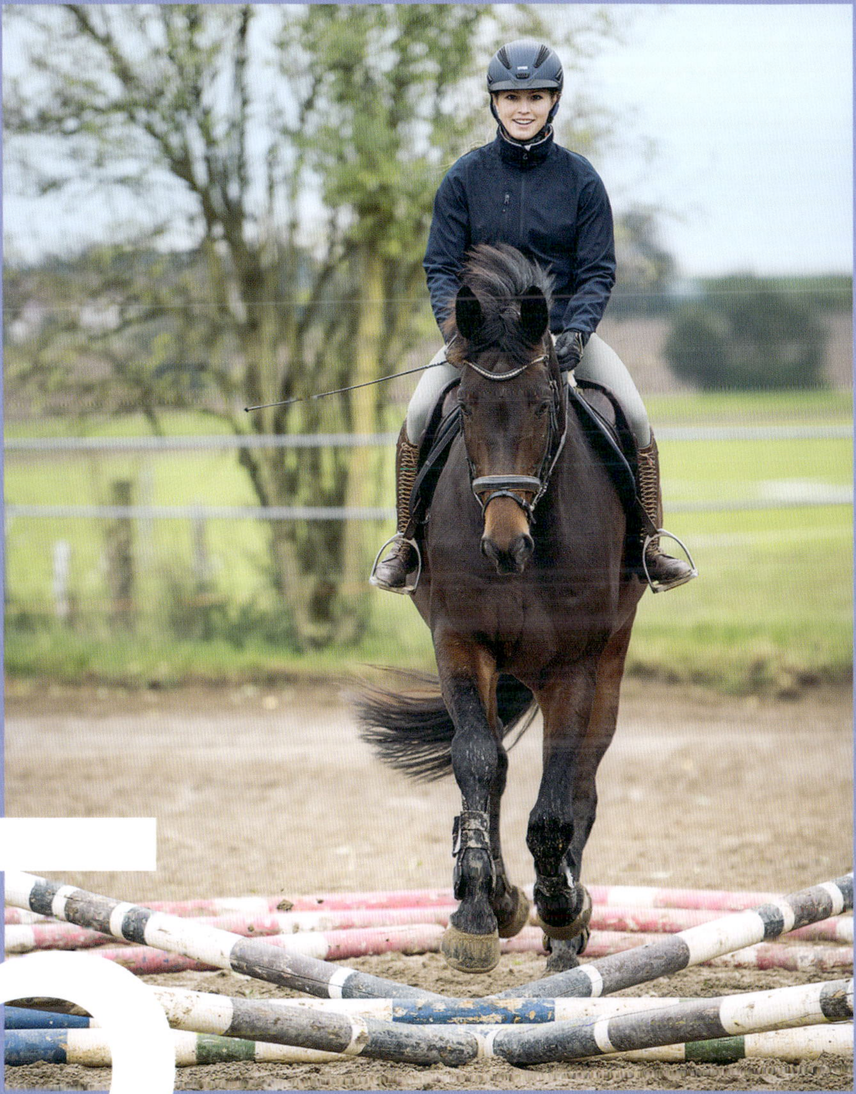

5

Für noch mehr Abwechslung in der Reitbahn

Für noch mehr Abwechslung in der Reitbahn

Gezieltes und korrektes Stangentraining fördert die Trittsicherheit, die Koordination und vor allem den Takt deines Pferdes. Alle hier gezeigten Stangenfiguren wurden mit 3 Meter langen Stangen gelegt. Die Stangen sollen unbedingt splitterfrei sein, damit sich dein Pferd nicht verletzt, solltet ihr daraufsteigen oder -fallen. Damit die Stangen nicht verrutschen, kannst du sie auf kleine Cavaletti-Blöcke legen oder du schiebst an den Stangenenden etwas Sand an, um sie zu fixieren.

Über viele Stangenfiguren kannst du ganz normale Hufschlagfiguren reiten, wie z.B. auf Karte 5/3 »Das Quadrat«, wo du auf den Zirkel durch das Quadrat reitest. Die Ansage der Hufschlagfiguren soll dir helfen, den Weg besser zu verstehen. Bei manchen Aufgaben wird auch durch die Diagonale gewechselt, allerdings musst du dich hier an der Stangenfigur orientieren, wo du vom Hufschlag abwendest und weniger an den Bahnpunkten.

Sollten Probleme auftreten, dann schaue dir die möglichen Fehler und deren Korrekturen auf den Karten der blauen Säule »Dressurmäßiges Reiten« an und die »Hirnfutter«-Karten zum Thema Hilfengebung. Hier findest du alles, was du benötigst, um Fehler erst gar nicht entstehen zu lassen.

5/2 Stangengasse auf der Mittellinie

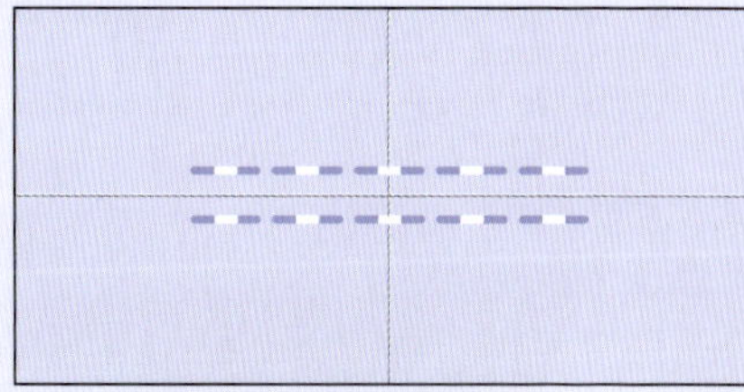

GANGART
- Schritt
- Trab

SCHWIERIGKEIT
- Einfach
- Schwer, wenn die Stangen schräg angeritten werden

SO WIRD'S GEMACHT

A: Reite auf einem Mittelzirkel die äußeren Stangen. Für den Galopp musst du die Stangengasse entsprechend breit legen.

- **Variation:** Reite im Trab »Zirkel verkleinern und vergrößern« auf dem Mittelzirkel.

B: Schlangenlinie durch die ganze Bahn mit drei Bögen über die Stangengasse.

- **Variation:** Reite Schlangenlinien durch die ganze Bahn mit vier Bögen über die Stangengasse.

C: Halbe Bahn und durch die Länge der Bahn geritten/wechseln.

- **Variation:** Reite immer wieder ein großes Kleeblatt durch die Länge und halbe Bahn.

D: Achtung schwer! Du kannst auch über die Gasse durch die Diagonale wechseln. Da du hier die Stangen aber schräg anreiten musst, ist diese Linie etwas anspruchsvoller. Du musst dein Pferd gut an deinen Hilfen haben, um es auf der Diagonalen schräg über den Stangen gerade zu halten.

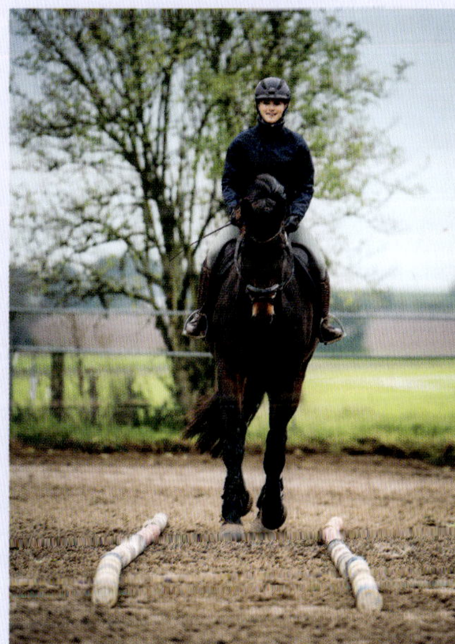

Durch die Länge der Bahn durch die Stangengasse geritten.

Stangenarbeit

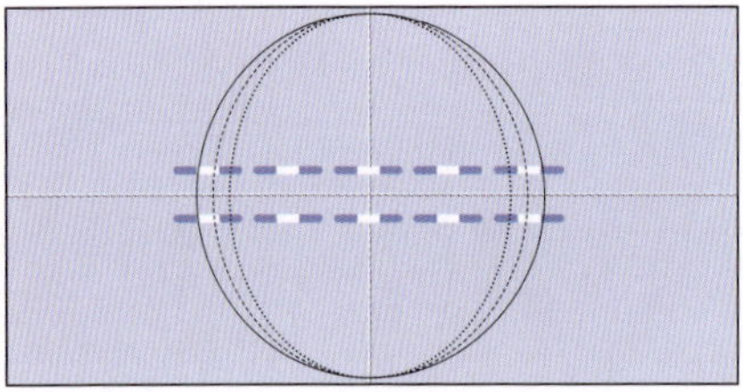

A: Auf dem Mittelzirkel über die Gasse.
Für den Galopp die Gasse entsprechend breit genug legen.

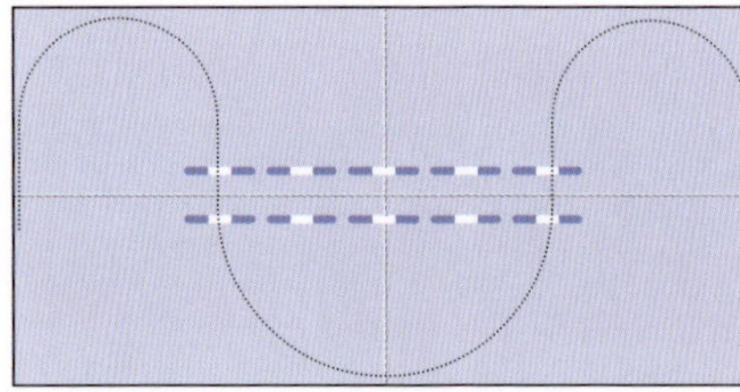

B: Schlangenlinien durch die ganze Bahn mit drei Bögen. Auch vier Bögen sind möglich.

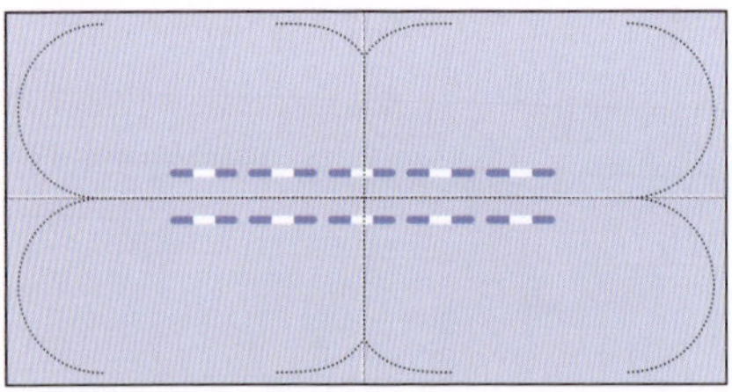

C: Halbe Bahn und durch die Länge der Bahn.
Auch das große Kleeblatt ist möglich.

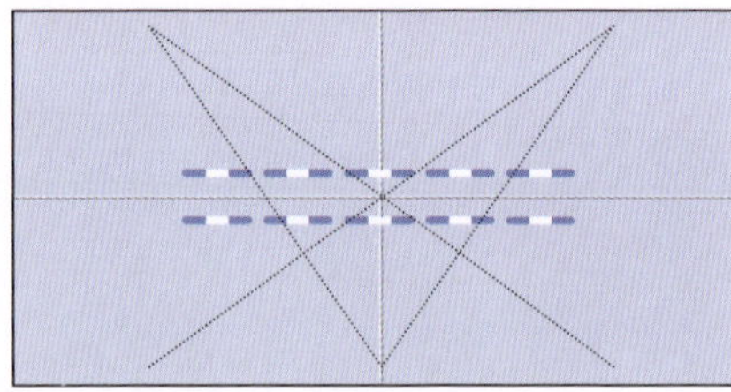

D: Durch die ganze Bahn oder die halbe Bahn wechseln. Schwierig, da die Stangen schräg angeritten werden.

5/3 Das Quadrat

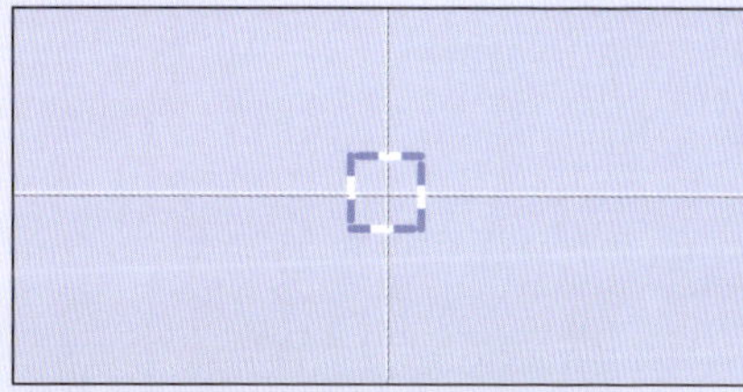

GANGART
- Schritt
- Trab
- Galopp

SCHWIERIGKEIT
- Einfach

SO WIRD'S GEMACHT

A: Auf dem Zirkel durch das Quadrat. Reite auf beiden Händen im Schritt, Trab und Galopp auf dem Zirkel durch das Quadrat.
- **Variation:** Verbinde diese Aufgabe mit einem Aus-dem-Zirkel-Wechseln.

B: Reite Durch-die-ganze-Bahn-Wechseln durch die Diagonale oder durch die Länge der Bahn über die Stangen.
- **Variation:** Wechsle immer wieder durch die ganze Bahn. Oder abwechselnd durch die Länge und Diagonale wechseln.

C: Reite große Volten über die Ecken des Quadrats.
- **Variation:** Reite über jede Ecke eine Volte. Bleibe dabei so nah an der Aufgabe wie möglich, halte dennoch genügend Abstand, um mit deinem Pferd passend große Volten reiten zu können.

D. Reite ein korrektes »Halbe Bahn«.
- **Variation:** Du kannst auch immer wieder »aus der halben Bahn wechseln«.

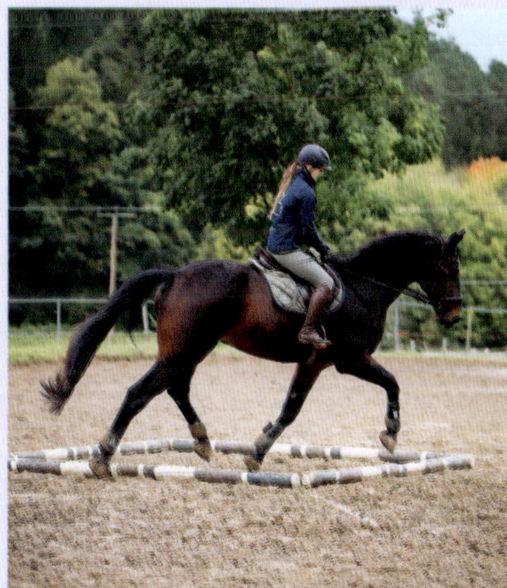

Die Volten über die Ecken fordern Geschick von Pferd und Reiter.

Einsteigerübung
Das Quadrat ist eine perfekte Einsteigerübung für Pferd und Reiter.

Stangenarbeit

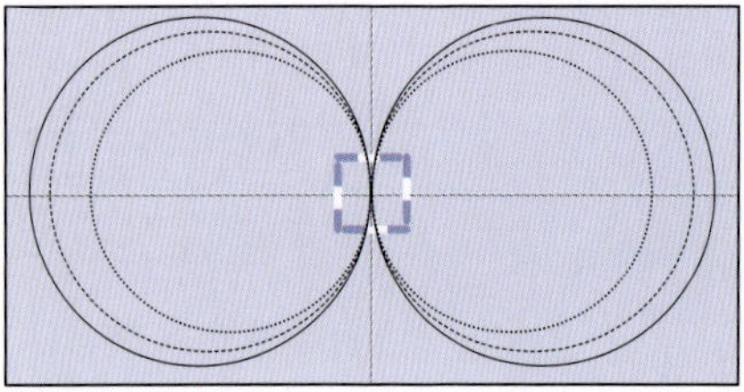

A: Zirkel durch das Quadrat und aus dem Zirkel wechseln.

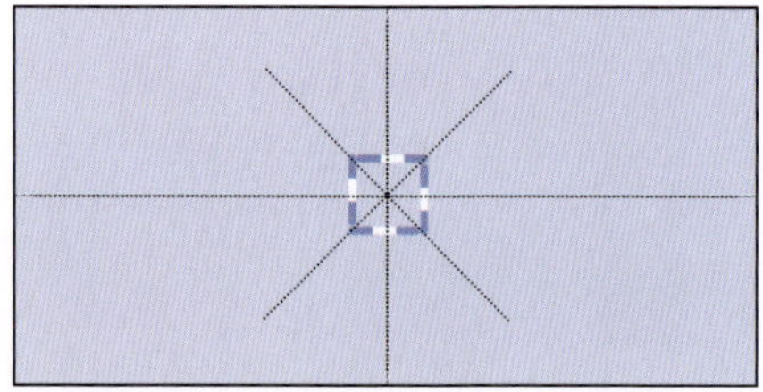

B: Durch die ganze Bahn wechseln und durch die Länge der Bahn. Zwei einfache gerade Linien.

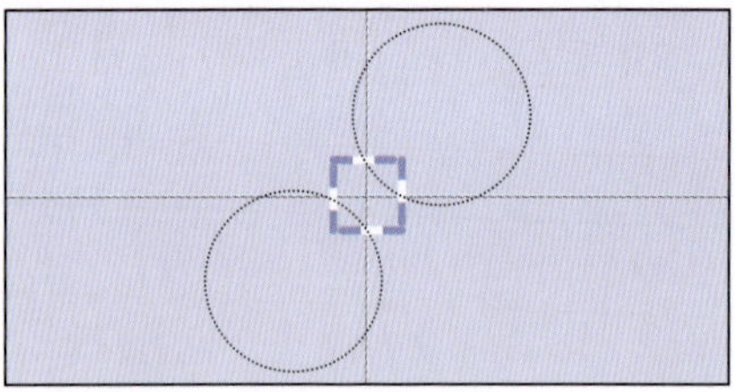

C: Volten über die Ecken des Quadrats.

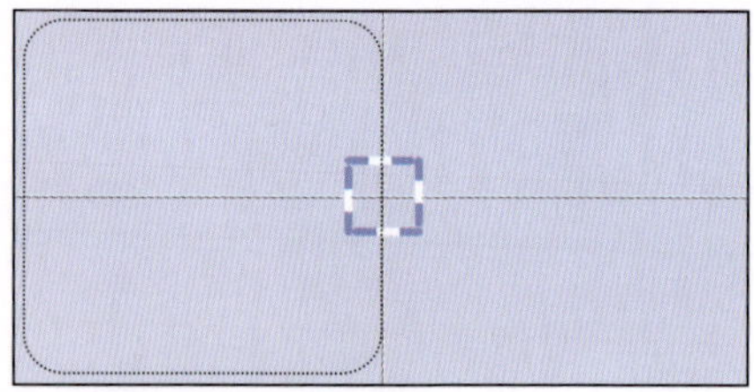

D: Halbe Bahn über das Quadrat geritten. Auch ein Wechsel ist möglich.

5/4 Der Stier

GANGART
- Schritt
- Trab
- teilweise Galopp

SCHWIERIGKEIT
- Mittel. Im Schritt und Trab auf jeden Fall für alle Reiter geeignet, die ihr Pferd frei reiten können
- Schwer. Im Galopp nur für geübte Reiter

SO WIRD'S GEMACHT

A. Schleifen reiten. Reite über ein Horn (orange Stangen) des Stiers und dann eine große Wendung, um wieder zurück über das andere Horn zu reiten.
- **Variation:** Reite danach einen gleichmäßig runden Bogen weiter und beginne wieder von vorne. Diesen Bogen kannst du z.B. im Galopp reiten.

B. Durch den Kopf des Stiers (das Quadrat) kannst du in allen drei Grundgangarten auf den Zirkel reiten.
- **Variation:** Du kannst auch immer wieder aus dem Zirkel wechseln.

C. Reite immer wieder durch die Länge der Bahn.
- **Variation:** Durch den Kopf des Stieres kannst du auch ein großes Kleeblatt reiten.

D. Wechsle immer wieder über die Hörner durch die Diagonale.

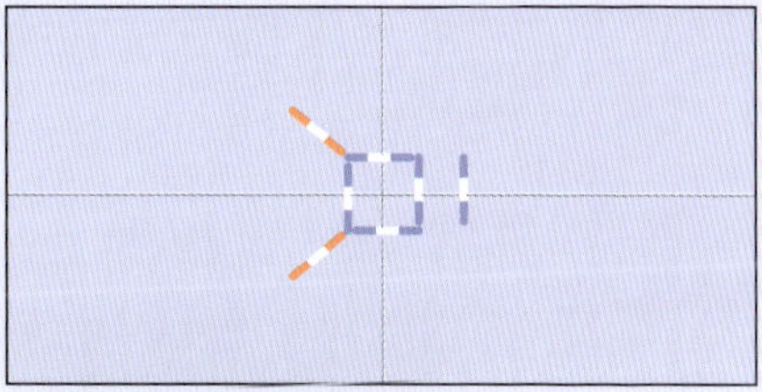

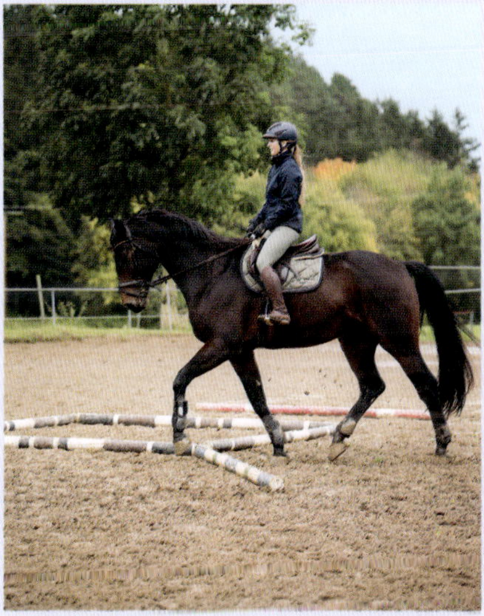

Die Hörner des Stieres können im Schritt, Trab und Galopp überritten werden.

Stangenarbeit

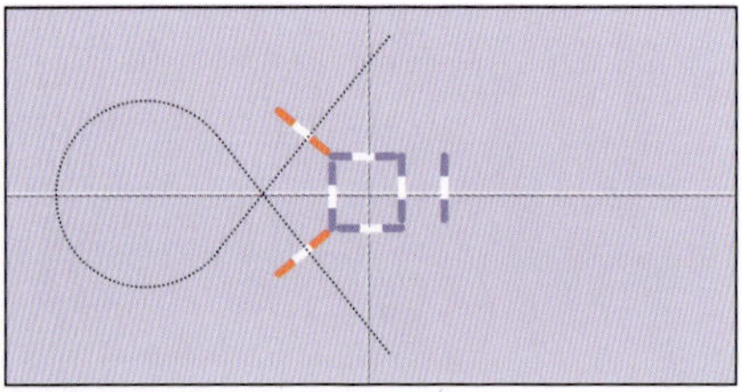

A: Reite eine Schleife über die Hörner des Stieres.

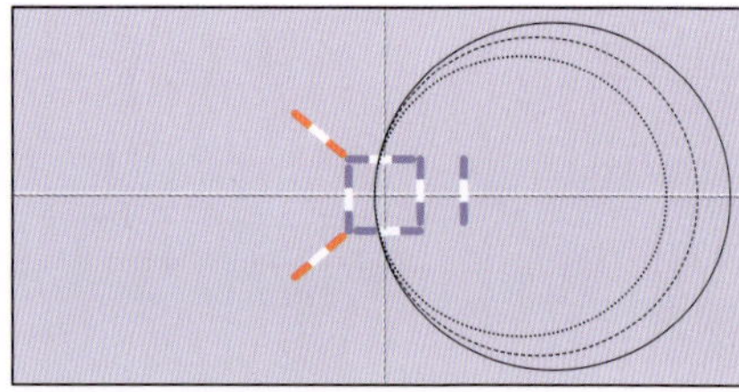

B: Über das Quadrat kannst du auf dem Zirkel reiten oder aus dem Zirkel wechseln.

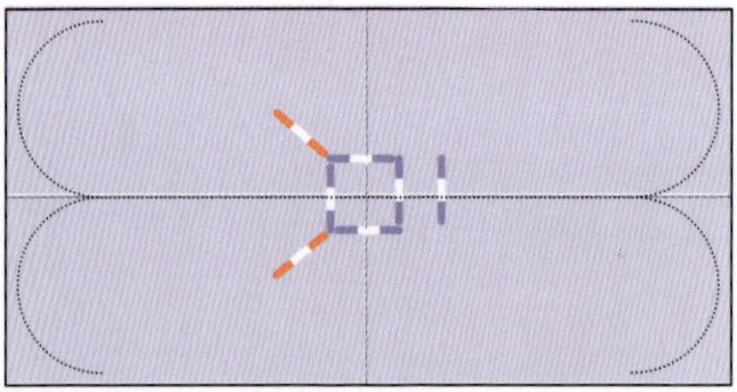

C: Neben Durch-die-Länge-der-Bahn kannst du auch halbe Bahn reiten und somit ein großes Kleeblatt.

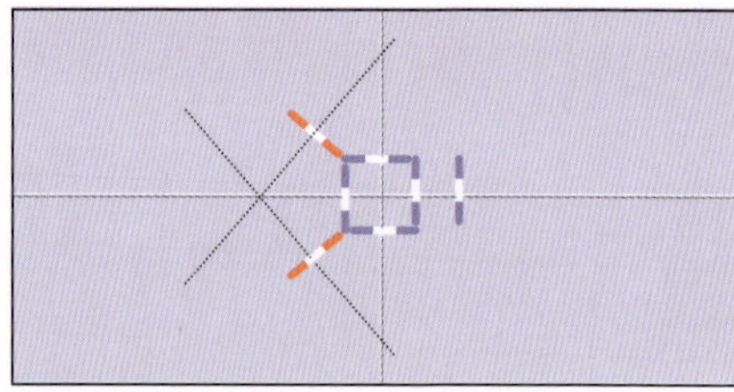

D: Über die Hörner kannst du einen einfachen Handwechsel durch die Diagonale reiten.

5/5 Stangen in der ganzen Bahn

GANGART
- Schritt
- Trab
- Galopp
- Liegen die lila Stangen als Schritt- oder Trabstangen, werden sie dann auch nur in diesen Gangarten überritten.

SCHWIERIGKEIT
- Einfach bis mittel

SO WIRD'S GEMACHT

A: An verschiedenen Stellen Volten reiten. Wenn die lila Stangen als Schrittstangen liegen, dann reite vor den Stangen immer einen Übergang zum Schritt.

- **Variation:** Reite eine Volte über die Stange bei C, anschließend ganze Bahn und eine Volte bei B. Dann eine Volte bei A über die Stange und wieder bei E usw.

B: Reite ganz bewusst ganze Bahn über die einzelnen Stangen. Reite dein Pferd immer mittig über die Stangen und halte dabei einen gleichmäßigen Abstand zur Bande. Auch an der kurzen Seite gerade reiten, indem du die Wendungen bewusst wie eine Ecke nimmst. Das Gleiche kannst du in kleiner Version als einen eckigen Mittelzirkel über die lila und orangen Stangen reiten.

- **Variation:** Wechsle immer zwischen ganze Bahn und eckigem Mittelzirkel.

C: Die lila Stangen sollten genau auf der Linie liegen, wo du Schlangenlinien durch die ganze Bahn mit drei Bögen reitest.

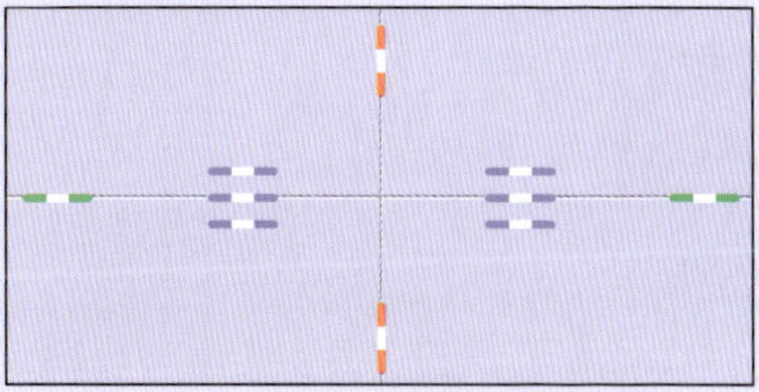

- **Variation:** Liegen die lila Stangen im Abstand für Schritt, dann reite vor den Stangen einen Übergang.

D: Auf dem Mittelzirkel über die lila und orangen Stangen reiten. Wenn du über die lila Stangen reitest, eine Volte zu A/C über die grünen Stangen reiten.

- **Variation:** Lege die grünen Stangen als Trabstangen und reite die Volten nach außen im Schritt oder für sehr Geübte im Galopp.

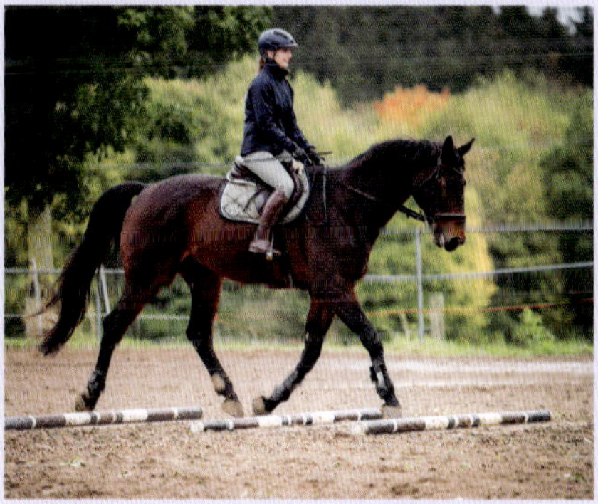

Stangenarbeit

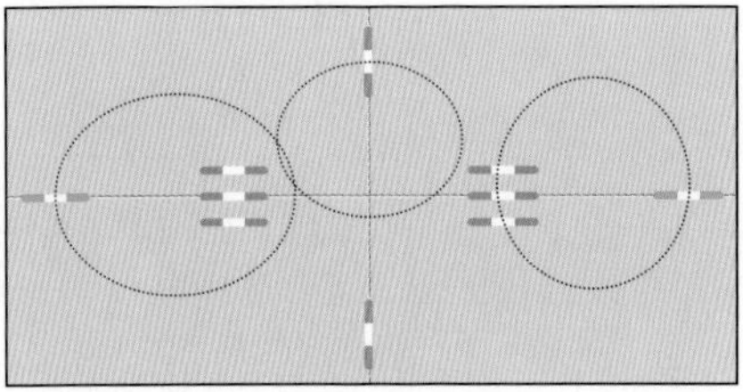

A: Volten in verschiedenen Variationen.

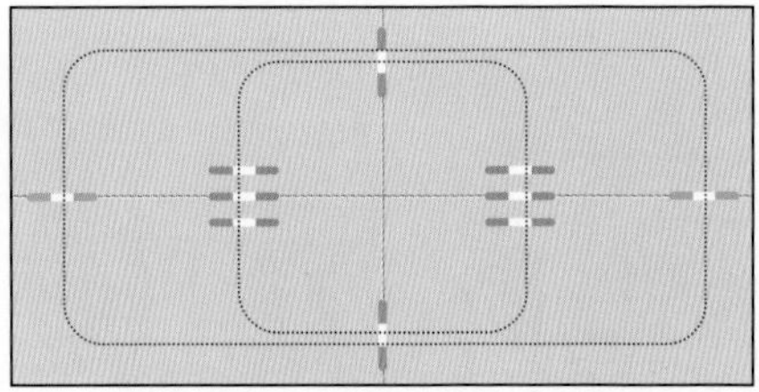

B: Ganze Bahn über die einzelnen Stangen und der eckige Mittelzirkel.

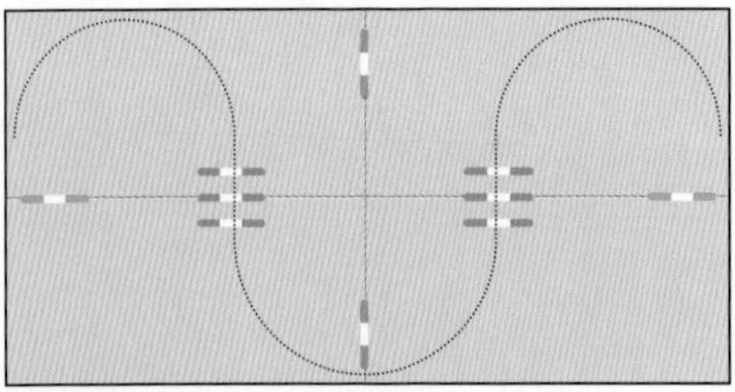

C: Schlangenlinien durch die ganze Bahn mit drei Bögen.

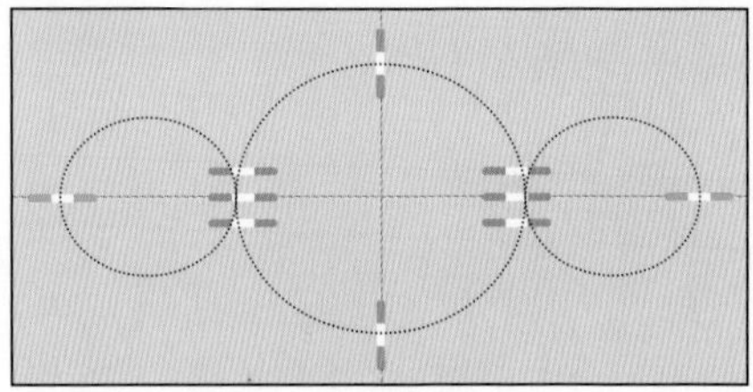

D: Mittelzirkel mit Volten nach außen.

5/6 Das geschlossene Dreieck

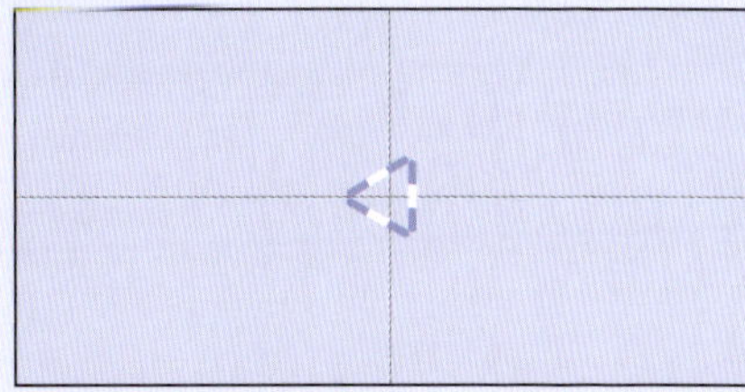

GANGART
- Schritt
- Trab
- Galopp

SCHWIERIGKEIT
- Einfach bis mittel

SO WIRD'S GEMACHT

A: Reite auf dem Zirkel über die Spitze des Dreiecks Schritt, Trab und Galopp. Im Galopp reitest du so weit außen wie möglich, damit der Abstand für den Galoppsprung passt. Überreite das Dreieck von beiden Händen.

- **Variation:** Reite jedes Mal bei A/C einen Übergang.

B: Wechsle immer wieder durch die ganze Bahn.

- **Variation:** Variiere hier den Abstand zur kurzen Seite. Reite mal auf dem 1., dann wieder z.B. auf dem 5. Hufschlag.

C: Wechsle durch die Länge der Bahn.

- **Variation:** Reite ein Kleeblatt.

D: Kleines dreiblättriges Kleeblatt. Reite durch das Dreieck von der geraden Stange über die Spitze hinaus. Du bleibst für drei Wendungen auf der gleichen Hand. Dann wechselst du die Hand.

- **Variation:** Reite über die Spitze in das Dreieck hinein und über die gerade Stange hinaus.

E: Reite über jede Ecke des Dreiecks eine Volte.

- **Variation:** Reite eine Volte direkt nach der anderen.

F: Endlose Acht. Reite von der geraden Seite in das Dreieck hinein und über die Spitze hinaus und gleich im Anschluss einen Handwechsel.

- **Variation:** Reite über die Spitze in das Dreieck und über die gerade Stange hinaus.

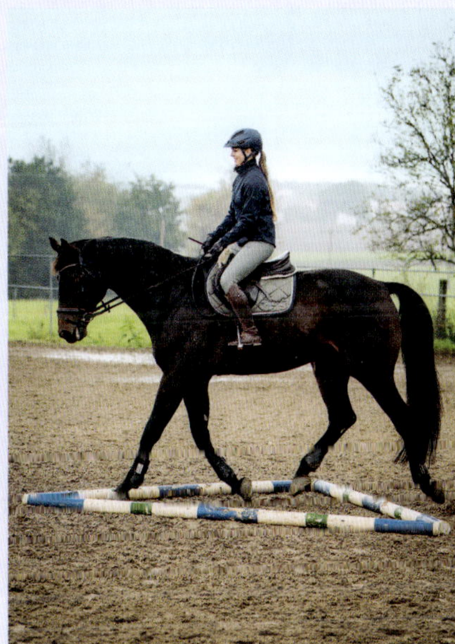

Über die gerade Seite hinein und über die Spitze des Dreiecks hinaus.

Stangenarbeit

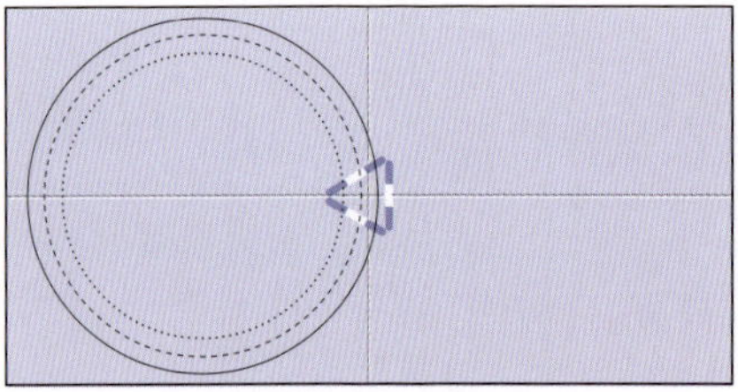

A: Zirkel über die Spitze des Dreiecks.

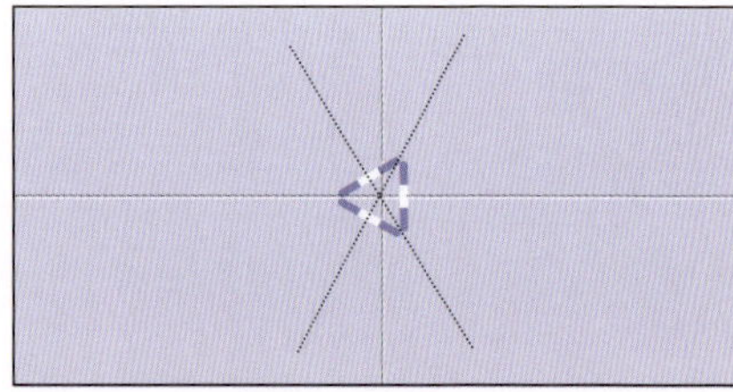

B: Die Linien jeweils über die Mitte der geraden Stange und der Spitze laufen lassen.

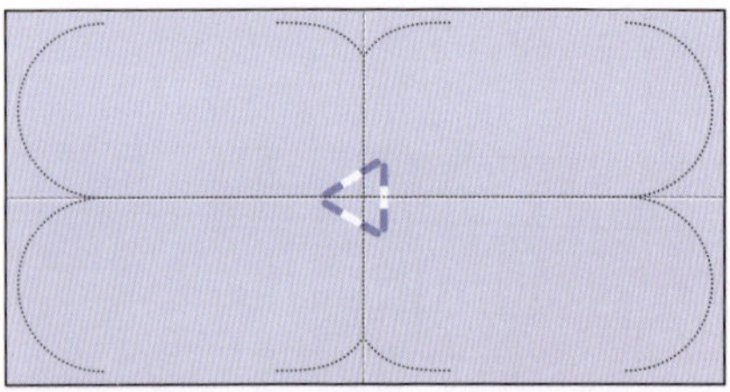

C: Halbe Bahn und durch die Länge der Bahn kannst du als Kleeblatt verbinden.

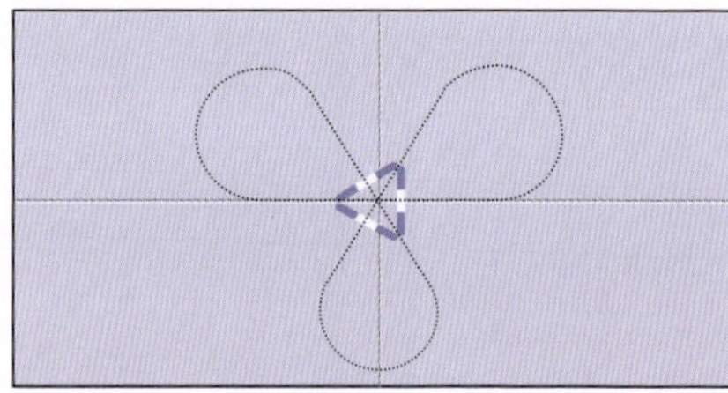

D: Das kleine dreiblättrige Kleeblatt.

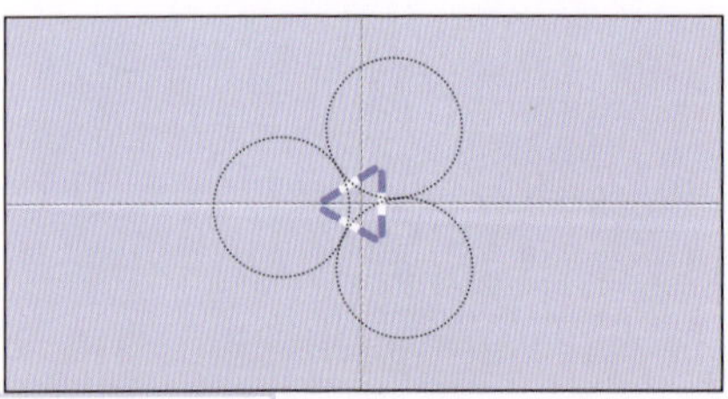

E: Volten über jede Spitze des Dreiecks.

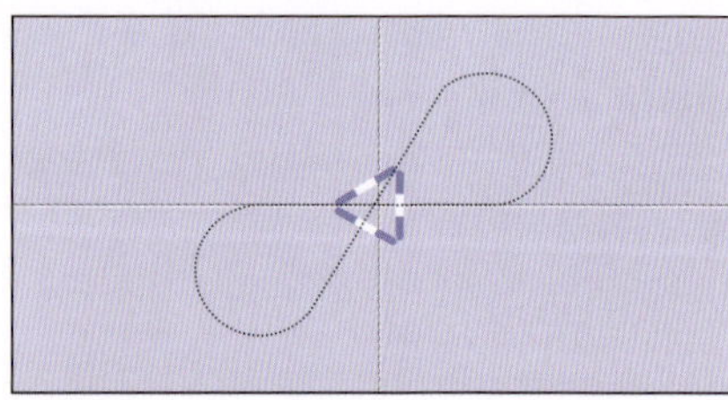

F: Die endlose Acht.

5/7 Das offene Dreieck Plus

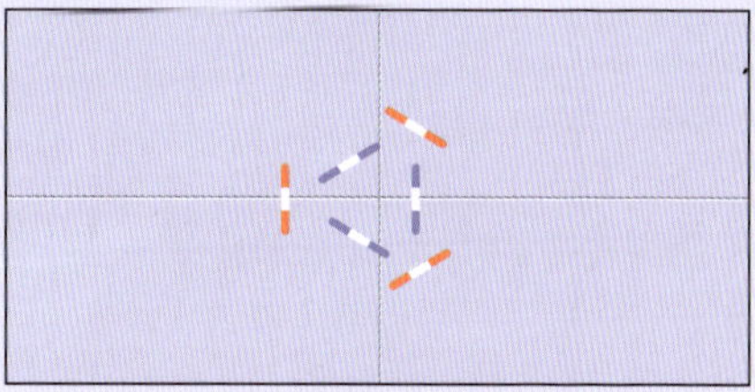

GANGART

- Schritt
- Trab
- Galopp

SCHWIERIGKEIT

- Einfach bis mittel
- Einige Wege im Galopp sind schwer.

SO WIRD'S GEMACHT

A: Auf der Mittellinie über die Stangen reiten, am Ende einen Wechsel reiten oder auf der Hand bleiben.

- **Variation:** Reite durch die Länge der Bahn, dann auf dem Zirkel, anschließend durch die ganze Bahn wechseln und wieder durch Länge wechseln.

B: Auf dem Zirkel reiten. Reite zwischen der orangen Stange und den lila Stangen hindurch oder über die zwei lilafarbenen.

- **Variation:** Reite bei A/C einen Übergang. Reite abwechselnd durch die »Gasse« oder über die lila Stangen.

C: Reite Durch-die-ganze-Bahn-Wechseln. Über die orange Stange und durch die offene Spitze über die lila Stange hinaus.

- **Variation:** Beginne mit der orangen Stange und reite über die offene Spitze in das Dreieck.

D: Reite Volten, entweder durch die Gasse oder über das lilafarbene offene Dreieck.

- **Variation:** Reite eine Volte nach der anderen.

E. Kleines dreiblattriges Kleeblatt. Reite durch das Dreieck von der orangen Stange durch die offene Spitze über die lila Stange hinaus. Für drei Wendungen auf der gleichen Hand bleiben, dann wechseln.

- **Variation:** Reite über die lila Stange durch die offene Spitze in das Dreieck hinein und über die orange Stange gerade hinaus.

F: Endlose Acht. Reite über die orange Stange in das Dreieck hinein und durch die offene Spitze hinaus über die lilane Stange und gleich im Anschluss einen Handwechsel.

- **Variation:** Reite über die lila Stange in das Dreieck und über die orange Stange hinaus.

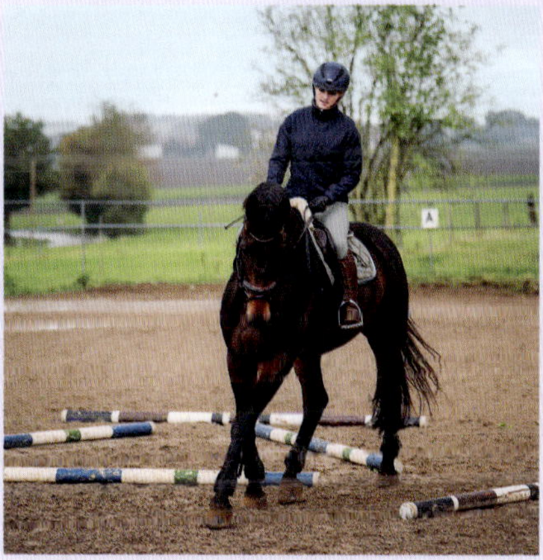

Eine Volte durch die Gasse des offenen Dreiecks.

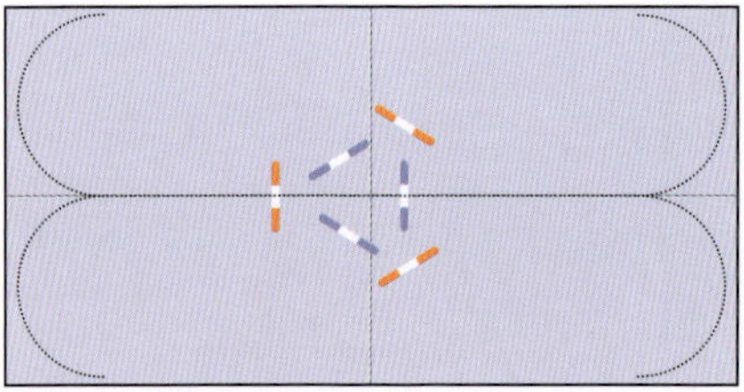

A: Durch die Länge der Bahn geritten oder gewechselt.

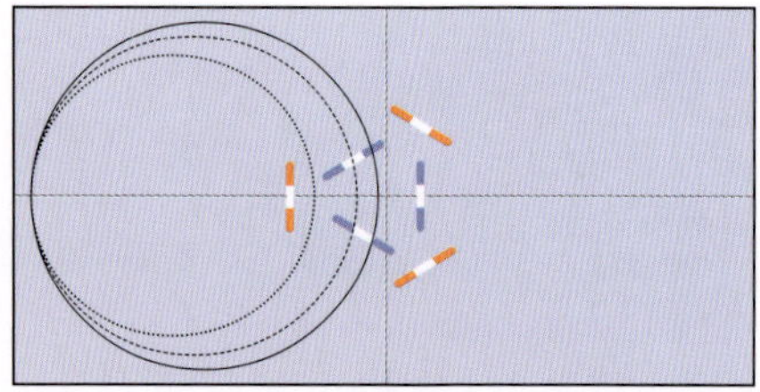

B: Zirkellinien über das offene Dreieck oder die Gasse.

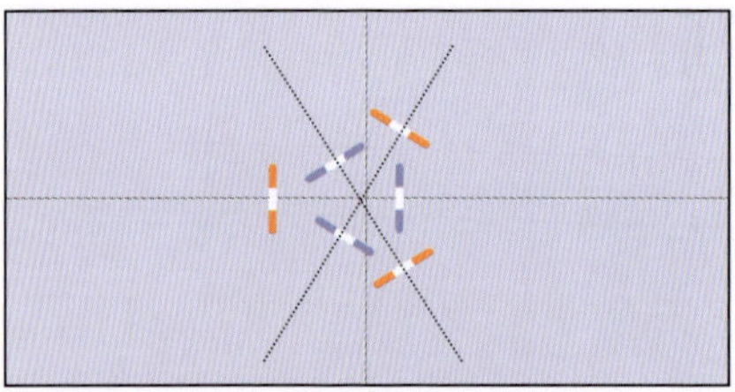

C: Wechseln durch die Diagonalen.

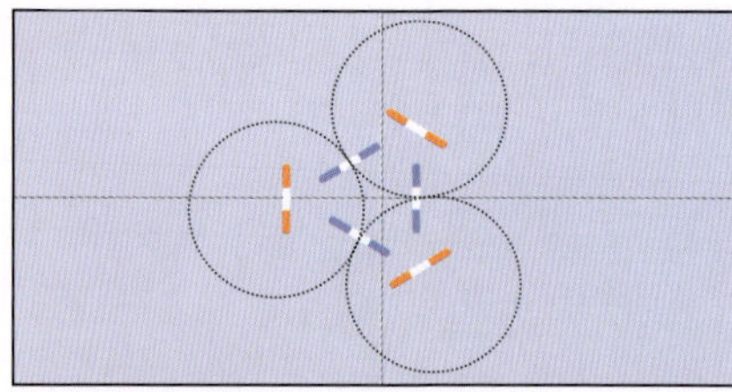

D: Volten über das offene Dreieck.

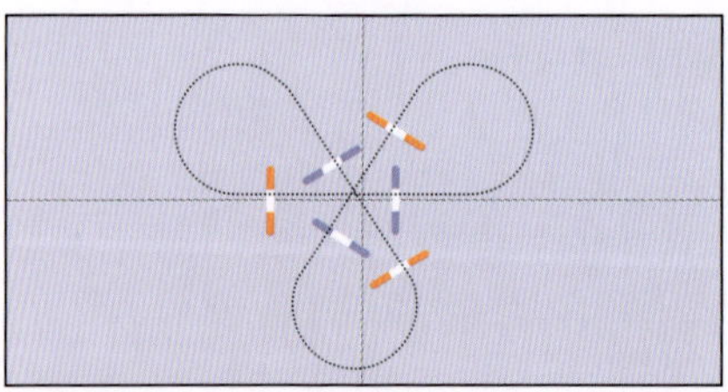

E: Das kleine dreiblättrige Kleeblatt.

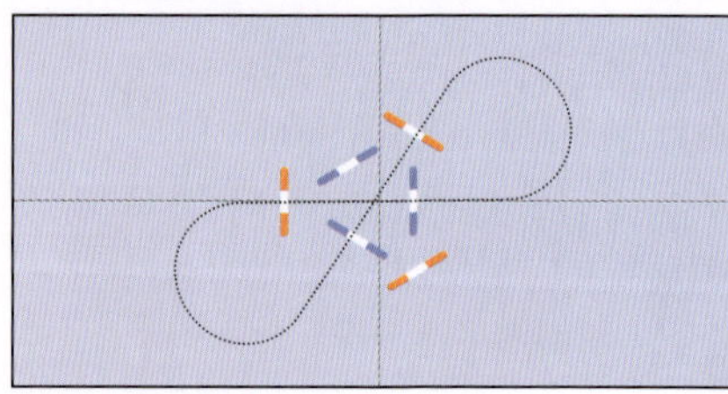

F: Die endlose Acht.

5/8 Die Spinne

GANGART

- Schritt
- Trab
- Galopp

SCHWIERIGKEIT

- Mittel
- Schwer, wenn die Lektion im Galopp geritten wird

SO WIRD'S GEMACHT

Die Enden der Stangen liegen auf einer Erhöhung. Entweder benutzt du Cavaletti-Blöcke oder ganz normale Hindernisständer. Je höher die Enden liegen, desto anspruchsvoller wird die Übung und auch die Optik wird für das Pferd interessanter.

A: Auf beiden Händen im Schritt, Trab und Galopp auf dem Zirkel über die Mitte der Spinne reiten.

- **Variation:** Verbinde diese Aufgabe mit einem »Aus-dem-Zirkel-Wechseln«.

B: Einfache Linien wie durch die Diagonale und durch die Länge der Bahn.

- **Variation:** Wechsle immer wieder durch die Länge der Bahn und die Diagonale. Reite auf der Diagonalen mal die linke, mal die rechte Stange der Spinne an.

C: Volten über jede einzelne schräge Stange.

- **Variation:** Reite über jede Ecke eine Volte. Bleibe dabei so nah an der Aufgabe wie möglich, halte dennoch genügend Abstand, um passend große Volten reiten zu können.

D: Endlose Acht. Immer über die Mitte der Spinne reiten.

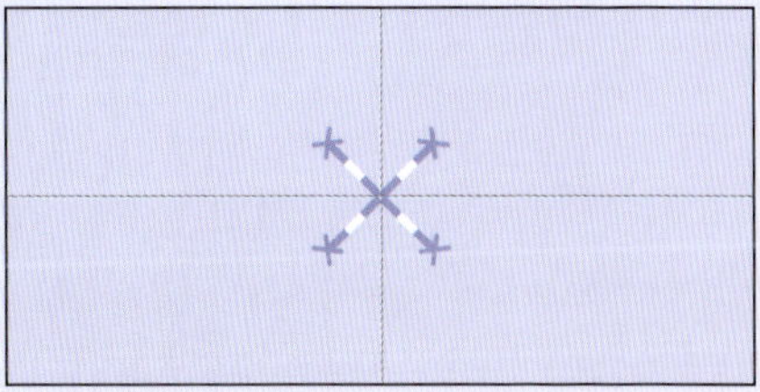

- **Variation:** Reite vor oder nach jedem Überreiten der Mitte einen Übergang.

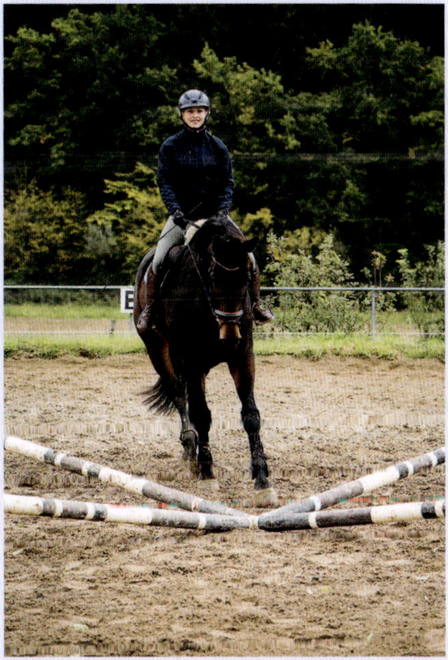

Die Spinne ist ein Hingucker für jedes Pferd.

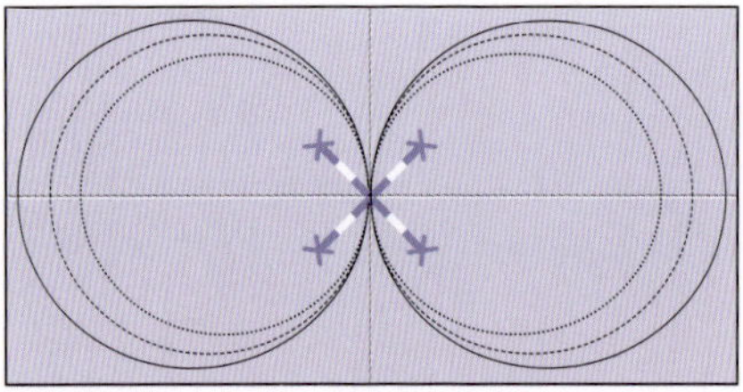

A: Zirkel über die Mitte der Spinne. Auch Aus-dem-Zirkel-Wechseln kannst du reiten.

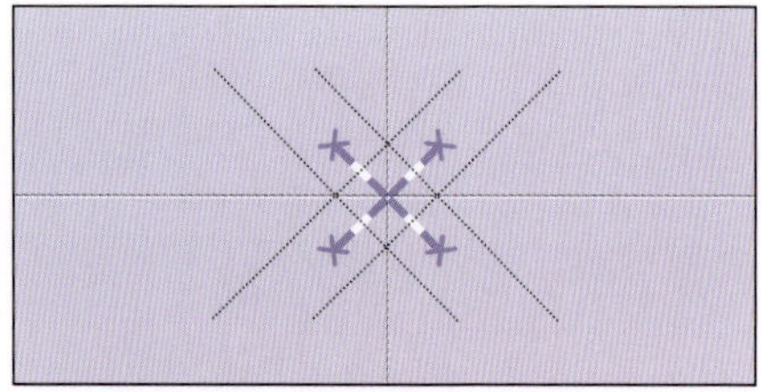

B: Diagonale Linien über die Spinne. Jedes Spinnenbein kann überritten werden.

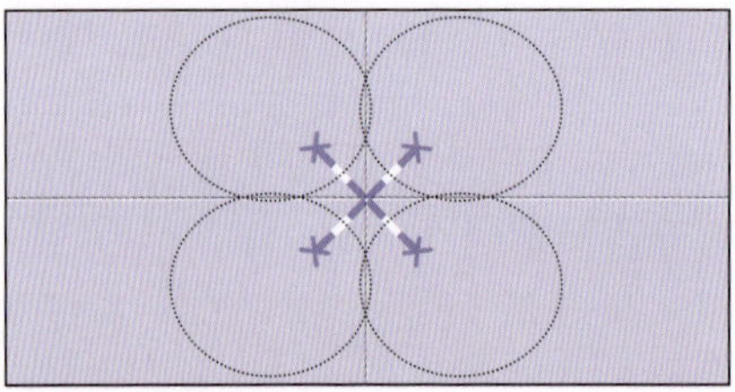

C: Volten über jedes Spinnenbein.

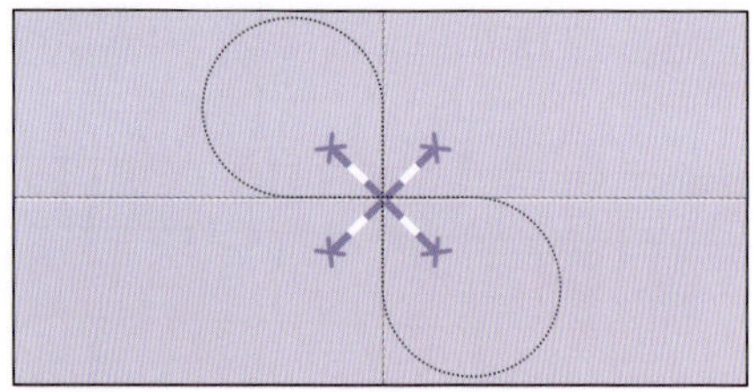

D: Die endlose Acht jeweils über die Mitte der Spinne.

5/9 Schritt/Trab im Rechteck

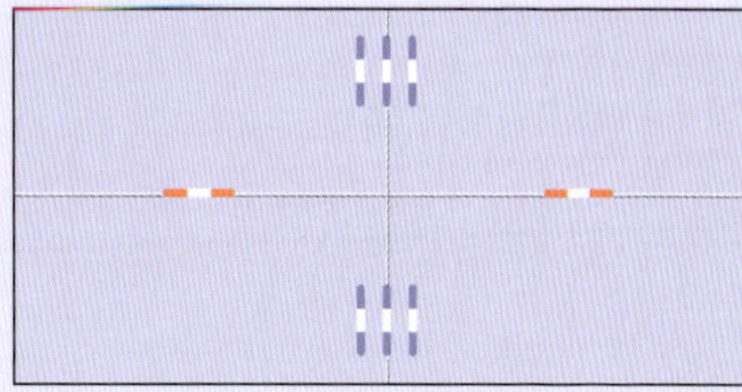

GANGART
- Schritt
- Trab
- Galopp
- Die lila Stangen liegen entweder als Schritt- oder Trabstangen und dürfen somit nicht im Galopp überritten werden.

SCHWIERIGKEIT
- Einfach bis schwer
- Schwer, wenn Galopp-Schritt-Übergänge geritten werden

SO WIRD'S GEMACHT
A: Auf dem Mittelzirkel nur die einzelnen orangen Stangen im Schritt, Trab und Galopp reiten.
- **Variation:** Reite jeweils einen Mittelzirkel in einer Gangart. Suche dir einen festen Punkt für den Übergang, z.B. bei E oder B.

B: Reite nur die lila Stangen. Wenn du sie als Trabstangen legst, kannst du auch im Schritt darüberreiten.
- **Variation:** Reite über die lila Stangen und die einzelnen orangen gleichmäßig im Bogen.

C: Schlangenlinien reiten. Die lila Stangen liegen so, dass du Schlangenlinien durch die ganze Bahn mit drei Bögen reiten kannst.
- **Variation:** Für geübte Reiter: Reite die Schlangenlinien im Galopp. Über den Stangen reitest du einen Galoppwechsel.

D: Reite auf dem Mittelzirkel alle Stangen. Bei jeder orangen Stange reitest du eine Volte nach außen weg.
- **Variation:** Erhöhe die Aufmerksamkeit und Schwierigkeit, indem du die lila Stangen im Schritt reitest und die Volten im Trab. Optional für geübte Reiter: Die Volten auch im Galopp reiten.

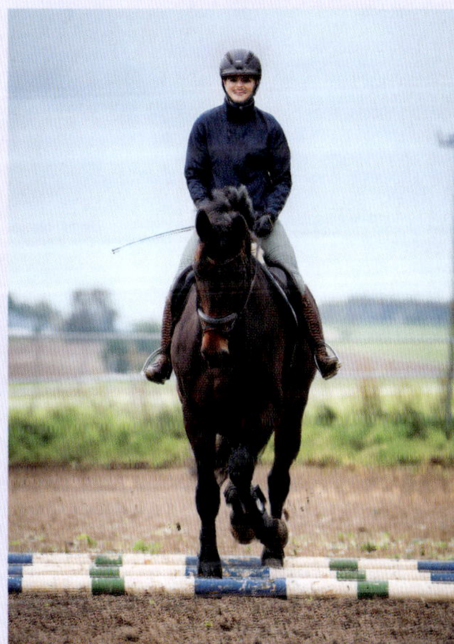

Stangenarbeit

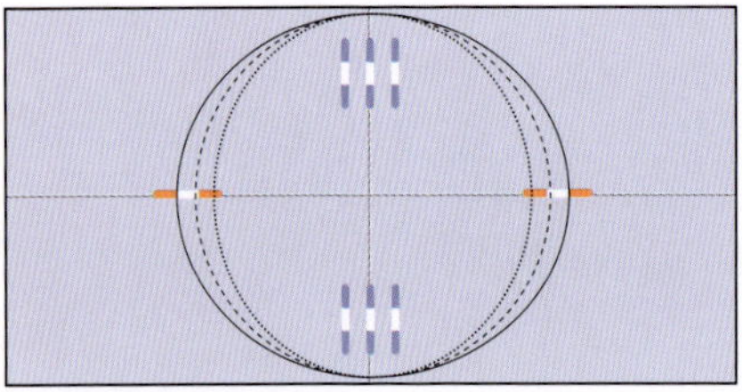

A: Auf dem Mittelzirkel kannst du im Schritt, Trab und Galopp reiten.

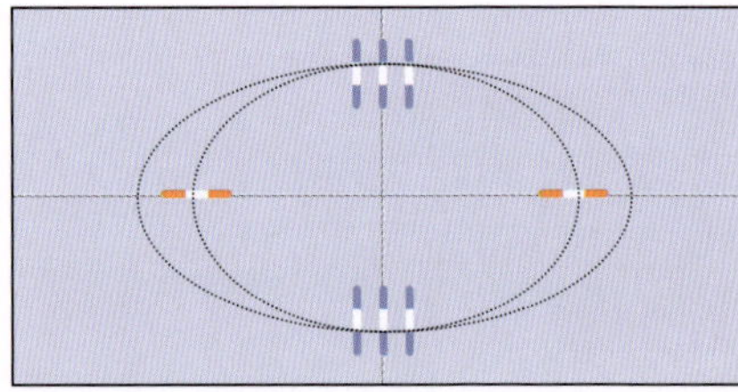

B: Reite im Wechsel alle Stangen oder nur die lila Stangen.

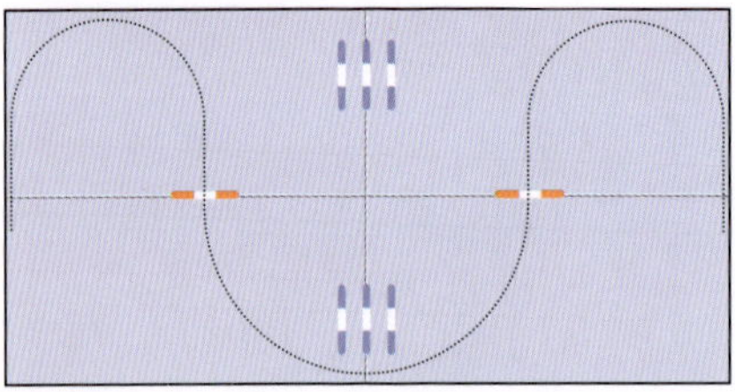

C: Schlangenlinien durch die ganze Bahn mit drei Bögen.

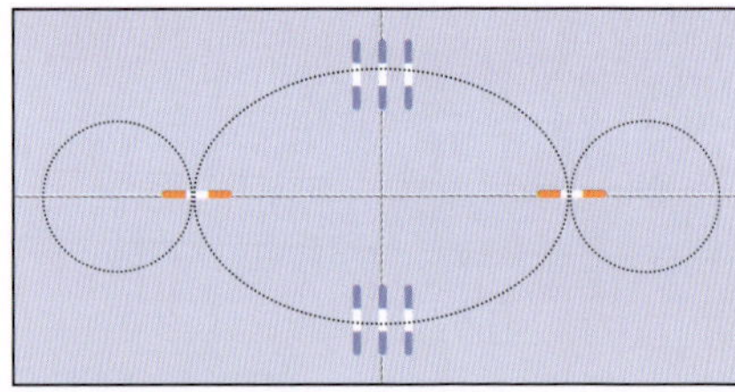

D: Auf dem Mittelzirkel mit Volten nach außen über die orangen Stangen.

5/10 Der Quadratfisch

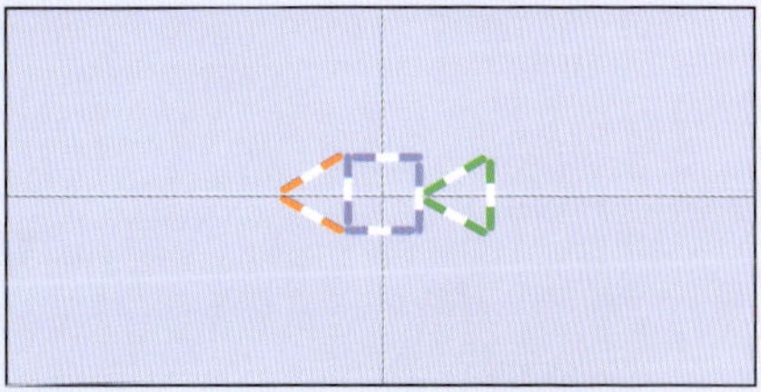

GANGART

- Schritt
- Trab
- Galopp

SCHWIERIGKEIT

- Einfach bis mittel

SO WIRD'S GEMACHT

A: In allen drei Grundgangarten einen Zirkel reiten. Fange beim Kopf des Fisches (orange) an, reite den nächsten Zirkel über den Körper (lila), dann einen über die Flosse (grün) und wieder zurück.

- **Variation:** Jeden Zirkel in einer anderen Gangart reiten. Reite den Übergang immer auf Höhe von A/C oder wechsle aus dem Zirkel, wenn du über den Körper des Fisches reitest.

B: Durch die Länge der Bahn, also durch den gesamten Fisch reiten und halbe Bahn, also nur durch den Körper reiten oder durch die Diagonale über die Ecken des Fischkörpers reiten.

- **Variation:** Reite durch die Länge und halbe Bahn in Form eines Kleeblatts.

C: Über jede Dreiecksspitze eine Volte reiten.

- **Variation:** Eine Volte direkt nach der anderen reiten. Bleibe dabei so nah am Fisch wie möglich, halte aber genügend Abstand. Reite jede Volte in einer anderen Gangart.

D: Diagonal über die Ecke des Fischkörpers reiten. Im Fischkörper reitest du auf der Mittellinie aus dem Fisch heraus.

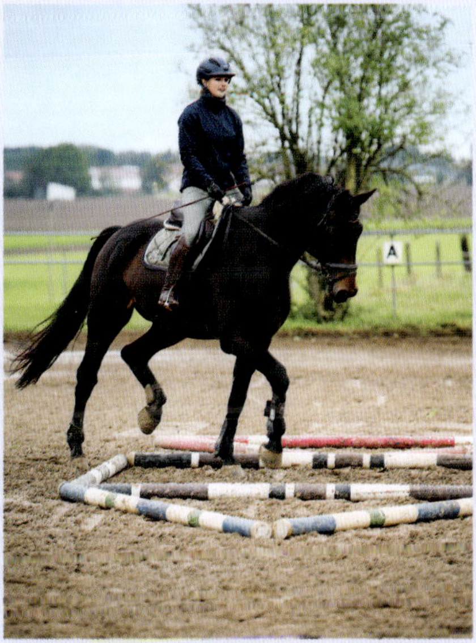

Diagonal durch den Fischkörper.

- **Variation:** Reite zuerst in den Fisch und über die Diagonale heraus.

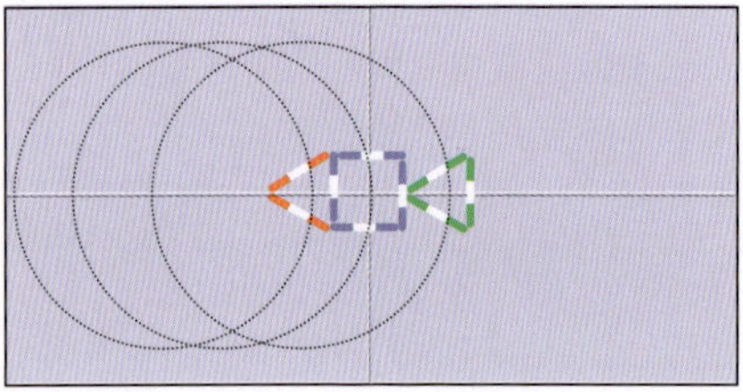

A: Zirkellinien über den Kopf, Körper und Flosse des Fisches.

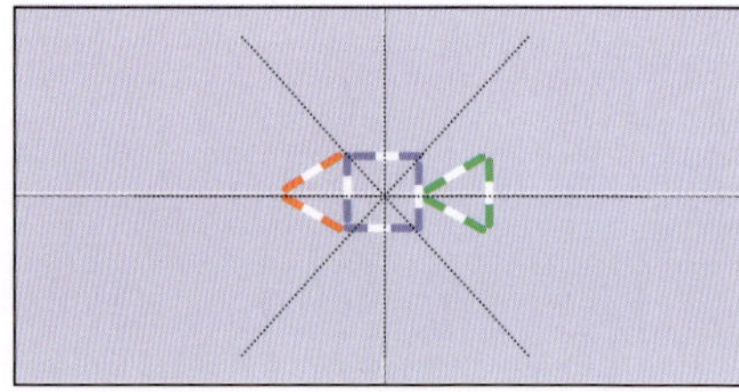

B. Diagonal durch den Körper, halbe Bahn und durch die Länge durch den gesamten Fisch.

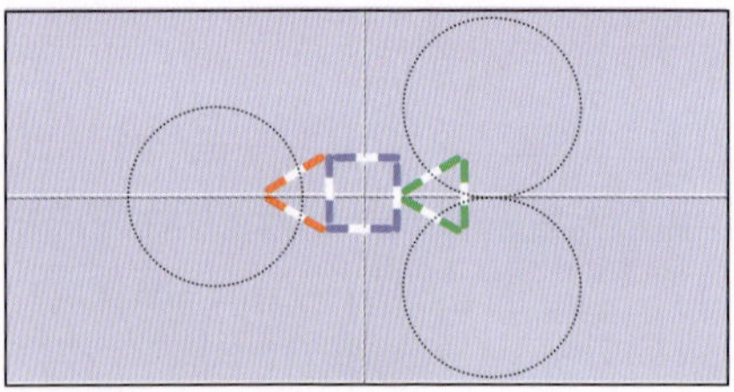

C: Volten über jede Dreiecksspitze.

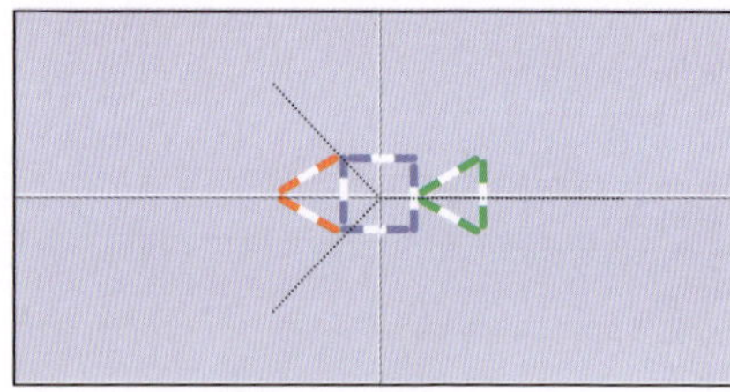

D: Richtungswechsel im Fischkörper.

5/11 Der versetzte Wimpel

GANGART
- Schritt
- Trab
- Galopp

SCHWIERIGKEIT
- Mittel bis schwer
- Schwer ist die Aufgabe vor allem in der Galopparbeit.

SO WIRD'S GEMACHT

A: Reite durch die Diagonale. Als mögliche Linien kannst du die seitlichen Dreiecke (einzeln durch ein Dreieck) oder zwei Dreiecke (Sanduhr) annehmen.
- **Variation:** Reite immer wieder durch die Diagonale. Wähle bei jedem Wechsel eine andere Linie.

B: Zirkeln. Du kannst auf einer zirkelähnlichen Linie durch alle drei Dreiecke einzeln reiten oder jeweils über das X.
- **Variation:** Reite bei A/C immer einen Übergang.

C: Durch die Länge der Bahn, neben der Mittellinie geritten. Beginne zuerst nur mit einem Dreieck, dann mit beiden.
Durch die Diagonale über das X.
- **Variation:** Reite durch die Länge der Bahn und anschließend durch die Diagonale.

D: Endlose Acht. Reite immer wieder durch eine Sanduhr hindurch.
- **Variation:** Die Endlose Acht über das X reiten.

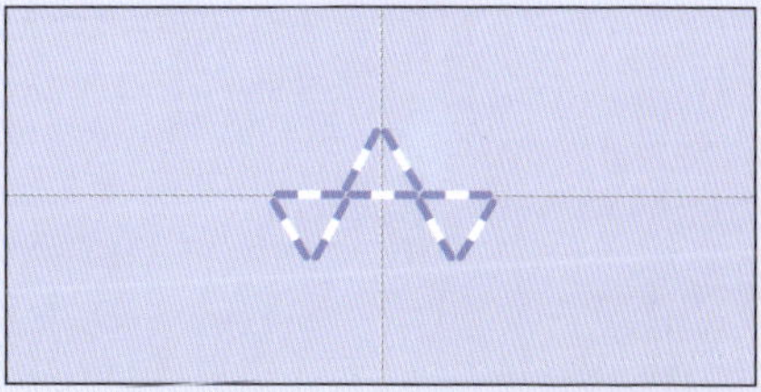

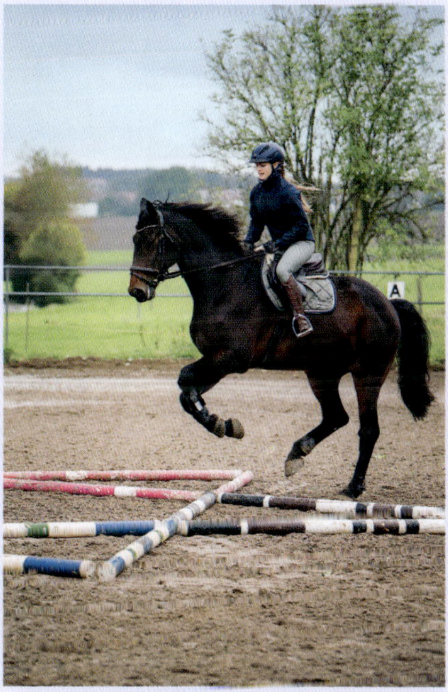

Oft machen Pferde einen Sprung über das X.

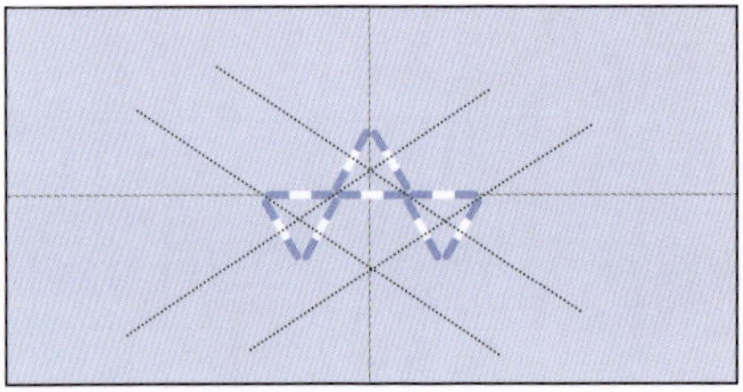

A: Durch die Diagonale wechseln. Durch ein Dreieck oder durch eine Sanduhr.

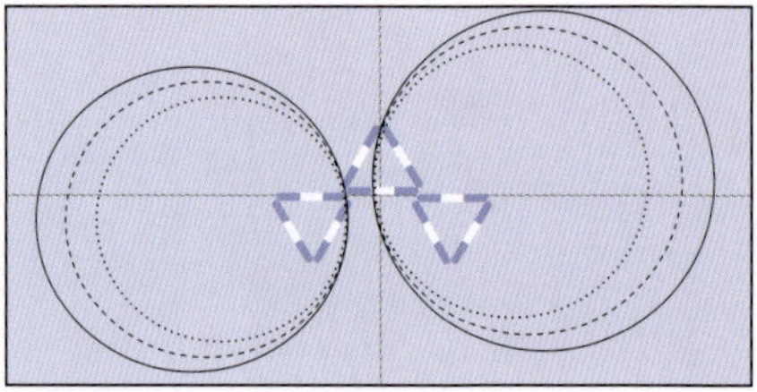

B: Auf zirkelähnlichen Linien durch die Dreiecke oder über das X reiten.

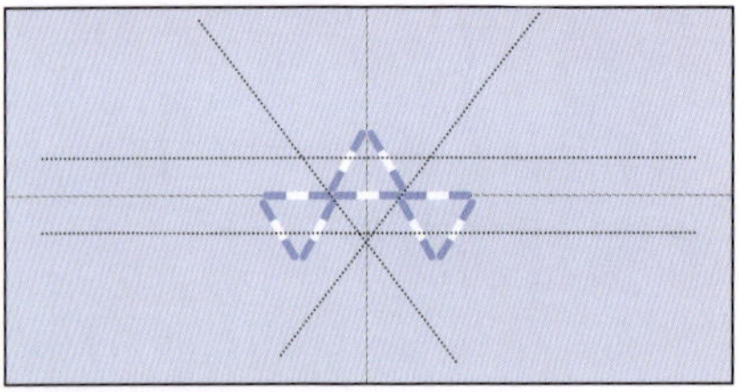

C: Neben der Mittellinie durch die Länge reiten oder diagonal über ein X.

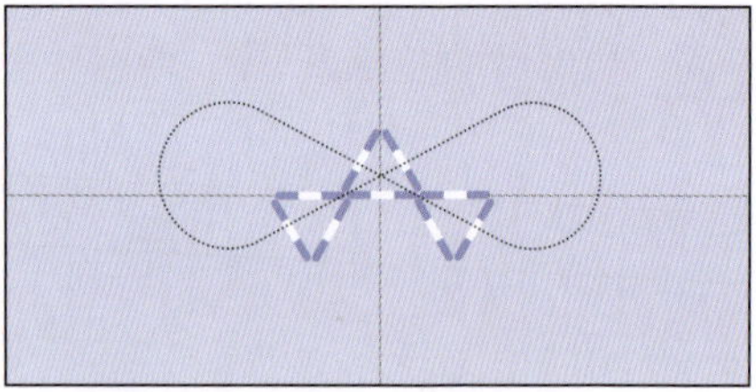

D: Eine endlose Acht durch jeweils zwei Dreiecke.

5/12 Dreierlei Stangen

GANGART
- Schritt
- Trab
- Galopp

SCHWIERIGKEIT
- Mittel bis schwer
- Es müssen präzise Übergänge geritten werden und die Stangen im Galopp. Das erfordert etwas mehr Durchlässigkeit vom Pferd und reiterliches Geschick.

SO WIRD'S GEMACHT

Reite den Weg zuerst im Schritt auf beiden Händen ab. Dann trabe dein Pferd einige Male von beiden Händen über alle Stangen, außer über die Schrittstangen, die du immer im Schritt überreitest.
Klappt der Übergang Schritt/Trab, nimmst du die Galoppstangen hinzu. Galoppiere zunächst ein paarmal hintereinander nur über die Galoppstangen auf beiden Händen, um dein Pferd gut aufzuwärmen. Dann erarbeitest du dir Schritt für Schritt verschiedene Linienführungen.

Beginne auf der linken Hand:
1. Auf der linken Hand im Schritt über die Schrittstangen (lila).
2. Anschließend direkt antraben und durch die Diagonale über die orangen Stangen.
3. In der Ecke angaloppieren und über die Galoppstangen reiten (grün).
Beginne auf der rechten Hand:
1. Rechte Hand reitend über die Galoppstangen im Galopp.

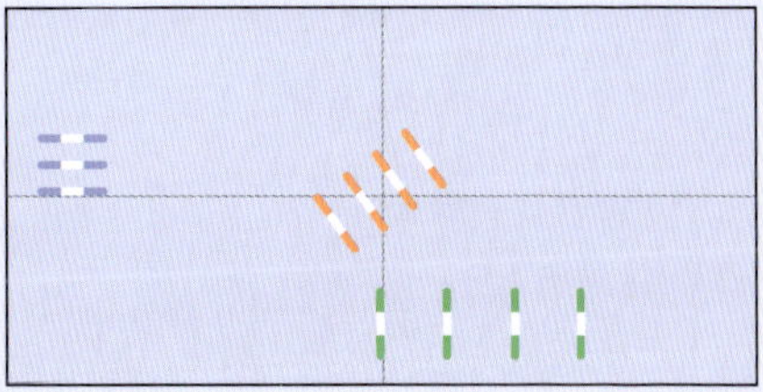

2. An der kurzen Seite einen Übergang zum Trab und gleich diagonal durch eine Stangengasse der orangen Trabstangen wechseln.
3. Einen Übergang zum Schritt und im Schritt die lila Stangen überreiten.

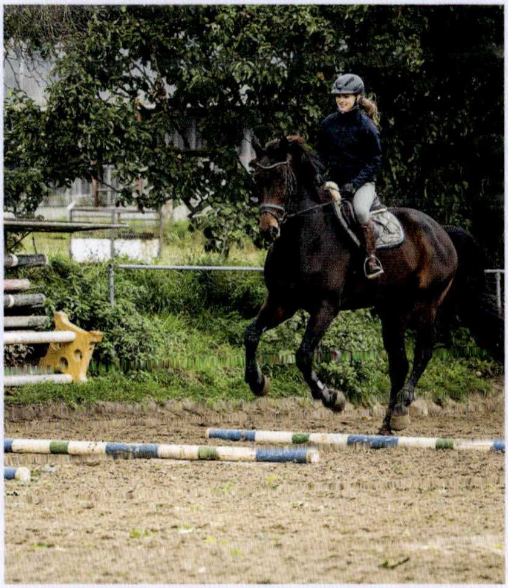

Galoppstangen sind schwerer zu reiten, als man zuerst denkt.

VARIATION FÜR SCHWIERIGKEITSGRAD LEICHT BIS MITTEL

Ein etwas leichterer Weg ohne Galopp: Reite linke Hand im Schritt über die grünen Stangen. An der nächsten langen Seite legst du das Tempo zu (Tritte verlängern/Mitteltrab), um es vor der kurzen Seite wieder aufzunehmen. Reite einen schnellen Übergang zum Schritt, dann im Schritt über die lila Stangen reiten. Direkt nach den Schrittstangen trabst du an und reitest sofort durch die Diagonale über die orangen Stangen. Du kannst auch nach den Schrittstangen im Trab noch einmal über die grünen Stangen reiten und wechselst dann durch die Diagonale über die orangen Stangen.

VARIATIONEN FÜR SCHWIERIGKEITSGRAD SCHWER

Reite rechte Hand im Galopp über die Galoppstangen, kurz danach einen Übergang zum Schritt und dann über die lila Schrittstangen reiten.

Überreite auf der linken Hand die Schrittstangen, danach gleich angaloppieren und über die Galoppstangen reiten.

Reite linke Hand im Galopp über die Galoppstangen. An der langen Seite legst du das Tempo zu (Galoppsprünge verlängern/Mittelgalopp), um vor der kurzen Seite das Tempo wieder aufzunehmen. An der kurzen Seite Übergang zum Trab und durch die Diagonale die orange Trabstangen reiten. Anschließend wieder Galopp über die grünen Stangen, gleich danach einen Übergang zum Schritt und die lila Stangen im Schritt überreiten.

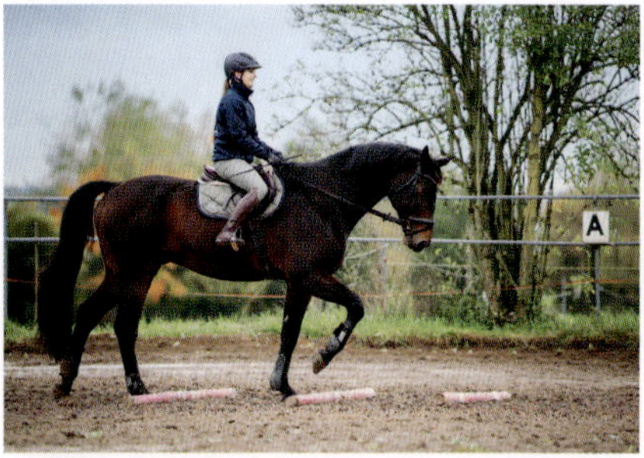

Schrittstangen können helfen, den Viertakt im Schritt zu verbessern.

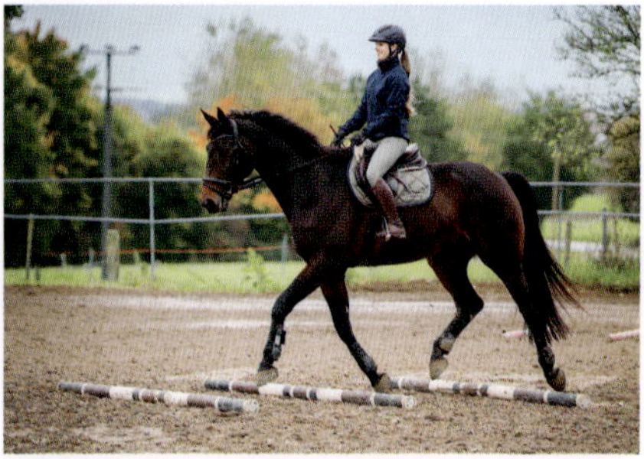

Auch die Stangen auf der Diagonalen werden gerade überritten.

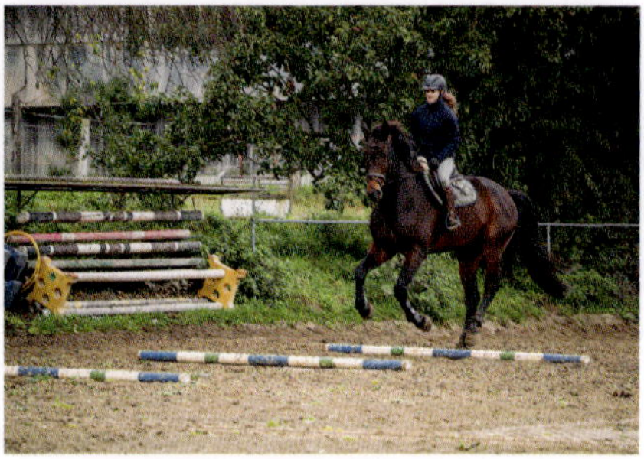

Die Stangen müssen für den Galopp im richtigen Abstand liegen.

5/13 Gebogene Linie all in one

GANGART
- Schritt
- Trab
- Galopp

SCHWIERIGKEIT
- Mittel bis schwer, da auf der gebogenen Linie geritten wird

SO WIRD'S GEMACHT

Da diese Aufgabe ausschließlich auf der gebogenen Linie geritten wird, empfehle ich dir, immer wieder mit deinem Pferd ganze Bahn geradeaus zu reiten, gerne auch in den vielen Pausen am langen Zügel.

A: Reite nach jedem Überreiten der Stangen einmal »Durch-den-Zirkel-Wechseln«.

- **Variation:** Sehr geübte Reiter reiten Durch-den-Zirkel-Wechseln im Galopp, mit einem einfachen Wechsel über den Schritt.

B: Überreite die Stangen immer in einer anderen Gangart, wobei Galopp nur ganz außen geritten wird.

- **Variation:** Schritt und Trab kannst du auf jeder Linie reiten. Wechsle in dieser Gangart oft die Linienführung.

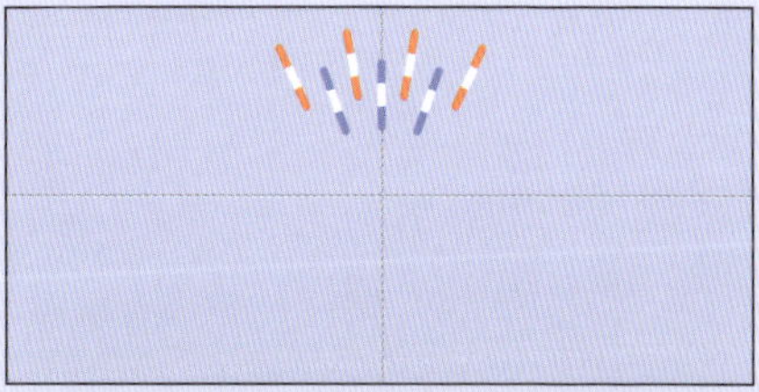

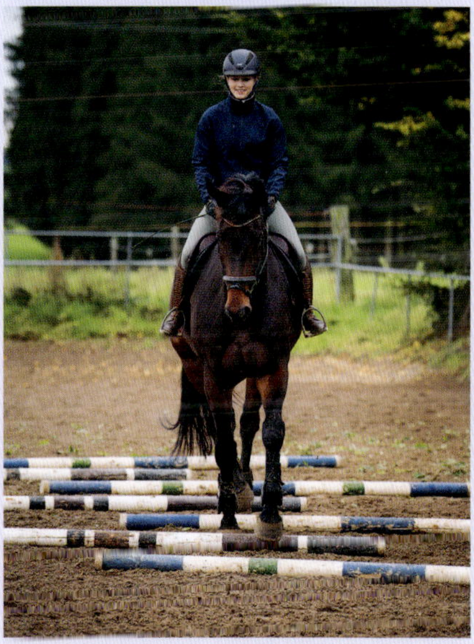

Mittiges Überreiten der Stangen im Trab.

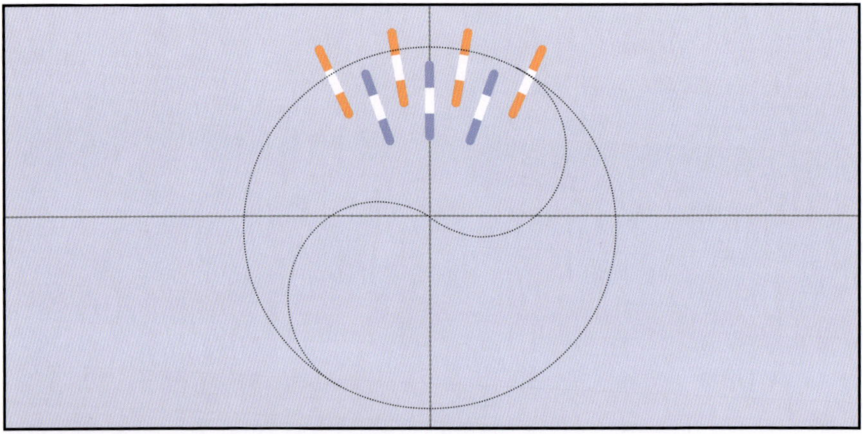

A: Durch den Zirkel wechseln direkt nach dem Überreiten der Stangen.

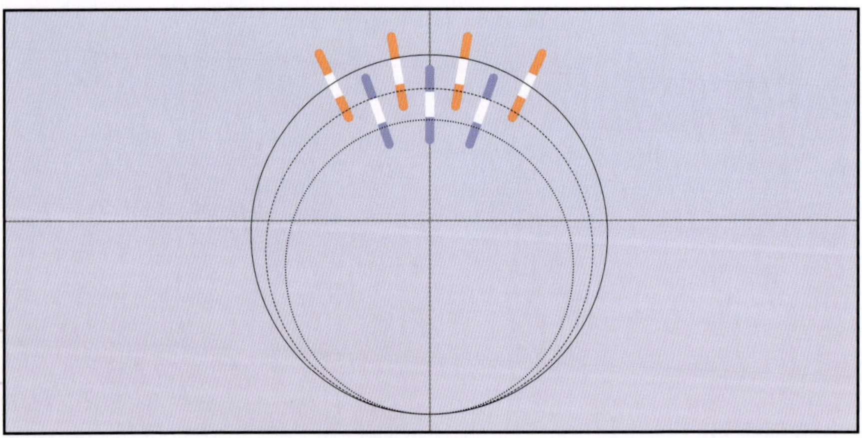

B: Reiten von allen drei Grundgangarten über die Stangen.

5/14 Trab/Galopp auf dem Mittelzirkel

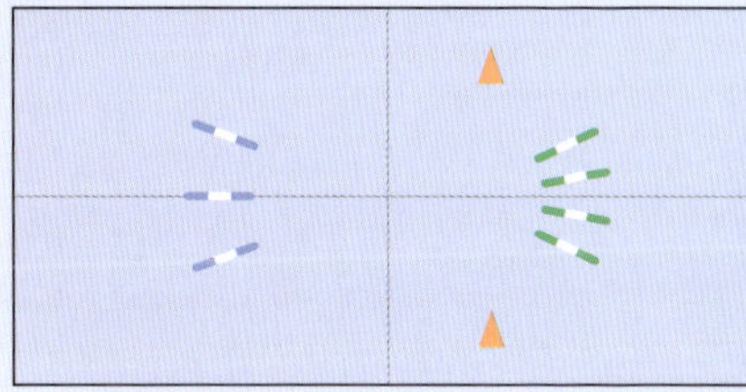

GANGART
- Schritt
- Trab
- Galopp

SCHWIERIGKEIT
- Mittel bis schwer
- Die gebogenen Linien machen die Aufgabe schwer.

SO WIRD'S GEMACHT

A: Reite im Galopp über die lila Stangen. An der Pylone reitest du einen Übergang zum Trab, um dann die grünen Stangen im Trab zu überreiten. An der Pylone Galopp und über die lila Stangen usw.

B. Galoppiere an der Pylone an und überreite die lila Stangen. An der nächsten Pylone reitest du einen Übergang zum Trab und wechselst gleich durch den Zirkel. Überreite die grünen Stangen, galoppiere wieder an usw.

- **Variation:** Reite die lila Stangen im Trab, den Wechsel und die grünen Stangen im Schritt. Eine gute Variation für die Lösungsphase.

C. Reite einen gleich runden Zirkel innen von den Stangen und den Pylonen.

- **Variation:** Vergrößere und verkleinere den Zirkel und überreite dabei die Galopp- und Trabstangen.

D. Trabe auf dem Mittelzirkel über die grünen Stangen und um die lila herum. Das funktioniert auch im Galopp. Überreite die blauen Stangen und reite um die grünen herum.

- **Eine gute Variation**, sollte die Aufgabe auf der Grafik A zu schwer sein: Galoppiere über die lila Stangen, dann um die grünen Trabstangen und die Galoppstangen herum. Auf Höhe der Galoppstangen machst du einen Übergang zum Trab und reitest dann die Trabstangen und die Galoppstangen im Trab. Dann reitest du um die Trabstangen herum, galoppierst an und überreitest die Galoppstangen.

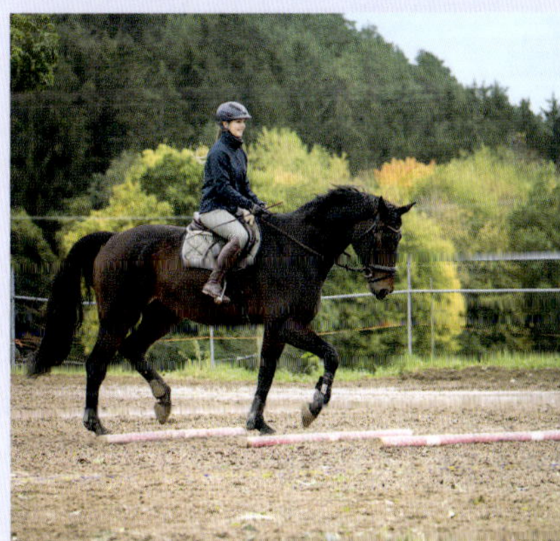

Überreiten der Stangen im Trab.

Stangenarbeit

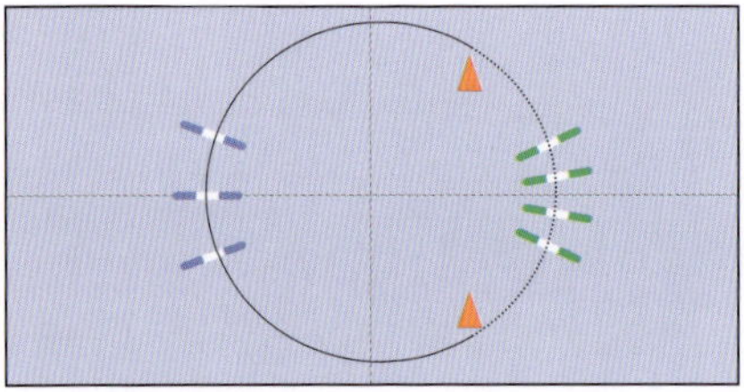

A: Überreite alle Stangen mit jeweils einem Übergang bei den Pylonen.

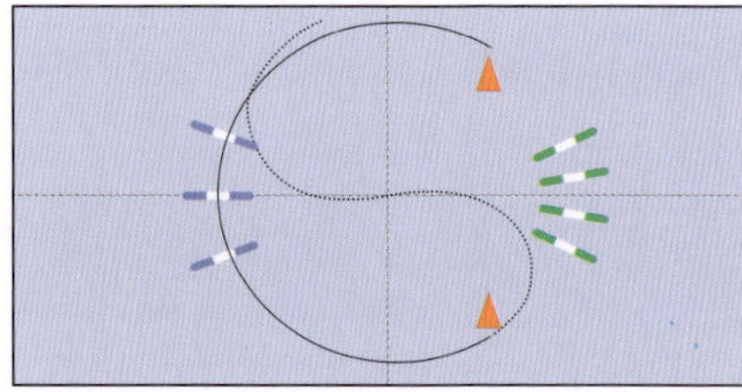

B: Galoppstangen mit Übergang bei einer Pylone und anschließendem Wechsel.

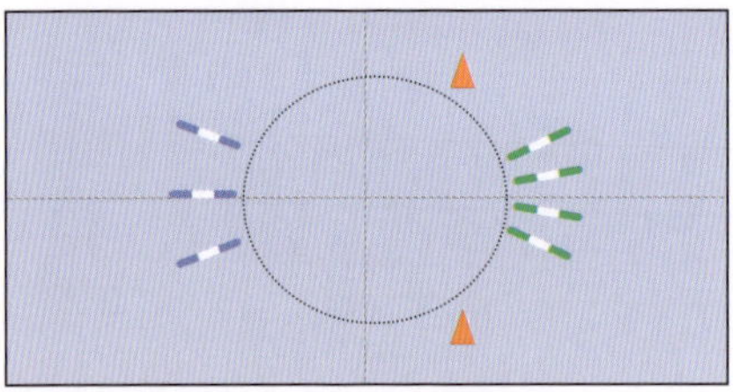

C: Gleichmäßiger Zirkel innerhalb der Stangenaufgabe. Du kannst auch außen herumreiten.

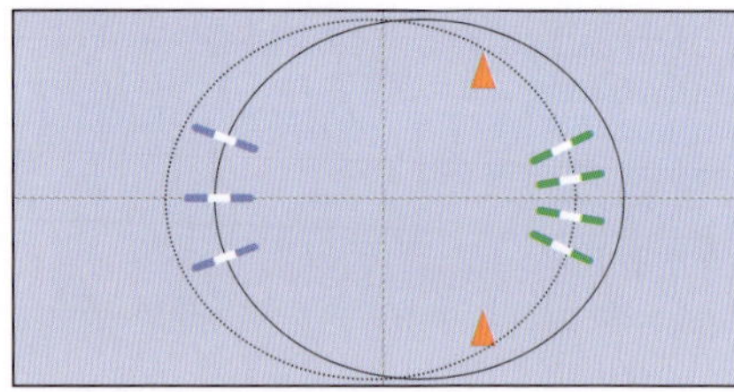

D: Zirkel im Galopp und Trab, jeweils um eine Stangenaufgabe herum.

5/15 Stangenparcours 1

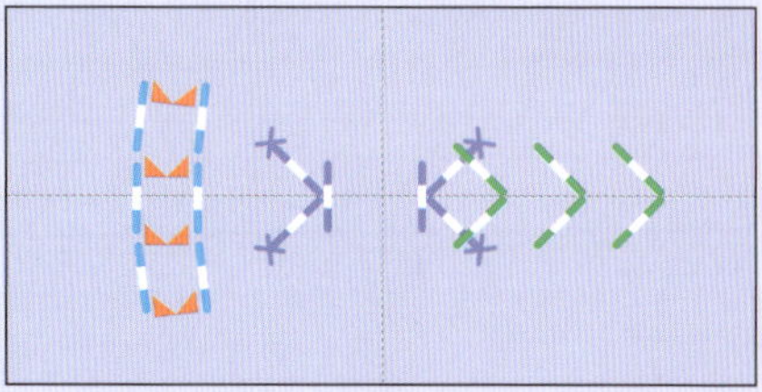

GANGART
- Schritt
- viel Trab
- etwas Galopp

SCHWIERIGKEIT
- Schwer
- Durch die vielen Stangen und Wegmöglichkeiten ist diese Übung sehr komplex.

SO WIRD'S GEMACHT

A: Durch die Pylonengasse im Schritt und im Trab reiten. Durch die Diagonale passend einfädeln.
- **Variation:** Reite durch die Diagonale, dann durch die Pylonengasse und wieder durch die Diagonale.

B: Wechsle immer wieder durch die Länge der Bahn, gerade einmal durch die ganze Stangenaufgabe hindurch.

C: Reite im Schritt, Trab und Galopp auf dem Zirkel durch die Stangengasse.
- **Variation:** Wechsle immer wieder aus dem Zirkel.

D: Reite verschieden große Volten über die grünen V's oder dazwischen hindurch.
- **Variation:** Baue die Pylonengasse in deine Linienführung mit ein.

Nachdem alle Übungen einzeln geritten worden sind und du deinem Pferd alles gezeigt hast, kannst du diesen Parcours reiten:
- Linke Hand beginnend diagonal über eine grüne Stange wechseln, die Pylonengasse durchreiten und diagonal wieder zurück wechseln.
- Wie in Grafik D auf den Zirkel durch die Pylonengasse reiten.
- Bei Erreichen des Hufschlags Galopp reiten und einmal auf dem Zirkel durch die lila Stangen.
- Ganze Bahn und an der langen Seite einen Übergang zum Trab und durch die Länge der Bahn wechseln.
- In der Ecke angaloppieren und wieder auf dem Zirkel geritten. Kurz nach der Stangengasse einen Übergang zum Trab und gleich durch die Pylonengasse reiten.

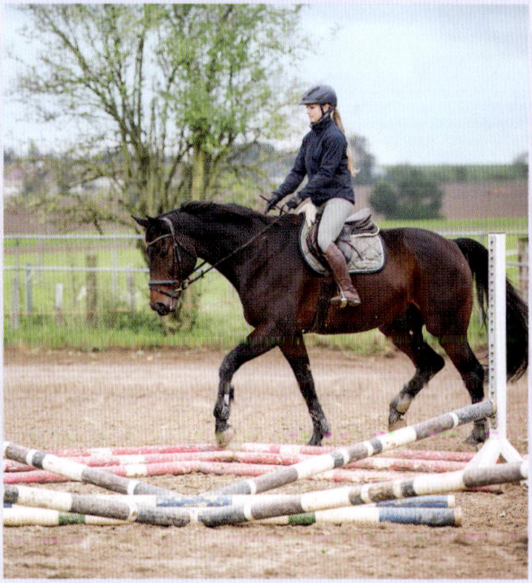

Diagonal über eine Stange der V's geritten, wie in Grafik A dargestellt.

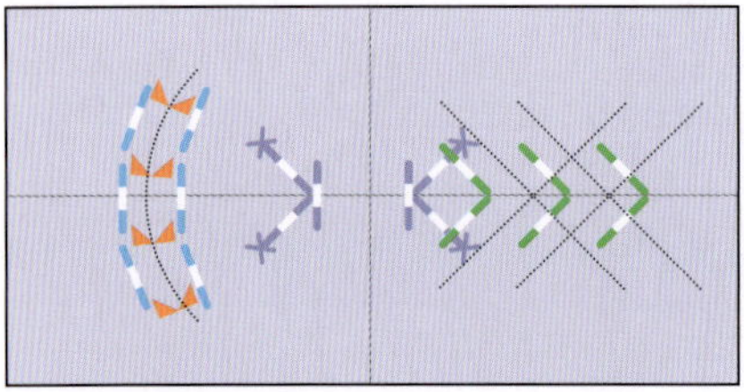

A: Pylonengasse und reiten durch die Diagonale über die V's.

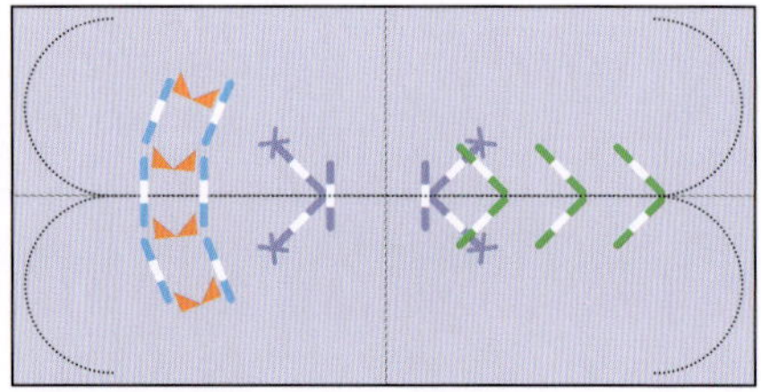

B: Durch-die-Länge-der-Bahn-Wechseln geritten.

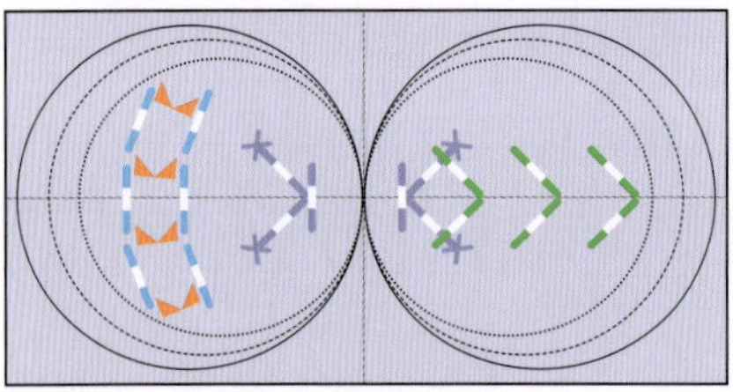

C: Zirkel durch die Stangengasse und aus dem Zirkel wechseln.

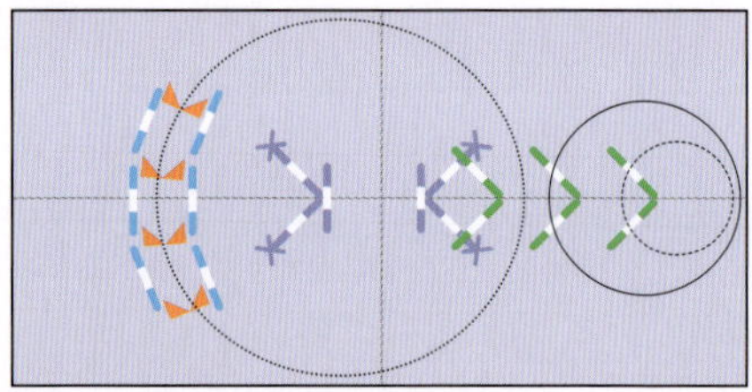

D: Verschiedene Volten und zirkelähnliche Linien.

Springen und Springgymnastik

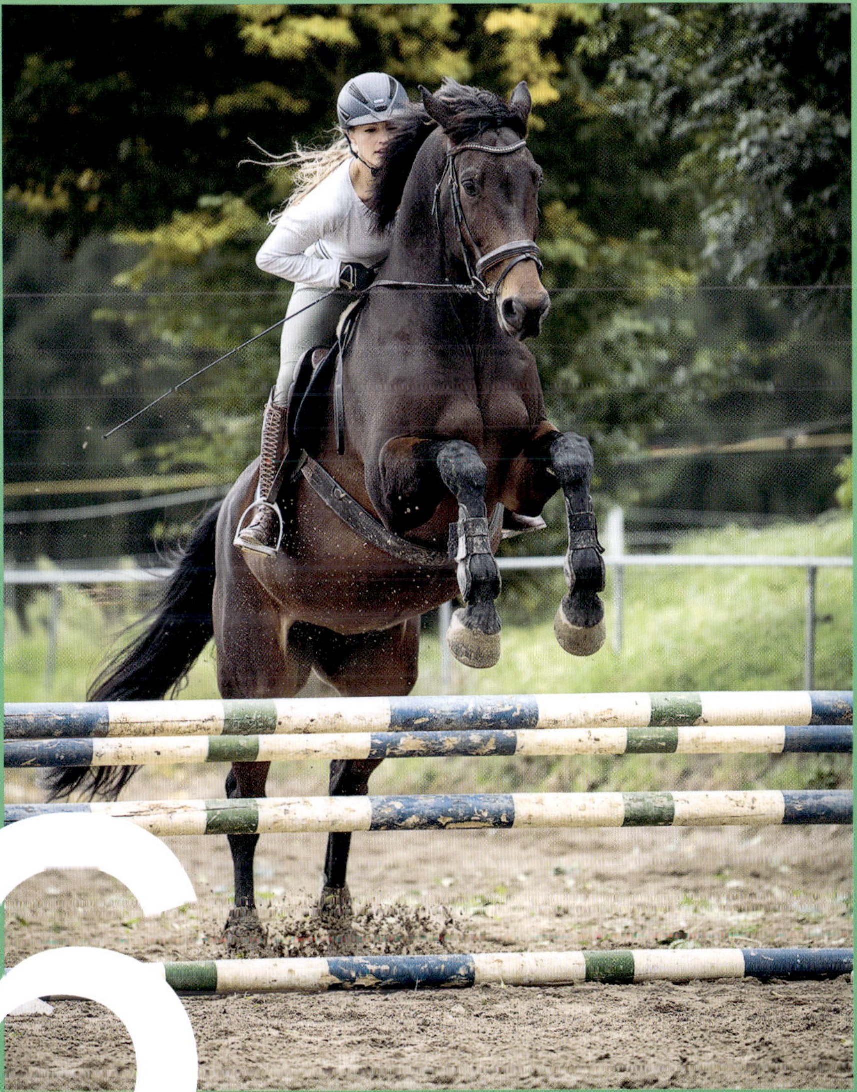

Kraft, Ausdauer und Rhythmus

6

Kraft, Ausdauer und Rhythmus

Wer ans Springen denkt, denkt oft gleich an die hohen Hindernisse, die man auch im Fernsehen sieht. Wer springen will, muss aber nicht immer hoch hinauswollen. Gymnastizierende Cavaletti-Arbeit ist für dein Pferd genauso eine tolle Abwechslung wie ein großer Parcours. Und wer einen großen Parcours reiten möchte, muss zuerst die Cavaletti-Arbeit beherrschen.

Springen erfordert und fördert einen guten Rhythmus (Takt), ohne den du im Parcours verloren bist. Ohne Rhythmus bzw. Takt werden Sprünge nämlich oft unpassend angeritten. Das bedeutet, du kommst mal zu dicht an das Hindernis heran, mal bist du zu weit entfernt. Das Taxieren, also das korrekte Anreiten für den perfekten Absprung trainierst du mit Cavalettis und kleinen Hindernissen.

Klappt dies gut, kannst du an die hohen Hindernisse gehen.

6/2 Plus/minus-Cavalettis

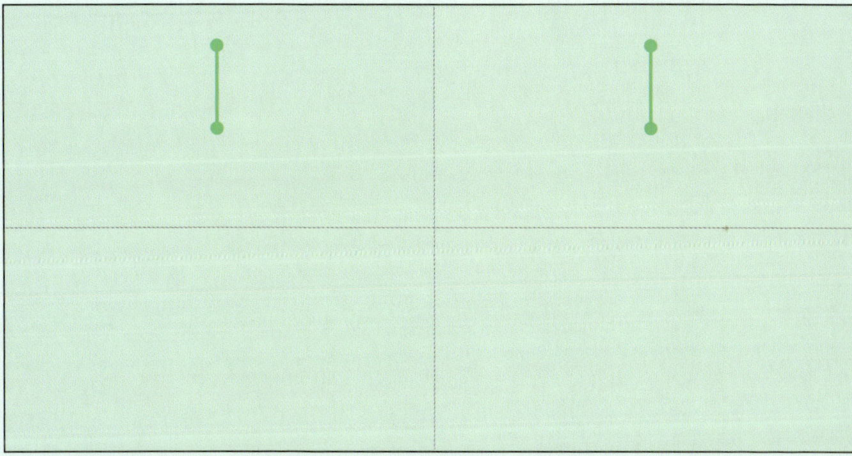

Die Distanz baust du in einem Abstand von 4–6 Galoppsprüngen auf – je nach vorhandenem Platz.

ZIEL UND WIRKUNG

- Durch die korrekten Abstände und vielen Wiederholungen schulst du **Takt/Rhythmus** deines Pferdes und von dir selbst.
- Reitest du in der Distanz mal mehr und mal weniger Galoppsprünge, bekommst du ein Gefühl für den Takt und trainierst dein **Taxieren** und **Anreiten** auf den Sprung.

Diese Übung ist für alle geeignet, die sich etwas schwertun, die passende Distanz zum Sprung zu finden oder die beim Anreiten eines Hindernisses bei den letzten Galoppsprüngen vor dem Absprung aufhören zu reiten. Mit dieser Aufgabe kann man wunderbar lernen, was ein großer Galoppsprung ist und dass »Zulegen« nicht einfach nur schneller reiten bedeutet.

Tempo bestimmen
Entscheide dich nicht erst kurz vor dem ersten Sprung für dein gewünschtes Tempo, sondern stelle es schon sehr früh ein und behalte es dann auch bei.

SO WIRD'S GEMACHT

Beginne nach einer ausreichenden Aufwärmphase. Tipps dazu findest du im Begleitbuch auf Seite 24.

1. Beginne im Trab.
2. Reite im gewohnten Arbeitstrab über die Stangen oder niedrig gestellte Cavalettis.
3. Zähle die Tritte mit. Nun hast du deinen Ausgangspunkt.
4. Wiederhole das im Galopp.
5. Reite von beiden Händen die Cavalettis.

Überreite die Cavalettis immer mit der gleichen Anzahl an Tritten und Sprüngen auf beiden Händen.

Die Grafik auf der Vorderseite zeigt, wie du die Stangen am besten legst, um gut anreiten und die Hindernisse nehmen zu können.

VARIANTEN

Wenn du deinen Ausgangspunkt gefunden hast, kannst du die Anzahl der Tritte zwischen den Hindernissen variieren, indem du Tritte verlängerst oder verkürzt. Achte immer auf eine fleißige und aktive Hinterhand deines Pferdes. Das Verlängern bzw. Verkürzen der Trabtritte sollte bereits beim Anreiten der Stangen erfolgen. Versuche dein gewünschtes Tempo bereits in der Wendung zu den Stangen zu erreichen.

Wenn das gut im Trab funktioniert, kannst du die Übung im Galopp reiten.

FEHLER UND WIE SIE KORRIGIERT WERDEN

- *Schief anreiten*

Reitest du das erste Cavaletti schon schief an, wirst du einen leichten Bogen in der Distanz reiten und das verlängert den Abstand. Reite deshalb von der kurzen Seite aus gerade wie auf Schienen das erste Cavaletti an und dann über beide Hindernisse.

- *Schneller/langsamer in der Distanz*

Wenn du zu schnell oder zu langsam anreitest, wirst du Fehler beim Springen machen. Behalte immer das Tempo, mit dem du angeritten bist, bei.

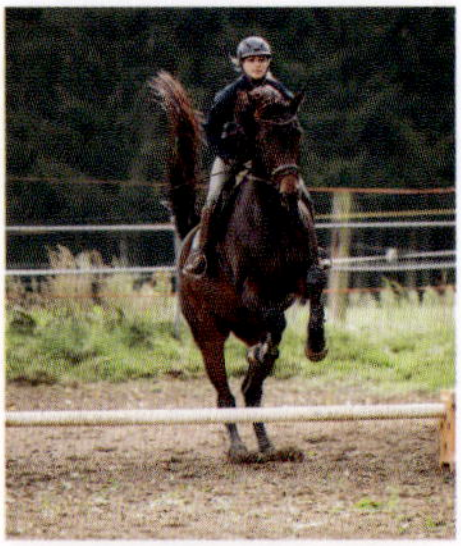

Springen des ersten Cavalettis.

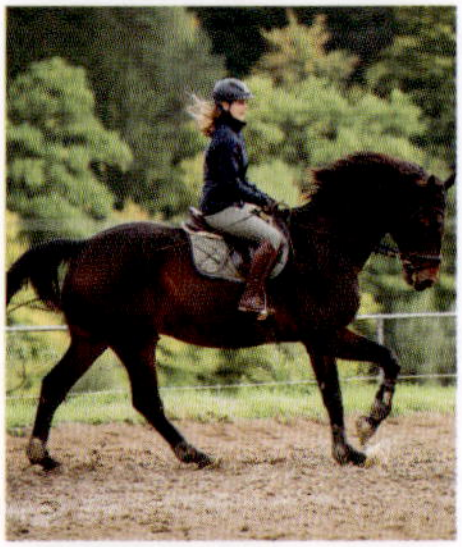

Zwischen den Hindernissen hältst du das Tempo.

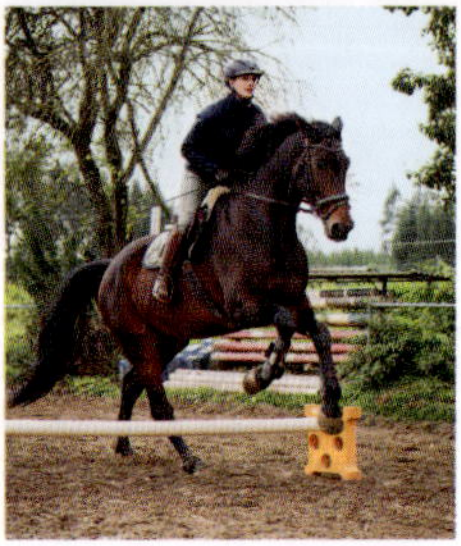

Überreiten des zweiten Cavalettis.

6/3 In and Outs

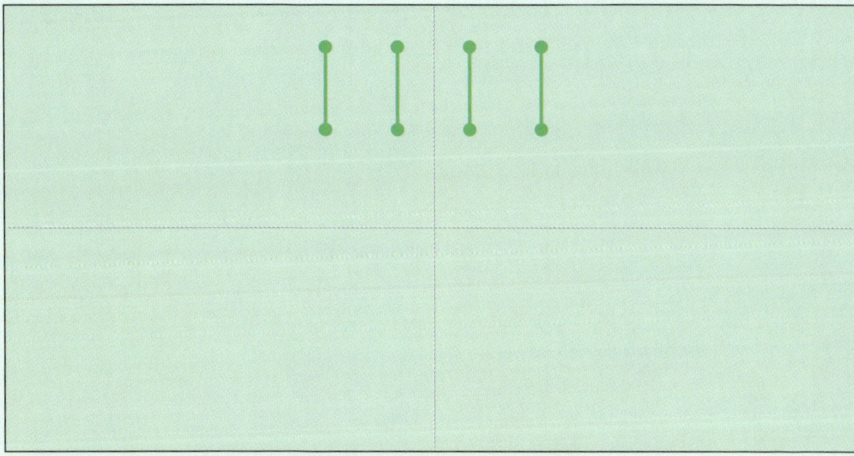

Abstände In and Outs: Je nach Pferdegröße und Galoppsprung ca 2,50–3,50 m.

ZIEL UND WIRKUNG

- Bei jedem Anreiten eines Hindernisses trainierst du das **Taxieren** der Hindernisse.
- Da jeder Galoppsprung durch ein Cavaletti vorgegeben wird, schult die Übung enorm den **Takt/Rhythmus** deines Pferdes.
- Bei jedem Galoppsprung die Beine zu heben erfordert **Fußkoordination** von deinem Pferd. Zudem benötigt es auch ein gutes Gleichgewicht, das mit der Übung immer besser trainiert wird.
- Da viele Hindernisse in gleichem Bewegungsmuster kommen, hast du mehr Zeit, dich darauf einzustellen, und schulst dein **Reitergefühl**.

Eine schöne Übung, um den Fluss und Rhythmus des Pferdes zu erspüren. Das Pferd macht einen kleinen Sprung nach dem anderen, du lässt es unter dir durchspringen, begleitest und unterstützt es, ohne dein Pferd aber zu behindern.

Bitte anpassen
Wenn nötig, musst du die Stangen- bzw. Cavaletti-Abstände so anpassen, dass es für dein Pferd passt!

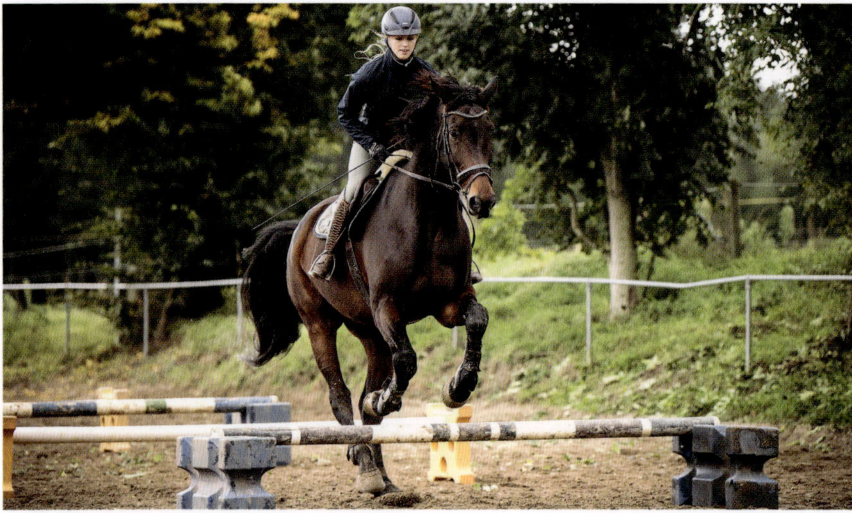

Über den In and Outs wird im Entlastungssitz geritten.

SO WIRD'S GEMACHT

Beginne nach einer ausreichenden Aufwärmphase. Tipps dazu findest du im Begleitbuch auf Seite 24.

1. Baue dir zunächst ein In and Out auf. Achte darauf, dass du die Abstände dem Galoppsprung deines Pferdes und den äußeren Gegebenheiten (siehe Begleitbuch Seite 50/51) entsprechend anpasst.
2. Reite die Reihe gerade an, damit dein Pferd gerade durch die Reihe springen kann.
3. Lass dein Pferd unter dir durchspringen und begleite es nur mit deinen Hilfen. Achte in den In and Outs darauf, dass du den Handgalopp weiterreitest und in den Entlastungs- bis hin zum leichten Sitz gehst.

VARIANTEN

Wenn zwei Hindernisse gut klappen, kannst du die Anzahl der In and Outs langsam steigern. Vielleicht kann dir jemand helfen, der dir die neuen Sprünge nach und nach aufbaut.

FEHLER UND WIE SIE KORRIGIERT WERDEN

- *Kein durchgängiger Handgalopp*

Springt dein Pferd um, fehlt es ihm noch etwas an Kraft, Geschick und Gleichgewicht. Übe zuerst nur mit zwei oder drei In and Outs und steigere langsam die Anzahl. Unterstütze dein Pferd bei jedem Galoppsprung mit einer korrekten Galopphilfe, reite dabei aber gerade aus. Wenn du noch mal nachlesen möchtest, was es mit dem Handgalopp auf sich hat, dann nimm dir die Karte 1/4 vor.

6/4 Auf dem Zirkel

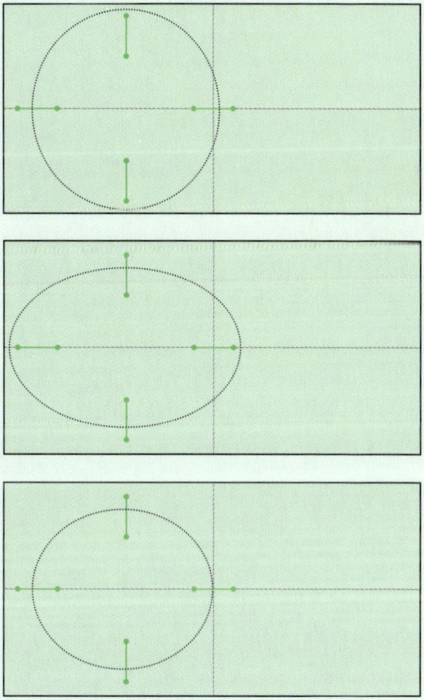

ZIEL UND WIRKUNG

- Durch das Reiten auf einer großen Wendung wird dein Pferd **gebogen**. Zeitgleich muss es mit dem inneren Hinterbein mehr Last aufnehmen, das trainiert die **Tragkraft**.
- Wie immer, wenn du ein Hindernis anreitest, übst du das **Taxieren**.
- Wenden, Sprung, Wenden – das **gymnastiziert** und fördert die **Losgelassenheit**.
- Ausgewogene Biegearbeit mit dem Pferd fördert die **gleichmäßige Bemuskelung**. Du arbeitest mit dieser Übung also daran, dass dein Pferd **gerade wird** und seine hohle Seite ausgleicht. Wenn du noch etwas über die »hohle Seite« des Pferdes nachlesen möchtest, dann nimm dir einfach die Karte 1/8 vor.

Geschick gefragt

Die Lektion »auf dem Zirkel« benötigt sehr viel Geschick und ein Pferd, das gut an den äußeren Hilfen steht.

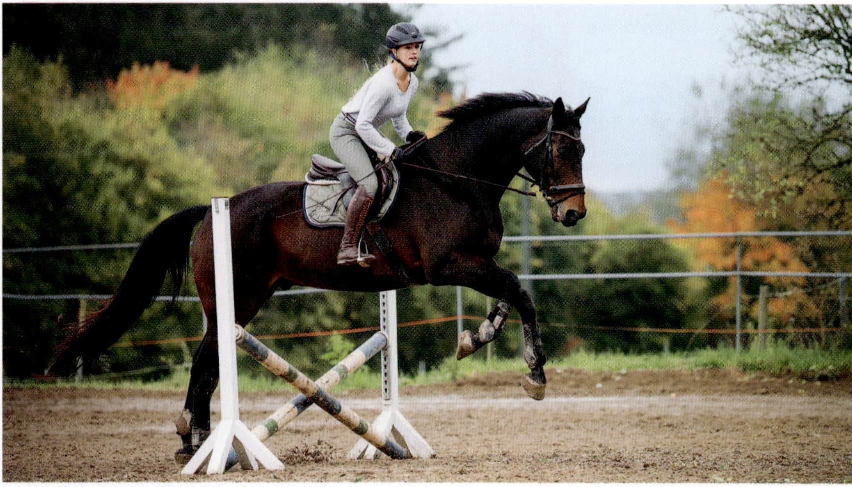

Reite vorausschauend und habe immer schon den nächsten Sprung im Blick.

SO WIRD'S GEMACHT

Beginne nach einer ausreichenden Aufwärmphase. Tipps dazu findest du im Begleitbuch auf Seite 24.

1. Reite zunächst über alle auf dem Boden liegenden Stangen im Schritt.
2. Reite nun im Trab über eine Stange. Wende dabei möglichst nah um die anderen Stangen herum. Klappt das, nimmst du die gegenüberliegende Stange im Trab hinzu.
3. Handwechsel.
4. Wenn das gut klappt, reite über alle vier Stangen und vergrößere bzw. verkleinere im Anschluss den Zirkel über die Stangen im Trab.
5. Anschließend folgt der Galopp wie oben im Trab beschrieben.
6. Sollte dein Pferd dann noch nicht zu müde sein, legst du die Stangen hoch (max. auf deine Kniehöhe) und reitest im Galopp erst einen Sprung, dann zwei gegenüberliegende und zum Schluss alle vier Sprünge. Reite immer an derselben Stelle über die Stangen, entweder immer mittig, weiter außen oder weiter innen.

Lege viele Pausen ein und achte darauf, wann dein Pferd müde wird. Diese Aufgabe ist auch für dein Pferd sehr anstrengend. Eventuell musst du die Einheit beenden, auch wenn du noch nicht alles geritten bist.

MÖGLICHE FEHLER UND WIE SIE KORRIGIERT WERDEN

Meist treten hier Fehler in der Hilfengebung auf. Das Pferd weicht über die Schulter aus, biegt sich nicht korrekt oder hält die Linie nicht. Diese Fehler und deren Korrektur findest du auf den Rückseiten der blauen Karten beim »Dressurmäßige Arbeit«.

6/5 In and Outs auf gebogener Linie

ZIEL UND WIRKUNG

- Durch das Reiten auf gebogenen Linien wird dein Pferd **gebogen**, außerdem muss es mit dem inneren Hinterbein mehr Last aufnehmen, das trainiert die **Tragkraft**.
- Wie immer, wenn du ein Hindernis anreitest, übst du das **Taxieren**.
- In and Outs auf einer gebogenen Linie sind sehr **gymnastizierend** und fördern die **Losgelassenheit**.
- Ausgewogene Biegearbeit mit dem Pferd fördert die **gleichmäßige Bemuskelung**. Du arbeitest also daran, dass dein Pferd **gerade wird** und seine hohle Seite ausgleicht. Wenn du noch etwas über die »hohle Seite« des Pferdes nachlesen möchtest, dann nimm dir die Karte 1/8 vor.

Sicher an den Hilfen

Diese Aufgabe ist nur empfehlenswert, wenn der Reiter sein Pferd sicher an den äußeren Hilfen hat. Da das Pferd sich über den Hindernissen weiter auf einem Bogen bewegen soll, muss dieser auch aktiv und korrekt geritten und ein gefordert werden.

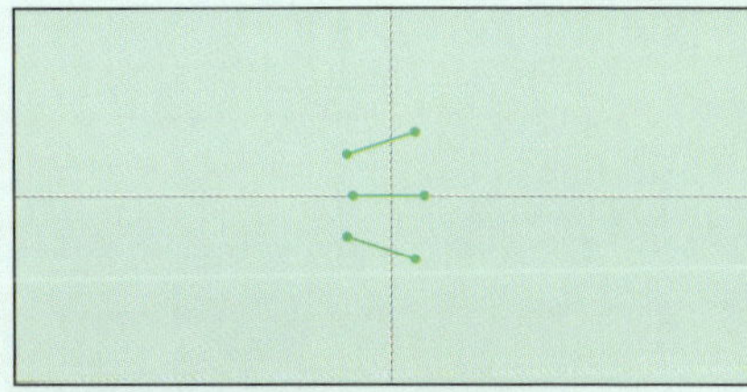

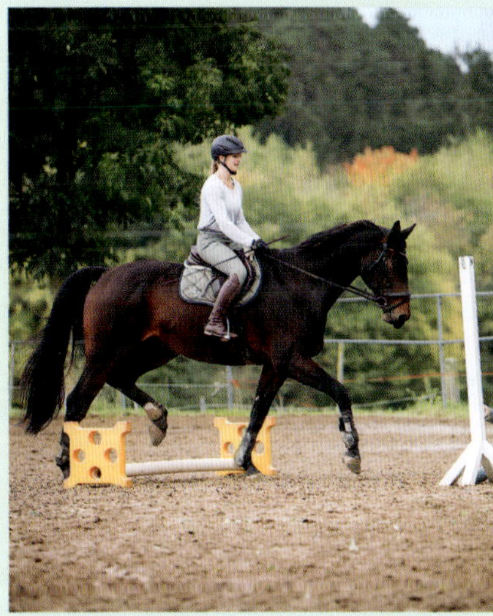

Beginne zuerst im Trab, um eine gute Linie über die Hindernisse zu finden.

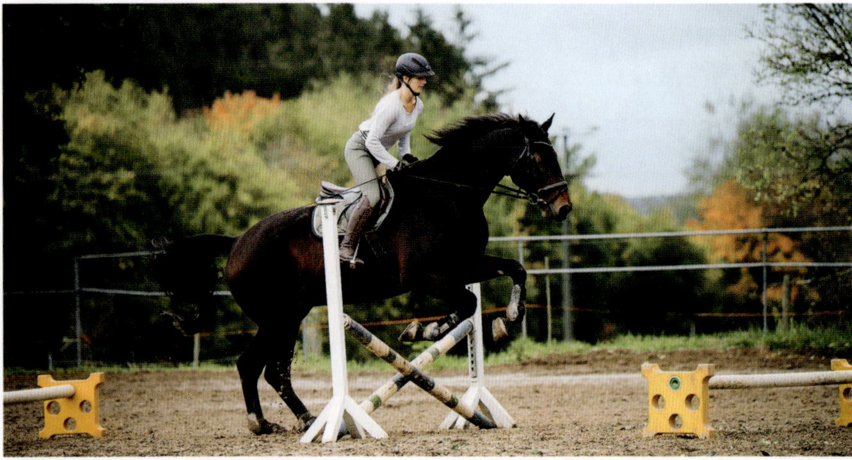

Klappt es im Trab, kannst du das Hindernis im Galopp reiten.

SO WIRD'S GEMACHT

Beginne nach einer ausreichenden Aufwärmphase. Tipps dazu findest du im Begleitbuch auf Seite 24.

1. Lege die Stangen auf den Boden oder so hoch, dass du noch darübertraben kannst. In der Regel passt ein Trabtritt zwischen die Galoppstangen perfekt hinein.
2. Reite nun auf beiden Händen die In and Outs im Trab. Klappt das gut, kannst du den Galopp mit einbauen.

VARIANTEN

Reite kurz vor den In and Outs einen Übergang zum Galopp und kurz danach wieder einen zum Trab.
Du kannst auch einmal im Galopp über die In and Outs reiten und einmal im Trab. Auch ein Überreiten im Schritt ist möglich.
Reite häufige Handwechsel, z.B. über die Cavalettis, anschließend, am besten im Trab, durch den Zirkel wechseln und dann von der anderen Seite über die Cavalettis reiten. Wenn du viel Sicherheit und Routine hast, kannst du die Galoppsprünge etwas verlängern und den Bogen weiter außen reiten oder den Galoppsprung verkürzen und weiter innen reiten. Takt, Losgelassenheit und eine fleißige Hinterhand sind wichtig.
Je nach Können kannst du die Stangenhöhe auch variieren. Sie sollte aber nicht höher sein als das Karpalgelenk deines Pferdes.

FEHLER UND WIE SIE KORRIGIERT WERDEN

Meist treten hier Fehler in der Hilfengebung auf. Diese Fehler und deren Korrektur findest du auf den Rückseiten der blauen Karten »Dressurmäßiges Reiten«.

6/6 Sanduhr

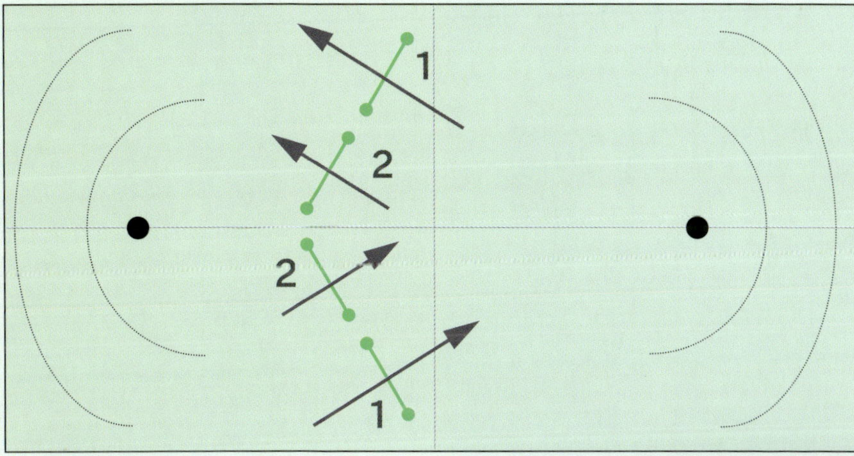

ZIEL UND WIRKUNG

- Durch immer wiederkehrende Wege und Hindernisse kannst du den **Takt** und den Rhythmus deines Pferdes enorm verbessern sowie dein **Reitergefühl**.
- Eine sehr gute Übung, um die **Tragkraft** des jeweils inneren Hinterbeins enorm zu stärken. Durch die durchaus engen Wendungen im Galopp, muss das Pferd viel Last aufnehmen.
- Da immer wieder ein Handwechsel gesprungen wird, kannst du am **Galoppwechsel** über dem Hindernis gezielt üben.
- Durch die Wendungen und die vielen Handwechsel **gymnastizierst** du dein Pferd ideal und trainierst die Längsbiegung und somit die **Geraderichtung**.

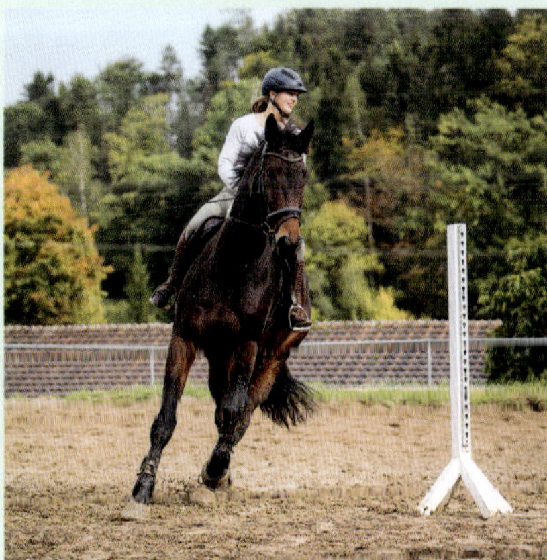

Korrekt gewendet fördert und gymnastiziert es die Lastaufnahmen deines Pferdes.

SO WIRD'S GEMACHT
Beginne nach einer ausreichenden Aufwärmphase. Tipps dazu findest du im Begleitbuch auf Seite 24.

1. Reite zuerst im Trab auf der äußeren größeren Linie (Hindernis 1) einen Bogen um die Ständer herum, dann auf der engeren Linie (Hindernis 2). Den jeweiligen Übergang zum Trab reitest du auf Höhe des Ständers.
2. Klappt dies in einem schönen Fluss und gleichmäßiger Biegung, reitest du das Ganze im Galopp. Sollte der Galoppwechsel nicht funktionieren, korrigierst du diesen über einen ordentlichen Übergang zum Trab.

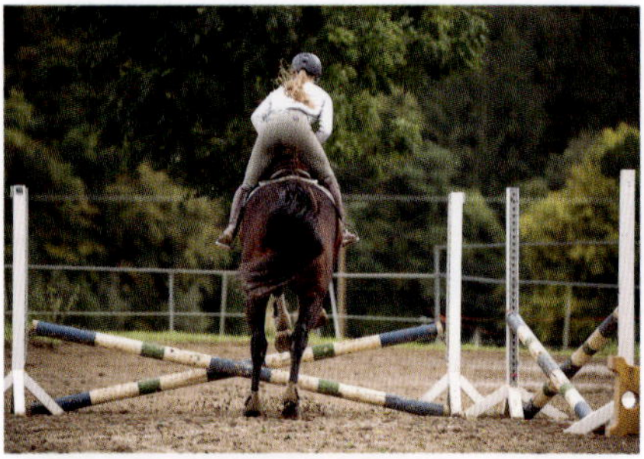

Hindernis 2 wird im Galopp angeritten ...

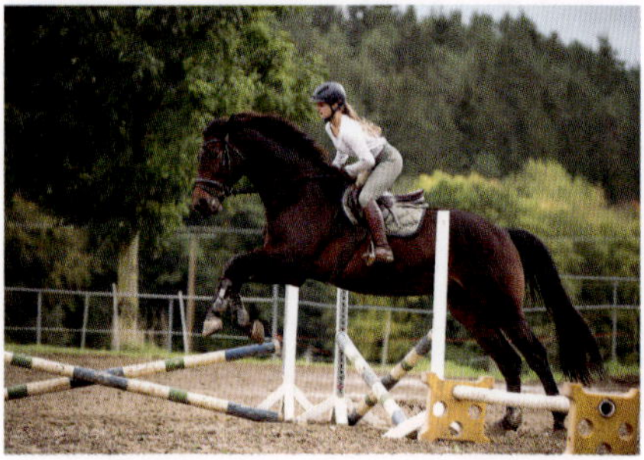

... und in einem Bogen um den Ständer wieder zurückgesprungen.

VARIANTEN
Die Aufgabe kannst du auch mit Cavalettis oder nur mit Stangen legen. Um den Hindernisständer lässt sich so nun eine Arbeitspirouette einbauen. Oder du reitest vorher einen Übergang zum Schritt und eine Kurzkehrt oder eine Hinterhandwendung.
Je nach Versammlungsgrad deines Pferdes kannst du die Wendungen auch vor den Ständern herum reiten.

FEHLER UND WIE SIE KORRIGIERT WERDEN
- *Fehler in der Hilfengebung*

Das Pferd weicht über die Schulter aus oder hält die Linie nicht. Diese Fehler und deren Korrektur findest du auf den Rückseiten der blauen Karten »Dressurmäßige Arbeit«.

- *Mangelnde Durchlässigkeit und Losgelassenheit*

Du musst zuerst die Losgelassenheit wieder herstellen. Siehe dir hierzu noch einmal die Karten der Säule 1 »Hirnfutter« zur Losgelassenheit an.

6/7 Hindernisreihe 1

ZIEL UND WIRKUNG

- Hindernisreihen geben durch ihren Abstand eine gewisse Anzahl an Galoppsprüngen vor. Das trainiert **Takt** und **Rhythmusgefühl** von dir und deinem Pferd.
- Durch den gleichmäßigen Takt wird das **Gleichgewicht** geschult, denn nur wenn dein Pferd im Gleichgewicht ist, wird es gleich lange Galoppsprünge machen können.
- Dein Pferd muss gerade durch die Reihe, dadurch wird die **Geraderichtung** trainiert. Umso gerader dein Pferd, umso besser kann es gleichmäßig **Last mit der Hinterhand** aufnehmen.

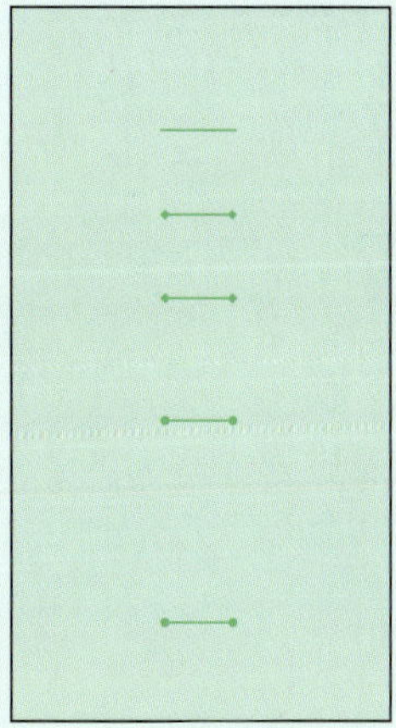

Abstände:
Trabstange: 2,5–3 m
In and Out: 2,5–3,5 m
Distanz 1 GS: 7–8 m
Distanz 2 GS: 9,8–11 m

Sicherheit beim Springen
Eine Reihe wie die Hindernisreihe 1 kann dir ein gutes Gefühl für den Galoppsprung und Sicherheit beim Anreiten und Springen von hohen Hindernissen geben. Wichtig ist natürlich, dass die Reihe passend für dich und dein Pferd gebaut ist.

SO WIRD'S GEMACHT
Die Hindernisreihe 1 wird im Trab angeritten. Über der ersten Stange wird im Rechts- oder Linksgalopp angaloppiert. Die Cavaletti stehen als In and Outs, zum ersten Hindernis ist es ein Galoppsprung, zum zweiten sind es zwei Galoppsprünge. Zum Warmspringen kannst du dir einen einzelnen Sprung in die Bahn stellen.
Beginne nach einer ausreichenden Aufwärmphase. Tipps dazu findest du im Begleitbuch auf Seite 24.

1. Zeige deinem Pferd die Reihe und reite zuerst über die am Boden liegenden Stangen im Schritt.
2. Dann beginnst du aus dem Trab die Stangen anzureiten und springst den In and Out im Galopp weiter.
3. Klappt das im gewünschten Handgalopp, nimmst du das nächste Hindernis dazu. Wenn es für dich leichter ist, kannst du zunächst Kreuze bauen, bevor du einen Steilsprung springst.
4. Wenn auch das gut klappt, nimmst du den letzten Sprung dazu. Je trainierter ihr seid, umso höher kannst du die Hindernisse bauen.

VARIANTEN
Reite nach jeder Reihe auf die neue Hand weiter. Reite die ganze Bahn, bei E/B einen Übergang zum Trab und beginne die Reihe erneut.

FEHLER UND WIE SIE KORRIGIERT WERDEN
- *Weiterreiten nicht vergessen*

Auch wenn du dich in einer für dich klaren Aufgabe befindest, musst du in der Reihe dein Pferd weiter unterstützen. Du treibst es Galoppsprung für Galoppsprung im gleichen Tempo weiter. Du sitzt zwischen den Hindernissen leicht ein, bleibst aber mit dem Oberkörper vor der Senkrechten.

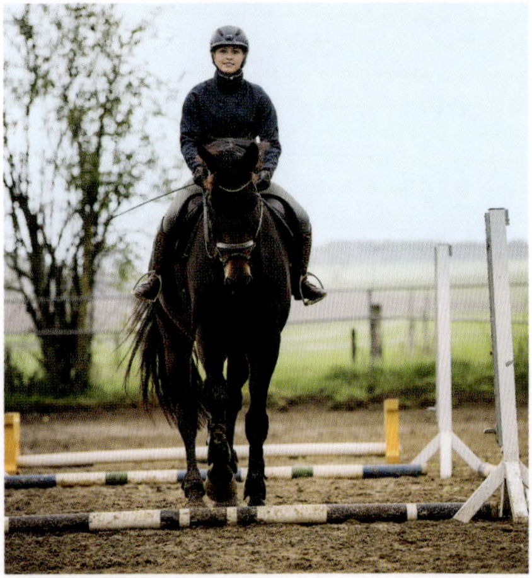
Überreiten der Reihe mit den Stangen auf dem Boden.

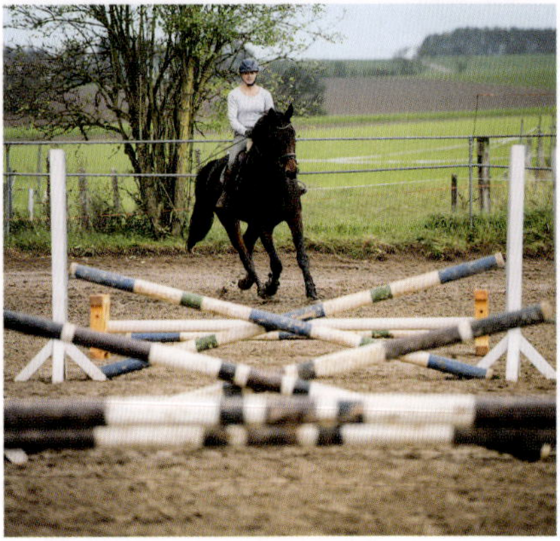
Mittiges Anreiten aus dem Trab.

6/8 Hindernisreihe 2

ZIEL UND WIRKUNG

- Hindernisreihen geben durch ihren Abstand eine gewisse Anzahl an Galoppsprüngen vor. Das trainiert deinen eigenen **Takt** und dein **Rhythmusgefühl** und beides auch bei deinem Pferd.
- Durch den Takt wird das **Gleichgewicht** geschult, denn nur wenn dein Pferd im Gleichgewicht ist, wird es gleich lange Galoppsprünge machen können.
- Dein Pferd muss gerade durch die Reihe, dadurch wird die **Geraderichtung** trainiert. Umso gerader dein Pferd, umso besser kann es gleichmäßig **Last mit der Hinterhand** aufnehmen.

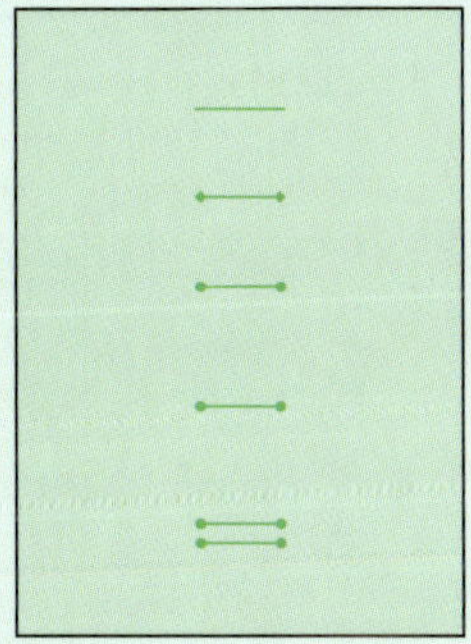

Abstände:
Stange:
2,5–3,5 m
In and Out:
2,5–3,5 m
Distanzen mit 1 GS:
7–8 m

Sicherheit beim Springen
Die Hindernisreihe 2 kann dir ein gutes Gefühl für den Galoppsprung und Sicherheit beim Anreiten und Springen von hohen Hindernissen geben. Wichtig ist natürlich, dass die Reihe passend für dich und dein Pferd gebaut ist.

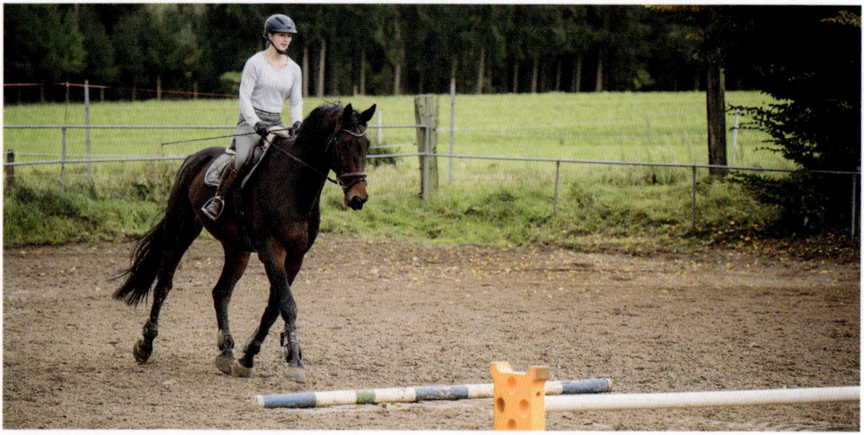

Zu Beginn kann man diese Hindernisreihe auch aus dem Trab anreiten.

SO WIRD'S GEMACHT

Die Hindernisreihe 2 wird im Galopp angeritten. Es folgt ein In and Out mit einem Cavaletti und einem Sprung (Kreuz oder Steil). Die nächsten beiden Hindernisse werden jeweils mit einem Galoppsprung geritten. Beginne nach einer ausreichenden Aufwärmphase. Tipps dazu findest du im Begleitbuch auf Seite 24.

1. Zeige zu Beginn deinem Pferd die Reihe im Schritt. Lege dazu alle Stangen auf den Boden und reite im Schritt durch die Reihe.
2. Anschließend kannst du gleich beginnen, Stange und Cavaletti im Galopp von beiden Händen zu reiten.
3. Nach und nach ergänzt du jeden Sprung, bis die Reihe komplett ist.
4. Als Letztes baust du den Oxer mit auf. Wenn alles gut klappt, kannst du die Höhe verändern. Dabei sollten die vorderen Sprünge immer niedriger sein als die hinteren.
5. Solltest du merken, dass dein Pferd müde wird, beende die Einheit, auch wenn du noch nicht alles gesprungen bist.

VARIANTEN

Reite in der Ecke vor der Reihe eine Volte, anschließend die Reihe. Nach der Reihe reitest du gleich in der Ecke eine große Volte im Galopp.

FEHLER UND WIE SIE KORRIGIERT WERDEN

- *Weiterreiten nicht vergessen*

Auch wenn du dich in einer für dich klaren Aufgabe befindest, musst du in der Reihe dein Pferd weiter unterstützen. Du treibst es Galoppsprung für Galoppsprung im gleichen Tempo weiter. Du sitzt zwischen den Hindernissen leicht ein, bleibst aber mit dem Oberkörper vor der Senkrechten.

6/9 Zick-Zack

ZIEL UND WIRKUNG

- Durch korrekte runde Linienführungen wird die **Längsbiegung** deines Pferdes verbessert und es dazu angeregt, mehr Last mit dem jeweils inneren Hinterbein aufzunehmen.
- Alle Hindernisse werden gerade angeritten und überwunden. Das verbessert die **Geraderichtung** deines Pferdes.
- Ein gutes Training für alle, die den **Wechsel** über dem Hindernis üben wollen. Gleichzeitig wird das Pferd auf beiden Händen **gymnastiziert**.

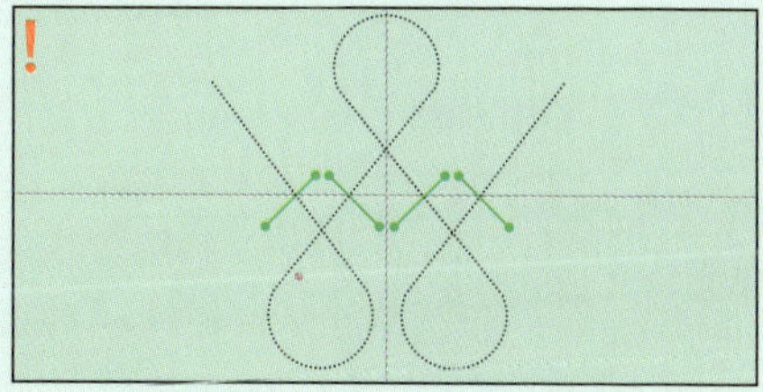

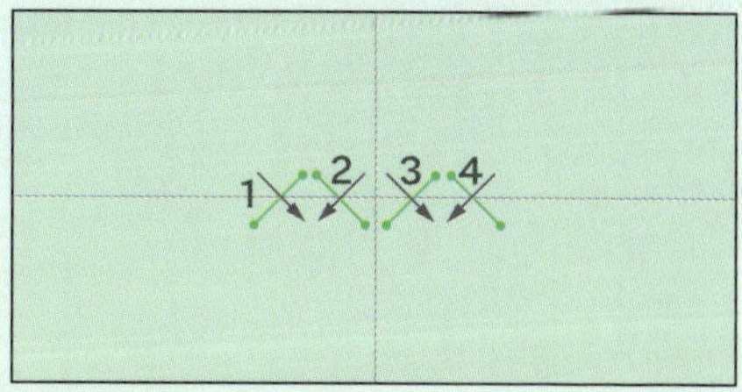

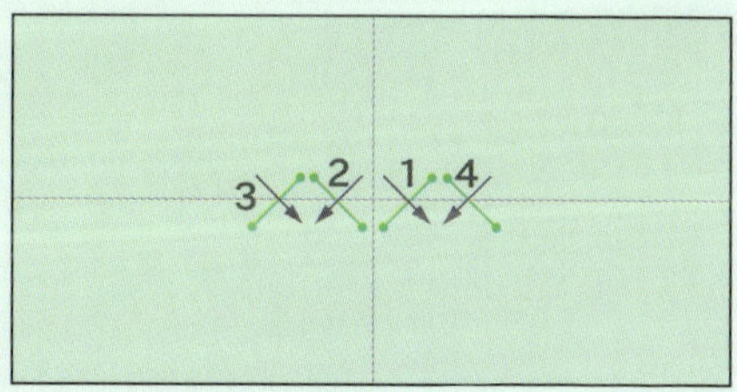

Vielseitige Lektion

Die Lektion Zick-Zack ist eine vielseitige und tolle Springaufgabe, in der auch Oxer mit aufgenommen werden können. Die Oxer können dann aber immer nur von einer Seite aus angeritten werden.

SO WIRD'S GEMACHT

Man reitet hier immer wieder durch die Diagonale und nimmt ein Hindernis nach dem anderen. Man hat so immer wieder eine Wendung, einen Sprung und eine weite gebogene Linie zum nächsten Hindernis. Beginne nach einer ausreichenden Aufwärmphase. Tipps dazu findest du im Begleitbuch auf Seite 24.

1. Baue zunächst nur Kreuze auf, die du immer im Trab anreitest.
2. Wechsle durch die ganze Bahn, reite im neuen Handgalopp weiter.
3. Reite wieder einen Übergang zum Trab und reite das nächste Hindernis an. Du kannst hier immer wieder das gleiche Hindernis anreiten oder immer ein anderes.
4. Klappt es mit dem Handgalopp aus dem Trab, dann reitest du die Hindernisse im Galopp an.
5. Klappt es mit dem Umspringen nicht, reitest du in Ruhe einen Übergang zum Trab und korrigierst den Galopp. Es ist nicht schlimm, wenn dein Pferd nicht auf Anhieb im richtigen Galopp landet.

VARIANTEN

Die Hindernisse kannst du auch einzeln anreiten, z.B. auf dem Zirkel oder einer Volte. Die schwerste Variante für Profis siehst du in der oberen Grafik auf der Vorderseite. Reite diese Aufgabe nur, wenn du dein Pferd perfekt versammeln und auf die Hinterhand setzen kannst.

FEHLER UND WIE SIE KORRIGIERT WERDEN

- *Fehler in der Hilfengebung*

Das Pferd weicht über die Schulter aus, biegt sich nicht korrekt oder hält die Linie nicht. Diese Fehler und deren Korrektur findest du auf den Rückseiten der blauen Karten »Dressurmäßiges Reiten«.

- *Mangelnde Durchlässigkeit und Losgelassenheit*

Du musst erst die Losgelassenheit wiederherstellen. Sieh dir die Karten der Säule 1 »Hirnfutter« zur Losgelassenheit an.

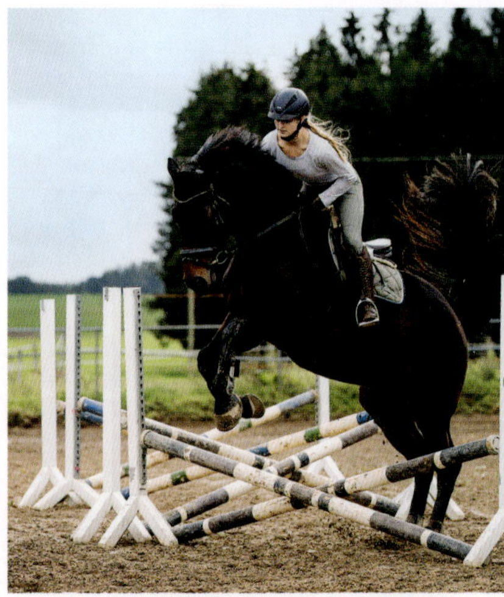

Hier springt das Pferd einen schönen Galoppwechsel über dem Hindernis.

6/10 Kehrtvolten gesprungen

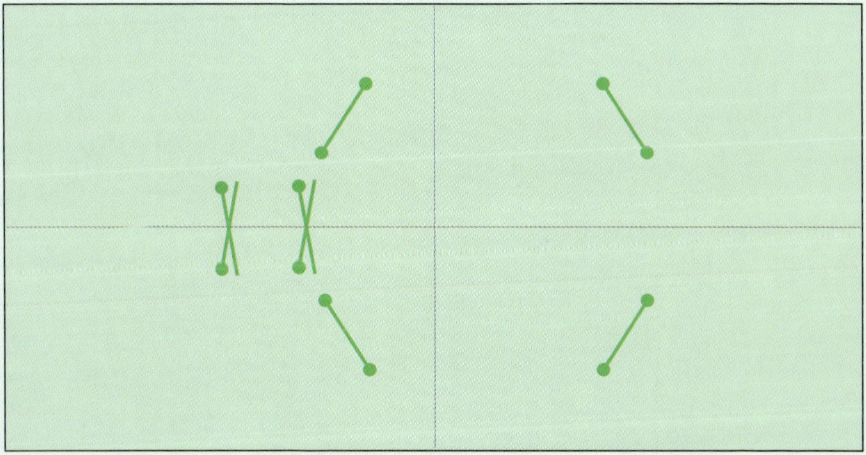

ZIEL UND WIRKUNG

- Ein Parcours braucht guten **Takt** und **Rhythmus**, damit er flüssig und ohne Fehler durchritten werden kann.
- Durch die engen Wendungen bei dieser Übung muss dein Pferd enorme Last mit der Hinterhand aufnehmen. Das sorgt für eine gute **Tragkraft** sowie **Längsbiegung** deines Pferdes.
- Durch die vielen möglichen Wendungen kannst du die **Durchlässigkeit** und die Annahme deiner äußeren Hilfen kontrollieren.

Bei dieser Übung erfüllt der Parcours viele verschiedene Ansprüche. Du kannst die weiten und einfachen Wege wählen oder die engeren und somit schwereren. Zudem ist der Wechsel zwischen engen Wendungen und geraden Wegen perfekt für ein abwechslungsreiches Training.

Abstände
Die Kreuze stehen als In and Outs und werden aus dem Trab angeritten. Somit beträgt der Abstand ca. 3 Meter. Die Distanzen auf der Diagonalen stehen jeweils 3–4 Galoppsprünge entfernt.
Möglicherweise musst du die Abstände so variieren, dass sie für dein Pferd passen.

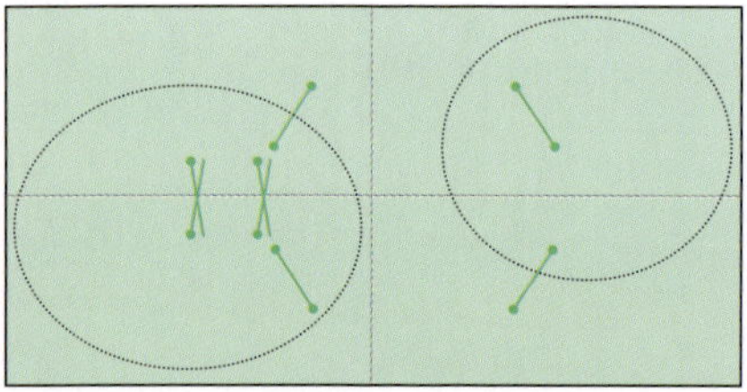

Grafik 1: Mögliche Linien zum Warmspringen.

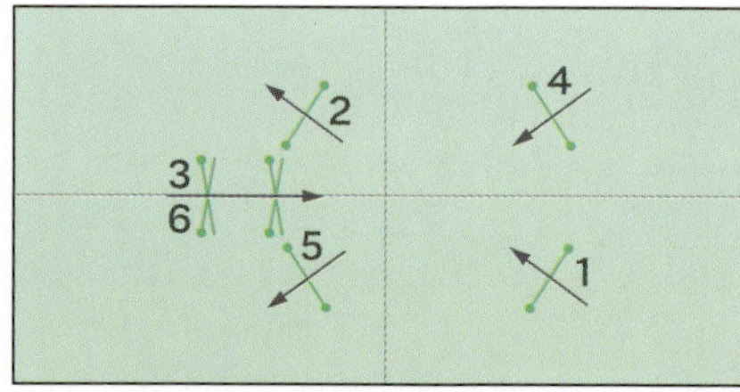

Grafik 2: Parcours mit leichterer Linienwahl.

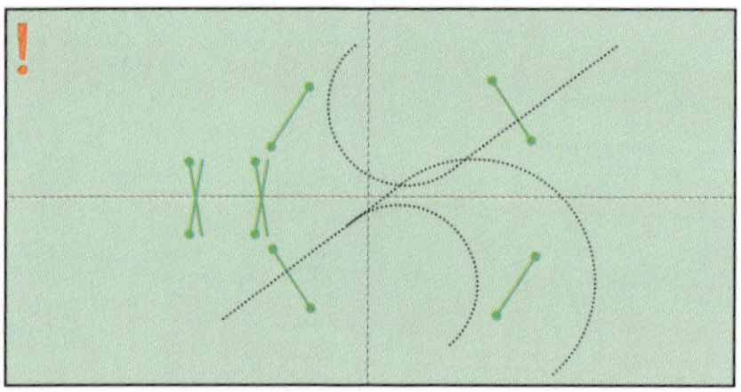

Grafik 3: Linienwahl für die Kehrtvolten.

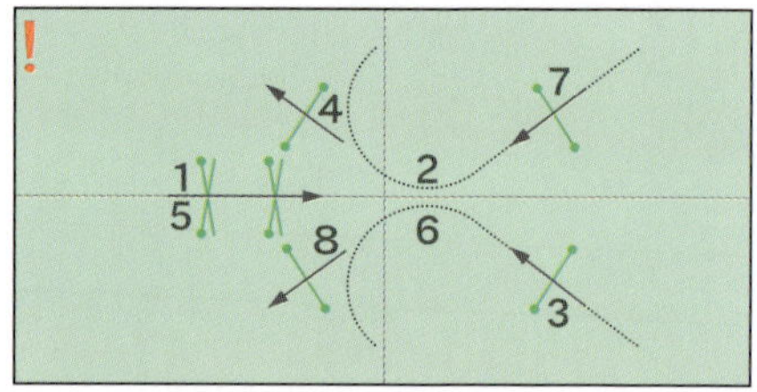

Grafik 4: Parcours mit schwerer Linienwahl.

SO WIRD'S GEMACHT

Beginne nach einer ausreichenden Aufwärmphase. Tipps dazu findest du im Begleitbuch auf Seite 24.

1. Reite zum Warmspringen die Hindernisse wie auf der ersten Grafik an.
2. Anschließend kannst du die Distanzen durchreiten.
3. Reite nun immer wieder durch die Diagonale die Distanz, beim Erreichen des Hufschlags reitest du einen Übergang zum Trab und durch die Länge der Bahn die In and Outs im Trab an. Anschließend weiter im Galopp durch die Diagonale usw. (Grafik 2)
4. Dann die Kehrtvolten. Reite den großen Weg um das Hindernis herum. (Grafik 3)
5. Klappen die großen Wendungen, dann reite die kleinere Kehrtvolte.
6. Nun den Parcours in der Grafik 4 reiten.

VARIANTEN

Die Grafiken veranschaulichen, wie der Parcours geritten werden kann. Der erste Wegvorschlag ist einfach, der zweite schwer.

FEHLER UND WIE SIE KORRIGIERT WERDEN

- *Fehler in der Hilfengebung*

Das Pferd weicht über die Schulter aus, biegt sich nicht korrekt oder hält die Linie nicht. Diese Fehler und deren Korrektur findest du auf den Rückseiten der blauen Karten »Dressurmäßiges Reiten«.

- *Mangelnde Durchlässigkeit und Losgelassenheit*

Dazu musst du zuerst die Losgelassenheit wiederherstellen. Siehe dir hierzu noch einmal die Karten der Säule 1 »Hirnfutter« zur Losgelassenheit an.

6/11 Kleiner Parcours 1

ZIEL UND WIRKUNG

- Ein Parcours braucht guten **Takt** und **Rhythmus**, damit er flüssig und ohne Fehler durchritten werden kann.
- Du trainierst deine eigene **Ausdauer** und die deines Pferdes, außerdem eure gemeinsame **Konzentrationsfähigkeit**.
- Jedes Hindernis wird für sich angeritten und bringt eine neue Situation mit sich. Du musst noch besser und individueller **taxieren** und dein Pferd gut an deinen Hilfen haben. Das fördert die **Rittigkeit**.

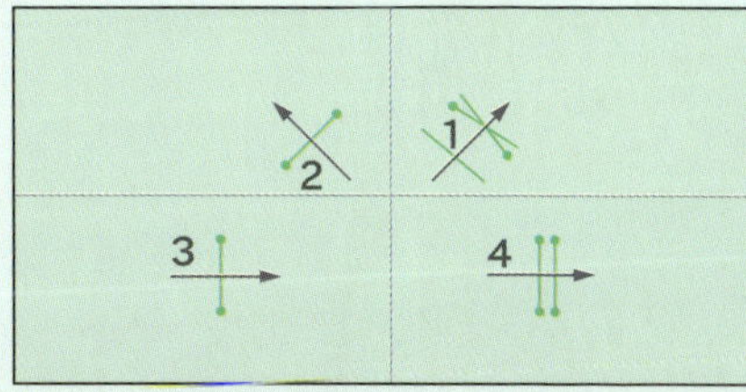

Das Parcoursspringen ist für jeden Reiter und jede Reiterin von großem Nutzen. In erster Linie sind die Aufgaben für jeden geeignet, der einmal auf einem Turnier starten möchte. In einem Parcours werden alle Teile zusammengefügt, die du vorab an einzelnen Hindernissen trainiert hast.

Vorausschauend reiten
Achte stets auf weite korrekte Wege und den richtigen Handgalopp. Reite vorausschauend und jeden Sprung einzeln und konzentriert an, bis du über den letzten Sprung drüber bist.

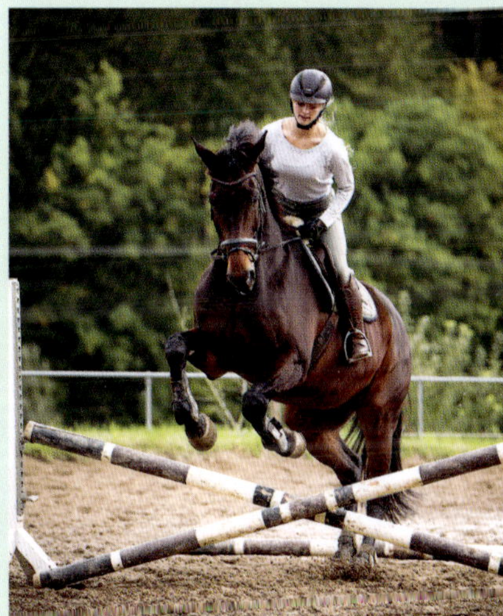

Anreiten des ersten Hindernisses aus dem Trab.

SO WIRD'S GEMACHT
Beginne nach einer ausreichenden Aufwärmphase. Tipps dazu findest du im Begleitbuch auf Seite 24.

1. Beginne zum Warmspringen mit Hindernis 1, das du von beiden Händen aus anreiten kannst, entweder im Bogen um Hindernis 4 oder Hindernis 2 herum.
2. Anschließend nimmst du das zweite Hindernis mit dazu.
3. Dann springst du nur Hindernis 3 und 4 hintereinander und zum Schluss fügst du alle 4 Hindernisse zu einem Parcours zusammen.

VARIANTEN
Die Reihenfolge in der Grafik ist nur ein Vorschlag. Du kannst die Hindernisse in jeder anderen beliebigen Reihenfolge anreiten. Achte dabei aber unbedingt darauf, dass du sie auch richtig aufbaust und immer von der richtigen Seite anreitest.
Wenn du den Parcours problemlos bewältigst und Rhythmus und Takt stimmen, kannst du die Höhe der Hindernisse ändern.

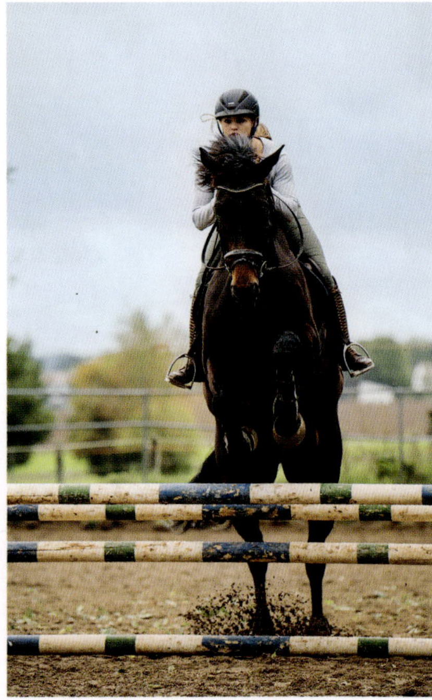
Bis zum Schluss wird jedes Hindernis konzentriert an- und überritten.

FEHLER UND WIE SIE KORRIGIERT WERDEN
- *Fehler in der Hilfengebung*

Das Pferd weicht über die Schulter aus, biegt sich nicht korrekt oder hält die Linie nicht. Diese Fehler und deren Korrektur findest du auf den Rückseiten der blauen Karten »Dressurmäßiges Reiten«.

- *Mangelnde Durchlässigkeit und Losgelassenheit*

Du musst erst die Losgelassenheit wiederherstellen. Sieh dir hierzu noch einmal die Karten der Säule 1 »Hirnfutter« zur Losgelassenheit an.

6/12 Kleiner Parcours 2

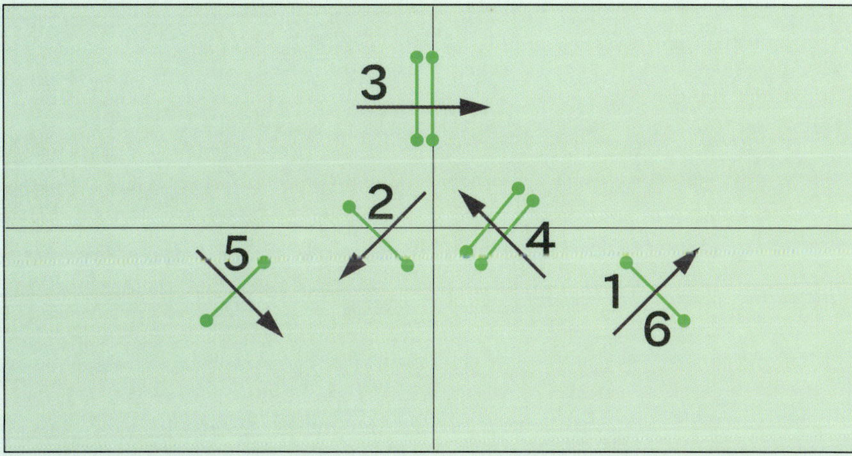

ZIEL UND WIRKUNG

- Ein Parcours braucht guten **Takt** und Rhythmus, damit er flüssig und ohne Fehler durchritten werden kann.
- Es ist etwas anderes, einen Parcours zu reiten als ein paar Hindernisse. Du trainierst die Ausdauer von dir und deinem Pferd und eure gemeinsame **Konzentrationsfähigkeit**.
- Jedes Hindernis wird für sich angeritten und bringt eine neue Situation mit sich. Du musst noch besser und individueller **Taxieren** und dein Pferd gut an deinen Hilfen haben. Das fördert die **Rittigkeit**.

Parcoursspringen ist für jeden Reiter und jede Reiterin von großem Nutzen. In erster Linie ist es aber für jeden geeignet, der einmal auf einem Turnier starten möchte. In einem Parcours werden alle Teile zusammengefügt, die du vorab an einzelnen Hindernissen trainiert hast.

SO WIRD'S GEMACHT

Beginne nach einer ausreichenden Aufwärmphase. Tipps dazu findest du im Begleitbuch auf Seite 24.

1. Als Aufwärmsprung dient Hindernis 1. Lege die Vorlegestange jeweils so, dass du von beiden Händen springen kannst, bzw. lege sie immer auf die Seite, von der du gerade anreitest.
2. Füge den Parcours nun in Teilschritten zusammen. Zuerst werden die Hindernisse 1, 2 und 3 geritten.
3. Anschließend reitest du 4, 5 und 6.
4. Klappen die Teilabschnitte, wird der Parcours als Ganzes geritten.

Achte stets auf ein gleichmäßiges Grundtempo. Vor allem auf dem Weg zum dritten Hindernis sollst du nicht schneller werden oder dein Pferd länger werden lassen, damit die Distanz zum Hindernis erhalten bleibt. Der Bogen vom fünften zum sechsten Hindernis sollte nicht zu steil geritten werden, sonst könnte dein Pferd am sechsten Hindernis verweigern. Reite einen ausreichend großen Bogen, eine Pylone kann als Wegweiser dienen.

VARIANTEN

Die Reihenfolge der Hindernisse in der Grafik ist nur ein Vorschlag. Du kannst die Hindernisse in jeder anderen beliebigen Reihenfolge anreiten. Achte dabei aber unbedingt darauf, dass du sie auch richtig aufbaust und immer von der richtigen Seite anreitest.

Je nach eurem Können und eurer Tagesform kannst du die Höhe der Hindernisse variieren.

FEHLER UND WIE SIE KORRIGIERT WERDEN

- *Vorausschauendes Reiten ist das A und O*

Du musst dir deinen Weg schon vorher gut eingeprägt haben, damit du schnell und souverän nach dem Hindernis das darauffolgende anreiten kannst. Wenn du noch zu sehr damit beschäftigt bist, dir den Weg zu merken, wird die Hilfengebung auf der Strecke bleiben. Präge dir zuerst den Weg ein, reite ihn gedanklich durch. Hast du ihn gut im Gedächtnis, kannst du dich mehr auf die Hilfengebung konzentrieren.

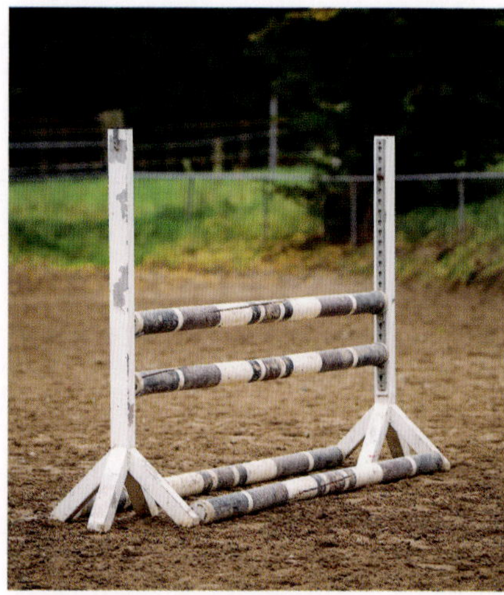

So kannst du den Steilsprung von beiden Seiten aus anreiten.

6/13 Kleiner Parcours 3

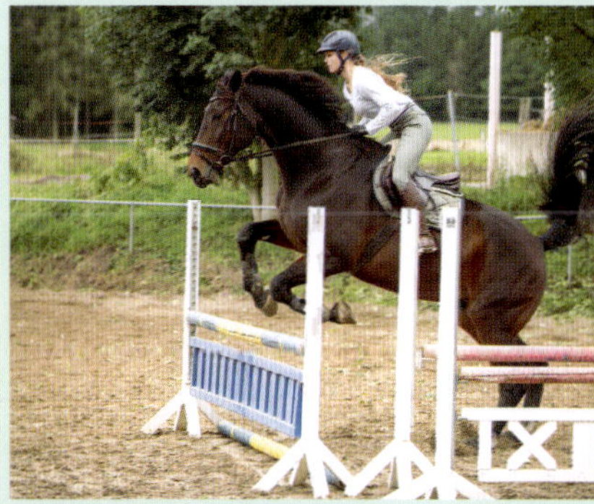

ZIEL UND WIRKUNG

- Ein Parcours braucht guten **Takt** und **Rhythmus**, damit er flüssig und ohne Fehler durchritten werden kann.
- Es ist etwas anderes, einen Parcours zu reiten als ein paar Hindernisse. Du trainierst die **Ausdauer** von dir und deinem Pferd und eure gemeinsame **Konzentrationsfähigkeit**.
- Jedes Hindernis wird für sich angeritten und bringt eine neue Situation mit sich. Du musst noch besser und individueller **taxieren** und dein Pferd gut an deinen Hilfen haben. Das fördert die **Rittigkeit**.

SO WIRD'S GEMACHT

Beginne nach einer ausreichenden Aufwärmphase. Tipps dazu findest du im Begleitbuch auf Seite 24.

1. Zum Warmspringen eignet sich die Hindernisreihenfolge 1 und 2 in Form einer großen Acht wie auf der 1. Grafik. Anschließend kannst du gleich einmal den großen Bogen von Hindernis 3 auf 5 reiten. (Grafik 1)
2. Klappen diese Wege gut, kannst du den Parcours wie auf der 1. Grafik gezeigt reiten.

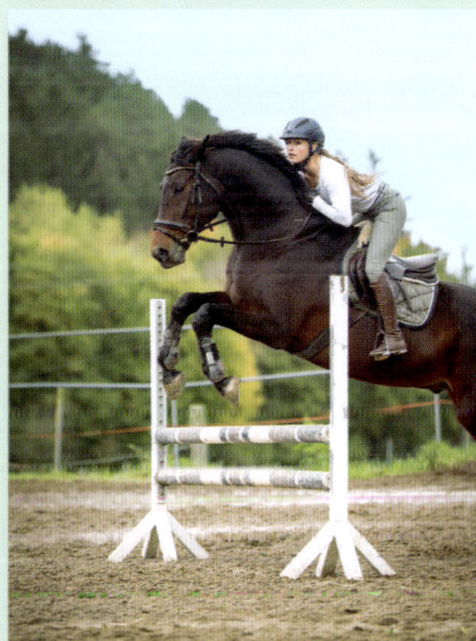

Anreiten des ersten Hindernisses.

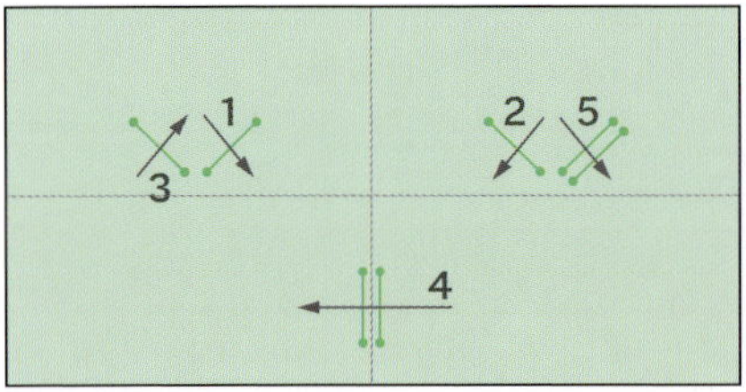

Grafik 1: Parcours mit leichterer Linienwahl.

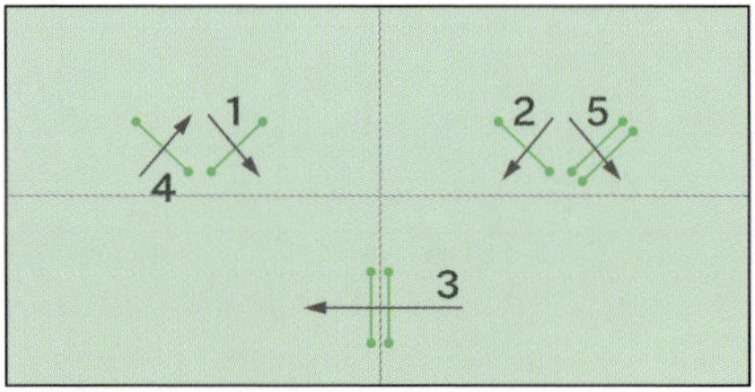

Grafik 2: Parcours mit teilweise schnell aufeinanderfolgenden Hindernissen.

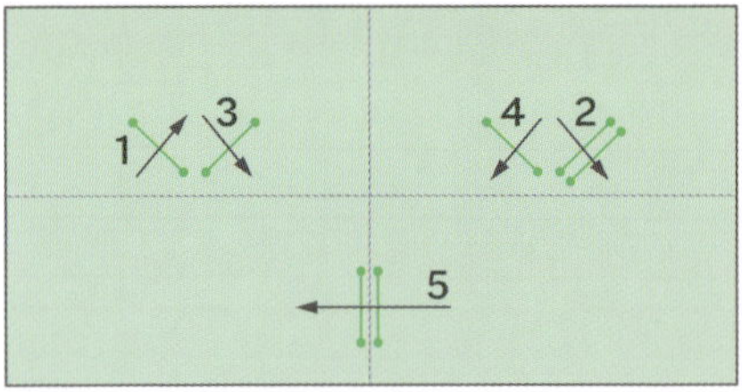

Grafik 3: Parcours mit leichterer Linienwahl.

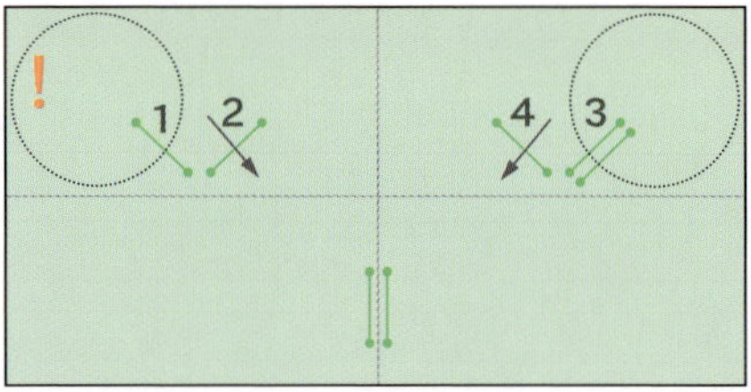

Grafik 4: Parcours mit schwerer Linienwahl.

6/14 Großer Parcours

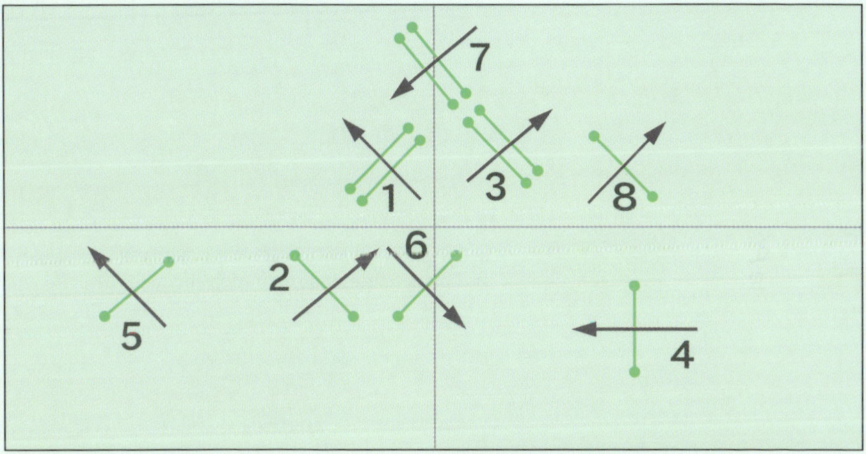

ZIEL UND WIRKUNG

- Ein Parcours braucht guten **Takt** und **Rhythmus**, damit er flüssig und ohne Fehler durchritten werden kann.
- Du trainierst deine eigene **Ausdauer**, die deines Pferd sowie eure gemeinsame **Konzentrationsfähigkeit**.
- Jedes Hindernis wird für sich angeritten und bringt eine neue Situation mit sich. Du musst noch besser und individueller **taxieren** und dein Pferd gut an deinen Hilfen haben. Das fördert die **Rittigkeit**.

Alles, was du vorab in kleineren Aufgaben trainiert hast, kann hier im Großen zusammengesetzt werden. Ein Parcours mit acht Hindernissen begegnet dir oft auf Turnieren, bereits schon ab der Klasse E.

Die Distanz wird mit 3 Galoppsprüngen geritten, kann aber auch als eine Kombination mit 2 GS aufgebaut werden.

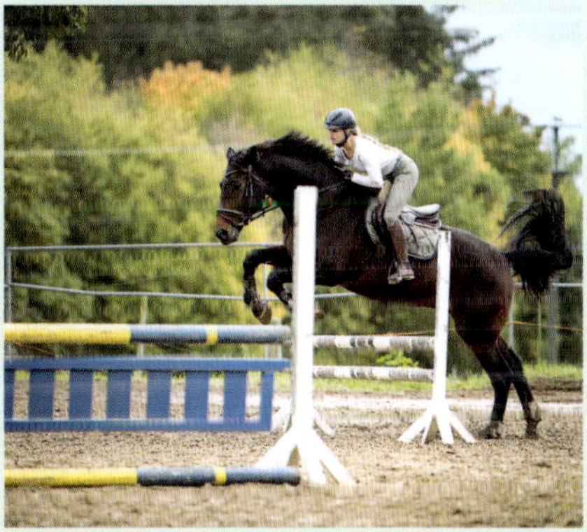

SO WIRD'S GEMACHT

Beginne nach einer ausreichenden Aufwärmphase. Tipps dazu findest du im Begleitbuch auf Seite 24

1. Hindernis 6 und 8 eignen sich prima zum Warmspringen. Reite dazu immer wieder in Form einer großen Acht über die beiden Hindernisse. Lege die Vorlegestangen jeweils dafür auf die passende Seite.
2. Unterteile dir den Parcours wieder in drei gleichmäßige Abschnitte, die du jeweils einzeln übst, bevor du den gesamten Parcours reitest.
3. Übe zuerst die Linie von Hindernis 1 zu Hindernis 2 weiter auf 3. Wiederhole diese Linie notfalls, sollte etwas nicht rhythmisch gewesen sein.
4. Nach einer kurzen Schrittpause reitest du die Hindernisse 4, 5 und 6. Auch hier kannst du im Bedarfsfall eine oder mehrere Wiederholungen einlegen. Zuletzt reitest du die Hindernisse 7 und 8.
5. Klappt alles, kannst du den Parcours am Stück reiten und ggf. die Höhe ändern. Achte stets auf ein gleichmäßiges Tempo und einen guten Rhythmus. Reite vorausschauend jeden Sprung einzeln an, ohne den darauffolgenden Sprung aus dem Auge zu verlieren.

VARIANTEN

Die Reihenfolge in der Grafik ist nur ein Vorschlag. Du kannst die Hindernisse in jeder anderen beliebigen Reihenfolge anreiten. Achte dabei aber unbedingt darauf, dass du sie auch richtig aufbaust und immer von der richtigen Seite anreitest.
Ja nach Können und Tagesform kannst du die Höhe der Hindernisse variieren.

FEHLER UND WIE SIE KORRIGIERT WERDEN

- *Vorausschauendes Reiten ist das A und O*

Du musst dir deinen Weg schon vorher gut eingeprägt haben, damit du schnell und souverän nach dem Hindernis das darauffolgende anreiten kannst. Wenn du noch zu sehr damit beschäftigt bist, dir den Weg zu merken, wird die Hilfengebung auf der Strecke bleiben. Präge dir zuerst den Weg ein, reite ihn gedanklich durch. Hast du ihn gut im Gedächtnis, kannst du dich mehr auf die Hilfengebung konzentrieren.

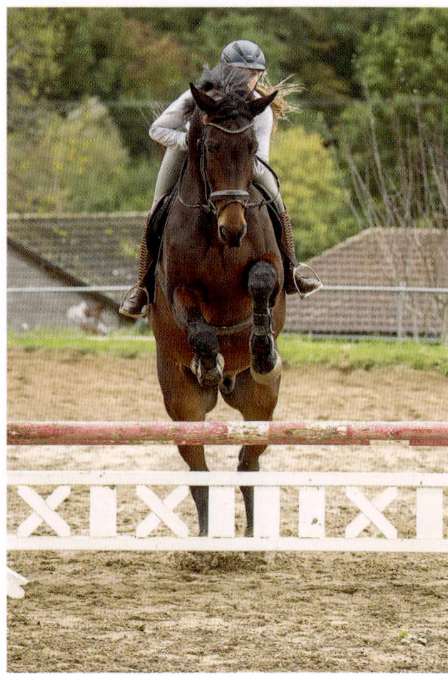

Die Reiterin schaut bereits in die neue Richtung, das Pferd wird im richtigen Galopp landen.

Reitergymnastik

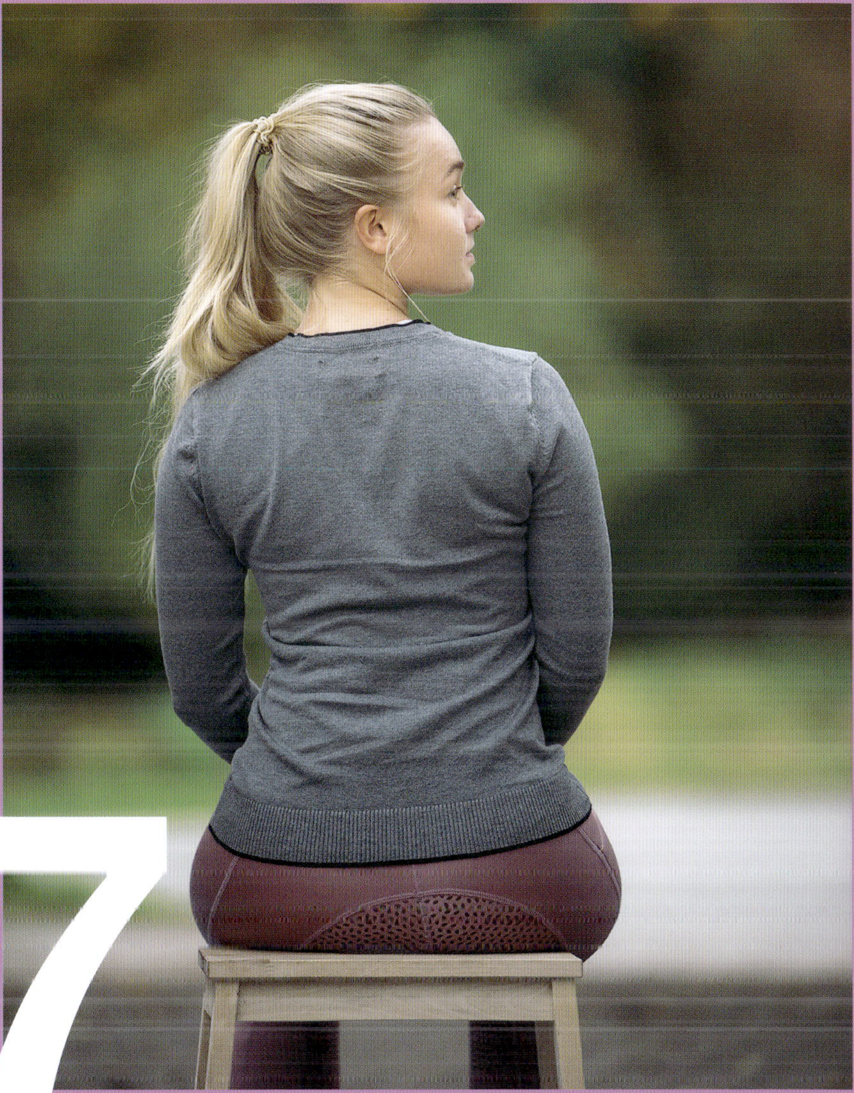

7

Übungen mit und ohne Pferd

Übungen mit und ohne Pferd

Hand aufs Herz, wie oft trainierst du dich selbst? Das Training deines Pferdes geht dir wahrscheinlich mehr durch den Kopf. Was und wie du trainierst, das weißt du. Aber wusstest du auch, dass dein Pferd nur so gut laufen kann, wie du es reitest? Und dass du auch ohne Pferd etwas für besseres Reiten tun kannst?

Auf den folgenden Karten zeige ich dir Übungen, die du zu Hause, vor dem Reiten oder auch einfach mal zwischendurch in deinen Alltag einbauen kannst. Ab der Karte 7/15 zeige ich dir außerdem Übungen, die du auf dem Pferd machen kannst, sei es in der Longenstunde oder beim Warmreiten (sofern hier keine Gefahr für dich oder andere Mitreiter besteht).

7

7/2 Gehvariationen

ZIEL UND WIRKUNG

- **Lockerung** der Fußgelenke, die die Bewegungen des Beckens aufnehmen und abfedern lassen.
- **Kräftigung** der Muskulatur von Oberschenkeln und Waden. Dadurch kann das Becken etwas **mobilisiert** werden.
- Die **Balance**, eines der wichtigsten Voraussetzungen beim Reiten, wird gefördert.

Eine tolle Übung, die du recht unauffällig immer dann machen kannst, wenn du gehst. Ich mache sie oft, wenn ich mein Pferd von der Koppel hole und zur Halle/zum Platz laufe.

Ich gehe dabei immer im Wechsel, Außenkante/Zehenspitze/Innenkante/Ferse und wieder von vorne. Natürlich kannst du auch einige Schritte machen, bevor du wieder wechselst.

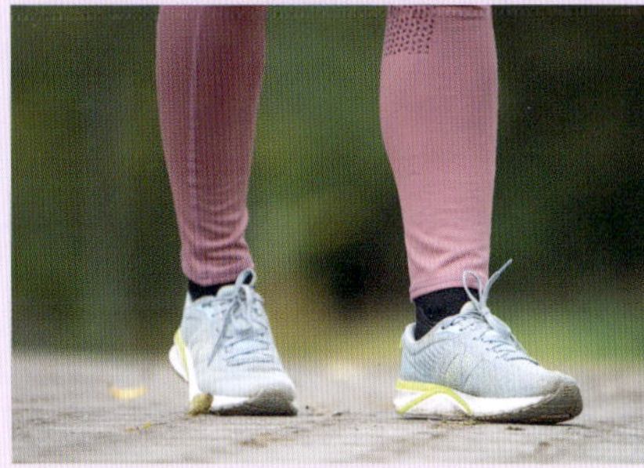

Bewusstes Gehen mit Abrollen über die gesamte Sohle.

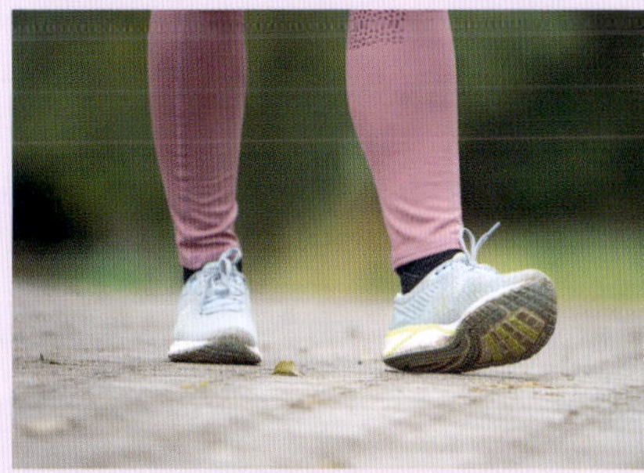

Abrollen über die Außenkante des Fußes.

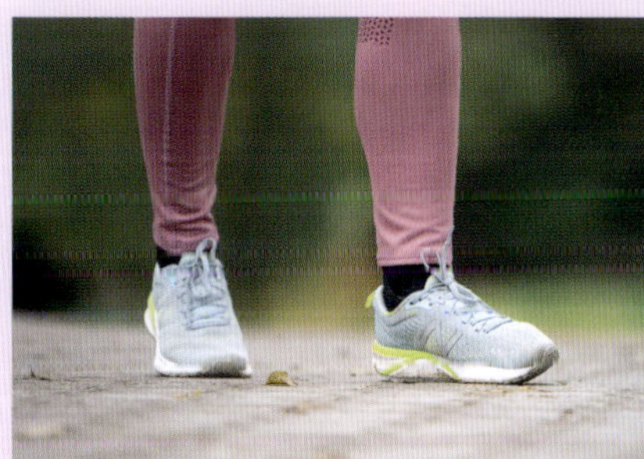

Abrollen über die Innenkante des Fußes.

SO WIRD'S GEMACHT

1. Du gehst ganz bewusst. Rolle nun beim Gehen die Füße über die gesamte Fußsohle von hinten bis nach vorne über die Zehenspitzen ab.
2. Im nächsten Schritt rollst du ganz bewusst über die Außenseite ab, also über die Ferse, die Außenkante, den kleinen Zeh.
3. Das Gleiche machst du dann mit der Innenkante deines Fußes. Das kann sich anfühlen - und sieht auch so aus -, als hättest du extreme Knickfüße.
4. Dann gehst du auf den Zehenspitzen und anschließend nur auf den Fersen. Ziehe dabei ordentlich deine Zehenspitzen an.
5. Wiederhole die Übung, so oft du möchtest!

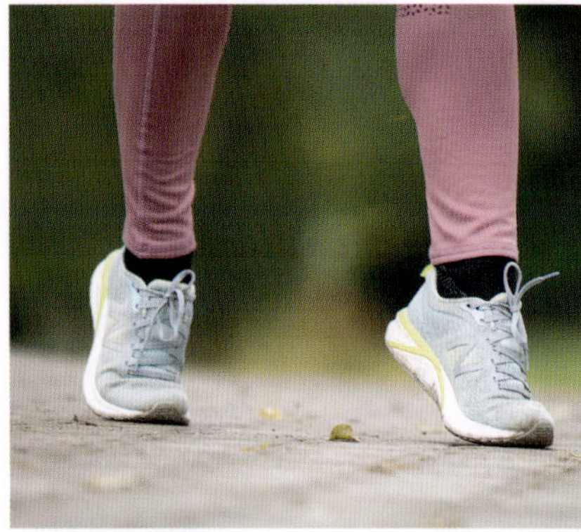

Gehen auf Zehenspitzen.

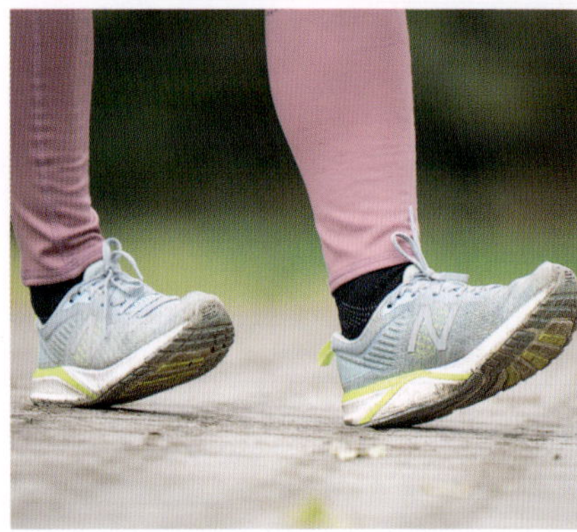

Gehen auf den Fersen.

7/3 Sonnengruß

ZIEL UND WIRKUNG

- Leichte **Dehnung** der Körperrückseite, Brustmuskeln, Hüftbeuger, Oberkörper.
- Leichte **Kräftigung** für den gesamten Körper.

SO WIRD'S GEMACHT

Der Sonnengruß ist eine Übung aus dem Yoga und ein toller Ausgleich für das Reiten. Ich mache den Sonnengruß jeden Morgen. Das Gute daran: Es dauert nur ca. 5 Minuten und du hast ein kleines Ganzkörper-Workout hinter dir.

Im Internet kannst du dazu unzählige Videos und Anleitungen finden. Auf der Rückseite findest du die einzelnen Steps meiner Übung, die du leicht nachmachen kannst. Bei genaueren Fragen wende dich bitte an einen Yogalehrer oder eine Yogalehrerin.

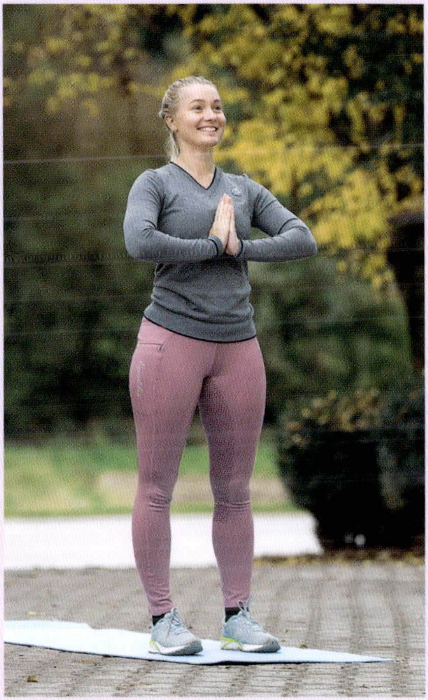

Grußstellung, die Handflächen sind leicht aneinandergedrückt.

Reitergymnastik

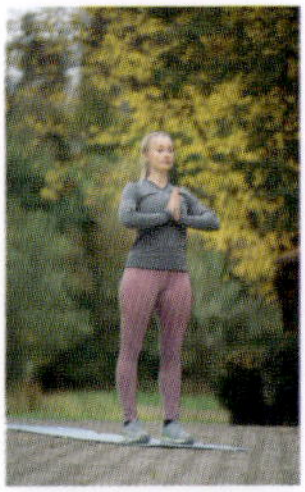

1. Aufrechter Stand, Handflächen sind leicht zusammengedrückt, Daumen berührt den Brustkorb.

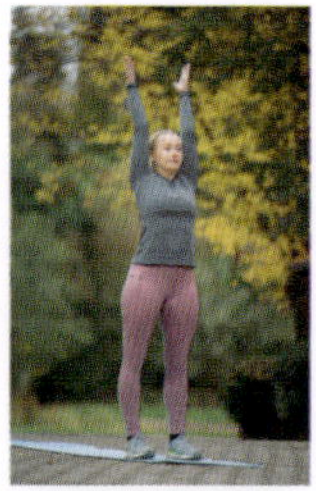

2. Strecke dich, dabei bewegen sich die Arme seitlich in einem Halbkreis nach oben.

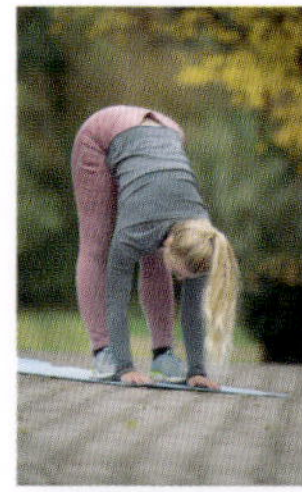

3. Vorbeugen nach unten. Die Knie bleiben gestreckt.

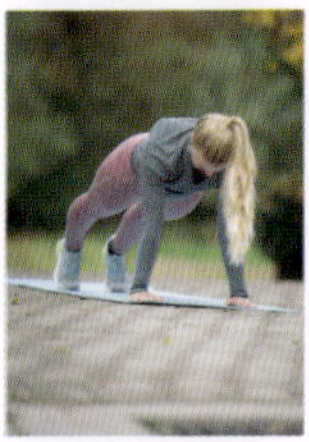

4. Hände aufstützen und die Beine nach hinten nehmen für die Liegestützposition.

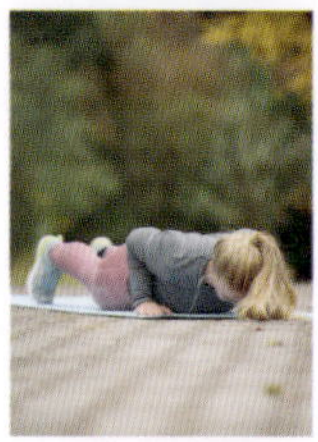

5. Ablegen aus dem Liegestütz.

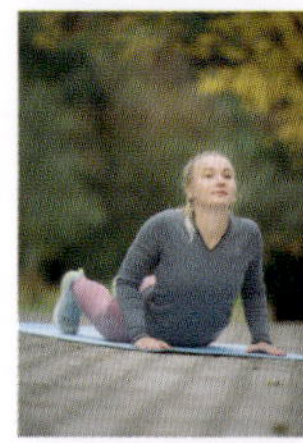

6. Die Oberarme drücken den Oberkörper nach oben in die Kobra.

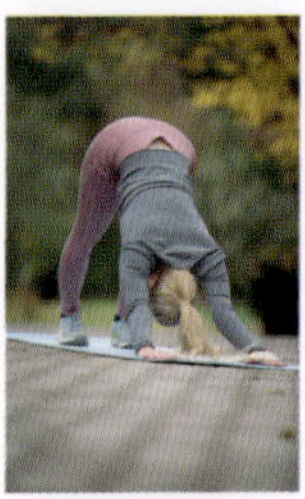

7. Der Po wird nach hinten oben geschoben in den herabschauenden Hund.

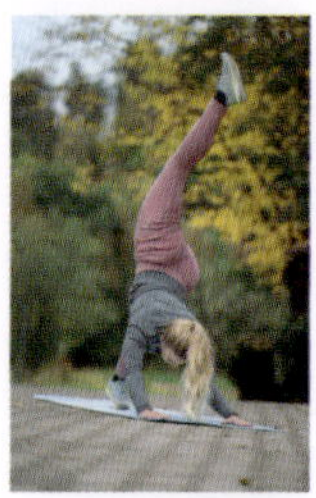

8. Ein Bein wird nach hinten oben gestreckt …

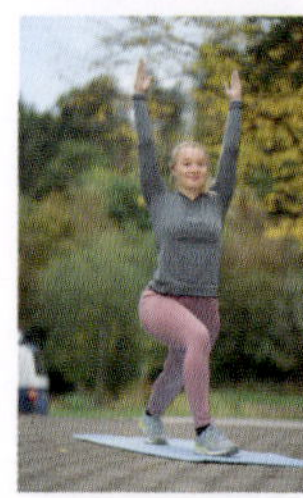

9. … und vorne zwischen den Händen abgestellt für den Krieger 1.

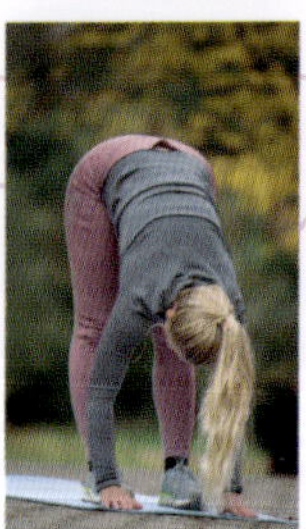

10. Aus dem Krieger wieder in die Vorbeuge.

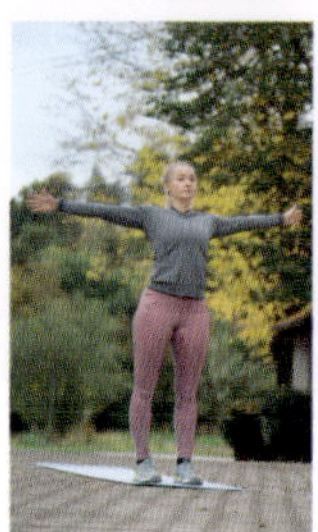

11. Daraus mit einer Halbkreisbewegung der Arme aufrichten …

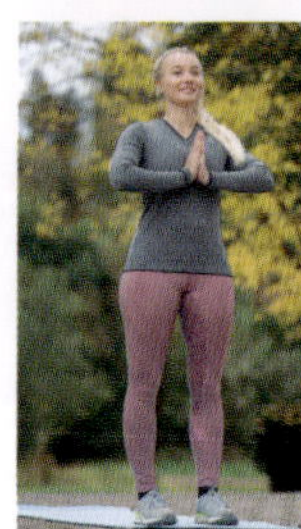

12. … und wieder in die Ausgangsposition.

2. Durchgang, nun wird das andere Bein wie bei Step 8 gehoben.

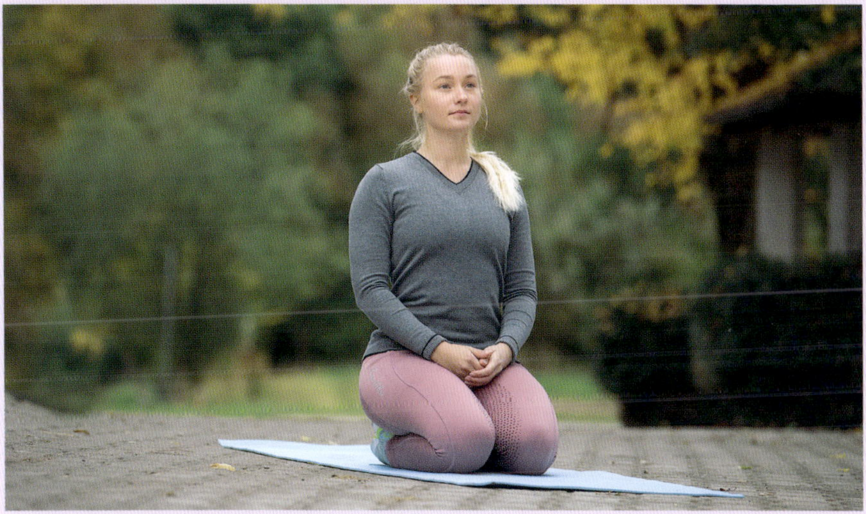

7/4 Über die Schulter geschaut

ZIEL UND WIRKUNG

- Leichte **Dehnung** der Brustmuskulatur und des gesamten Oberkörpers.
- Hilft dir bei der Drehung in der **Längsachse**, die du für alle Wendungen benötigst.

SO WIRD'S GEMACHT

1. Setze dich entspannt, aber aufrecht auf deine Unterschenkel oder auf einen Stuhl.
2. Nun bewegst du deinen Kopf langsam von rechts nach links. Die Schultern sollen sich nicht mitbewegen. Fühle in die Bewegung hinein, wo es zieht, wie weit du kommst, und merke es dir. Wiederhole die Kopfdrehung nach Belieben 10- bis 20-mal.
3. Führe nun die gleiche Bewegung aus wie bei 2. beschrieben, nur dass du aktiv mit deinen Augen mitschaust. Drehst du deinen Kopf z.B. nach links, so bewegst du deine Augen auch nach links, um noch weiter sehen zu können. Wiederhole den Schritt 10- bis 20-mal.
4. Drehe nun Kopf und Schultern weit nach links und rechts, deine Augen blicken dabei so weit wie möglich nach rechts und links mit. Achte auf eine gleichmäßig fließende Bewegung.
5. Abschließend wiederholst du nur die Kopfdrehung. Spüre, was sich verändert hat, fühle noch mal nach.

Dein Becken sollte bei dieser Übung gerade bleiben. Drehe dich nur aus der Taille und dem Oberkörper heraus.

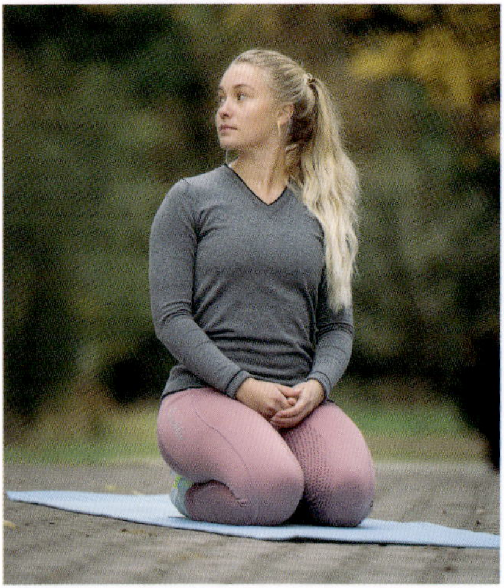

Im ersten Schritt bewegst du nur deinen Kopf, anschließend die Augen nach rechts ...

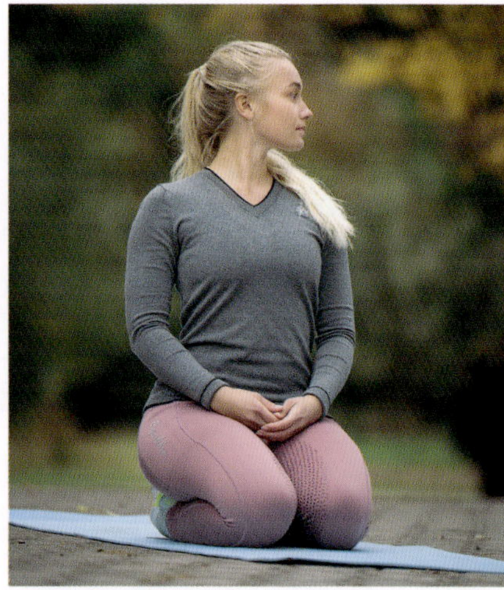

... und nach links. Fühle den Unterschied.

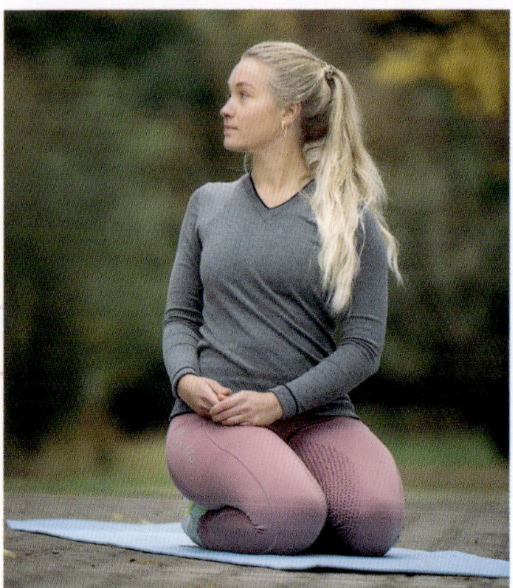

Dann drehst du Kopf und Schultern nach rechts ...

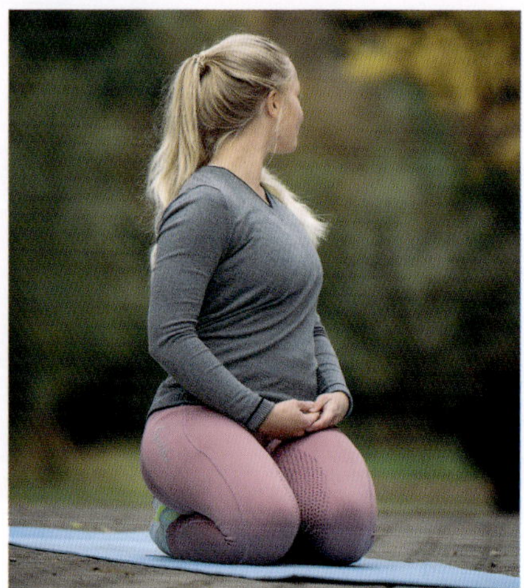

... und nach links. Das Becken bleibt gerade.

7/5 Hals und Nacken locker massieren

ZIEL UND WIRKUNG

- **Lockerung** der Hals- und Nackenmuskulatur.
- Förderung der **Durchblutung** und **Beweglichkeit**.

SO WIRD'S GEMACHT

1. Setze dich locker und aufrecht auf einen Stuhl oder deine **Unterschenkel**. Fühle zunächst in deinen Nacken und deine Schultern hinein. Wie fühlen sie sich an, sind sie verspannt, locker, hochgezogen oder hängend?
2. Beginne mit der linken Seite. Dazu lässt du deine linke Schulter locker hängen. Mit der rechten Hand beginnst du nun, deinen oberen Trapezmuskel zu zwicken. Das darf durchaus etwas unangenehm sein. Durch die Zupfbewegung und das Zwicken wird aktiv die Durchblutung gefördert. Wenn der Muskel gut durchblutet ist, kann er wieder locker arbeiten und ist nicht verspannt.
3. Den Trapezmuskel kannst du nun von der Schulter bis hin zu deinem Hinterkopf kräftig auf beiden Seiten massieren.
4. Wenn du fertig bist, also das Zupfen nicht mehr ganz so unangenehm ist, dann setze dich noch mal entspannt, aber aufrecht hin und fühle erneut in die Schultern hinein.
5. Massiere so lange, bis die Massage für dich angenehmer wird. Das kann einige Minuten dauern.

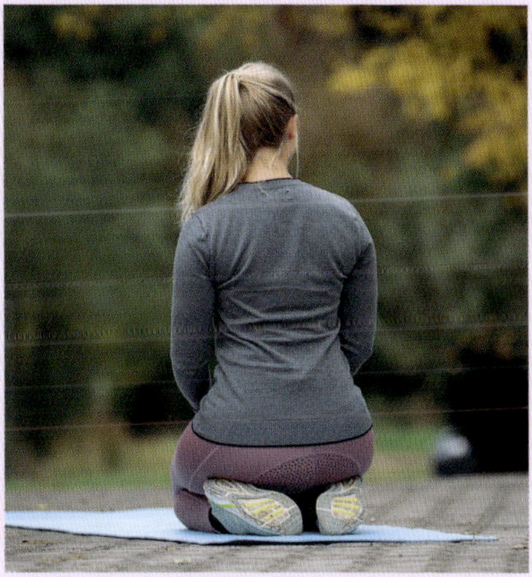

Setze dich bequem, aber aufrecht auf deine Fersen oder auf einen Stuhl.

Übung macht's

Das Zupfen und Zwicken ist anfangs vielleicht etwas unangenehm, wenn du die Übung bzw. Massage regelmäßig durchführst, wird sich das aber bald bessern.

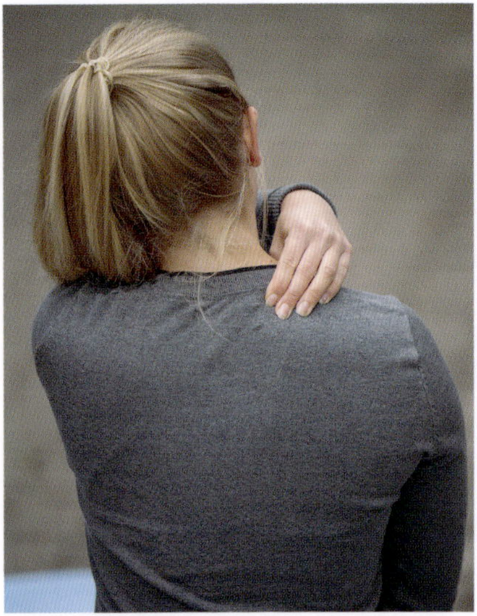

Beginne nun vom Halsansatz …

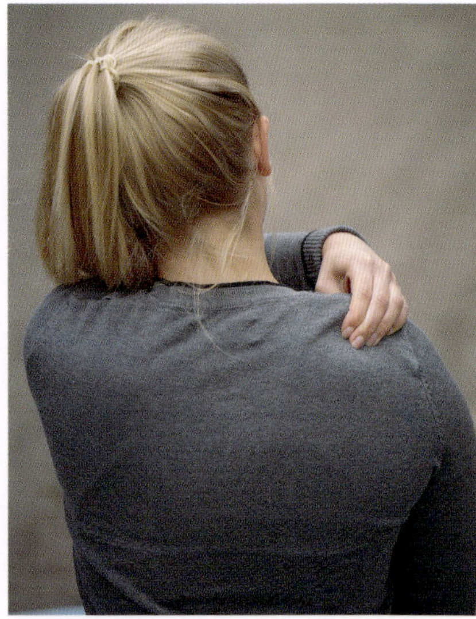

… bis zum Schultergelenk zupfend zu massieren.

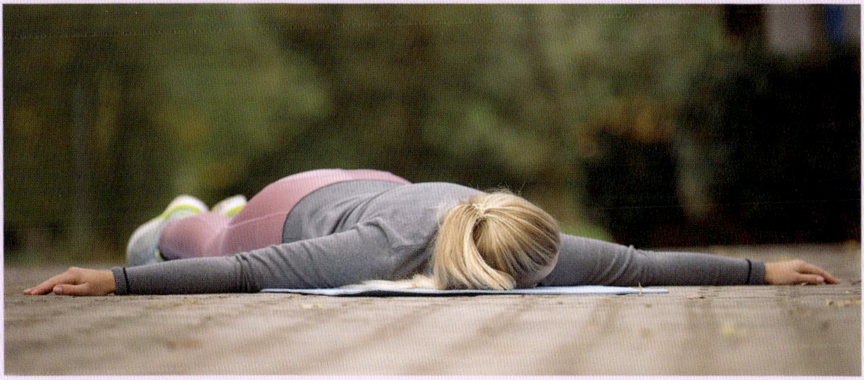

1. Ausgangsposition. Der Blick zeigt nach links.

7/6 Der Adler

ZIEL UND WIRKUNG

- **Dehnung** der Brustmuskeln.
- **Beweglichkeit** in der Schulter.
- **Lockerung** der Schultern.
- **Kräftigen** des hinteren oberen Rückens.

SO WIRD'S GEMACHT

1. Lege dich auf den Bauch, deine Beine sind gerade, deine Arme liegen im rechten Winkel seitlich abgespreizt. Dein Blick zeigt nach links.
2. Hebe nun die linken Fingerspitzen aus dem Handgelenk an. Das Handgelenk bleibt auf dem Boden. Wieder absetzen und kurz entspannen.
3. Nun hebe die Fingerspitzen, dann den gesamten Arm gerade nach oben. Die Schulter soll dabei nicht aktiv nach oben gedreht werden. Die Kraft für das Hochheben nimmst aus dem oberen Rücken, zwischen den Schulterblättern. Den Arm ablegen, dann die Finger.
4. Seitenwechsel: Wende nun den Kopf, dein Blick zeigt nach rechts, und wiederhole 2.–4. mit dem rechten Arm.
5. Wende den Kopf, sodass dein Blick wieder nach links zeigt. Das rechte Bein ist im rechten Winkel angewinkelt. Wiederhole in dieser Position den Ablauf 2.–4. Dann das Bein wechseln und 2.–4. wiederholen.
6. Dein Blick zeigt nach links, das rechte Bein ist angewinkelt. Nun legst du deine linke Hand mit der Handfläche auf den Boden, die Fingerspitzen zeigen zu dir. Hebe nun die gesamte Handfläche aus dem Rücken aus an. Seitenwechsel.
7. Gehe in die 1. Position und führe die Bewegung wie unter 3. beschrieben aus. Fühle in dich hinein, was sich verändert hat.
8. Führe die Bewegung in jeder Position 8–10 Mal aus.

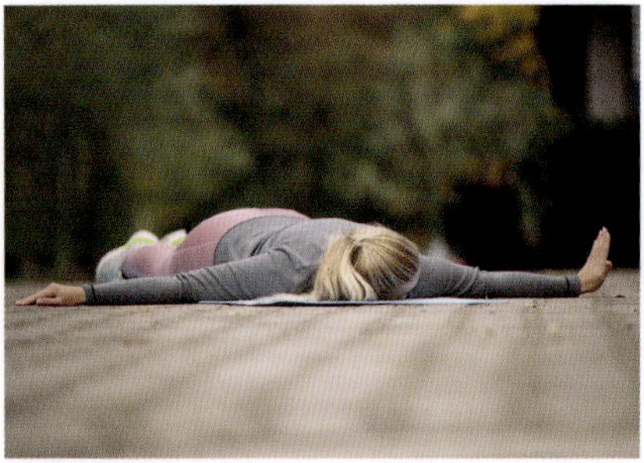

2. Zuerst werden nur die Fingerspitzen angehoben.

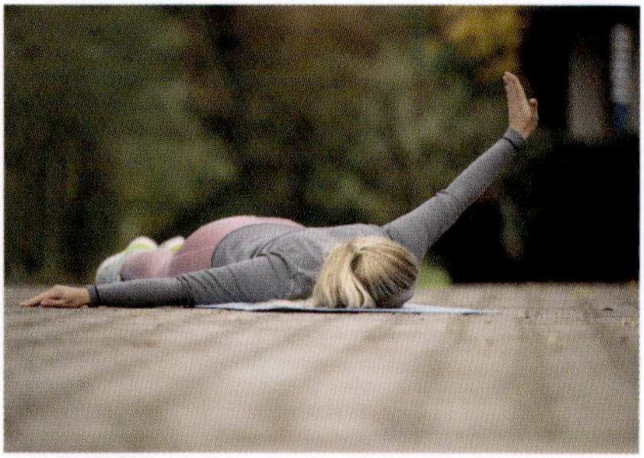

3. Zuerst die Fingerspitzen, dann den gesamten Arm komplett anheben.

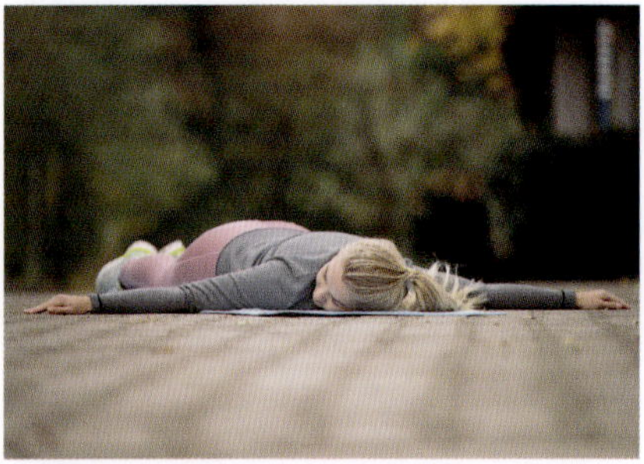

4. Seitenwechsel. Der Blick zeigt nach rechts.

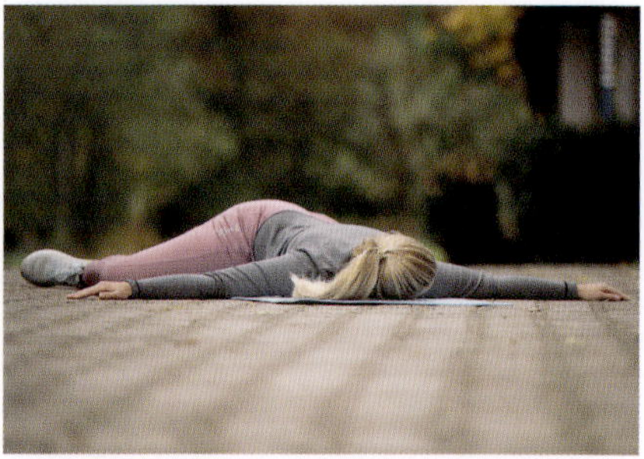

5. Ausgangsposition für einen erhöhten Schwierigkeitsgrad. Zuerst nur die Finger …

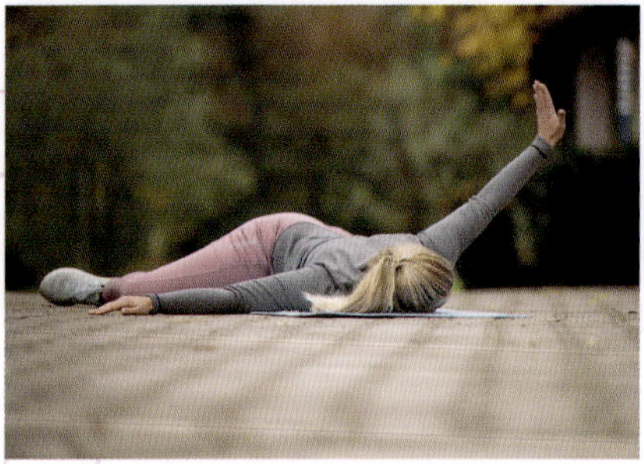

… dann den Arm heben. Seitentausch nicht vergessen.

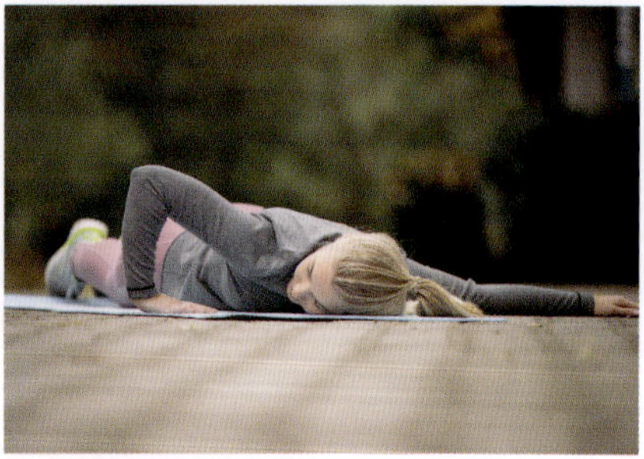

6. Ausgangsposition für maximale Schwierigkeit. Die Handfläche wird gleichmäßig angehoben.

7/7 Kuh-Katze

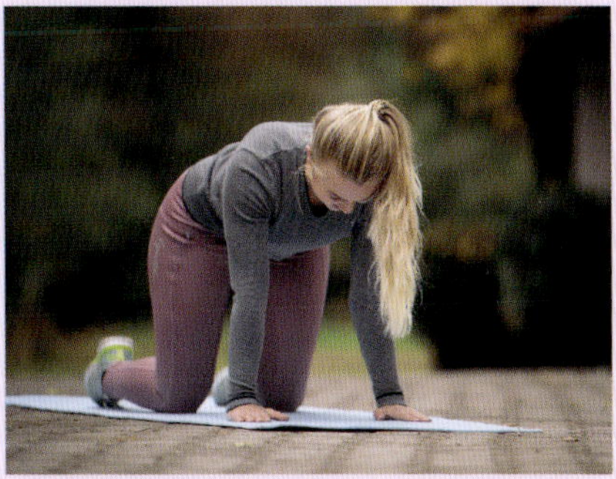

Ausgangsposition im Vierfüßlerstand.

ZIEL UND WIRKUNG

- **Mobilisation** der gesamten Wirbelsäule.
- Leichte **Stärkung** des Bauches.

SO WIRD'S GEMACHT

1. Gehe in den Vierfüßlerstand, die Knie sind hüftbreit, die Hände schulterbreit im Lot.
2. Nun atmest du ein und beugst deinen Kopf nach unten zwischen die Arme. Hebe dabei den Brustkorb zwischen den Schulterblättern hoch.
3. Beim Ausatmen nimmst du den Kopf langsam in den Nacken und lässt den Rücken »durchhängen«.

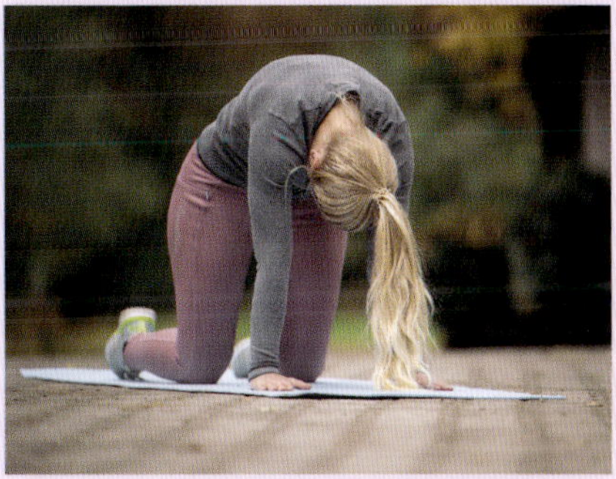

Einatmen und gleichzeitig aufrollen zur Katze.

Atme tief und gleichmäßig und achte auf eine fließende Bewegung.

Auf der Kartenrückseite findest du verschiedene Varianten für diese Übung. Du kannst damit deine Wirbelsäule mobilisieren.
Wiederhole jeden Kreislauf (Einatmen-Ausatmen) 8-12 Mal, bzw. so lange, bis du merkst, dass deine Wirbelsäule beweglicher wird.

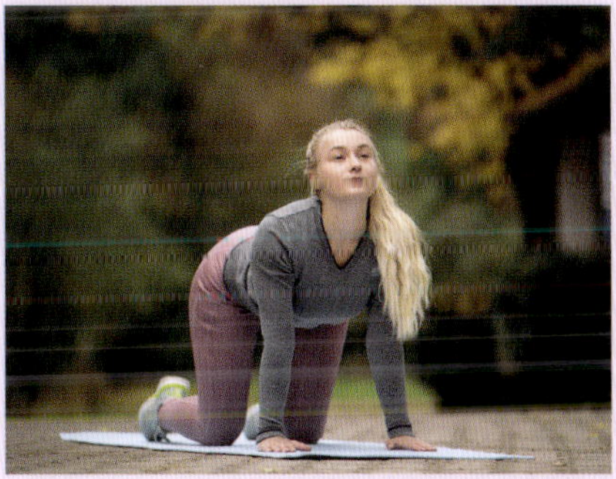

Ausatmen und herabsinken lassen zur Kuh.

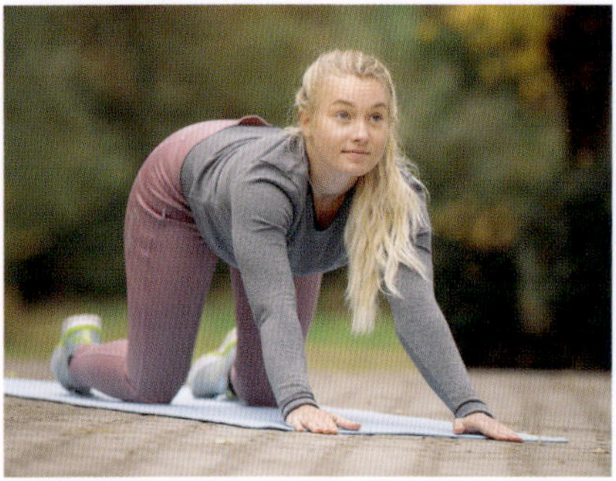

1. Variante: Die Hände sind weiter weg von den Knien.

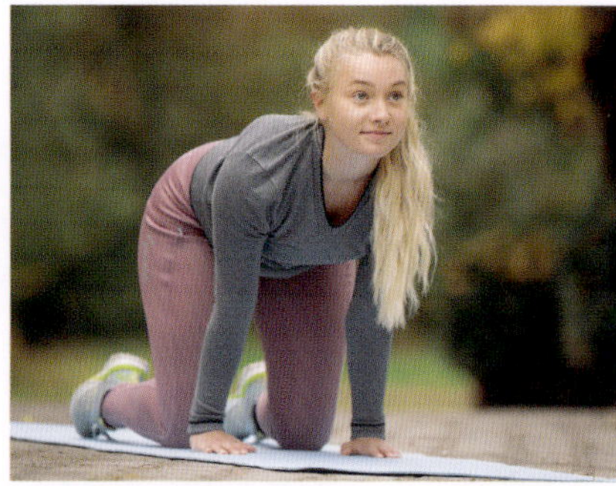

2. Variante: Die Hände befinden sich ganz nah an den Knien.

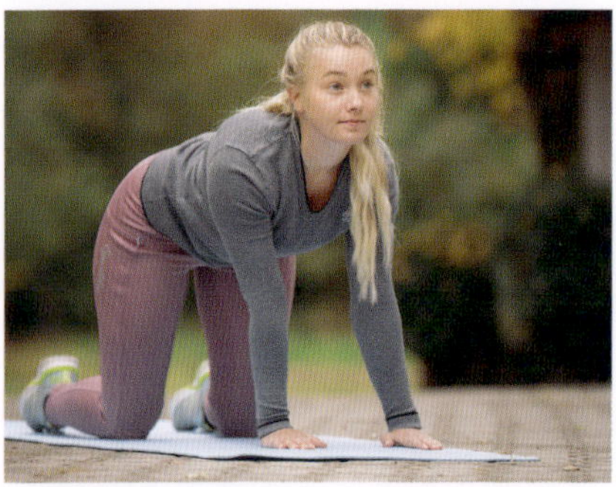

3. Variante: Die Hände sind seitlich versetzt, für mehr seitliche Dehnung.

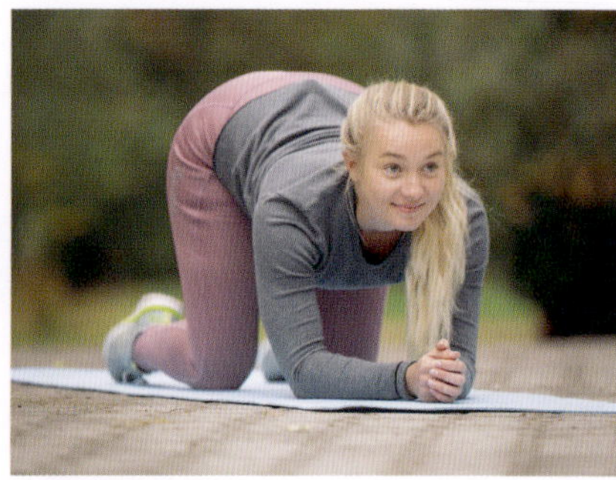

4. Variante: Auf den Unterarmen in Grundposition.

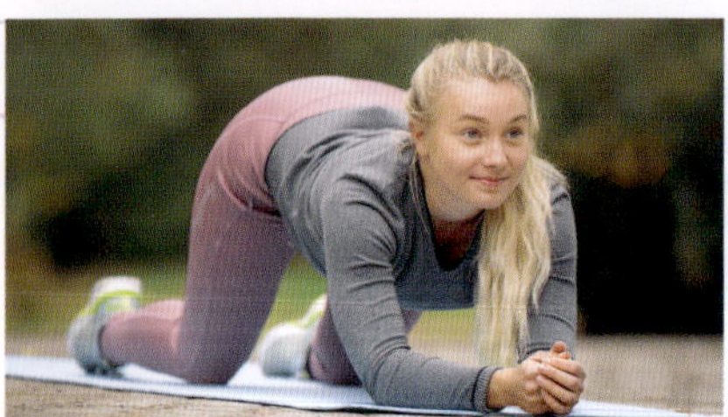

5. Variante: Auf den Unterarmen weiter weg von den Knien.

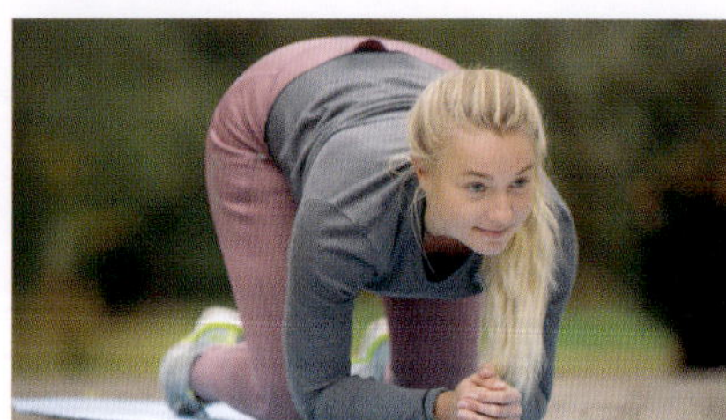

6. Variante: Auf den Unterarmen ganz nah an den Knien.

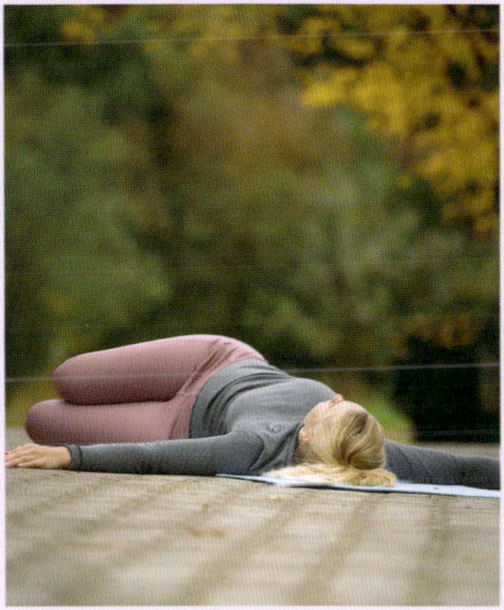

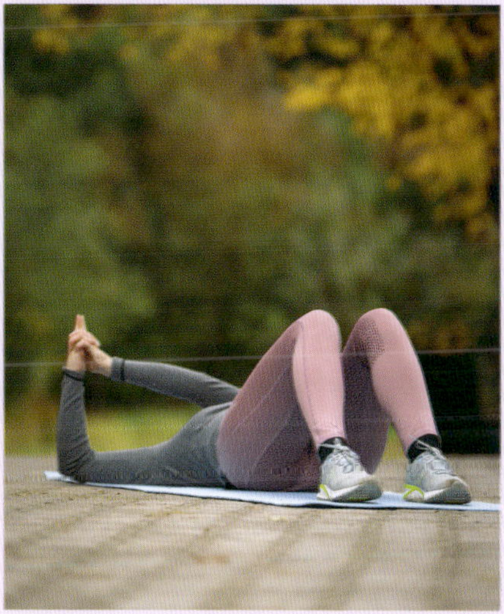

7/8 Im Liegen nach links und rechts kippen

ZIEL UND WIRKUNG

- **Mobilisation** von Wirbelsäule, Schultern und Becken.
- Leichte **Kraftübung** der Bauchmuskeln.
- **Koordinationsübung.**

SO WIRD'S GEMACHT

1. Lege dich auf den Rücken. Deine Arme sind seitlich abgespreizt, die Beine sind angestellt. Lasse deine Knie zusammen nach links und rechts, wenn möglich bis auf den Boden, kippen. Die Schultern bleiben am Boden.
2. Strecke deine Arme nach oben und lege deine Handflächen aneinander. Lege nun jeweils den Oberarm links und rechts ab, während die Hände gefaltet bleiben.
3. Deine Hände liegen wieder links und rechts neben dem Körper. Nun bewege zuerst deine Augen nach links und rechts, anschließend den Kopf nach links und rechts.

Perfektion

Es geht nicht darum, alles perfekt zu machen, wenn du aber häufig übst, wirst du bald alles richtig machen. Ein häufiger Wechsel und immer wieder erneutes Beginnen fördert die Koordination.

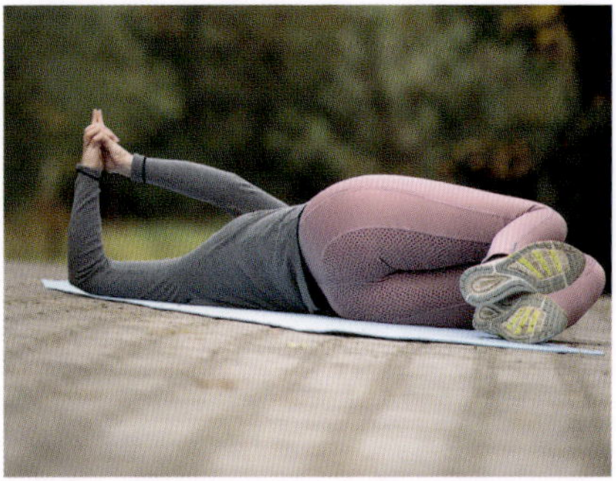

Kombiniere Arme und Knie. Sie bewegen sich jeweils in entgegengesetzte Richtung.

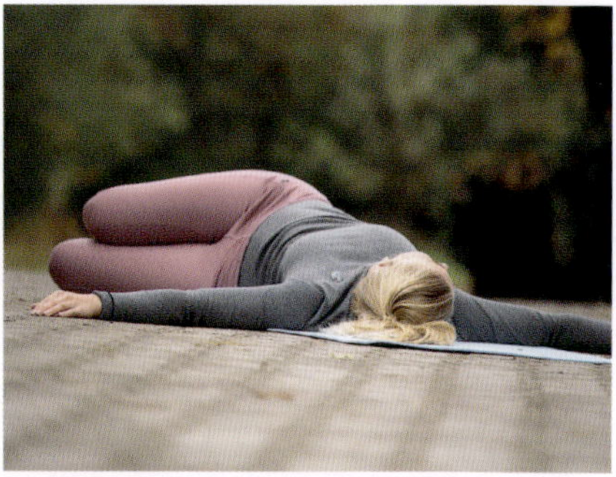

Knie und Augen bewegen sich nach links, der Kopf nach rechts und umgekehrt.

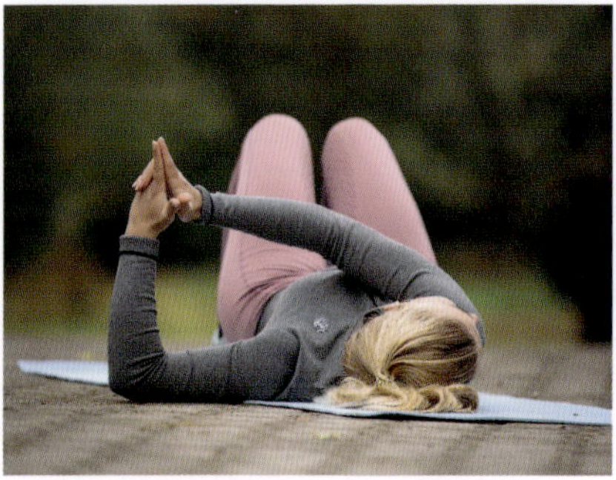

Hände und Augen bewegen sich in die gleiche Richtung, aber entgegengesetzt zur Kopfbewegung.

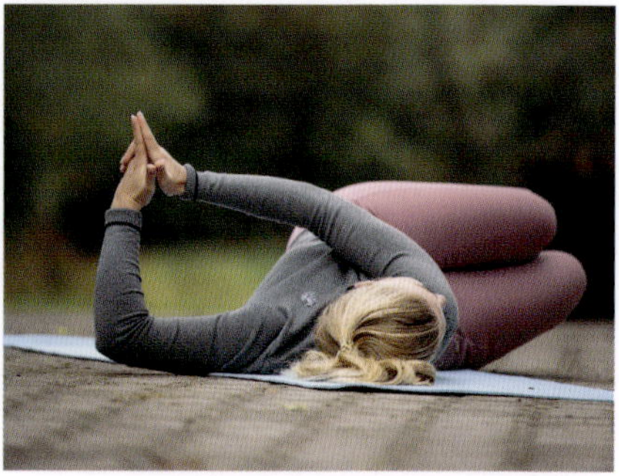

Alles zusammen: Hände und Augen in die eine Richtung, Knie und Kopf in die andere.

Achte darauf, dass du die Bewegungen gleichmäßig und flüssig ausführst. Stocke nicht in der Bewegung, vor allem nicht in der Ausgangsposition, wenn alles nach oben zeigt.

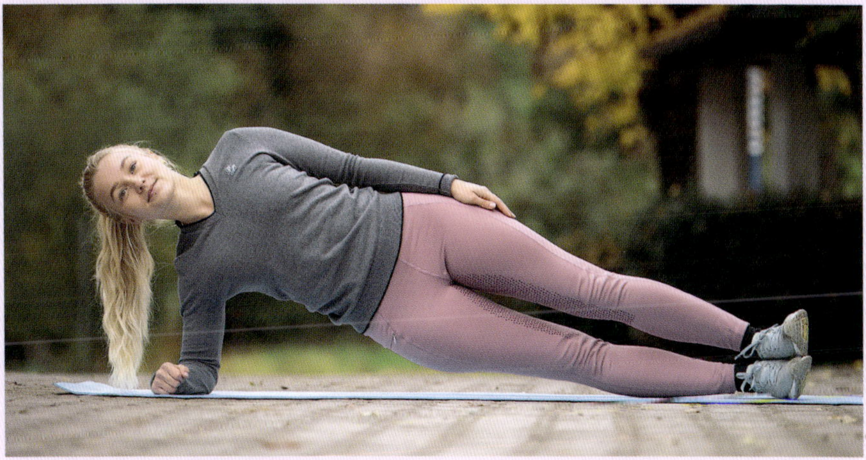

7/9 Seitlicher Stütz

ZIEL UND WIRKUNG

- **Krafttraining** der seitlichen Bauchmuskeln und der kompletten Seite. Gerade diese Muskeln sind wichtig, damit du gerade auf deinem Pferd sitzen kannst, ohne in der Hüfte einzuknicken.

SO WIRD'S GEMACHT

1. Lege dich seitlich auf den Boden, dein Oberkörper ist auf dem Unterarm abgestützt. Dein oberes Bein kannst du knapp vor das untere Bein legen oder du legst sie aufeinander. Dein oberer Arm liegt ausgestreckt auf deiner Seite.
2. Nun hebst du dein Becken an, bis dein Körper von der Seite gesehen eine gerade Linie ergibt. Dein Kopf ist dabei die Verlängerung der Wirbelsäule und wird gerade getragen.
3. Hebe und senke nun das Becken, lege immer wieder das Becken komplett auf dem Boden ab.
4. Wiederhole die Übung 8-mal auf jeder Seite.
5. Nimm jetzt den oben liegenden Arm in die Bewegung mit. Wenn du dein Becken nach oben hebst, dann bewegst du den Arm in einem Bogen nach oben hoch. Beim Ablegen der Hüfte legst du die Hand wieder auf deiner Seite ab. Achte auf eine gleichmäßige und flüssige Bewegung.
6. Wiederhole auch diese Variante 8-mal auf jeder Seite.
7. Zum Schluss hebst du bei der Aufwärtsbewegung auch das obere Bein mit an. Das ist der »Extrakick« für Spannung und Gleichgewicht.

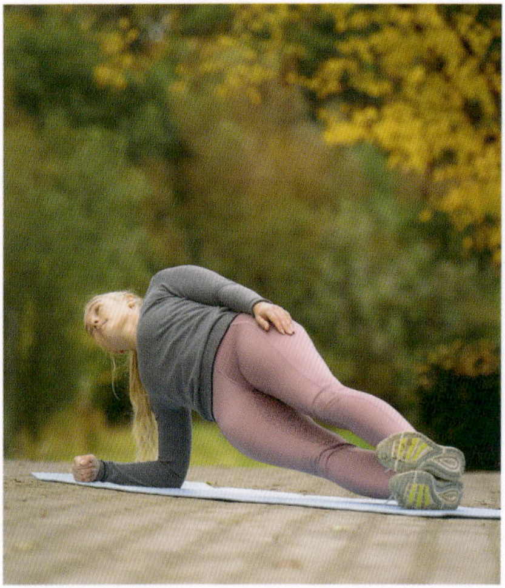

Ausgangsposition: Dein Ellenbogen sollte immer unter deiner Schulter sein.

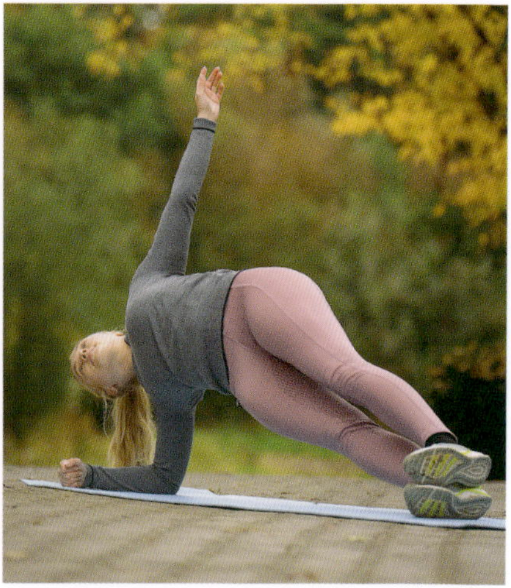

Hebe dein Becken noch etwas mehr an und strecke gleichzeitig den Arm nach oben.

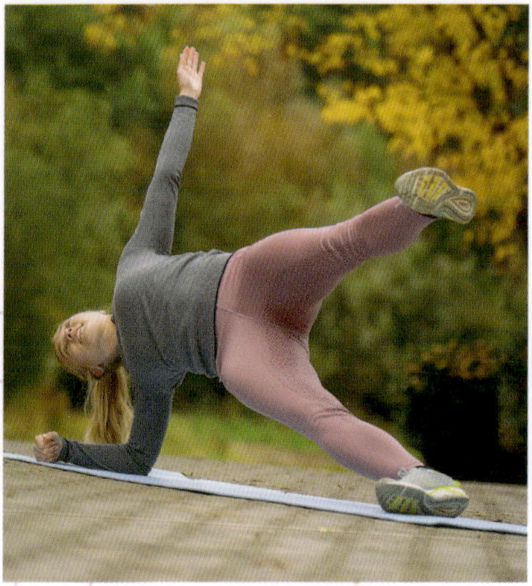

Für Geübte: Beim Anheben des Beckens Arm und Bein gestreckt mit anheben.

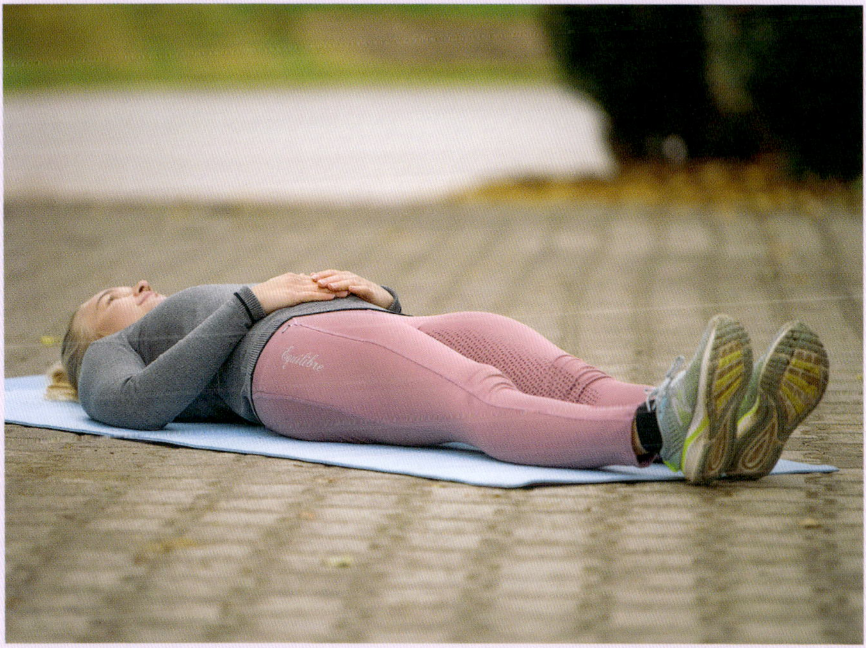

7/10 Sanftes Bauchmuskeltraining

ZIEL UND WIRKUNG

- **Kräftigung** der geraden und schrägen Bauchmuskeln.

SO WIRD'S GEMACHT

1. Lege dich auf den Rücken. Deine linke Hand greift in den Nacken und stützt deinen Kopf. Die rechte Hand greift an das linke angewinkelte Knie.
2. Führe nun dein Knie und dein Kinn zusammen. Benutze dabei hauptsächlich deine Bauchmuskeln.
3. Führe nun deine Nase und dein Knie zusammen. Denke wieder an die Bauchmuskeln.
4. Nun führst du Stirn und Knie zusammen. Die Bauchmuskeln dabei nicht vergessen.
5. Wechsle die Seite und wiederhole 2.–4.
6. Nimm die rechte Hand in den Nacken und die linke Hand an das linke Knie.
7. Wiederhole nun auf beiden Seiten den Ablauf auf 2.–4.

Wiederhole jede Position 8–12 Mal.

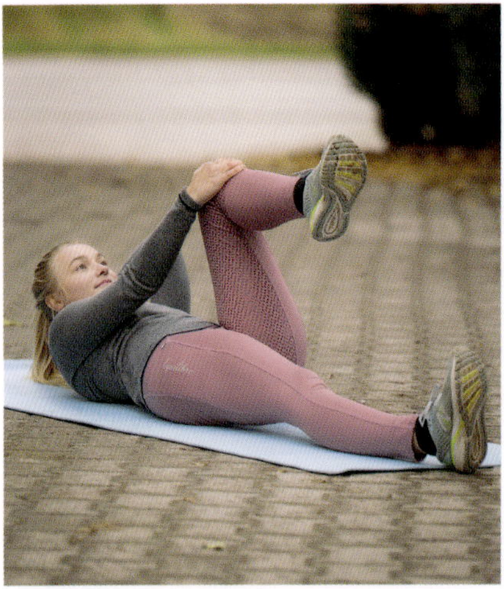

Ausgangsposition: Linke Hand stützt den Kopf, die Rechte führt das linke Knie.

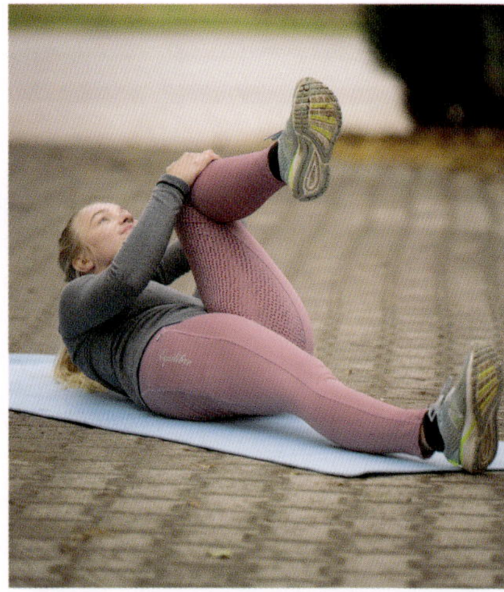

Kinn und Knie werden zusammengeführt.

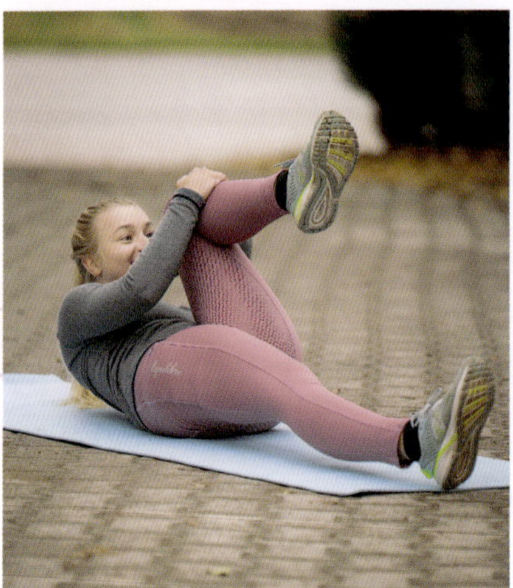

Dann Nase und Knie …

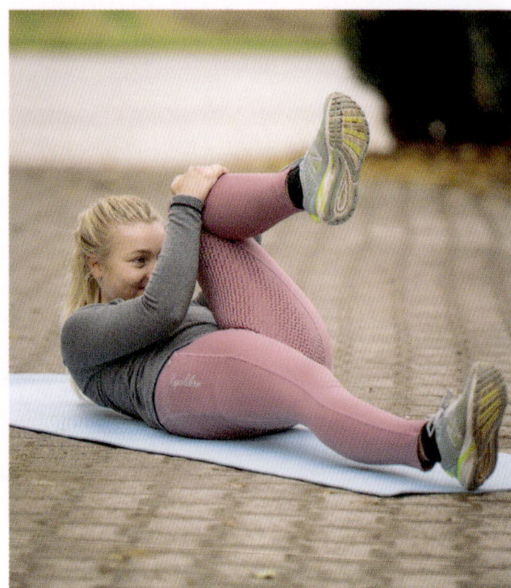

… und zum Schluss Stirn und Knie.

7/11 Hüftbeuger im Sitzen aufdehnen

ZIEL UND WIRKUNG

- **Beweglichkeit** im Becken trainieren. Wenn der Hüftbeuger (u. a. der vordere Oberschenkelmuskel) verspannt ist, kann dein Becken nicht entspannt und losgelassen nach vorne und hinten mitschwingen.

SO WIRD'S GEMACHT

1. Setze dich auf einen Stuhl.
2. Fühle mit dem Daumen deiner rechten Hand nach deinem rechten Hüftbeuger, indem du den Daumen direkt im »Knick« deiner Hüfte platzierst. Wenn du jetzt das Bein anhebst, spürst du, welche sehnenartige Struktur sich anspannt.
3. Wenn du diese Struktur gefunden hast, stelle das Bein wieder ab, damit sich alles wieder entspannt. Nun massierst du ordentlich mit dem Daumen diese sehnenartige Struktur. Das kann etwas unangenehm sein, sollte aber nicht schmerzen. Durch die Massage wird die Durchblutung angeregt, was für einen geschmeidigeren Muskel sorgt.
4. Wiederhole 1.–3. auf der rechten Seite.
5. Anschließend stellst du dich hin, winkelst das rechte Bein an und hältst es am Sprunggelenk nahe deines Pos fest. Das Becken bleibt gerade und weicht nicht nach hinten aus. Die Knie bleiben parallel zueinander. Durch das leichte Nach-hinten-Schieben des angewinkelten Knies und das leichte Vorschieben des gesamten Beckens dehnst du zusätzlich den gesamten vorderen Oberschenkelmuskel.
6. Halte die Dehnung ca. 8 Sekunden oder bis das Dehnungsgefühl nachlässt.
7. Wiederhole 5. dann mit dem linken Bein.

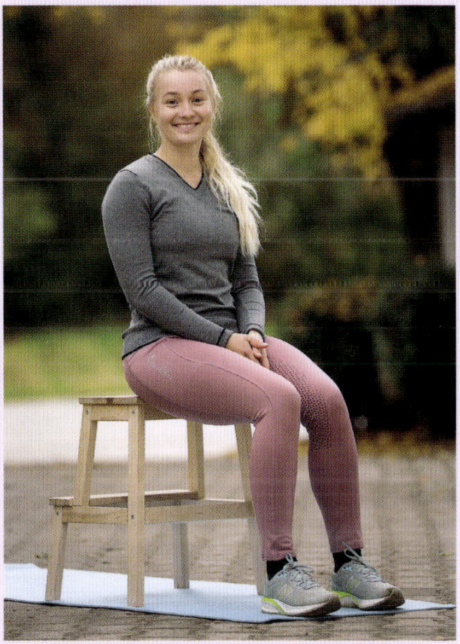

1. Ausgangsposition.

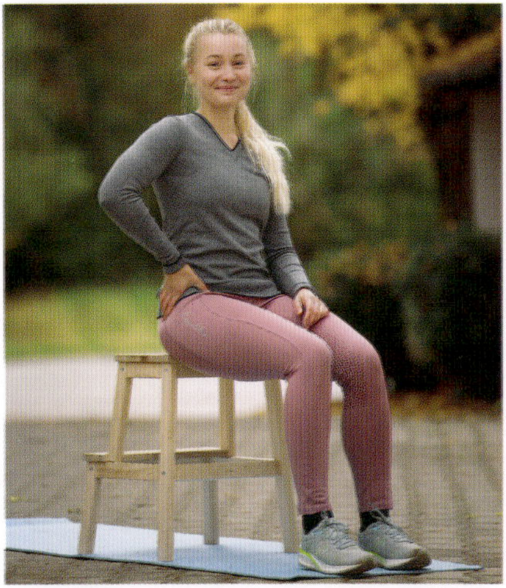

2. Erfühle mit dem Daumen deinen Hüftbeuger.

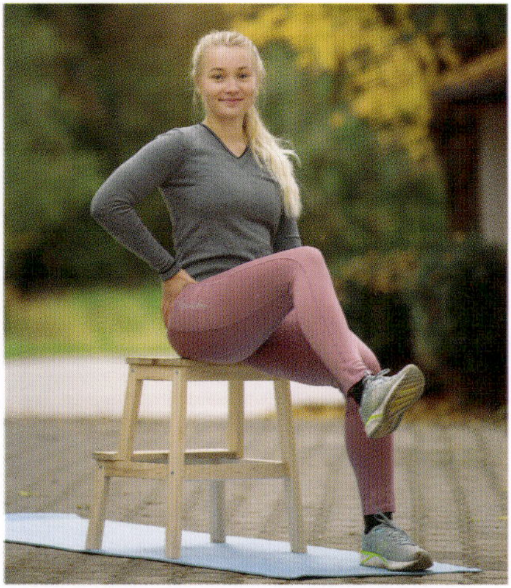

3. Wenn du dein Bein hebst, erfühlst du ihn leichter.

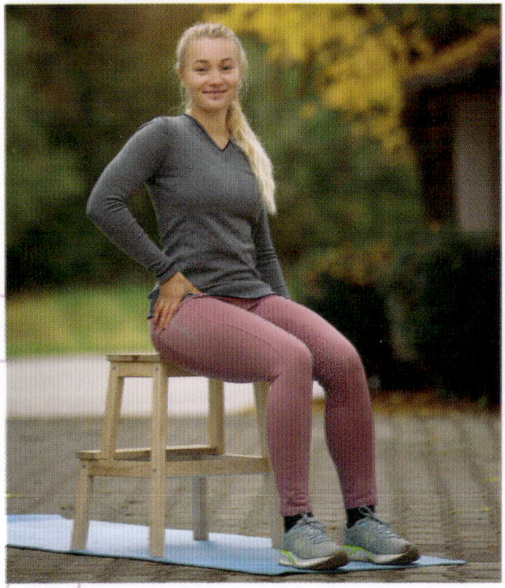

4. Massiere den Hüftbeuger mit deinem Daumen.

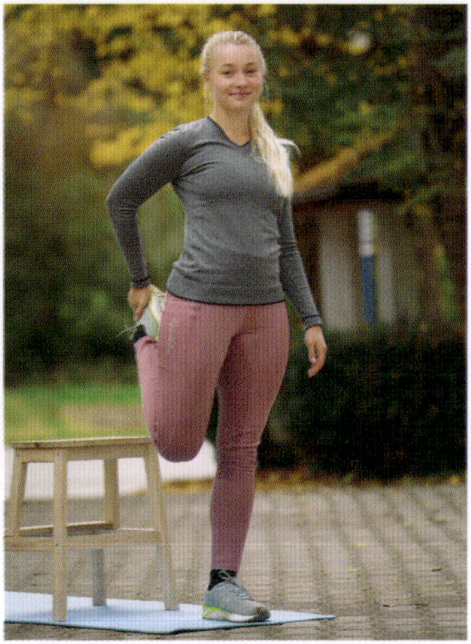

5. Dehne zusätzlich die Vorderseite deines Oberschenkels.

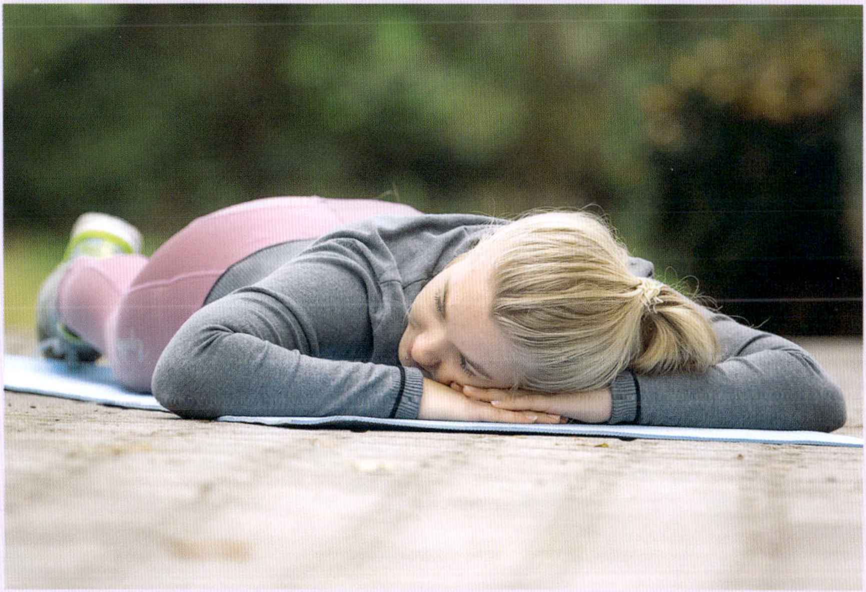

7/12 Richtig treiben trainieren

ZIEL UND WIRKUNG

- **Stärkung** der hinteren Oberschenkelmuskulatur.
- Zum Verdeutlichen, welcher Muskel treibt, und diesen aktiv ansprechen.

SO WIRD'S GEMACHT

1. Lege dich auf den Bauch, die Stirn ruht auf deinen Händen, dein Blick ist nach unten gerichtet, dein Kopf ist die Verlängerung deiner Wirbelsäule.
2. Winkle nun das rechte Knie an, sodass Ober- und Unterschenkel einen rechten Winkel bilden.
3. Hebe nun in einem kleinen Impuls den gesamten Oberschenkel 3–5 cm vom Boden an und lege ihn wieder ab. Stelle dir dabei vor, du möchtest eine Hand, die auf deiner Fußsohle liegt, anheben.
4. Wiederhole diese Übung ruhig 10- bis 20-mal. Stelle dir dabei vor, wie du in unregelmäßigen Abständen immer wieder treibst und dabei nur einen schnellen Impuls gibst.
5. Wiederhole 1.–3. mit dem linken Bein.

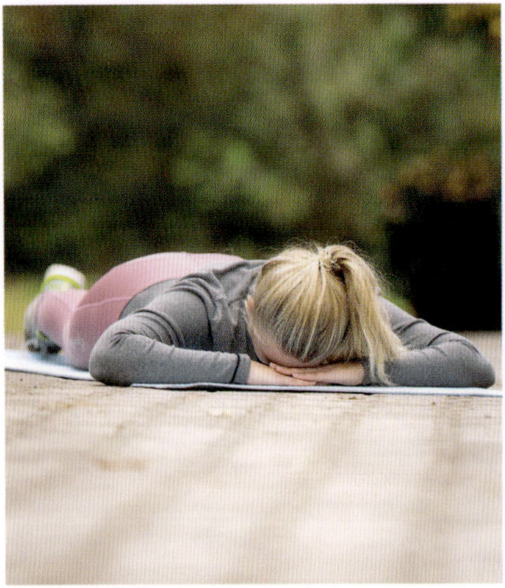

1. Lege dich in Bauchlage auf den Boden.

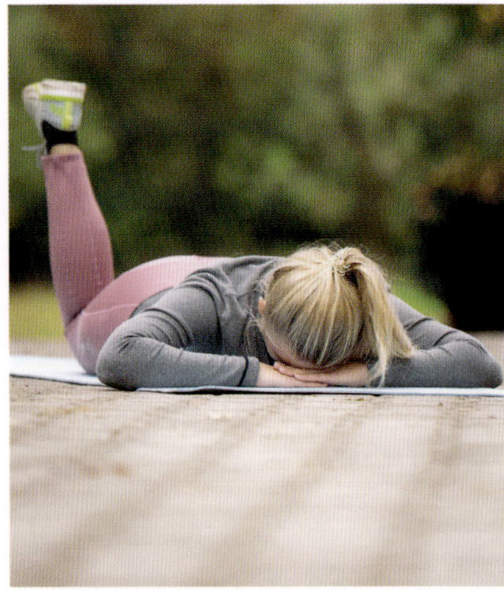

2. Winkle das Bein im rechten Winkel an.

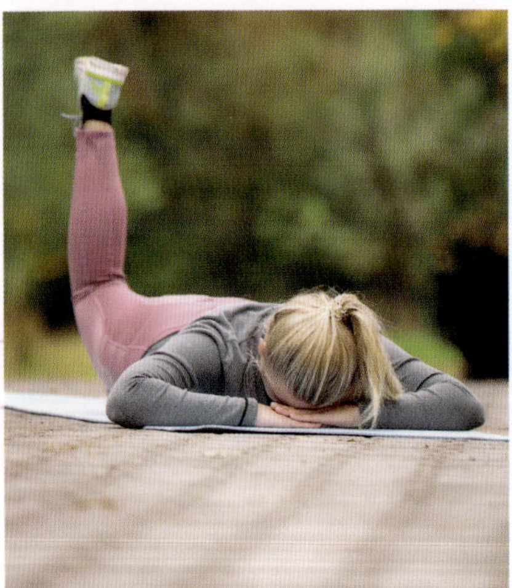

3. Hebe nun in schnellen Impulsen den kompletten Oberschenkel an.

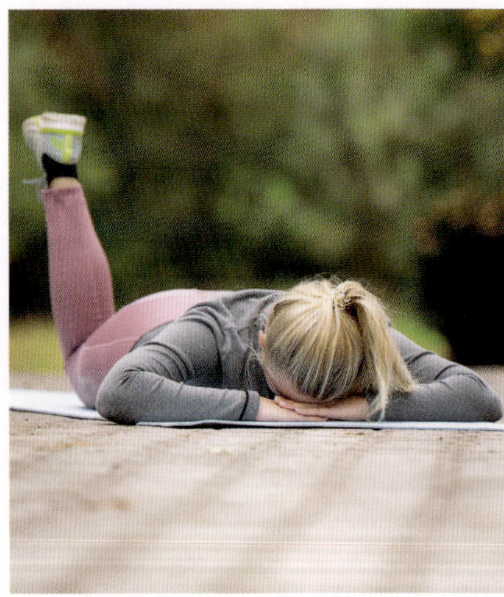

4. Lege den Oberschenkel ab und entspanne die Muskulatur.

7/13 Die Beckenuhr am Boden

ZIEL UND WIRKUNG

- **Mobilisation** des Beckens. Das menschliche Becken ist das Verbindungsstück zwischen Reiter und Pferderücken. Es nimmt die Bewegung des Rückens auf und bewegt sich mit dem Pferd. Ist das Becken starr, blockiert es den Bewegungsablauf des Pferdes und macht ein einfühlsames Reiten und korrekte Hilfengebung nahezu unmöglich.

SO WIRD'S GEMACHT

1. Setze dich auf den Boden und stütze dich mit den Händen hinter dir ab, sodass dein Oberkörper leicht nach hinten gelehnt ist. Deine Beine sind angestellt, die Knie lässt du entspannt nach links und rechts fallen.
2. Nun stellst du dir eine Uhr vor. Dabei ist die 12 vor dir, die 6 hinter dir, die 9 ist links und die 3 rechts neben dir.
3. Beginne nun zuerst dein Becken nach vorne und hinten zu kippen, immer auf die 12 und die 6.
4. Anschließend auf die 9 und die 3 nach links und rechts.
5. Als Nächstes beschreibst du mit deinem Becken einen Kreis im und dann gegen den Uhrzeigersinn.
6. Versuche nun, dein Becken auf 10 Uhr seitlich zu kippen, wieder zurück auf 6 Uhr und dann nach rechts auf 2 Uhr. Das hilft dir, die Gewichtshilfe für das Angaloppieren zu verbessern.

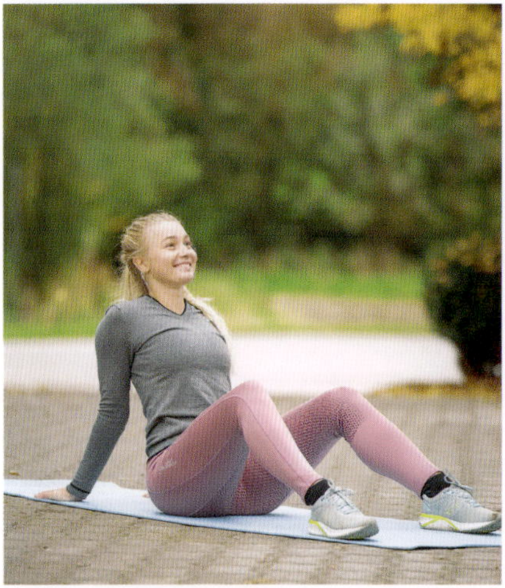

Setze dich in der Ausgangsposition auf den Boden.

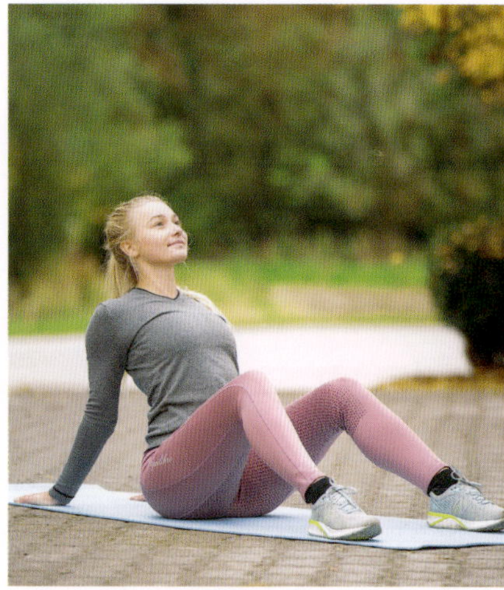

Kippe das Becken nach vorne auf 12 Uhr ...

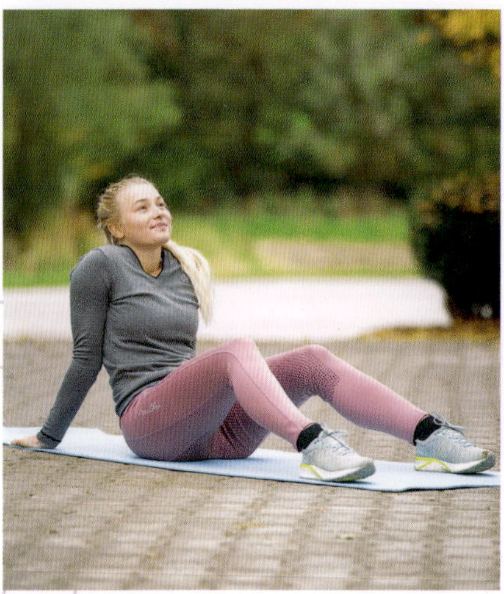

... und zurück auf 6 Uhr.

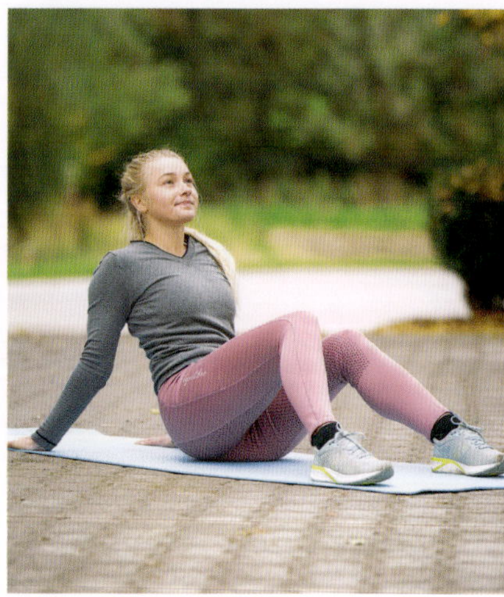

Kippe dein Becken auch auf 3 und 9 Uhr, sowie im und gegen den Uhrzeiger.

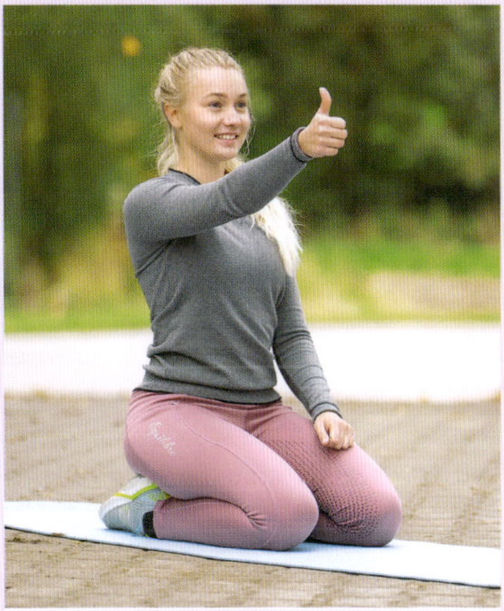

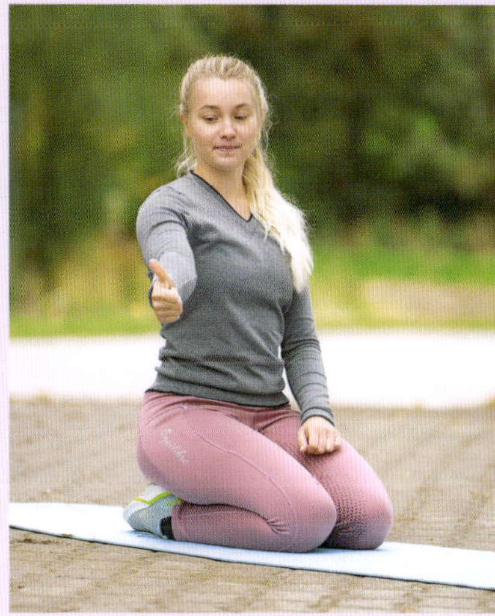

7/14 Die liegende Acht

ZIEL UND WIRKUNG

- Der liegenden Acht sagt man nach, dass die Übung die **beiden Gehirnhälften aktiviert** und diese somit besser zusammenarbeiten. Das kommt deinem gesamten Bewegungsablauf zugute.

Bewegungsaufgabe
Die liegende Acht kannst du fast überall einbauen und aus ihr auch eine Bewegungsaufgabe machen.

SO WIRD'S GEMACHT

1. Setze dich gerade hin, dein rechter Arm ist vor dir ausgestreckt, der Daumen zeigt nach oben.
2. Nun beginnst du mit dem Daumen eine liegende Acht zu zeichnen. Deine Augen folgen dabei immer dem Daumen.
3. Variiere die Acht nun in ihrer Größe und in der Geschwindigkeit der Ausführung.
4. Wechsele den Arm und wiederhole die Steps 1.–3.

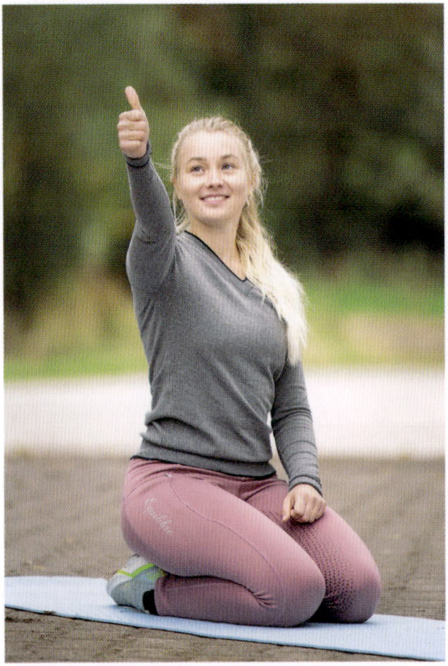

Die liegende Acht mit einem Arm.

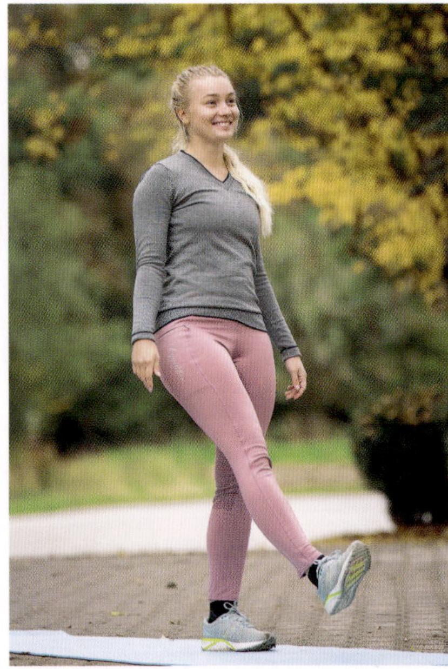

Mit der Zehenspitze ausgeführt trainiert sie gleichzeitig das Gleichgewicht.

VARIANTEN

Zeichne die liegende Acht mit beiden Armen, die Hände sind dabei verschränkt, die Daumen zeigen nach oben.

Zeichne eine liegende Acht mit den Zehenspitzen aus einem Fußgelenk heraus oder mit dem ganzen Bein aus dem Hüftgelenk.

Zeichne die liegende Acht mit den Handgelenken, entweder mit jeder Hand einzeln oder verschränkt zusammen.

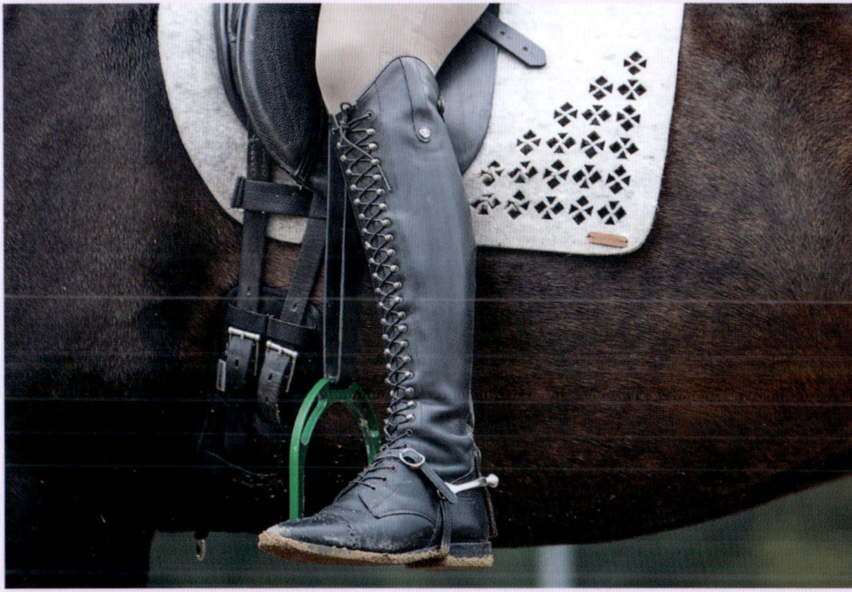

7/15 Fahrrad fahren

ZIEL UND WIRKUNG

- **Mobilisierung** des Beckens.
- **Lockerung** von Oberschenkeln und Knien.
- Leichte **Kraftübung** für den Bauch.
- Balanceübung.

SO WIRD'S GEMACHT

1. Setze dich auf dein Pferd und lasse deine Beine aus den Steigbügeln heraus baumeln.
2. Bewege nun deine Beine so, als ob du Fahrrad fahren würdest.
3. Fahre zunächst vorwärts. Achte auf große und gleichmäßige Bewegungen. Ziehe dein Knie hoch und führe es nach hinten.
4. Nachdem du vorwärtsgetreten hast, fährst du nun rückwärts mit deinem »Fahrrad«.

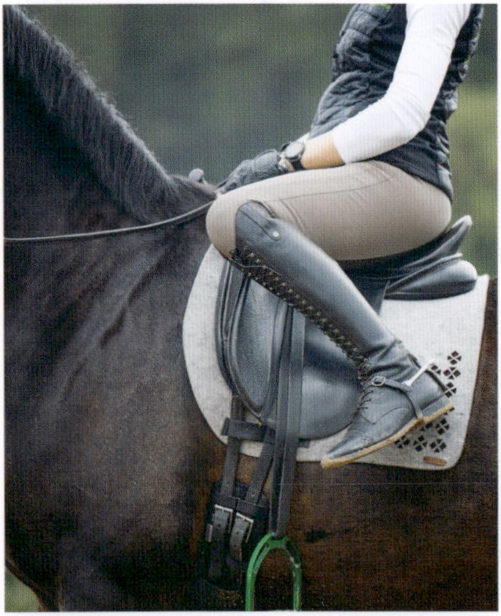

Anheben des Knies mit dem gesamten Bein.

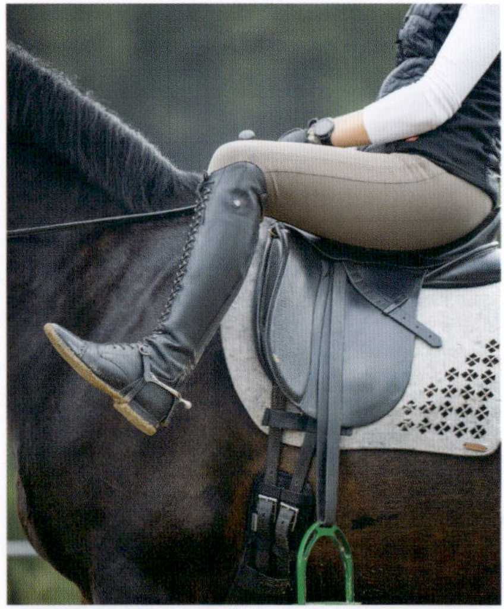

Nach-vorne-Führen des Fußes.

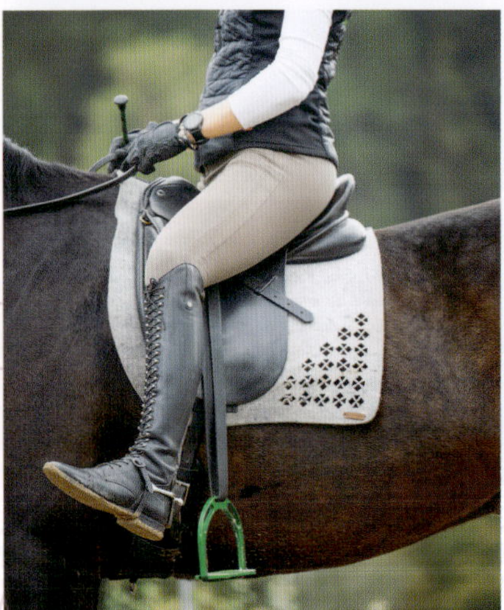

Weiter nach unten führen ...

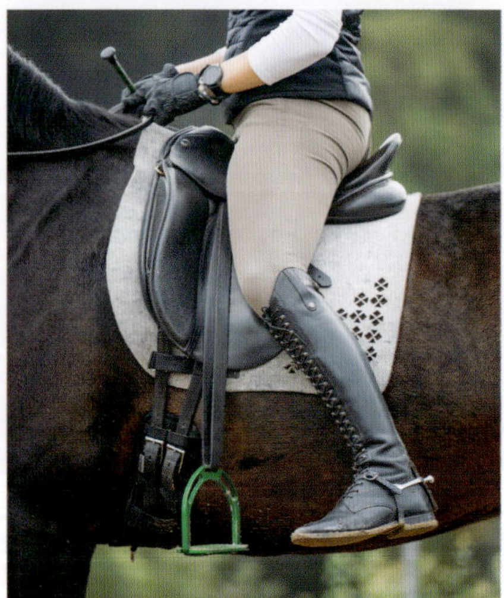

... und von vorne beginnen.

7/16 Mit den Füßen wackeln

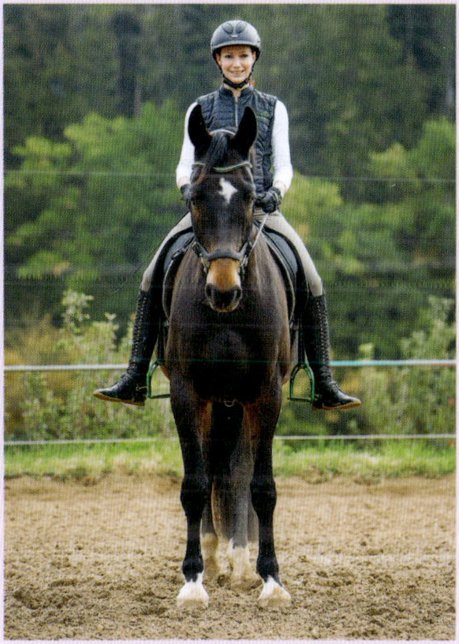

ZIEL UND WIRKUNG

- Mobilisation des Sprunggelenks.
- Leichte **Stärkung** der Schienbeinmuskeln.
- **Dehnung** der Wadenmuskulatur.

Ausbalancierter Sitz
Wenn dein Sprunggelenk locker federn kann, hast du ein gutes Sitzfundament. Besonders im Entlastungssitz ist ein federndes Sprunggelenk enorm wichtig für den ausbalancierten Sitz.

SO WIRD'S GEMACHT

1. Setze dich auf dein Pferd und lass' die Beine entspannt an den Seiten herunterhängen.
2. Ziehe nun die Zehenspitzen an und strecke sie wieder.
3. Wenn deine Zehenspitzen angezogen sind, bewege sie nach links und rechts.
4. Führe die Bewegung nach links und rechts nun mit gestreckten Zehenspitzen aus.
5. Beschreibe mit den Zehenspitzen einen Kreis im und gegen den Uhrzeigersinn.
6. Ziehe die Zehenspitzen abwechselnd im Schritttakt an und lasse sie wieder entspannt fallen.

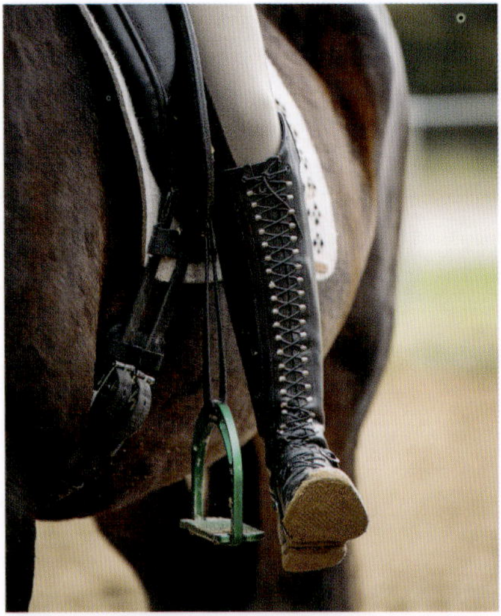

Bewege deine Zehenspitzen hoch ...

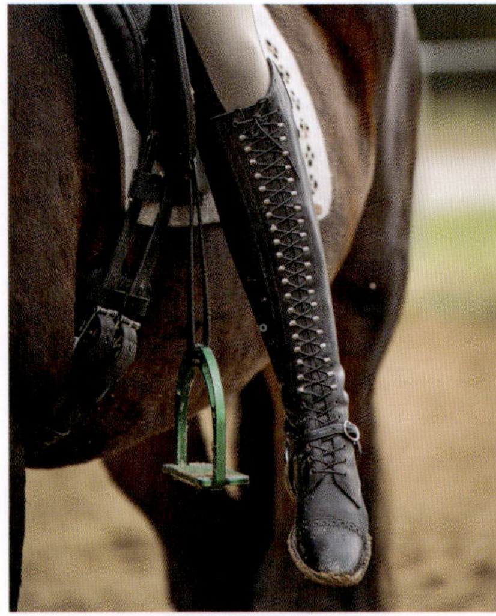

... und strecke sie wieder nach unten.

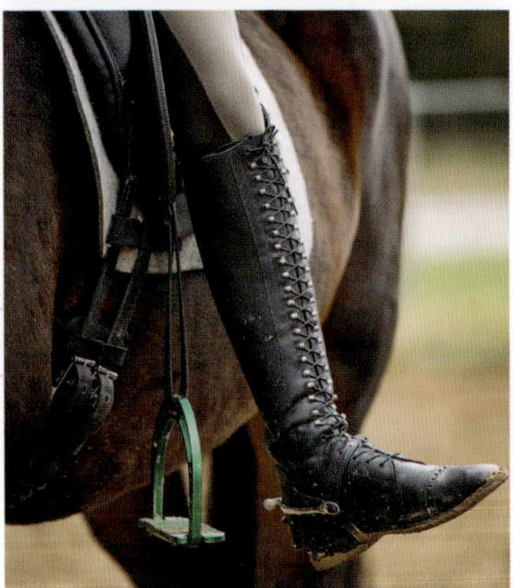

Kreisende Bewegungen, links und rechts kippen, alles ist machbar und gut.

7/17 Den Widerrist drücken

ZIEL UND WIRKUNG

- **Stärkung** der seitlichen Bauchmuskeln.

SO WIRD'S GEMACHT

1. Setze dich aufrecht auf dein Pferd.
2. Nimm nun deine linke Hand und lege sie mit der Handfläche auf die rechte Seite des Widerrists.
3. Drücke nun mit der Handfläche gegen dein Pferd. Halte diesen Druck ein paar Sekunden aufrecht. Entspanne die Handfläche und wiederhole die Übung.
4. Führe diese Bewegung auch mit der rechten Hand auf der linken Widerristseite deines Pferdes durch.

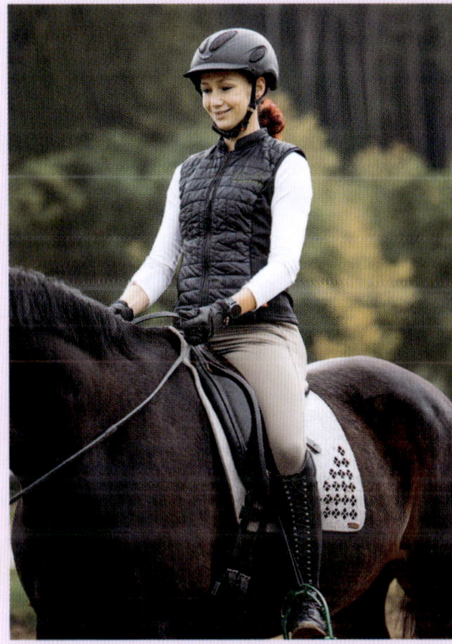

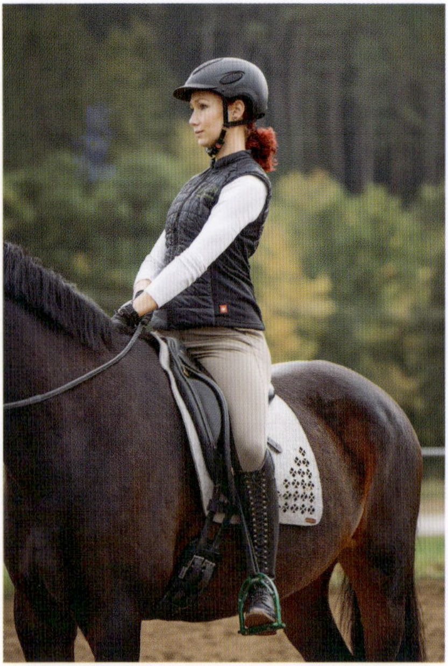

Die linke Hand wird gegen die rechte Widerristseite gedrückt.

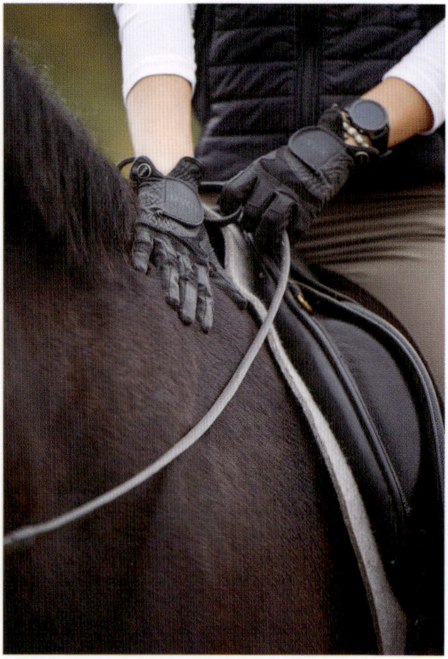

Mit der flachen Hand wird ein kurzer Druck aufgebaut.

7/18 Im Sattel umherrutschen

ZIEL UND WIRKUNG

- **Lockerung** des Beckens.
- Du kannst dir mit dieser Übung bewusst machen, wie stark du dich im Sattel bewegen kannst und **wie viel Platz** du hast.

SO WIRD'S GEMACHT

1. Rutsche aktiv von der einen Seite des Sattels auf die andere. Setze dich bewusst weit nach hinten oder nach vorne. Kippe, knicke und bewege dein Becken in alle Richtungen.
2. Anschließend findest du mittig im Sattel die Position, die sich am besten anfühlt.

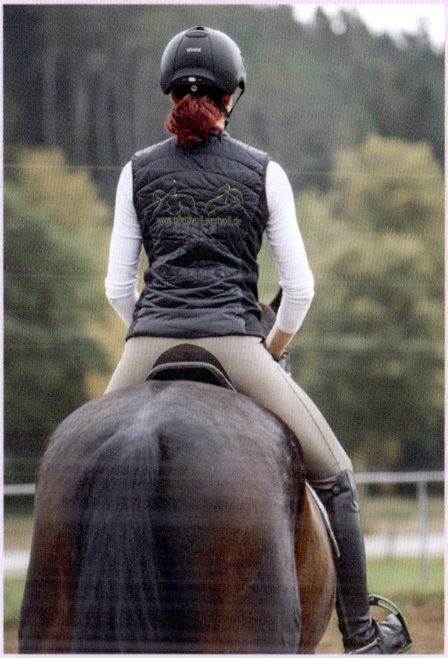

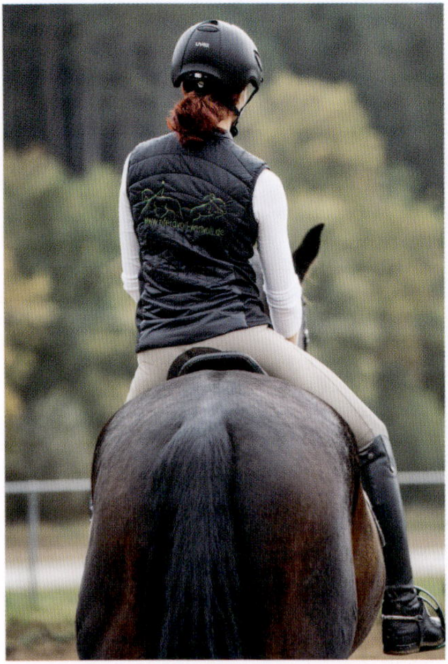

Rutsche links und rechts im Sattel umher.

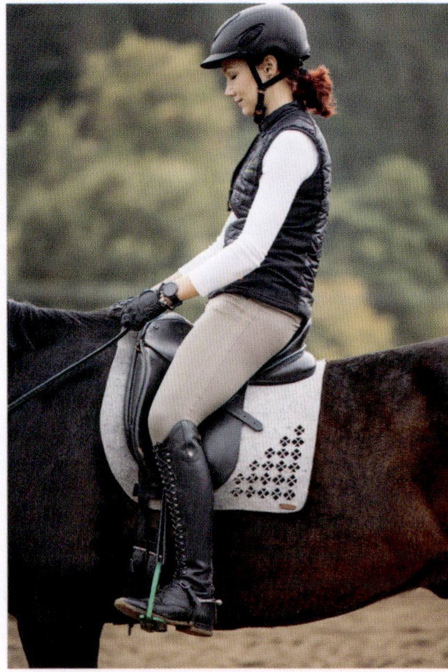
Kippe vor und zurück, um besser deine Mitte im Sattel zu finden.

7/19 Becken bewegen

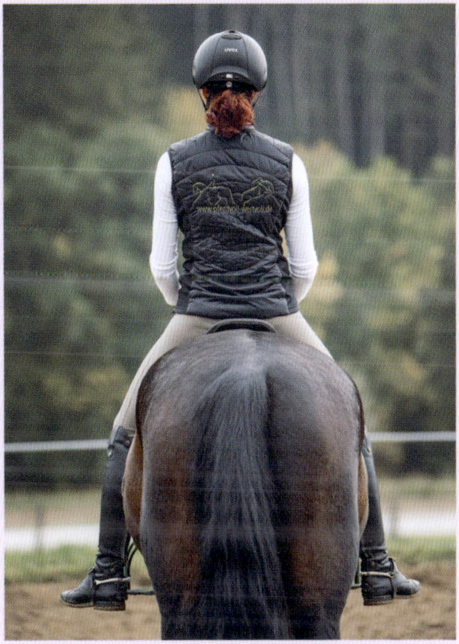

ZIEL UND WIRKUNG

- **Mobilisation** des Beckens.
- Leichte **Bauchmuskelstärkung**.

SO WIRD'S GEMACHT

1. Setze dich auf dein Pferd und nimm die Füße aus den Bügeln.
2. Fühle zunächst, wie dein Pferd im Schritt dein Becken bewegt. Lasse dich mitnehmen.
3. Halte dein Pferd an und hebe ganz bewusst einen Sitzknochen an. Du wirst auf dem anderen mehr Druck bekommen. Hebe nun den anderen Sitzknochen an und wiederhole das Ganze einige Male.
4. Nun versuchst du mit dem Becken einen Kreis zu beschreiben. Dabei hebst du einen Sitzknochen an, führst ihn nach hinten, dann über oben nach vorne und wieder zurück. Mache dies auf beiden Seiten in beide Richtungen.
5. Zum Schluss kippst du das Becken vor und zurück. Finde die Mitte deiner Beckenstellung, aus der du geschmeidig den Pferdebewegungen folgen kannst.
6. Für »noch mehr« fühlen kannst du dich auf deine Hände setzen. Dafür lässt du dein Pferd von einer weiteren Person halten.

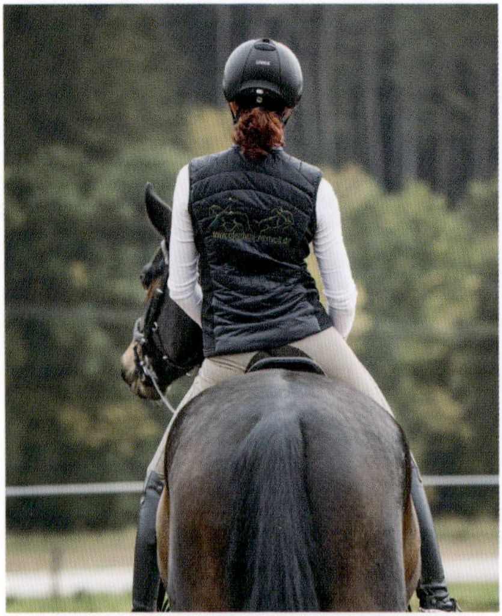

Hebe abwechselnd einen Gesäßknochen an.

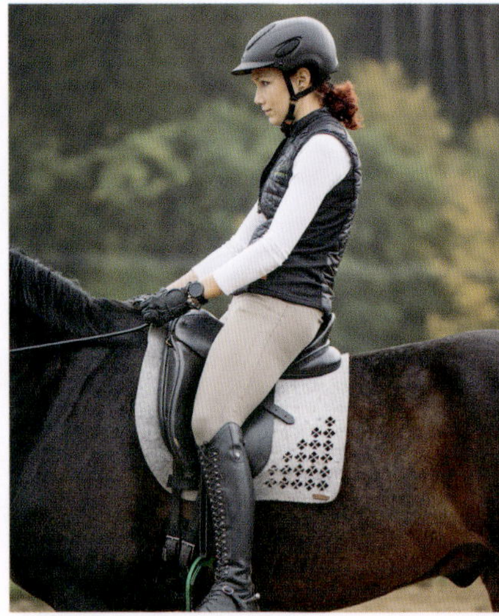

Kippe bewusst stark nach hinten ...

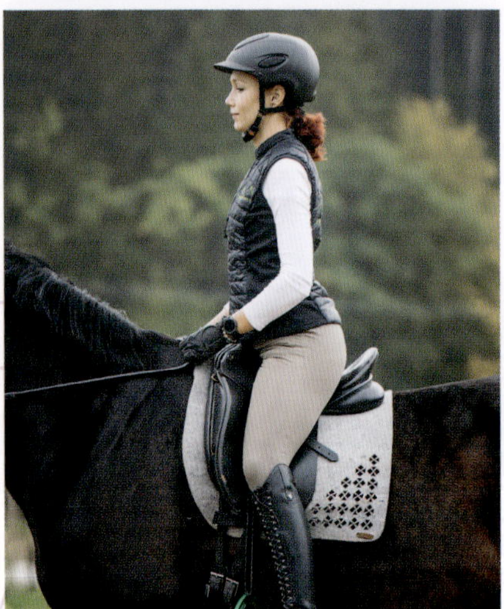

... und bewusst ins Hohlkreuz.

7/20 Zeigt her eure Fäuste

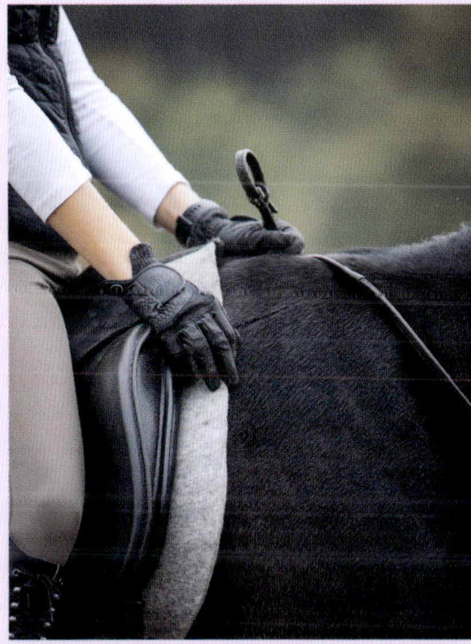

ZIEL UND WIRKUNG

- **Lockerung** des Hand- und Schultergelenks für eine **korrekte** und feine Zügelführung.

SO WIRD'S GEMACHT

1. Setze dich auf dein Pferd, die Zügel liegen auf dem Hals oder sind möglichst lang, damit du deinem Pferd nicht im Maul ziehst.
2. Strecke nun die Hände und Finger und schließe sie wieder fest zu einer Faust. Wiederhole dies einige Male.
3. Bewege deine Handgelenke während deine Hand eine korrekt geschlossene Reiterhand bildet.
4. Knicke nach innen, außen, oben und unten ab, kreise im und gegen den Uhrzeigersinn oder beschreibe eine liegende Acht.
5. Drehe deine Handgelenke daumenwärts ein und aus.

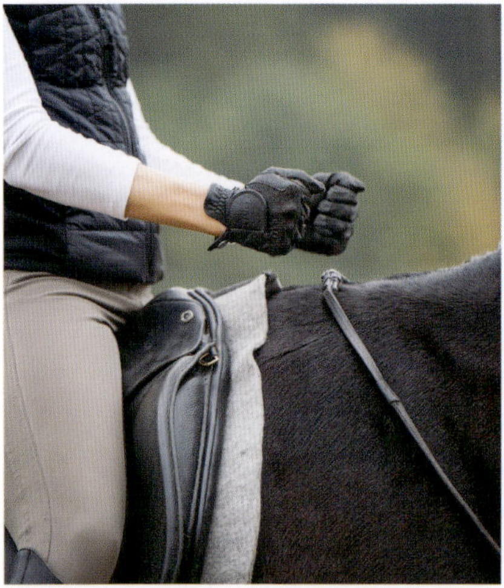

Trage deine Reiterfäuste einmal bewusst vor dir.

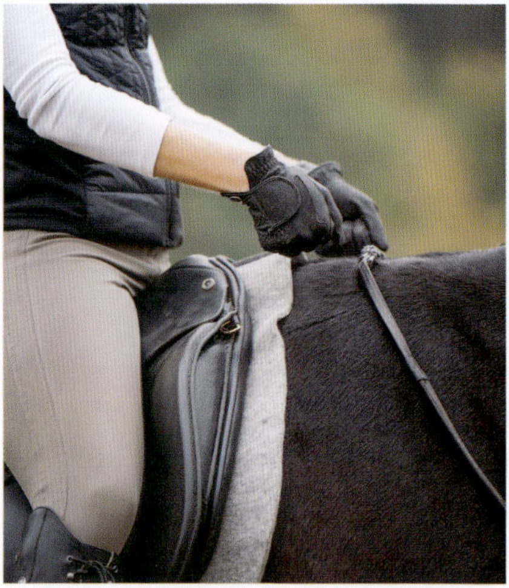

Bewege nun deine Reiterfäuste auf und ab.

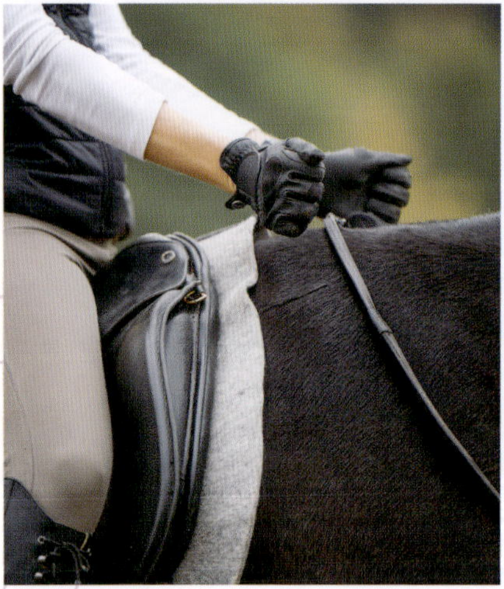

Drehe sie ein und aus.

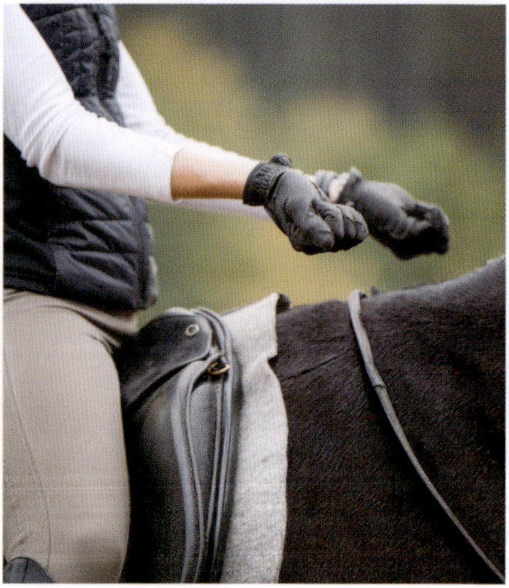

Rotiere mit dem ganzen Handgelenk, sodass der Daumen mal außen und mal innen ist.

7/21 Schulter hoch und runter

ZIEL UND WIRKUNG

- **Lockerung** der Schultern und Oberarme.
- **Takt- und Rhythmusschulung**.

SO WIRD'S GEMACHT

1. Setze dich auf dein Pferd. Während du dein Pferd am langen Zügel antrabst, können deine Schultern ebenfalls »leicht traben«.
2. Wenn du aufstehst, ziehst du eine Schulter bis zu den Ohren hoch an und lasse sie mit deinem Einsitzen wieder nach unten fallen. Beim nächsten Aufstehen hebst du die andere Schulter an. Ziehe dabei deine Schultern wirklich aktiv hoch und lass sie dann fallen. Achte darauf, dass die andere Schulter ruhig bleibt und sich nicht mitbewegt.
3. Dies kannst du wechselseitig oder auch gleichzeitig mit beiden Schultern machen.

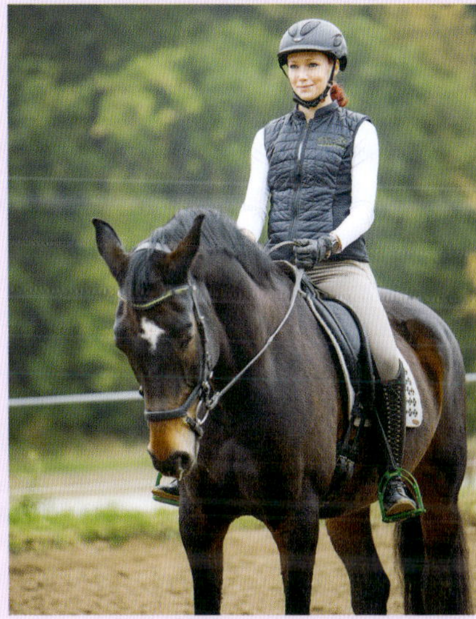

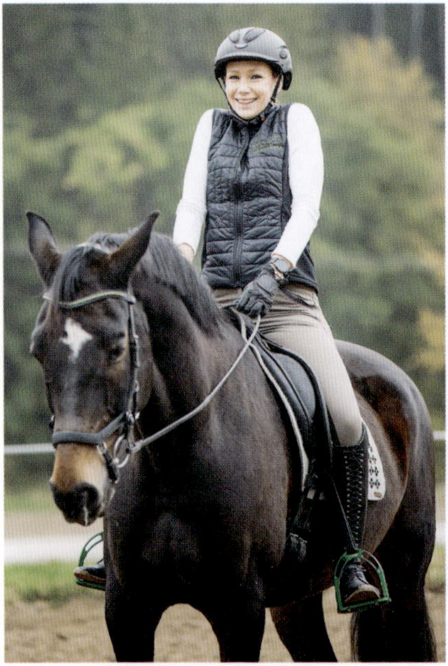

Du kannst eine oder beide Schultern gleichzeitig hochziehen.

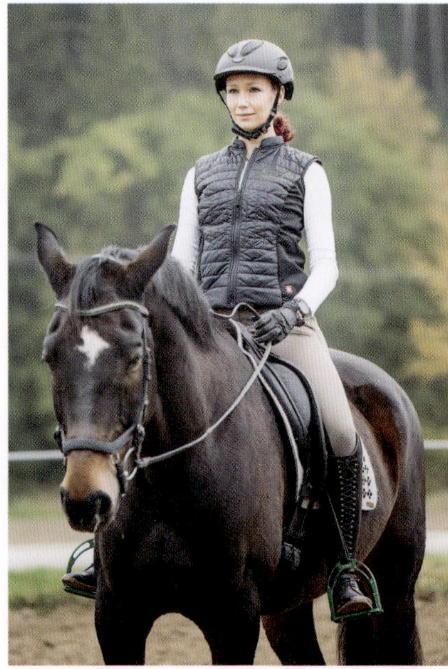

Und wieder tief nach unten fallen lassen.

Unsere Woche

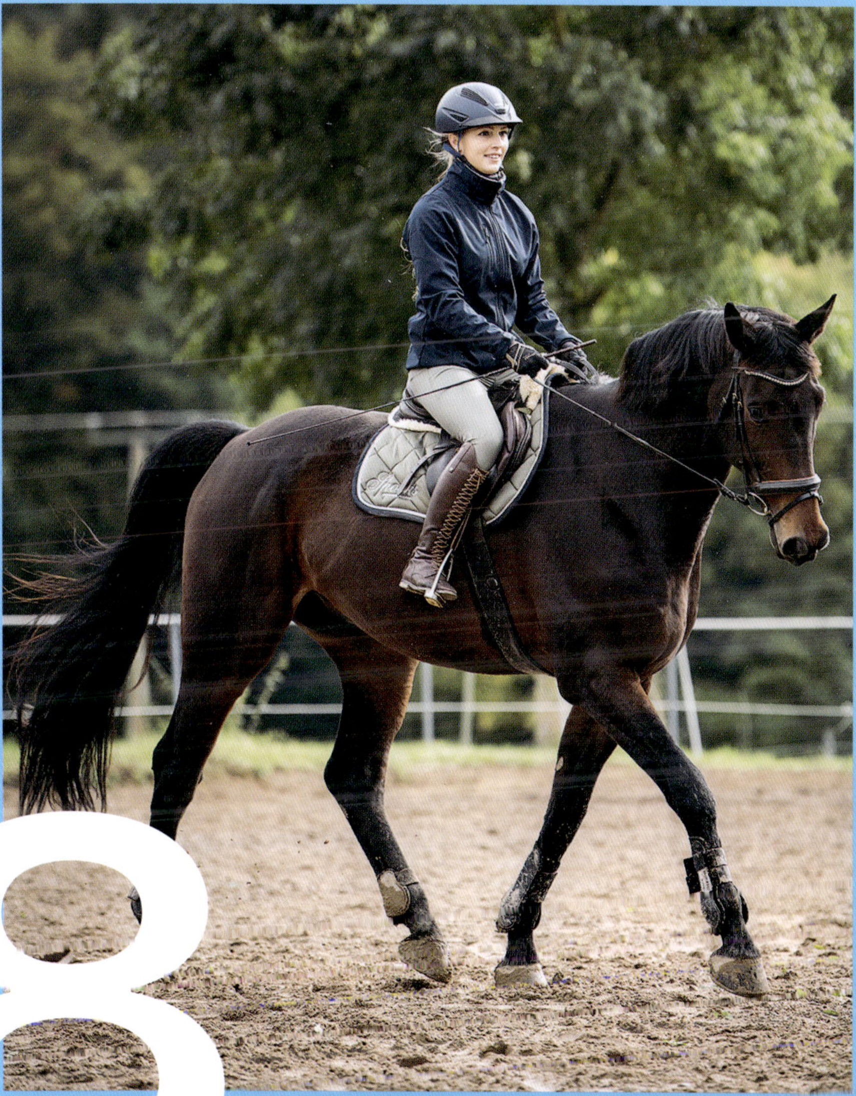

8

Plane dein buntes und abwechslungsreiches Trainingsprogramm

Jetzt bist du an der Reihe

In dieser Säule ist deine Kreativität gefragt. Hier kannst du alle Übungen für deinen Trainingsplan einsortieren.

Am besten ist es, du suchst dir jede Woche Übungen aus unterschiedlichen Säulen aus. Somit wird dein Training bunt, abwechslungsreich und nicht langweilig.

Besonders wertvoll ist es, wenn du zu den Dressurübungen aus Säule 2 die Hilfengebung aus Säule 1 hinzunimmst. So kannst du immer wieder kurz nachlesen, wie du dich mit deinem Pferd am besten verständigen kannst.

Ob du dir die Karten für die Tage von Montag bis Sonntag vorsortierst oder ob du jeden Tag spontan entscheiden möchtest, was trainiert wird, das bleibt ganz dir überlassen. Außerdem kannst du Übungen, die nicht so gut geklappt haben, einfach hier stehen lassen und in den nächsten Wochen wieder mit in den Trainingsplan einbauen.

Achte aber darauf, dass du nicht immer die gleichen Karten nimmst, sondern auch innerhalb einer Säule immer verschiedene Übungen, je nach eurem Leistungsstand, auswählst.

In diesem Sinne wünsche ich dir viel Spaß bei deinem bunten und abwechslungsreichen Training!